Entscheidungswirkungen der Besteuerung von (im Ausland ansässigen) Gesellschaftern deutscher Personengesellschaften vor dem Hintergrund von § 50i EStG

Internationale Steuerlehre, Steuerrecht und Wirtschaftsprüfung

Herausgegeben von Rainer Heurung/Gerd Morgenthaler/Andreas Dutzi

Band 12

Zur Qualitätssicherung und Peer Review der vorliegenden Publikation

Die Qualität der in dieser Reihe erscheinenden Arbeiten wird vor der Publikation durch einen Herausgeber der Reihe geprüft.

Notes on the quality assurance and peer review of this publication

Prior to publication, the quality of the work published in this series is reviewed by one of the editors of the series.

Henrik Sundheimer

Entscheidungswirkungen der Besteuerung von (im Ausland ansässigen) Gesellschaftern deutscher Personengesellschaften vor dem Hintergrund von § 50i EStG

PETER LANG

Bibliografische Information der Deutschen Nationalbibliothek
Die Deutsche Nationalbibliothek verzeichnet diese Publikation in der Deutschen Nationalbibliografie; detaillierte bibliografische Daten sind im Internet über http://dnb.d-nb.de abrufbar.

Zugl.: Siegen, Univ., Diss., 2018

D 467
ISSN 2191-1223
ISBN 978-3-631-78042-8 (Print)
E-ISBN 978-3-631-78138-8 (E-PDF)
E-ISBN 978-3-631-78139-5 (EPUB)
E-ISBN 978-3-631-78140-1 (MOBI)
DOI 10.3726/b15260

Peter Lang – Berlin · Bern · Bruxelles · New York · Oxford · Warszawa · Wien

Diese Publikation wurde begutachtet.

www.peterlang.com

Geleitwort

Nicht gewünschten Abkommensauslegungen der Finanzgerichtsbarkeit begegnet der Gesetzgeber in den letzten Jahren vermehrt mit der Einführung sog. „Treaty-Overrides". Die vorliegende Arbeit widmet sich § 50i EStG, welcher in Abs. 1 als Treaty-Override ausgestaltet ist. Ziel der Norm ist die Verhinderung legaler Steuergestaltungen zur Vermeidung der Wegzugsbesteuerung nach § 6 AStG, welche aufgrund einer falschen Abkommensauslegung durch die Finanzverwaltung zu einem Verlust des deutschen Besteuerungsrechts führt. Nach der Einführung der Norm in 2013 folgte eine zweifache Überarbeitung zur Vermeidung weiterer ungewünschter Steuergestaltungen.

Aus betriebswirtschaftlicher Sicht sind die Entscheidungswirkungen der Besteuerung von § 50i EStG von erheblicher Bedeutung. Dabei stellt sich aufgrund der abkommensbrechenden Gesetzgebung und den damit verbundenen Doppelbesteuerungsrisiken insbesondere die Frage nach den Wirkungen in Bezug auf die konstitutiven betriebswirtschaftlichen Rechtsform-, Standort-, Investitions- und Finanzierungsentscheidungen der von § 50i EStG betroffenen Gesellschafter. Des Weiteren stellen sich aufgrund der unklaren und unbeständigen Gesetzeslage Fragen der Rechts- und Planungssicherheit für die Steuerpflichtigen.

Vor diesem Hintergrund wird durch Herrn Sundheimer mit der vorliegenden Arbeit ein sehr interessanter interdisziplinärer Ansatz verfolgt, in dem er die steuerjuristische Auslegung und Wertung der Vorschrift mit der betriebswirtschaftlichen Analyse der Entscheidungswirkungen verbindet. Zunächst erfolgt die Darstellung und Würdigung von § 50i EStG anhand der zuvor erarbeiteten rechtlichen Vorgaben. Für die betriebswirtschaftliche Analyse der Entscheidungswirkungen werden typische Zuzugsstaaten anhand einer aktuellen OECD-Studie ausgewählt und unter Bezugnahme auf die zuvor erarbeiteten wirtschaftlichen Vorgaben einer Steuerwirkungsanalyse mit Fokus auf die Belastungs- und Entscheidungswirkungen von § 50i EStG im Hinblick auf die ausgewählten Zuzugsstaaten unterzogen. Das Ergebnis der Arbeit ist eine überzeugende Darstellung der Entscheidungswirkungen von § 50i EStG im Vergleich zu § 6 AStG mit Blick auf die ausgewählten Zuzugsstaaten. Darüber hinaus gibt Herr Sundheimer wertvolle Hinweise für mögliche gesetzgeberische Maßnahmen zur Verhinderung der durch § 50i EStG verursachten Doppelbesteuerung und der Ermöglichung der Internationalisierung des Gesellschafterkreises bei gleichzeitiger Sicherung des Besteuerungsrechts für den Gesetzgeber.

Die vorliegende Arbeit untersucht erstmals § 50i EStG vollumfänglich aus steuerjuristischer und betriebswirtschaftlicher Sicht und leistet damit einen wertvollen Beitrag zur Weiterentwicklung des Forschungsgebiets der betriebswirtschaftlichen Steuerlehre. Aufgrund des souveränen Umgangs mit § 50i EStG gelingt es dem Verfasser, einerseits wichtige Anregungen für die Klärung von Streitfragen im Schrifttum zu geben und andererseits die betriebswirtschaftlichen Entscheidungswirkungen der Regelung für die betrachteten Zuzugsstaaten dezidiert herauszuarbeiten. Damit geht die Arbeit in beiden Gebieten über die bislang in der wissenschaftlichen Literatur veröffentlichten Ergebnisse deutlich hinaus und weist zudem einen hohen Praxisbezug auf. Insofern wünsche ich Herrn Sundheimer, dass die Arbeit in Wissenschaft, Politik und der Unternehmenspraxis die ihr gebührende Beachtung findet.

Siegen, im November 2018
Univ.-Prof. Dr. Rainer Heurung

Vorwort

Die vorliegende Arbeit wurde im Juli 2018 von der Fakultät Wirtschaftswissenschaften, Wirtschaftsinformatik und Wirtschaftsrecht der Universität Siegen als Dissertation angenommen. Das Promotionsverfahren wurde mit der Disputation am 26. September 2018 erfolgreich abgeschlossen. Die Arbeit berücksichtigt den Stand der Literatur, Rechtsprechung und Gesetzgebung bis zum Zeitpunkt der Einreichung der Dissertation im April 2018.

Mein aufrichtiger und herzlicher Dank gilt einer Vielzahl von Personen, die mich während des Dissertationsvorhabens unterstützt und begleitet und damit zum Gelingen des Abschlusses der Promotion beigetragen haben. Zunächst danke ich meinem hoch geschätzten Doktorvater, Herrn WP/StB Univ.-Prof. Dr. Rainer Heurung für seine Bereitschaft, mich als externer Doktorand anzunehmen und das damit entgegengebrachte Vertrauen. Danken möchte ich ihm auch für seine exzellente fachliche und persönliche Betreuung sowie für seine Diskussionsbereitschaft im Verlaufe der verschiedenen Phasen des Dissertationsprojektes. Mein weiterer Dank gilt Herrn Univ.-Prof. Dr. Rainer Schröder für die Erstellung des Zweitgutachtens und seine wertvollen Anregungen in den Bereichen des Verfassungs- und Europarechts. Ebenfalls danken möchte ich Herrn Univ.-Prof. Dr. Joachim Eigler für die Übernahme des Vorsitzes der Prüfungskommission.

Darüber hinaus möchte ich mich bei meinen ehemaligen Kollegen der *KPMG AG* in Köln bedanken. Ein besonderer Dank gilt hier Frau StBin Dr. Ladislava Klein und Herrn StB Uwe Demel, ohne deren Bereitschaft zur Unterstützung das Dissertationsprojekt nicht möglich gewesen wäre. Danken möchte ich ebenfalls Herrn RA/StB Bernd Keller, Herrn StB Dr. Bernhard Liekenbrock sowie Herrn StB Dr. Philipp Seidel für den fachlichen Austausch im Rahmen des Dissertationsvorhabens. Ein großer Dank gilt den Mitarbeitern des Lehrstuhls von Herrn WP/StB Univ.-Prof. Dr. Rainer Heurung, allen voran Frau M.Sc. Sinja Kollmann, welche mir in allen organisatorischen Fragen des Promotionsverfahrens stets eine sehr große Hilfe war.

Ein ganz besonderer Dank gebührt dem wichtigsten Menschen in meinem Leben, meiner Ehefrau Cathrin Sundheimer. Mit ihrer liebevollen und aufopferungsvollen Art hat sie mich in jeder Phase der Promotion unterstützt. Sie war Antrieb und Ausgleich für mich, je nachdem was von beidem gerade notwendig war. Mit ihrem unglaublichen empathischen Gespür für mich und meine jeweilige Situation hat sie immer die richtigen Worte gefunden. Ohne sie an meiner

Seite wäre diese Arbeit nicht möglich gewesen. Dafür möchte ich ihr in Liebe danken.

Von Herzen danken möchte ich meinen Eltern, Wiltrud und Karl-Heinz Sundheimer, welche mich auf meinem bisherigen Lebensweg in jeglicher Hinsicht bedingungslos unterstützt, mir den notwendigen Rückhalt gegeben und immer an mich geglaubt haben. Ihrer aufopferungsvollen Hingabe habe ich es zu verdanken, dass ich zu dem Menschen geworden bin, der ich heute bin. Ihnen möchte ich diese Arbeit widmen und hoffe, dass ich damit (aber nicht ausschließlich) zumindest einen kleinen Teil von dem zurückgeben kann, was sie alles Gutes in ihrem Leben für mich vollbracht haben.

„All that I am, or hope to be, I owe to my angel mother."
Abraham Lincoln

Bad Neuenahr-Ahrweiler, im November 2018
Henrik Sundheimer

Inhaltsverzeichnis

Abbildungsverzeichnis

Abkürzungsverzeichnis

a.A	anderer Auffassung
a.F.	alte Fassung
Abb.	Abbildung
ABl. EU	Amtsblatt der Europäischen Union
Abs.	Absatz
AEUV	Vertrag über die Arbeitsweise der Europäischen Union
AfA	Absetzung für Abnutzung
AktG	Aktiengesetz
Alt.	Alternative
AmtshilfeRLUmsG	Gesetz zur Umsetzung der Amtshilferichtlinie sowie zur Änderung steuerlicher Vorschriften
Anti-BEPS-Umsetzungsgesetz I	Gesetz zur Umsetzung der Änderungen der EU-Amtshilferichtlinie und von weiteren Maßnahmen gegen Gewinnkürzungen und -verlagerungen
AO	Abgabenordnung
AOA	Authorized OECD Approach
Art.	Artikel
AStG	Außensteuergesetz
Az.	Aktenzeichen
BAO	Bundesabgabenordnung (Österreich)
BB	Der Betriebsberater (Zeitschrift)
BBK	Betrieb und Rechnungswesen (Zeitschrift)
BewG	Bewertungsgesetz
BFH	Bundesfinanzhof
BFHE	Sammlung der Entscheidungen des Bundesfinanzhofs (Zeitschrift)
BFH-NV	Sammlung amtlich nicht veröffentlicher Entscheidungen des Bundesfinanzhofs (Zeitschrift)
BFuP	Betriebswirtschaftliche Forschung und Praxis (Zeitschrift)
BMF	Bundesministerium der Finanzen

Bspw.	Beispielsweise
BStBK	Bundessteuerberaterkammer
BStBl.	Bundessteuerblatt
BT-Drs.	Bundestagsdrucksache
Buchst.	Buchstabe
BVerfG	Bundesverfassungsgericht
BVerfGE	Sammlung der Entscheidungen des Bundesverfassungsgerichts (Zeitschrift)
bzw.	beziehungsweise
CDU	Christlich Demokratische Union Deutschlands
CSU	Christlich-Soziale Union in Bayern
D.h.	Das heißt
DB	Der Betrieb (Zeitschrift)
DBA	Doppelbesteuerungsabkommen
DBA-Ausl.	DBA-Ausland
DBG	Bundesgesetz über die direkte Bundessteuer (Schweiz)
DCF	Discounted Cash Flow
DK	Der Konzern (Zeitschrift)
Doppelbuchst.	Doppelbuchstabe
DStJG	Deutsche Steuerjuristische Gesellschaft e.V.
DStR	Deutsches Steuerrecht (Zeitschrift)
DStZ	Deutsche Steuerzeitung (Zeitschrift)
EC Tax Review	European Community Tax Review (Zeitschrift)
ECI	Income Effectively Connected with a US Trade or Business
EFG	Entscheidungen der Finanzgerichte (Zeitschrift)
EG	Europäische Gemeinschaft
Einf.	Einführung
Einl.	Einleitung
ESt	Einkommensteuer
EStB	Der Ertrag-Steuer-Berater (Zeitschrift)
EStG	Einkommensteuergesetz
EStH	Einkommensteuer-Hinweise
et al.	et alia
etc.	et cetera
EU	Europäische Union

EuGH	Europäischer Gerichtshof
EWR	Europäischer Wirtschaftsraum
EWS	Europäisches Wirtschafts- und Steuerrecht (Zeitschrift)
f.	folgend
FDAPI	Fixed or Determinable Annual or Periodical Income
FDP	Freie Demokratische Partei
ff.	fortfolgende
FG	Finanzgericht
FGO	Finanzgerichtsordnung
Fn.	Fußnote
FR	Finanzrundschau (Zeitschrift)
FRL	Fusions-Richtlinie
FS	Festschrift
GbR	Gesellschaft bürgerlichen Rechts
gem.	gemäß
GewSt	Gewerbesteuer
GewStG	Gewerbesteuergesetz
GewStR	Gewerbesteuer-Richtlinien
GG	Grundgesetz
ggf.	gegebenenfalls
gl.A.	gleicher Auffassung
GmbH & Co. KG	Gesellschaft mit beschränkter Haftung & Compagnie Kommanditgesellschaft
GmbHG	Gesetz betreffend die Gesellschaften mit beschränkter Haftung
GmbHR	GmbH-Rundschau (Zeitschrift)
grds.	grundsätzlich
GS	Gedächtnisschrift
h.M.	herrschende Meinung
HGB	Handelsgesetzbuch
HMRC	Her Majesty´s Revenue & Customs
i.d.F.	in der Fassung
i.e.S.	im engeren Sinne
i.H.v.	in Höhe von
i.R.d.	im Rahmen des, im Rahmen der
i.R.v.	im Rahmen von
i.S.d.	im Sinne der, im Sinne des

i.S.e.	im Sinne einer
i.S.v.	in Sinne von
i.V.m.	in Verbindung mit
inkl.	inklusive
IRC	Internal Revenue Code (Vereinigte Staaten)
ISR	Internationale Steuer-Rundschau (Zeitschrift)
IStR	Internationale Steuerrecht (Zeitschrift), Internationales Steuerrecht
ITA	Income Tax Act (Vereinigtes Königreich)
ITTOIA	Income Tax Trading and Other Income Act (Vereinigtes Königreich)
IWB	Internationale Wirtschaftsbriefe (Zeitschrift)
JA	Juristische Arbeitsblätter (Zeitschrift)
JbFfSt	Jahrbuch der Fachanwälte für Steuerrecht
JöR	Jahrbuch des öffentlichen Rechts der Gegenwart (Zeitschrift)
JStG 2010	Jahressteuergesetz 2010
JStG 2013	Jahressteuergesetz 2013
JZ	Juristenzeitung (Zeitschrift)
KÖSDI	Kölner Steuerdialog (Zeitschrift)
Kpl.-GmbH	Komplementär-Gesellschaft mit beschränkter Haftung
KroatienAnpG	Gesetz zur Anpassung des nationalen Steuerrechts an den Beitritt Kroatiens zur EU und zur Änderung weiterer steuerlicher Vorschriften
KSt	Körperschaftsteuer
KStG	Körperschaftsteuergesetz
LiFo	Last in –First out (Verbrauchsfolgeverfahren)
m.w.N.	mit weiteren Nachweisen
MA	Musterabkommen
max.	maximal
mind.	mindestens
MüKo ZPO	Münchener Kommentar Zivilprozessordnung
NJW	Neue Juristische Wochenschrift (Zeitschrift)
Nr.	Nummer
NWB	Neue Wirtschaftsbriefe (Zeitschrift)
o.g.	oben genannten

OECD	Organisation for Economic Cooperation and Development (Organisation für wirtschaftliche Zusammenarbeit und Entwicklung)
OECD-MA	OECD-Musterabkommen
öEStG 1988	österreichisches Einkommensteuergesetz 1988
öEStR 1988	österreichische Einkommensteuer-Richtlinien 1988
OFD	Oberfinanzdirektion
OHG	Offene Handelsgesellschaft
ÖStZB	Beilage zur Österreichischen Steuerzeitung (Zeitschrift)
RFH	Reichsfinanzhof
RIW	Recht der internationalen Wirtschaft (Zeitschrift)
Rs.	Rechtssache
Rspr.	Rechtsprechung
RStBl.	Reichssteuerblatt
SBV I	Sonderbetriebsvermögen I
SCE	Societas Cooperativa Europaea
SE	Societas Europaea
Sec.	Section
SEStEG	Gesetz über steuerliche Begleitmaßnahmen zur Einführung der Europäischen Gesellschaft und zur Änderung weiterer steuerlicher Vorschriften
SE-VO	Societas Europaea Verordnung
Slg.	Amtliche Sammlung der EuGH-Entscheidungen
sog.	sogenannte, sogenannten
SPD	Sozialdemokratische Partei Deutschlands
StÄndG 2015	Steueränderungsgesetz 2015
StEntlG 1999/2000/2002	Steuerentlastungsgesetz 1999/2000/2002
SteuerStud	Steuer und Studium (Zeitschrift)
SteuK	Steuerrecht kurzgefaßt (Zeitschrift)
StKRep	Steuer-Kongress-Report
StuB	Steuern und Bilanzen (Zeitschrift)
StuW	Steuer und Wirtschaft (Zeitschrift)
SWI	Steuer & Wirtschaft International (Zeitschrift)

TCGA	Taxation of Chargeable Gains Act (Vereinigtes Königreich)
TMA	Taxes Management Act (Vereinigtes Königreich)
Treas.Reg.	Treasury Regulations (Vereinigte Staaten)
Tz.	Textziffer
u.a.	unter anderem
Ubg	Die Unternehmensbesteuerung (Zeitschrift)
UmwG	Umwandlungsgesetz
UmwStG	Umwandlungssteuergesetz
UmwStG 1995	Umwandlungssteuergesetz 1995
US	United States
USA	United States of America
Vgl.	Vergleiche
VO	Verordnung
VVDStRL	Veröffentlichung der Vereinigung der Deutschen Staatsrechtslehrer (Zeitschrift)
VwGH	Verwaltungsgerichtshof (Österreich)
VwSlg.	Sammlung der Entscheidungen des österreichischen Verwaltungsgerichtshofs (Zeitschrift)
VZ	Veranlagungszeiträume
WPg	Die Wirtschaftsprüfung (Zeitschrift)
WÜRV	Wiener Übereinkommen über das Recht der Verträge
z.B.	zum Beispiel
ZfB	Zeitschrift für Betriebswirtschaft (Zeitschrift)
ZfbF	Zeitschrift für betriebswirtschaftliche Forschung (Zeitschrift)
ZGR	Zeitschrift für Unternehmens- und Gesellschaftsrecht (Zeitschrift)
ZIP	Zeitschrift für Wirtschaftsrecht (Zeitschrift)
ZollkodexAnpG	Gesetzes zur Anpassung der Abgabenordnung an den Zollkodex der Union und zur Änderung weiterer steuerlicher Vorschriften
ZPO	Zivilprozessordnung
ZVG	Gesetz über die Zwangsversteigerung und Zwangsverwaltung

Teil I Grundlagen der Untersuchung

A. Problemstellung

I. Internationalisierung des Gesellschafterkreises

Eine Vielzahl von deutschen Familienunternehmen ist in der Rechtsform von Kapitalgesellschaften organisiert. Der familiäre Gesellschafterkreis „internationalisiert" sich seit Jahren in vielen dieser Unternehmen mit zunehmender Geschwindigkeit.[1] Dies ist Ausdruck der fortschreitenden Globalisierung der deutschen Wirtschaft, welcher der deutsche Gesetzgeber durch eine erhöhte Regelungsdichte und Komplexität der deutschen Ertragsbesteuerung gerecht zu werden versucht. Damit einher geht in den letzten Jahren die zunehmende Tendenz des deutschen Gesetzgebers auf eine nicht gewünschte Abkommensauslegung der Finanzgerichtsbarkeit mit sog. „Treaty-Overrides" zu reagieren.[2] Die Häufigkeit der Gesetzesänderungen sowie der Detaillierungsgrad der neu eingeführten Normen führen nach Heurung[3] zu einem „Steuerchaos" bzw. zur „Prinzipienlosigkeit oder Verlust des Sinnzusammenhangs" und erschweren eine gesicherte wissenschaftliche Aufarbeitung der Entscheidungswirkungen der deutschen Ertragsbesteuerung. Dies zeigt sich jüngst auch durch den mit dem AmtshilfeRLUmsG[4] eingeführten und mit dem KroatienAnpG[5] sowie dem Anti-BEPS-Umsetzungsgesetz I[6] geänderten § 50i EStG. Ziel war die Versagung legaler Gestaltungen zur Vermeidung der Wegzugsbesteuerung nach § 6 AStG mittels meist gewerblich geprägter Personengesellschaften, welche aufgrund falscher Abkommensauslegung durch die Finanzverwaltung zu einem Verlust des deutschen Besteuerungsrechts führten.

1 Weil Familienmitglieder im Ausland studieren, in ausländischen Tochtergesellschaften tätig sind, aus privaten Gründen ins Ausland ziehen, etc.

2 Vgl. etwa **Gosch,** BFH-PR 2010, S. 38 f.

3 Vgl. **Heurung,** in: Erle/Sauter (Hrsg.), KStG, 2010, Einführung EStG, Rn. 5.

4 Vgl. AmtshilfeRLUmsG, Gesetz vom 26.06.2013, BGBl. I 2013, S. 1809 ff.

5 Vgl. KroatienAnpG, Gesetz vom 25.07.2014, BGBl. I 2014, S. 1266 ff.

6 Vgl. Anti-BEPS-Umsetzungsgesetz I, Gesetz vom 20.12.2016, BGBl. I 2016, S. 3000 ff.

II. Entscheidungswirkungen von § 50i EStG als obligatorischer Forschungsbeitrag der Betriebswirtschaftlichen Steuerlehre

„Um Politikmaßnahmen zu konzipieren, die das Auswanderungsgeschehen beeinflussen, sollten die politischen Entscheidungsträger die dem Verhalten der Auswanderer zu Grunde liegende Motivation verstehen – warum sie wegziehen und warum einige im Ausland bleiben, während andere zurückkehren."[7] Auch die Steuergesetzgebung beeinflusst als steuerpolitische Maßnahme das Auswanderungsgeschehen nachhaltig. Insofern stellt die wissenschaftliche Untersuchung der Ertragsbesteuerung deutscher Personengesellschaften vor dem Hintergrund von § 50i EStG mit (ausgewählten) Instrumenten der Betriebswirtschaftlichen Steuerlehre einen obligatorischen Forschungsbeitrag dar. Hierbei stellt sich insbesondere die Frage nach den Wirkungen von § 50i EStG im Hinblick auf die konstitutiven betriebswirtschaftlichen Rechtsform-, Standort-, Investitons- und Finanzierungsentscheidungen der (im Ausland ansässigen) Gesellschafter deutscher Personengesellschaften.[8] Des Weiteren stellt sich die Frage, wie sich die mangelnde Rechts- und Planungssicherheit auf die Entscheidungen von (im Ausland ansässigen) Gesellschaftern deutscher Personengesellschaften auswirkt, da das deutsche Steuerrecht einerseits einer ständigen Einführung neuer und andererseits einer andauernden Überarbeitung bereits eingeführter Treaty-Overrides unterliegt. Soweit ersichtlich, steht eine vollumfängliche Untersuchung der Ertragbesteuerung von (im Ausland ansässigen) Gesellschaftern einer Personengesellschaft vor dem Hintergrund von § 50i EStG noch aus. Zwar finden sich in diesem Zusammenhang Ausführungen in Kommentaren[9] sowie steuerrechtlichen Hand- und Lehrbüchern[10], jedoch nehmen diese ausschließlich eine steuerjuristische Auslegung der Vorschrift vor, ohne eine betriebswirtschaftliche Analyse der Entscheidungswirkungen der Besteuerung von (im Ausland ansässigen) Gesellschaftern deutscher Personengesellschaften vor dem Hintergrund von § 50i EStG anzustellen. Insbesondere fehlt es hier an einer Monographie,

7 **OECD (Hrsg.),** Talente, 2015, S. 82.

8 Zum Postulat der Rechtsform-, Investitions- und Finanzierungsneutralität i.R.d. deutschen Steuerrechts vgl. **Heurung,** in: Erle/Sauter (Hrsg.), KStG, 2010, Einführung EStG, Rn. 6.

9 Vgl. hierzu bspw. **Liekenbrock,** in: Flick/Wassermeyer/Baumhoff et al. (Hrsg.), Außensteuerrecht, § 50i EStG, Rn. 1 ff.

10 Vgl. bspw. **Schnittker/Haselmann,** in: Wassermeyer/Richter/Schnittker, Personengesellschaften im IStR, 2015, Kapitel 14, Rn. 14.1 ff.

welche die steuerjuristische Auslegung der Vorschrift mit der betriebwirtschaftlichen Analyse der Entscheidungswirkungen verbindet.

Weber-Grellet[11] definiert ein System als „die Ordnung einer Rechtsmaterie nach sachlichen Gesichtspunkten und unter Beachtung der durch Verfassung und Gesetz vorgegebenen Gesetzlichkeiten – positiv die Ordnung nach Regeln, negativ die Widerspruchsfreiheit." Ein solches System existiert zwar für die innerdeutsche Ertragsbesteuerung von Gesellschaftern deutscher Personengesellschaften. Jedoch findet sich im deutschen Ertragsteuerrecht kein eigenständiges System der Ertragsbesteuerung von im Ausland ansässigen Gesellschaftern deutscher Personengesellschaften. Es handelt sich hierbei vielmehr um einen Teil des deutschen Internationalen Steuerrechts (IStR). Die einschlägigen Regelungen sind demnach in zahlreichen deutschen Einzelsteuergesetzen zu finden. Es fehlt dem deutschen IStR also an einer einheitlichen Kodifizierung, einer systematischen Konzeption, aus der sich eine einheitliche Grundwertung mit der daraus folgenden Einzelwertungen ergibt.[12] Der Begriff des deutschen IStR umfasst daher als Ordnungsbegriff alle steuerlichen Rechtsvorschriften, die sich speziell auf grenzüberschreitende Sachverhalte beziehen.[13] Diese Gesamtheit der zur Besteuerung grenzüberschreitender Sachverhalte herangezogenen Rechtsvorschriften wird häufig auch als IStR im weiteren Sinne bezeichnet. Das IStR im engeren Sinne umfasst hingegen weitere steuerlich maßgebende Regelungen des supranationalen Rechts und des Völkerrechts. Daneben existieren das allgemeine und das spezielle nationale Außensteuerrecht. Das IStR im weiteren Sinne umfasst sowohl das IStR im engeren Sinne als auch das allgemeine und das spezielle nationale Außensteuerrecht.[14] Im Verlauf des Dissertationsvorhabens soll unter dem Begriff „IStR" das IStR im weiteren Sinne verstanden werden.

---

11 **Weber-Grellet,** Steuern, 2001, S. 148.

12 Vgl. **Schaumburg,** StuW 2000, S. 369; **Schaumburg,** in: Schaumburg, Internationales, 2017, Kapitel 1 Begriff des Internationalen Steuerrechts, Rn. 1.4.

13 Vgl. **Morgenthaler,** IStR 2000, S. 289, Fn. 1; **Wörsching,** SteuerStud 2009, S. 181; **Vogel,** DStZ 1997, S. 269; **Schaumburg,** in: Schaumburg, Internationales, 2017, Kapitel 1 Begriff des Internationalen Steuerrechts, Rn. 1.4.

14 Allgemeines Außensteuerrecht umfasst die Regelungen der Einzelsteuergesetze hinsichtlich grenzüberschreitender Sachverhalte. Spezielles Außensteuerrecht erstreckt sich auf das AStG. Vgl. **Kluge,** Steuerrecht, 2000, Rn. A 3; **Rose,** Steuerrecht, 2004, S. 23. Die Ausdrücke „Internationales Steuerrecht" und „Außensteuerrecht" bezeichnen Ordnungs- und nicht Rechtsbegriffe; vgl. **Wassermeyer,** in: Debatin/Wassermeyer, Doppelbesteuerung, Vor Art. 1 MA, Rn. 6; **Haase,** in: Haase (Hrsg.), Außensteuergesetz, 2016, Einl. MA, Rn. 17.

Gegenstand der Untersuchung ist die deutsche Ertragsbesteuerung von (im Ausland ansässigen) Gesellschaftern deutscher Personengesellschaften (Mitunternehmerschaften) vor dem Hintergrund von § 50i EStG. Zur Definition des Begriffs der Mitunternehmerschaft ist für die Untersuchung das deutsche IStR heranzuziehen. Hiernach liegen Einkünfte aus Mitunternehmerschaften vor, wenn das deutsche IStR diese als Betriebsstätteneinkünfte qualifiziert.[15] Die deutsche Ertragsbesteuerung umfasst bei natürlichen Personen als Mitunternehmern die Besteuerung von Einkünften mit ESt und GewSt und bei Körperschaften als Mitunternehmern die Besteuerung von Einkünften mit KSt und GewSt. In beiden Fällen ist allerdings zu beachten, dass die GewSt gem. § 5 Abs. 1 Satz 3 GewStG auf Ebene der Personengesellschaft anfällt. Im Hinblick auf die Rechtsformwahl wird für ausgewählte Zuzugsstaaten die Frage untersucht, inwieweit § 50i EStG im Verhältnis zu § 6 AStG die Rechtsformneutralität gewährleistet. Ebenfalls wird untersucht, ob § 50i EStG auch Standortentscheidungen, Investitions- und Finanzierungsentscheidungen sowie auch die Frage der Rechts- und Planungssicherheit beeinflusst. Da § 6 AStG nur auf natürliche Personen anwendbar ist, wird die vorliegende Untersuchung auf die Entscheidungswirkungen von natürlichen Personen begrenzt. Die Untersuchung umfasst sowohl die außerordentlichen Einkünfte aus möglichen Veräußerungs- und Entnahmetatbeständen als auch die periodischen Einkünfte aus laufender Geschäftstätigkeit. Zudem werden Fragen der Besteuerung bei Umstrukturierungen einer näheren Betrachtung unterzogen. Die Möglichkeit der Inanspruchnahme der Thesaurierungsbegünstigung i.S.d. § 34a EStG findet bei der Untersuchung keine Beachtung. Insofern wird eine phasengleiche vollständige Zurechnung des anteiligen Gewinns der deutschen Personengesellschaft unterstellt.

B. Ziel und Gang der Untersuchung

I. Gegenstand der Betriebswirtschaftlichen Steuerlehre

Die Steuerforschung gliedert sich im deutschsprachigen Wissenschaftsraum in die Betriebwirtschaftliche Steuerlehre, die Finanzwissenschaft und die Steuerrechtswissenschaft. Die Betriebswirtschaftliche Steuerlehre umfasst die Untersuchung miteinander verbundener ökonomischer und steuerlicher Probleme aus dem Blickwinkel der Mikroökonomie.[16] Der Betriebswirtschaftlichen Steuerlehre

---

15 Vgl. BFH, Urteil vom 07.08.2002, I R 10/01, BStBl. II 2002, S. 848; BFH, Urteil vom 17.10.2007, I R 5/06, BStBl. II 2009, S. 356; BFH, Urteil vom 11.12.2013, I R 4/13, BStBl. II 2014, S. 791.

16 Vgl. **Wagner,** StuW 2004, S. 237.

kommt damit die Aufgabe zu, die aus der Verpflichtung zur Entrichtung von Steuern resultierenden Zweifelsfragen zu analysieren und zu erläutern sowie auf Entscheidungsalternativen hinzuweisen.[17] Ziel der Betriebswirtschaftslehre als Wissenschaft ist somit die Erfüllung von Erklärungs- und Gestaltungsaufgaben auf Basis entscheidungstheoretischer Ergebnisse.[18] Bei der Betriebswirtschaftlichen Steuerlehre handelt es sich um einen integralen Bestandteil der Allgemeinen Betriebswirtschaftslehre und nicht etwa um eine Betriebswirtschaftliche Funktionenlehre oder Spezielle Betriebswirtschaftslehre.[19] Die Internationale Betriebswirtschaftliche Steuerlehre wiederum stellt einen Teilbereich der Betriebswirtschaftlichen Steuerlehre dar, welcher sich mit den Fragen der Besteuerung der Außenwirtschaftstätigkeit befasst.[20] In den vergangenen Jahrzehnten rückten im Rahmen der Betriebswirtschaftlichen Steuerlehre neben der deskriptiven Steuerforschung auch Fragestellungen i.S.e. entscheidungsorientierten Betriebswirtschaftlichen Steuerlehre in den Fokus wissenschaftlicher Untersuchungen.[21] Aufgabe der Betriebswirtschaftlichen Steuerlehre ist hierbei die „Erarbeitung von Kriterien und Entscheidungsregeln für rational begründbare einzelwirtschaftliche Gestaltungsmaßnahmen unter Berücksichtigung der Besteuerung“[22].

Im Allgemeinen wird die Betriebswirtschaftliche Steuerlehre im Rahmen der betriebswirtschaftlichen Forschung in vier aufeinander aufbauende Teilgebiete unterteilt. Bei diesen vier Teilgebieten handelt es sich um die (1) Steuersystemlehre (Rechtsnormendarstellung), die (2) Steuerwirkungslehre, die (3) Steuerplanungslehre (Steuerpolitik) und die (4) Steuergestaltungslehre (Politikberatung in steuerlichen Fragen).[23]

Die (1) Steuersystemlehre hat die Aufgabe der Wissensvermittlung von Kenntnissen über nationale und internationale Steuersysteme und -normen. Sie

---

17 Vgl. **Wöhe/Bieg,** Grundzüge, 1995, S. 1.

18 Vgl. **Brähler,** Umstrukturierungen, 2006, S. 13 m.w.N.

19 Vgl. **Fischer/Schneeloch/Sigloch,** DStR 1980, S. 700; **Wöhe/Bieg,** Grundzüge, 1995, S. 3, **Fischer/Kleineidam/Warneke,** Steuerlehre, 2005, S. 4 ff.

20 Vgl. **Fischer/Kleineidam/Warneke,** Steuerlehre, 2005, S. 4 ff. Zu den aus der Internationalisierung resultierenden Konsequenzen für die Betriebswirtschaftliche Steuerlehre vgl. **Endres/Rödl/Spengel/Scheffler,** DStR 2009, S. 2505 f.

21 Vgl. **Fischer/Schneeloch/Sigloch,** DStR 1980, S. 700; **Wagner,** DB 1974, S. 393 ff.

22 **Brähler,** Umstrukturierungen, 2006, S. 14 f.

23 Vgl. **Kaminski,** Steuern, 2006, S. 8 f.; **Brähler,** Umstrukturierungen, 2006, S. 14 f.; **Fischer/Schneeloch/Sigloch,** DStR 1980, S. 700; **Kußmaul,** StuW 1995, S. 4 f.; **Hundsdoerfer/Kiesewetter/Sureth,** ZfB 2008, S. 63 ff.

ist damit „unabdingbare Voraussetzung“[24] jedweder wissenschaftlichen Untersuchung grenzüberschreitender steuerrechtlicher Sachverhalte.[25]

Ausgehend von der durch die Steuersystemlehre erfolgten Wissensvermittlung hat die (2) Steuerwirkungslehre das Ziel, die Konsequenzen der Besteuerung auf die unternehmerischen Entscheidungen und das Verhalten von Steuerpflichtigen sowie auf Wettbewerbsprozesse zu untersuchen und offenzulegen (sog. Steuerwirkungen).[26] Unter Konsequenzen der Besteuerung sind hierbei die „Differenzen von Steuerzahlungen, die sich aus betrieblichen Entscheidungen bei vorgegebenen Steuerrechtsfolgen ableiten lassen“[27], zu verstehen. Mit diesen Erkenntnissen rechtfertigt die Betriebswirtschaftliche Steuerlehre ihre Erklärungsaufgabe als Teil der betriebswirtschaftlichen Forschung.[28]

Die (3) betriebswirtschaftliche Steuerplanung unterscheidet sich nicht von den sonstigen Grundsätzen betriebswirtschaftlicher Planung und ist somit als Teilbereich der betriebswirtschaftlichen Unternehmensplanung zu verstehen.[29] Steuerplanung im Allgemeinen umfasst demnach alle zielgerichteten Überlegungen, „die das Umweltdatum ‚Steuerrecht‘ betreffen.“[30] Der Zweck dieser Überlegungen besteht u.a.[31] in der Ableitung konkreter Handlungsempfehlungen für Unternehmen. Das Ziel grenzüberschreitender Steuerplanung im Speziellen besteht darin, „Doppelbesteuerungen zu vermeiden und die Gesamtsteuerbelastung des Auslandsengagements zu reduzieren. Grundsätzlich steht es dem Steuerpflichtigen auch bei einer grenzüberschreitenden wirtschaftlichen Betätigung frei, eine Gestaltung zu entwickeln, die für ihn günstig ist.“[32]

---

24 **Brähler,** Umstrukturierungen, 2006, S. 15.

25 Vgl. **Hundsdoerfer/Kiesewetter/Sureth,** ZfB 2008, S. 63.

26 Vgl. **Fischer/Schneeloch/Sigloch,** DStR 1980, S. 700; **Kußmaul,** StuW 1995, S. 4 f.; **Jacobs,** StuW 2004, S. 254; **Maiterth,** StuW 2005, S. 47 ff.

27 **Schneeloch,** in: FS Bareis, 2005, S. 254.

28 Vgl. **Fischer/Kleineidam/Warneke,** Steuerlehre, 2005, S. 3; **Brähler,** Umstrukturierungen, 2006, S. 16.

29 Vgl. **Jacobs,** Unternehmensbesteuerung, 2016, S. 891 f.; **Rödder,** BB 1988 Beilage 19 zu Heft 34, S. 2.

30 **Schneider,** Gesetzesanwendung DStJG 5, 1982, S. 87.

31 Nach **Hundsdoerfer/Kiesewetter/Sureth,** ZfB 2008, S. 63 können „auch die Ableitung von Hypothesen über tatsächliches Entscheidungsverhalten“ und die „Fundierung von Empfehlungen an den Gesetzgeber“ Zweck der Überlegungen sein.

32 **Krawitz/Büttgen-Pohland/Hick,** FR 2003, S. 109. Der Begriff der Doppelbesteuerung setzt die Identität von Steuerobjekt und Steuersubjekt, die mehrfache Besteuerung im gleichen Zeitraum sowie die Gleichartigkeit der durch verschiedene Hoheitsträger erhobenen Steuer voraus; vgl. **Seer,** in: Tipke/Lang, Steuerrecht, 2015, § 6, Rn. 54; **Schaumburg,** in: Schaumburg, Internationales, 2017, Kapitel 15 Begriff der

Steuerplanung vollzieht sich auf der Mikroebene in der steuerlichen Gestaltung einzelner Sachverhalte, so dass die Steuergestaltung als Ausfluss der Steuerplanung zu verstehen ist.[33] Hierdurch rechtfertigt die Betriebswirtschaftliche Steuerlehre ihre Gestaltungsaufgabe als Teil der betriebswirtschaftlichen Forschung.[34] Diese Gestaltungsaufgabe ist nach Jacobs[35] „nicht moralisch fragwürdig oder gar illegitim".

Aufgabe der (4) Steuerrechtsgestaltungslehre ist es, aus den im Rahmen der Steuerwirkungs- und Steuerplanungslehre gewonnenen „Erkenntnissen praktische Folgerungen für eine mögliche Gestaltung der Steuergesetze zu ziehen, also z.B. Vorschläge zur Reform der Unternehmensbesteuerung zu erarbeiten und dem Gesetzgeber zu unterbreiten."[36] Im internationalen Kontext hat die Betriebswirtschaftliche Steuerlehre damit die Aufgabe, das Wissen über ausländische Steuer- und Wirtschaftssysteme und die daraus resultierenden internationalen Zusammenhänge und Wechselbeziehungen im Rahmen von Reformvorschlägen einzubringen.[37] Die Aufgabe der Betriebswirtschaftlichen Steuerlehre i.R.d. Politikberatung wird von der Mehrzahl der Fachvertreter daher als praktisch-normativ verstanden.[38]

II. Untersuchungsziel und Gang der Untersuchung

Der geplante Forschungsbeitrag verfolgt das Ziel, das System der deutschen Ertragsbesteuerung bei (im Ausland ansässigen) Gesellschaftern deutscher Personengesellschaften vor dem Hintergrund von § 50i EStG mit (ausgewählten) Instrumenten der Betriebswirtschaftlichen Steuerlehre zu untersuchen. Da § 50i EStG als Treaty-Override[39] ausgestaltet und somit vom Grundsatz her auf grenzüberschreitende Sachverhalte ausgerichtet ist, stellt sich die Frage nach typischen

Doppelbesteuerung, Rn. 15.2; **Lehner,** in: Vogel/Lehner, DBA, 2015, Grundlagen, Rn. 6 ff.

33 Vgl. **Hey,** Steuerplanungssicherheit, 2002, S. 10 f.; **Rödder,** BB 1988 Beilage 19 zu Heft 34, S. 3.

34 Vgl. **Rödder,** BB 1988 Beilage 19 zu Heft 34, S. 2; **Brähler,** Umstrukturierungen, 2006, S. 16.

35 **Jacobs,** Unternehmensbesteuerung, 2016, S. 891.

36 **Wöhe,** Steuerlehre, 1988, S. 25 ff.

37 Vgl. **Kußmaul,** StuW 1995, S. 8; **Brähler,** Umstrukturierungen, 2006, S. 17.

38 Vgl. **Kußmaul,** StuW 1995, S. 8.

39 Vgl. hierzu Teil V A.II.2.a.

Zuzugsstaaten für unbeschränkt steuerpflichtige natürliche Personen.[40] Nach einer aktuellen Studie der OECD[41] wurden hohe Zuzugszahlen aus Deutschland in den letzten Jahren unter anderem in der Schweiz und in Österreich verzeichnet. Darüber hinaus verteilen sich eine Vielzahl der deutschen Auswanderer auf die Vereinigten Staaten und das Vereinigte Königreich. Auch unter dem Aspekt, dass es sich bei der Schweiz und den Vereinigten Staaten um Drittstaaten und bei Österreich und dem Vereinigten Königreich[42] um EU-Mitgliedstaaten handelt, erscheint die Beschränkung auf diese Staaten sinnvoll. Die Analyse von § 50i EStG wird mit dem Ziel verfolgt, die Belastungsunterschiede im Vergleich zu § 6 AStG in Zusammenspiel mit den einschlägigen DBA (DBA Österreich, DBA Schweiz, DBA Vereinigtes Königreich, DBA USA) zu untersuchen. Insofern wird sich die Analyse von § 50i EStG im Verlauf dieser Arbeit auf das Zusammenspiel mit den Steuersystemen der hier dargestellten Länder sowie der einschlägigen DBA erstrecken. Im Hinblick auf Österreich und das Vereinigte Königreich erfährt die Analyse eine Ergänzung hinsichtlich der Auswirkungen des Europarechts.

Am Beginn der Untersuchung steht die Erarbeitung der rechtlichen und wirtschaftlichen Vorgaben, anhand derer § 50i EStG zu überprüfen ist. Darauf aufbauend erfolgt die Darstellung und Würdigung der aktuellen Steuerrechtslage anhand der erarbeiteten rechtlichen Vorgaben. Unter Bezugnahme auf die erarbeiteten wirtschaftlichen Vorgaben wird eine Steuerwirkungsanalyse mit Fokus auf die Belastungs- und Entscheidungswirkungen von § 50i EStG im Hinblick auf einen Wegzug nach Österreich, in das Vereinigte Königreich, in die Vereinigten Staaten und in die Schweiz vorgenommen.

Die Untersuchung stellt einen qualitativen Grundlagenbeitrag auf den Gebieten der (1) Steuersystemlehre[43], der (2) Steuerwirkungsanalyse und (4) Steuerrechtsgestaltung dar. Hierbei wird jedoch nicht das Ziel verfolgt, für einen konkreten steuerrechtlichen Sachverhalt eine einzelfallorientierte betriebswirtschaftliche Analyse vorzunehmen. Vielmehr sollen die Entscheidungswirkungen des Systems der Ertragsbesteuerung bei (im Ausland ansässigen) Gesellschaftern

---

40 Jedoch ist anzumerken, dass § 50i EStG nicht nur auf natürliche Personen Anwendung findet, da § 50i Abs. 1 EStG i.d.F. des Anti-BEPS-Umsetzungsgesetzes I auf „Steuerpflichtige" abstellt.

41 Vgl. **OECD (Hrsg.),** Talente, 2015, S. 35 f.

42 Beim Vereinigten Königreich handelt es sich trotz des beschlossenen Austritts aus der EU bis voraussichtlich März 2019 weiterhin um einen EU-Mitgliedstaat.

43 Im Rahmen dieser Arbeit erfolgt für die Analyse der Entscheidungswirkungen – neben der Tatbestandsfrage – insbesondere eine Betrachtung der Rechtsfolgen.

deutscher Personengesellschaften vor dem Hintergrund von § 50i EStG insgesamt betrachtet werden. Das Hauptaugenmerk des Dissertationsvorhabens liegt demnach in der Herausarbeitung der maßgeblichen Einflüsse von § 50i EStG auf die Entscheidungen von (im Ausland ansässigen) Gesellschaftern deutscher Personengesellschaften hinsichtlich der Rechtsformwahl sowie etwaiger Standort- als auch Investitions- und Finanzierungsentscheidungen. Ebenfalls wird der Frage nachgegangen, inwiefern § 50i EStG die Frage der Rechts- und Planungssicherheit von (im Ausland ansässigen) Gesellschaftern deutscher Personengesellschaften beeinflußt. Hierbei wird das Zusammenwirken von § 50i EStG als nationaler Treaty-Override mit den einschlägigen DBA sowie den Steuersystemen der betrachteten Zuzugsstaaten untersucht. Das Forschungsziel des Dissertationsvorhabens besteht in der umfassenden Analyse des Systems der Ertragsbesteuerung bei (im Ausland ansässigen) Gesellschaftern deutscher Personengesellschaften vor dem Hintergrund von § 50i EStG als Teil der Besteuerung der Totalperiode. Aufbauend auf diesem qualitativen Grundlagenbeitrag lassen sich im Anschluss durch differenzierte Sachverhaltsannahmen quantitative steuerplanerische Einzelfalluntersuchungen, etwa in Form einer kasuistischen Veranlagungssimulation[44], durchführen.

An die Abhandlung der hier dargestellten Grundlagen der Untersuchung (Teil I) schließt sich die Erarbeitung der rechtlichen und wirtschaftlichen Vorgaben (Teil II) an. Im Anschluss erfolgt die Darstellung der deutschen Entstrickungsbesteuerung vor Einführung von § 50i EStG (Teil III). Die historische Entwicklung von § 50i EStG wird im Teil IV des Forschungsbeitrags erörtert. Hierauf folgt die Darstellung und Würdigung von § 50i EStG als Entstrickungsnorm anhand der erarbeiteten rechtlichen Vorgaben (Teil V). Im Anschluss werden die Belastungs- und Entscheidungswirkungen der Vorschrift analysiert (Teil VI). Die Arbeit schließt mit einer Schlussbetrachtung im Teil VII.

44 Vgl. hierzu **Rose,** Steuerlehre, 1992, S. 32 ff.

Teil II Rechtliche und wirtschaftliche Vorgaben

A. Grundlagen

Die Einführung von nationalen Steuervorschriften im Allgmeinen und von § 50i EStG im Speziellen unterliegt gewissen rechtlichen und wirtschaftlichen Vorgaben. Dabei kommt den rechtlichen Vorgaben in Form des Verfassungs-, Abkommens- und Europarechts bindende Wirkung zu. Die wirtschaftlichen Vorgaben hingegen haben keine Bindungswirkung. Sie sind aber dennoch aus wohlfahrtsökonomischen Gesichtspunkten wünschens- und erstrebenswert, denn mit ihrer Hilfe lassen sich die im Rahmen der rechtlichen Vorgaben vorhandenen Gestaltungsspielräume des Gesetzgebers bewerten und damit zu einer unter wohlfahrtsökonomischen Gesichtspunkten optimalen Lösung im Rahmen der gesetzlichen Möglichkeiten führen.

B. Rechtliche Vorgaben

I. Verfassungsrechtliche Vorgaben

1. Systemtragende Prinzipien

Das System der inneren Rechtsordnung fußt auf Prinzipien als ordnungsstiftende Grundwertungen, welche den Rechtsnormen die Richtung weisen.[45] Zu den systemtragenden Prinzipien des Steuerrechts zählen in erster Linie die verfassungsrechtlichen Prinzipien. Dabei handelt es sich um die im Grundgesetz manifestierten Prinzipien, sprich im Wesentlichen die Eigentumsgarantie, das Gleichheitsgebot, das Übermaßverbot, das Legalitätsprinzip sowie das Sozialstaatsprinzip, welche ihre steuerrechtliche Konkretisierung im sog. Leistungsfähigkeitsprinzip finden.

2. Eigentumsgarantie

Aufbauend auf dem Investitionshilfebeschluss[46] vom 20.07.1954 versagte das BVerfG jahrzehntelang der Besteuerung die Anwendung des Schutzbereichs von

45 Vgl. **Hey**, in: Tipke/Lang, Steuerrecht, 2015, § 3, Rn. 11, 13.

46 Vgl. BVerfG, Urteil vom 20.07.1954, 1 BvR 459/52, 1 BvR 484/52, 1 BvR 548/52, 1 BvR 555/52, 1 BvR 623/52, 1 BvR 651/52, 1 BvR 748/52, 1 BvR 783/52, 1 BvR 801/52, 1 BvR 5/53, 1 BvR 9/53, 1 BvR 96/53, 1 BvR 114/54, BVerfGE 4, S. 7.

Art. 14 GG, so lange ihr keine „erdrosselnde“ bzw. „substanzbeeinträchtigende“ Wirkung zukomme.[47] Dem entgegen steht das von Paul Kirchhof[48] entwickelte Prinzip eigentumsschonender Besteuerung, welchem der II. Senat des BVerfG in den sog. „Einheitswertbeschlüssen“ vom 22.06.1995[49] folgte. Danach stellt der Bestand des Hinzuerworbenen des Steuerpflichtigen eine vermögenswerte Rechtsposition dar, an welche das Steuerrecht anknüpft und somit den privaten Nutzen der erworbenen Rechtsposition zugunsten der Allgemeinheit einschränkt, so dass Art. 14 GG anwendbar ist.[50] Insofern ist nach Auffassung des II. Senats des BVerfG auch der Eigentumserwerb, der Eigentumsbestand sowie die Eigentumsverwendung nach Art. 14 GG schutzwürdig und somit im Rahmen der Ausgestaltung von Entstrickungsnormen zu berücksichtigen.

Im Rahmen von Art. 14 GG ist darüber hinaus das aus dem rechtsstaatlichen Verhältnismäßigkeitsprinzip abgeleitete Übermaßverbot zu beachten.[51] Dem Übermaßverbot unterliegen alle Formen staatlicher Maßnahmen. Insofern haben sowohl die Legislative, die Exekutive und die Judikative das Übermaßverbot zu beachten, in dem der Eingriff in die freiheitlich geschützte Sphäre des Steuerpflichtigen in einem vernünftigen Verhältnis zum vom Gesetzgeber angestrebten Gesetzeszweck stehen muss. Eine Konkretisierung dieser Zweck-Mittel-Relation erfolgt durch folgende Kriterien:[52]

1) **Geeignetheit:** Der vom Gesetzgeber angestrebte Gesetzeszweck muss durch das erlassene Gesetz erreicht werden können.

---

47 Vgl. BVerfG, Urteil vom 29.07.1959, 1 BvR 394/58, BVerfGE 10, S. 89; BVerfG, Beschluss vom 24.07.1962, 2 BvL 15/61; 2 BvL 16/61, BVerfGE 14, S. 221; BVerfG, Beschluss vom 24.09.1965, 1 BvR 228/65, BVerfGE 19, S. 119; BVerfG, Beschluss vom 14.05.1968, 2 BvR 544/63, BVerfGE 23, S. 288; BVerfG, Beschluss vom 07.10.1969, 2 BvL 3/66, 2 BvR 701/64, BVerfGE 27, S. 111; BVerfG, Beschluss vom 08.03.1983, 2 BvL 27/81, BVerfGE 63, S. 312; BVerfG, Beschluss vom 22.03.1983, 2 BvR 475/78, BVerfGE 63, S. 343; BVerfG, Beschluss vom 28.11.1984, 1 BvR 1157/82, BVerfGE 68, S. 287; BVerfG, Beschluss vom 03.07.1985, 1 BvL 55/81, BVerfGE 70, S. 210; BVerfG, Beschluss vom 31.05.1988, 1 BvR 520/83, BVerfGE 78, S. 214.

48 Vgl. **Kirchhof,** VVDStRL 39 (1981), S. 281.

49 Vgl. BVerfG, Beschluss vom 22.06.1995, 2 BvL 37/91, BVerfGE 93, S. 121; BVerfG, Beschluss vom 22.06.1995, 2 BvR 552/91, BVerfGE 93, S. 165.

50 Vgl.zuletzt auch BVerfG, Beschluss vom 18.01.2006, 2 BvR 2194/99, BVerfGE 115, S. 97.

51 Vgl. **Hey,** in: Tipke/Lang, Steuerrecht, 2015, § 3, Rn. 180.

52 Für die Überprüfung im Rahmen des Steuerverfahrens vgl. **Hey,** in: Tipke/Lang, Steuerrecht, 2015, § 3, Rn. 180 f.

2) **Erforderlichkeit:** Bei der Ausgestaltung des Gesetzes ist der Gesetzgeber verpflichtet, diejenige Maßnahme auszuwählen, welche die geringste Belastung für die Steuerpflichtigen zur Folge hat.
3) **Zumutbarkeit (Verhältnismäßigkeit i.e.S.):** Auch wenn die vom Gesetzgeber getroffene Maßnahme geeignet und erforderlich ist, muss sie darüber hinaus auch verhältnismäßig sein in Bezug auf die Bedeutung des verfolgten Gesetzeszwecks. Nur unter dieser Voraussetzung ist die Maßnahme als zumutbar zu qualifizieren.

3. Gleichheitsgrundsatz

Das Leistungsfähigkeitsprinzip wird primär – aber nicht ausschließlich[53] – aus dem Gleichheitsgrundsatz nach Art. 3 Abs. 1 GG abgeleitet[54] und wirkt als sachlich differenzierender Vergleichsmaßstab[55], indem es die Steuerlasten auf die Steuerpflichtigen entsprechend ihrer wirtschaftlichen Leistungsfähigkeit verteilt.[56] Dieser Grundsatz gilt vor allem für das auf die Leistungsfähigkeit

---

53 Als weitere Rechtsgrundlagen sind Art. 106 GG, das Rechtsstaatsprinzip sowie das Sozialstaatsprinzip zu nennen; siehe **Wendt,** DStJG 28, 2005, S. 42 m.w.N.

54 Das Leistungsfähigkeitsprinzip wurde durch das BVerfG von Beginn an aus dem Grundsatz der Steuergerechtigkeit abgeleitet; vgl. diesbezüglich auch **Papier,** DStR 2007, S. 975 mit Nachweisen für die Rechtsprechungshistorie.

55 Vgl. **Hey,** in: Tipke/Lang, Steuerrecht, 2015, § 3, Rn. 13, 40; **Lang,** DStJG 24, 2001, S. 55 ff.; **Birk,** Leistungsfähigkeitsprinzip, 1983, S. 1 ff.; **Tipke,** Steuerrechtsordnung, Band I, 2000, S. 479 ff.

56 Vgl. hierzu insbesondere BVerfG, Beschluss vom 17.01.1957, 1 BvL 4/54, BVerfGE 6, S. 55; BVerfG, Beschluss vom 14.04.1959, 1 BvL 23/57, 1 BvL 34/57, BVerfGE 9, S. 237; BVerfG, Beschluss vom 02.10.1969, 1 BvL 12/68, BVerfGE 27, S. 58; BVerfG, Beschluss vom 09.02.1972, 1 BvL 16/69, BVerfGE 32, S. 333; BVerfG, Beschluss vom 23.11.1976, 1 BvR 150/75, BVerfGE 43, S. 108; BVerfG, Beschluss vom 11.10.1977, 1 BvR 343/73, 1 BvR 83/74, 1 BvR 183/75, 1 BvR 428/75, BVerfGE 47, S. 1; BVerfG, Urteil vom 03.11.1982, 1 BvR 620/78, 1 BvR 1335/78, 1 BvR 1104/79, 1 BvR 363/80, BVerfGE 61, S. 319; BVerfG, Beschluss vom 22.02.1984, 1 BvL 10/80, BVerfGE 66, S. 214; BVerfG, Beschluss vom 17.10.1984, 1 BvR 527/80, 1 BvR 528/81, 1 BvR 441/82, BVerfGE 68, S. 143; BVerfG, Beschluss vom 29.05.1990, 1 BvL 20/84, 1 BvL 26/84, 1 BvL 4/86, BVerfGE 82, S. 60; BVerfG, Urteil vom 27.06.1991, 2 BvR 1493/89, BVerfGE 84, S. 239; BVerfG, Beschluss vom 22.06.1995, 2 BvL 37/91, BVerfGE 93, S. 121.

des einzelnen Steuerpflichtigen[57] abzielende Einkommen- und Körperschaftsteuerrecht.[58] Ziel ist es, dass die steuerliche Verteilungsgerechtigkeit und Belastungsgleichheit mit der wirtschaftlichen Leistungsfähigkeit des einzelnen Steuerpflichtigen im Einklang steht.[59]

Das Leistungsfähigkeitsprinzip ermöglicht dem Gesetzgeber einen großen, nur durch das sog. „Willkürverbot" oder die sog. „neue Formel" begrenzten,[60] Spielraum hinsichtlich der Auswahl der Merkmale (Steuergegenstand und Steuersatz[61]) für die Ermittlung der Leistungsfähigkeit.[62] Dieser Spielraum ermöglicht es dem Gesetzgeber zur Rechtfertigung auch Praktikabilitäts- und Effektivititätserwägungen heranzuziehen.[63] Hat der Gesetzgeber sich für ein

---

57 Dieses verfassungsrechtlich manifestierte Grundrecht gilt auch für Körperschaften; vgl. **Jachmann,** DStJG 23, 2000, S. 16 ff.

58 Vgl. BVerfG, Beschluss vom 29.05.1990, 1 BvL 20/84, 1 BvL 26/84, 1 BvL 4/86, BVerfGE 82, S. 60; BVerfG, Urteil vom 03.11.1982, 1 BvR 620/78, 1 BvR 1335/78, 1 BvR 1104/79, 1 BvR 363/80, BVerfGE 61, S. 319 m.w.N.; **Bach,** StuW 1991, S. 116 ff.; **Birk,** StuW 2000, S. 329; **Birk,** Leistungsfähigkeitsprinzip, 1983, S. 160; **Kirchhof,** Verfassungsstaat, 2000, S. 17 ff.; **Kirchhof,** StuW 1985, S. 319; **Hey,** in: Tipke/Lang, Steuerrecht, 2015, § 3, Rn. 40 ff.; **Lang,** Bemessungsgrundlage, 1988, S. 96 ff.; **Lang,** in: FS Kruse, 2001, S. 313 ff.; **Lang,** DStJG 24, 2001, S. 55; **Tipke,** Steuerrechtsordnung, Band I, 2000, S. 619 m.w.N.

59 Vgl. **Vogel,** in: FS Klein, 1994, S. 167; **Wendt,** DStJG 28, 2005, S. 43; **Papier,** DStR 2007, S. 975.

60 Vgl. hinsichtlich der Begrenzung durch „Willkürverbot" und „neue Formel" Teil V A.II.1.b.

61 Vgl. BVerfG, Urteil vom 27.06.1991, 2 BvR 1493/89, BVerfGE 84, S. 239; BVerfG, Kammerbeschluss vom 17.11.1998, 1 BvL 10/98, BStBl. II 1999, S. 509.

62 Vgl. **Birk,** Leistungsfähigkeitsprinzip, 1983, S. 167; **Wendt,** DStJG 28, 2005, S. 43; **Papier,** DStR 2007, S. 975.

63 Vgl. BVerfG, Beschluss vom 08.10.1991, 1 BvL 50/86, BVerfGE 84, S. 360. Bedeutung für die Verfassungskonformität der Norm hat auch die dem Gleichheitsgrundsatz entsprechende Umsetzung der Steuerrechtsnorm; BVerfG, Urteil vom 09.03.2004, 2 BvL 17/02, BVerfGE 110, S. 94 ff.; kritisch hierzu **Birk,** StuW 2004, S. 281. Die Anwendung des Gleichheitsgrundsatzes auch auf die Umsetzung von Steuerrechtsnormen stellt nach Wendt auch den Grund dafür dar, dass bspw. die nur teilweise Steuerpflicht privater Veräußerungsgeschäfte (etwa in den Grenzen des § 23 EStG) nicht gegen das Leistungsfähigkeitsprinzip verstößt; vgl. **Wendt,** DStJG 28, 2005, S. 45; BVerfG, Beschluss vom 09.07.1969, 2 BvL 20/65, BVerfGE 26, S. 302; BVerfG, Beschluss vom 07.10.1969, 2 BvL 3/66, 2 BvR 701/64, BVerfGE 27, S. 111. Jedoch stellen die Schwierigkeiten des Verwaltungsvollzugs bei der Besteuerung stiller Reserven im Privatvermögen keine ausreichende Rechtfertigung für den Verzicht der Besteuerung dar; vgl. **Jachmann,** DStJG 23, 2000, S. 49 m.w.N.

Merkmal entschieden, so muss er im Anschluss eine dem Leistungsfähigkeitsprinzip entsprechende Bemessungsmethode finden, welche er dann auf alle Steuerpflichtigen gleichermaßen[64] und folgerichtig (Gebot der Folgerichtigkeit)[65] anwendet. Bei Vorliegen besonderer sachlicher Gründe wird von der Notwendigkeit einer folgerichtigen Umsetzung der Besteuerung abgesehen.[66] Von dem Gebot der Folgerichtigkeit zu unterscheiden ist die Notwendigkeit der rechtlich und tatsächlich gleichmäßigen Belastung durch die betreffende Norm.[67] Der Gleichheitsgrundsatz betrifft damit auch Tatbestände, in denen der Besteuerungsanspruch mangels Vollzugsmöglichkeit nicht gleichheitsgerecht durchgesetzt werden kann.[68] Demnach stellt ein aus der Ausgestaltung des Erhebungsverfahrens resultierender ungleicher Belastungserfolg ebenfalls einen Verstoß gegen das Leistungsfähigkeitsprinzip dar,[69] welcher als strukturelles Vollzugsdefizit bezeichnet wird.[70]

Verstöße gegen das aus dem Gleichheitsgrundsatz abgeleitete Leistungsfähigkeitsprinzip bedürfen einer Rechtfertigung.[71] Hierfür kommen nach der Rechtsprechung des BVerfG Lenkungszwecke, Vereinfachungszwecke sowie das Ziel der Missbrauchsvermeidung als Gründe in Betracht.[72] Im Ergebnis hat sich damit auch die Ausgestaltung, Umsetzung und der Vollzug von Entstrickungsnormen

---

64 Vgl. **Wendt,** DStJG 28, 2005, S. 43 f.

65 Vgl. BVerfG, Beschluss vom 07.05.1968, 1 BvR 420/64, BVerfGE 23, S. 242; BVerfG, Urteil vom 27.06.1991, 2 BvR 1493/89, BVerfGE 84, S. 239; BVerfG, Beschluss vom 22.06.1995, 2 BvL 37/91, BVerfGE 93, S. 121; BVerfG, Beschluss vom 30.09.1998, 2 BvR 1818/91, S. 88; BVerfG, Beschluss vom 10.11.1991, 2 BvR 2861/93, BVerfGE 101, S. 151.

66 Vgl. BVerfG, Beschluss vom 30.09.1998, 2 BvR 1818/91, S 88; BVerfG, Beschluss vom 04.10.2002, 2 BvR 400/98, 2 BvR 1735/00, BVerfGE 107, S. 27.

67 Vgl. **Müller,** Besteuerung, 2012, S. 150.

68 Vgl. BVerfG, Urteil vom 09.03.2004, 2 BvL 17/02, BVerfGE 110, S. 94; BVerfG, Urteil vom 27.06.1991, 2 BvR 1493/89, BVerfGE 84, S. 239; **Fischer,** FR 2005, S. 465.

69 Vgl. BVerfG, Urteil vom 09.03.2004, 2 BvL 17/02, BVerfGE 110, S. 94; **Schwenke,** DStZ 2007, S. 244.

70 Vgl. BVerfG, Beschluss vom 10.01.2008, 2 BvR 294/06, DStR 2008, S. 197; BVerfG, Urteil vom 09.03.2004, 2 BvL 17/02, BVerfGE 110, S. 94; BFH, Urteil vom 14.02.2006, VIII B 107/04, BStBl. II 2006, S. 523.

71 Nach Auffassung des II. Senats des BVerfG ist der Gleichheitssatz umso strikter auszulegen, je mehr eine Norm auf den einzelnen Steuerpflichtigen abstellt und umso offener hinsichtlich gesetzgeberischer Gestaltung je mehr allgemeine Sachverhalte geregelt werden; vgl. BVerfG, Beschluss vom 10.04.1997, 2 BvL 77/92, BVerfGE 96, S. 1; BVerfG, Beschluss vom 30.09.1998, 2 BvR 1818/91, S 88.

72 Vgl. **Hey,** in: Tipke/Lang, Steuerrecht, 2015, § 3, Rn. 129.

nach dem Leistungsfähigkeitsprinzip zu richten und bedarf für dessen Durchbrechung einer der genannten Rechtfertigungsgründe.

Unter sachlichen Gesichtspunkten erfolgt eine Konkretisierung des Leistungsfähigkeitsprinzips mit Hilfe von Merkmalen wirtschaftlicher Leistungsfähigkeit, wie etwa Einkommen, Vermögen und Konsum.[73] Als Merkmal wirtschaftlicher Leistungsfähigkeit wird für Einkommen- und Körperschaftsteuerzwecke das (zu versteuernde) Einkommen herangezogen. Unter dem Begriff Einkommen ist das am Markt realisierte und dort wertbestätigte Einkommen (Markteinkommen) zu verstehen.[74]

Unter persönlichen Gesichtspunkten stellt jede natürliche Person ein Subjekt der Zuordnung wirtschaftlicher Leistungsfähigkeit dar.[75] Grund hierfür ist, dass die nach Art. 3 Abs. 1 GG garantierte Gleichheit primär zwischen Individuen gewährleistet werden soll.[76] Allerdings gelten nach Art. 19 Abs. 3 GG auch im Inland ansässige juristische Personen[77] (z.B. Kapitalgesellschaften[78]) als Subjekte der Zuordnung wirtschaftlicher Leistungsfähigkeit. Die objektive wirtschaftliche Leistungsfähigkeit des jeweiligen Unternehmens wird hierbei am Unternehmensgewinn gemessen.[79]

4. *Rückwirkungsverbot*

Im Wortlaut des Grundgesetzes findet sich kein steuerrechtliches Rückwirkungsverbot.[80] Auch wenn Art. 103 Abs. 2 GG ein Rückwirkungsverbot erhält, so gilt

---

73 Vgl. **Bohn,** Zinsschranke, 2009, S. 37.

74 Vgl. **Hey,** in: Tipke/Lang, Steuerrecht, 2015, § 3, Rn. 68.

75 Vgl. **Hey,** in: Tipke/Lang, Steuerrecht, 2015, § 3, Rn. 50; **Bach,** StuW 1991, S. 127; **Jachmann,** DStJG 23, 2000, S. 17.

76 Vgl. **Hey,** Harmonisierung, 1997, S. 119; **Lang,** DStJG 24, 2001, S. 58.

77 Vgl. hierzu **Jachmann,** Steuergesetzgebung, 2000, S. 16 ff.; **Seer,** DStJG 23, 2000, S. 90 f.; **Hey,** in: Tipke/Lang, Steuerrecht, 2015, § 3, Rn. 51; **Lang,** DStJG 24, 2001, S. 58. Jedoch besteht Uneinigkeit über die Leistungsfähigkeit juristischer Personen; vgl. **Englisch,** Dividendenbesteuerung, 2005, S. 111 ff. m.w.N.; **Tipke,** Steuerrechtsordnung, Band I, 2000, S. 1170 ff. In EU-Mitgliedstaaten ansässige juristische Personen werden durch die europarechtlichen Diskriminierungsverbote geschützt; vgl. **Jachmann,** Steuergesetzgebung, 2000, S. 21.

78 Vgl. **Jachmann,** Steuergesetzgebung, 2000, S. 16 ff.; **Pezzer,** in: FS Tipke, 1995, S. 424 f.; **Pezzer,** DStJG 20, 1997, S. 12 f.; **Lang,** DStJG 24, 2001, S. 58 ff.; **Hey,** in: Tipke/Lang, Steuerrecht, 2015, § 3, Rn. 51; **Hey,** Harmonisierung, 1997, S. 254 f.; **Crezelius,** DStJG 22, 1999, S. 108; **Birk,** StuW 2000, S. 329; **Hennrichs,** StuW 2002, S. 205; **Tipke,** Steuerrechtsordnung, Band I, 2000, S. 1173.

79 Vgl. ausführlich **Jachmann,** DStJG 23, 2000, S. 19 ff.

80 Vgl. **Hey,** in: Tipke/Lang, Steuerrecht, 2015, § 3, Rn. 260.

dieses nur für das Strafrecht, nicht jedoch für das Steuerrecht.[81] Ein steuerliches Rückwirkungsverbot lässt sich nach Auffassung des BVerfG dennoch aus dem Rechtsstaatsprinzip in Art. 20 Abs. 3 GG zusammen mit den einschlägigen Grundrechten herleiten. Als Begründung führt das BVerfG[82] die freiheitsrechtliche Komponente an. Hiernach sei die Verlässlichkeit der Rechtsordnung „eine Grundbedingung freiheitlicher Verfassungen. Es würde den Einzelnen in seiner Freiheit erheblich gefährden, dürfte die öffentliche Gewalt an sein Verhalten oder an ihn betreffende Umstände im Nachhinein belastendere Rechtsfolgen knüpfen, als sie zum Zeitpunkt seines rechtserheblichen Verhaltens galten".

Das Rückwirkungsverbot erstreckt sich auf Gesetze, welche eine belastende Wirkung entfalten. Eine belastende Wirkung ergibt sich dabei auch aus der rückwirkenden Einschränkung oder dem rückwirkenden Wegfall von Vergünstigungen.[83] Damit würde jedoch grundsätzlich jedes belastende Gesetz unter das Rückwirkungsverbot fallen, da jede Gesetzesänderung teilweise auch bereits begonnene Lebenssachverhalte trifft und damit auch eine Auswirkung auf die Vergangenheit hat. Gleichzeitig muss der Gesetzgeber jedoch die Möglichkeit haben, Gesetze ändern zu können.[84]

Um dies zu ermöglichen, unterscheidet das BVerfG zwischen grds. unzulässiger echter Rückwirkung und grds. zulässiger unechter Rückwirkung.[85] Unter echter Rückwirkung versteht das BVerfG den Eingriff des Gesetzes in bereits abgeschlossene Tatbestände, deren Rechtsfolgen im Nachhinein geändert werden. Von einer unechten Rückwirkung geht das BVerfG hingegen aus, wenn das Gesetz für Tatbestände, welche in der Vergangenheit begonnen wurden, aber bis zum Zeitpunkt der Gesetzesänderung noch nicht abgeschlossen wurden, eine belastende Rechtsfolge für die Zukunft erlässt.[86] Eine unechte Rückwirkung

81 Vgl. **Kunig,** Rechtsstaatsprinzip, 1986, S. 417 f.; BVerfG, Beschluss vom 24.07.1957, 1 BvL 23/52, BVerfGE 70, S. 89.

82 BVerfG, Beschluss vom 03.12.1997, 2 BvR 882/97, BVerfGE 97, S. 67.

83 Vgl. BVerfG, Beschluss vom 23.03.1971, 1 BvL 9/69, BVerfGE 30, S. 355; BVerfG, Beschluss vom 17.07.1974, 1 BvR 51/69, 1 BvR 160/69, 1 BvR 285/69, 1 BvL 16/72, 1 BvL 18/72, 1 BvL 26/72, BVerfGE 38, S. 61; BVerfG, Beschluss vom 17.01.1979, 1 BvR 446/77; 1 BvR 1174/77, BVerfGE 50, S. 177; BVerfG, Beschluss vom 05.02.2002, 2 BvR 305/93, 2 BvR 348/93, BVerfGE 105, S. 17.

84 Vgl. **Hey,** in: Tipke/Lang, Steuerrecht, 2015, § 3, Rn. 260.

85 Vgl. BVerfG, Beschluss vom 31.05.1960, 2 BvL 4/59, BVerfGE 110, S. 139; vgl. auch jüngst BVerfG, Beschluss vom 07.07.2010, 2 BvL 14/02, 2 BvL 2/04, 2 BvL 13/05, BVerfGE 127, S. 1.

86 Vgl. BVerfG, Beschluss vom 31.05.1960, 2 BvL 4/59, BVerfGE 110, S. 139; BVerfG, Beschluss vom 23.03.1972, 2 BvL 17/69, BVerfGE 30, S. 392.

betrifft nach Auffassung des BVerfG nur den sachlichen Anwendungsbereich einer Norm, wohingegen die echte Rückwirkung voraussetzt, dass der zeitliche Anwendungsbereich einer Norm gesetzlich auf einen Zeitpunkt festgelegt werden muss, welcher vor der Gesetzesverkündung (Art. 82 Abs. 1 GG) der Norm liegt.[87]

Aus diesem Grund hat das BVerfG die sog. Veranlagungszeitraumrechtsprechung entwickelt, welche auf der Entstehung des Steueranspruchs gem. § 38 AO fußt. Der Steueranspruch entsteht bei periodischen Steuern (z.B. Einkommensteuer, Körperschaftsteuer) mit dem Ablauf des Veranlagungszeitraums (Kalenderjahr: §§ 25 Abs. 1, 36 Abs. 1 EStG; §§ 30, 31 KStG). Demnach liegt eine unechte Rückwirkung bei periodischen Steuern vor, soweit die Gesetzesverkündung nach Art. 82 Abs. 1 GG noch vor Ende des Veranlagungszeitraums (Kalenderjahr) mit Wirkung auf den Beginn des Veranlagungszeitraums (1.1.) erfolgt.[88] Von echter Rückwirkung geht das BVerfG hingegen aus, wenn das Gesetz im laufenden Jahr mit Rückwirkung für das Vorjahr eingeführt wird, da dann der Steueranspruch bereits entstanden ist und das Gesetz damit auf eine bereits verwirklichte Rechtsfolge einwirkt.[89]

Die Rechtsprechung des BVerfG zur Rückwirkung von Steuergesetzen war in der Literatur dauerhafter Kritik ausgesetzt.[90] Hauptkritikpunkt war hierbei die hervorgehobene Bedeutung des Veranlagungszeitraums, dessen Ablauf in den meisten Fällen nicht mit dem Abschluss von Sachverhalten übereinstimmt.[91] Aus diesem Grund wurde von der Literatur[92] gefordert, das

---

87 Vgl. BVerfG, Beschluss vom 22.03.1983, 2 BvR 475/78, BVerfGE 63, S. 343; BVerfG, Beschluss vom 14.05.1986, 2 BvL 2/83, BVerfGE 72, S. 200; BVerfG, Beschluss vom 03.12.1997, 2 BvR 882/97, BVerfGE 97, S. 67.

88 Vgl. hierzu zuletzt BVerfG, Beschluss vom 03.12.1997, 2 BvR 882/97, BVerfGE 97, S. 67.

89 Vgl. BVerfG, Beschluss vom 19.12.1961, 2 BvL 6/59, BVerfGE 13, S. 261; BVerfG, Urteil vom19.12.1961, 2 BvR 1/60, BVerfGE 13, S. 274; BVerfG, Urteil vom 19.12.1961, 2 BvR 2/60, BVerfGE 13, S. 279; BVerfG, Beschluss vom 07.07.1964, 2 BvL 22/63, 2 BvL 23/63, BVerfGE 18, S. 135; BVerfG, Beschluss vom 14.05.1986, 2 BvL 2/83, BVerfGE 72, S. 200; BVerfG, Beschluss vom 03.12.1997, 2 BvR 882/97, BVerfGE 97, S. 67.

90 Vgl. **Friauf,** BB 1972, S. 669; **Pieroth,** JZ 1984, S. 971; **Vogel,** JZ 1988, S. 833; **Muckel,** JA 1994, S. 14; **Arndt/Schumacher,** NJW 1998, S. 1538 f.; **Lang,** WPg 1998, S. 163; **Schaumburg,** DB 2000, S. 1886; **Tipke,** Steuerrechtsordnung, Band I, 2000, S. 156 f.; **Hey,** Steuerplanungssicherheit, 2002, S. 212 ff., 290 f.; **Hey,** NJW 2007, S. 408.

91 Vgl. **Hey,** in: Tipke/Lang, Steuerrecht, 2015, § 3, Rn. 264.

92 Vgl. **Lang,** WPg 1998, S. 168 ff.; **Schaumburg,** DB 2000, S. 1884; **Tipke,** Steuerrechtsordnung, Band I, 2000, S. 156 f.; **Pleyer,** NJW 2001, S. 1985; **Hey,** Steuerplanungssicherheit, 2002, S. 103 ff.; **Spindler,** DStJG 27, 2004, S. 77 ff.

Rückwirkungsverbot zumindest im Sinne eines Rechtsinstituts weiterzuentwickeln, welches Steuerplanungssicherheit zum Zwecke des Dispositionsschutzes vermittelt. Besser noch sei allerdings ein einheitlicher dispositionsbezogener Rückwirkungsbegriff, welcher die Abwägung zwischen dem Vertrauenschutz des Steuerpflichtigen einerseits und den gesetzgeberischen Interessen andererseits im Hinblick auf in der Vergangenheit liegender Dispositionen vornehmen könnte.[93]

Die von der Literatur formulierte Kritik hat der II. Senat des BVerfG[94] aufgenommen, in dem er zum einen ausgearbeitet hat, unter welchen Umständen Vertrauenschutztatbestände bei steuerlichen Vorschriften vorliegen und zum anderen strenge Maßstäbe entwickelt hat, wenn es um die Überschreitung der Vertrauenschutzinteressen der Steuerpflichtigen geht.[95] Auch der I. Senat des BVerfG[96] schloss sich dieser Rechtsprechung an und führte aus, dass unechte Rückwirkungen zwar grundsätzlich nicht als unzulässig einzustufen seien. Im Hinblick auf die Frage des Vertrauensschutzes und der Verhältnismäßigkeit bestünde jedoch ein Näheverhältnis, so dass besondere Anforderungen an unechte Rückwirkungen zu stellen seien.

Im Hinblick auf die Schutzwürdigkeit von stillen Reserven, deren Disposition in der Vergangenheit liegt, nimmt das Gericht wie folgt Stellung:[97] Grundsätzlich existiert zum Zeitpunkt der Anschaffung eines Wirtschaftsguts kein Anspruch auf Vertrauensschutz hinsichtlich der Steuerfreiheit von Veräußerungsgewinnen. Ein Vertrauensschutz erwächst aber dann, wenn sich eine konkrete Vermögensposition gebildet und damit eine verfassungsrechlich geschützte Rechtsposition verfestigt hat. Eine solche konkrete Vermögensposition hat das BVerfG für stille Reserven im Fall der rückwirkenden Absenkung der Wesentlichkeitsgrenze in § 17 Abs. 1 Satz 4 EStG i.d.F. vom 24.03.1999 bejaht.

93 Vgl. **Lang,** WPg 1998, S. 168 ff.; **Hey,** Steuerplanungssicherheit, 2002, S. 103 ff.

94 Vgl. BVerfG, Beschluss vom 07.07.2010, 2 BvL 14/02, 2 BvL 2/04, 2 BvL 13/05, BVerfGE 127, S. 1 ff.; BVerfG, Beschluss vom 07.07.2010, 2 BvL 1/03, 2 BvL 57/06, 2 BvL 58/06, BVerfGE 127, S. 31 ff.; BVerfG, Beschluss vom 07.07.2010, 2 BvR 748/05, 2 BvR 753/05, 2 BvR 1738/05, BVerfGE 127, S. 61 ff.

95 Vgl. auch **Hey,** in: Tipke/Lang, Steuerrecht, 2015, § 3, Rn. 266.

96 Vgl. BVerfG, Beschluss vom 10.10.2012, 1 BvL 6/07, BVerfGE 132, S. 302 ff.

97 Vgl. BVerfG, Beschluss vom 07.07.2010, 2 BvR 748/05, 2 BvR 753/05, 2 BvR 1738/05, BVerfGE 127, S. 61, Tz. 54.

Eine grundsätzlich unzulässige echte Rückwirkung ist nach Auffassung des BVerfG nur in wenigen Ausnahmefällen zulässig.[98] Das BVerfG[99] erachtet eine echte Rückwirkung für zulässig,

- wenn der Steuerpflichtige im Zeitpunkt seiner Disposition von einer Gesetzesänderung ausgehen musste. Dies gilt vor allem ab dem Zeitpunkt, in dem der Bundestag die Gesetzesänderung beschlossen hat;[100]
- wenn die geltende Rechtslage unklar und verworren ist;[101]
- wenn eine ungültige Norm vorliegt, auf deren Rechtsschein der Bürger sich nicht verlassen darf;
- wenn eine Rückwirkungsanordnung durch zwingende Gründe des Gemeinwohls gerechtfertigt werden kann.

Die grundsätzlich zulässige unechte Rückwirkung hat durch die jüngere Rechtsprechung des BVerfG[102] eine deutliche Verschärfung erfahren, da das Gericht nunmehr erhöhte Anforderungen an eine Rechtfertigung stellt. Eine ausschließliche Abwägung zwischen dem enttäuschten Vertrauen des Steuerpflichtigen einerseits und der Gesetzesänderung andererseits reicht für sich genommen nicht mehr aus. Das Gericht sieht nunmehr auch die Notwendigkeit von Übergangsregelungen und bezieht diese in den Abwägungsprozess mit ein.[103] Der Änderungswille des Gesetzgebers reicht demnach zur Einführung eines Gesetzes ohne Übergangsregelung nicht mehr aus. Vielmehr muss der Gesetzgeber nun begründen, warum er Altfälle ohne Übergangsregelung einbeziehen möchte. Diese Begründung ist sodann im Rahmen einer Verhältnismäßigkeitsprüfung zu untersuchen.

---

98 Vgl. **Hey,** in: Tipke/Lang, Steuerrecht, 2015, § 3, Rn. 269.

99 Vgl. BVerfG, Beschluss vom 19.12.1961, 2 BvL 6/59, BVerfGE 13, S. 261; BVerfG, Beschluss vom 31.03.1965, 2 BvL 17/63, BVerfGE 18, S. 429; BVerfG, Beschluss vom 25.06.1974, 2 BvF 2/73; 2 BvF 3/73, BVerfGE 37, S. 363; BVerfG, Beschluss vom 17.01.1979, 1 BvR 446/77; 1 BvR 1174/77, BVerfGE 50, S. 177; BVerfG, Beschluss vom 25.05.1993, 1 BvR 1509/91, 1 BvR 1648/91, BVerfGE 88, S. 384; BVerfG, Beschluss vom 08.04.1998, 1 BvR 1680/93, 1 BvR 183/94, 1 BvR 1580/94, BVerfGE 98, S. 17; BVerfG, Beschluss vom 18.02.2009, 1 BvR 3076/08, BVerfGE 122, S. 374; BVerfG, Beschluss vom 07.07.2010, 2 BvL 1/03, 2 BvL 57/06, 2 BvL 58/06, BVerfGE 127, S. 31.

100 Zur Kritik siehe **Hey,** in: Tipke/Lang, Steuerrecht, 2015, § 3, Rn. 270.

101 Vgl. hierzu **Schnapp,** JZ 2011, S. 1125.

102 Vgl. BVerfG, Beschluss vom 07.07.2010, 2 BvL 14/02, 2 BvL 2/04, 2 BvL 13/05, BVerfGE 127, S. 1 ; BVerfG, Beschluss vom 07.07.2010, 2 BvL 1/03, 2 BvL 57/06, 2 BvL 58/06, BVerfGE 127, S. 31 ; BVerfG, Beschluss vom 07.07.2010, 2 BvR 748/05, 2 BvR 753/05, 2 BvR 1738/05, BVerfGE 127, S. 61.

103 Siehe hierzu im Detail **Hey,** Steuerplanungssicherheit, 2002, S. 392.

Danach soll eine unechte Rückwirkung nur dann mit dem grundrechtlichen und rechtsstaatlichen Grundsätzen des Vertrauensschutzes in Einklang zu bringen sein, „wenn sie zur Förderung des Gesetzeszwecks geeignet und erforderlich ist und wenn bei einer Gesamtabwägung zwischen dem Gewicht des enttäuschten Vertrauens und dem Gewicht der Dringlichkeit der die Rechtsänderung rechtfertigenden Gründe die Grenze der Zumutbarkeit gewahrt bleibt.“[104]
Als Rechtfertigungsgründe sind demnach nicht anzuerkennen:

- eine verbesserte Rechtslage; denn hiermit wird lediglich das gesetzgeberische Änderungsinteresse bekundet, welches eine Einbeziehung von Altfällen nicht rechtfertigt;[105]
- Fiskalzwecke in Form von Steuererhöhungs- oder Gegenfinanzierungseffekten, soweit es sich nicht um einen unerwartet auftretenden und außerordentlichen Finanzbedarf handelt;[106]
- das Absehen von der Einführung einer Übergangsregelung aufgrund der sich daraus ergebenden Verkomplizierung der Rechtslage; dem Gesetzgeber steht jedoch ein Typisierungsspielraum bei der Ausgestaltung der Übergangsregelung zu;[107]
- die Beseitigung von Besteuerungslücken sowie die Missbrauchsbekämpfung. Altfälle dürfen in diesen Fällen nur dann einbezogen werden, wenn hierdurch einer volkswirtschaftlichen Fehllenkung entgegengewirkt werden soll. Voraussetzung ist jedoch, dass die Besteuerungslücke dem Gesetzgeber erst seit kurzem bekannt ist.[108]

II. Völkerrechtliche Vorgaben

1. Vorgaben des allgemeinen Völkerrechts

Nach dem allgemeinen Völkerrecht ist eine Besteuerung grenzüberschreitender Sachverhalte zulässig, wenn das Steuersubjekt eine ausreichend enge Beziehung

---

104 BVerfG, Beschluss vom 07.07.2010, 2 BvL 14/02, 2 BvL 2/04, 2 BvL 13/05, BVerfGE 127, S. 1, 1. Leitsatz.

105 Vgl. BVerfG, Beschluss vom 07.07.2010, 2 BvL 14/02, 2 BvL 2/04, 2 BvL 13/05, BVerfGE 127, S. 1.

106 Vgl. BVerfG, Beschluss vom 07.07.2010, 2 BvL 14/02, 2 BvL 2/04, 2 BvL 13/05, BVerfGE 127, S. 1; BVerfG, Beschluss vom 07.07.2010, 2 BvL 1/03, 2 BvL 57/06, 2 BvL 58/06, BVerfGE 127, S. 31; BVerfG, Beschluss vom 07.07.2010, 2 BvR 748/05, 2 BvR 753/05, 2 BvR 1738/05, BVerfGE 127, S. 61.

107 Vgl. BVerfG, Beschluss vom 07.07.2010, 2 BvL 14/02, 2 BvL 2/04, 2 BvL 13/05, BVerfGE 127, S. 1.

108 Vgl. BVerfG, Beschluss vom 07.07.2010, 2 BvR 748/05, 2 BvR 753/05, 2 BvR 1738/05, BVerfGE 127, S. 61.

zum besteuernden Staat aufweist.[109] Damit besitzt Deutschland für natürliche Personen (§ 1 Abs. 1 Satz 1 EStG) mit Wohnsitz (§ 8 AO) oder gewöhnlichem Aufenthalt (§ 9 AO) das Besteuerungsrecht für das Welteinkommen im Rahmen der sog. unbeschränkten Steuerpflicht. Ebenfalls unterliegen Kapitalgesellschaften (§ 1 Abs. 1 KStG) mit Sitz (§ 11 AO) oder Geschäftsleitung (§ 10 AO) im Inland der unbeschränkten Steuerpflicht in Deutschland und werden mit ihrem Welteinkommen (§ 1 Abs. 2 KStG) besteuert. Die Besteuerung unbeschränkt Steuerpflichtiger folgt demnach insgesamt dem sog. Welteinkommensprinzip. Neben unbeschränkt Steuerpflichtigen werden auch ausländische Steuersubjekte mit ihren im Inland erzielten Einkünften einer Besteuerung unterworfen.[110] In diesem Zusammenhang spricht man im Schrifttum teilweise auch vom sog. „Territorialitätsprinzip"[111], da die Erfassung der steuerpflichtigen Einkünfte auf das Inland beschränkt wird. Im Rahmen der Gewerbesteuer liegt eine ausreichend enge Beziehung vor, wenn eine inländische Betriebsstätte (§ 12 AO) unterhalten wird (§ 2 Abs. 1 Satz 3 GewStG). Insofern folgt auch die Gewerbesteuer dem sog. „Territorialitätsprinzip".[112]

2. Vorgaben des Abkommensrechts als besonderes Völkerrecht

a. Formelles Abkommensrecht

Das Abkommensrecht ist dem besonderen Völkerrecht zuzuordnen. Unter dem Begriff Abkommensrecht soll hier das Recht der DBA verstanden werden. Deutschland hat mit einer großen Anzahl von Staaten DBA abgeschlossen.[113] DBA stellen völkerrechtliche Verträge dar,[114] welche

---

109 Vgl. **Lehner,** in: Vogel/Lehner, DBA, 2015, Grundlagen, Rn. 11 m.w.N. Siehe zum Verhältnis von Völkerrecht und innerstaatlichem Recht auch **Wassermeyer,** in: Debatin/Wassermeyer, Doppelbesteuerung, Vor Art. 1 MA, Rn. 9 ff. m.w.N.

110 Vgl. § 1 Abs. 4 i.V.m. § 49 EStG. Siehe ausführlich hierzu **Reimer,** IStR 2004, S. 816 ff.

111 Vgl. **Hey,** IWB 2004/1 Fach 3, Gruppe 1, S. 2003 ff.; **Lehner,** in: Vogel/Lehner, DBA, 2015, Grundlagen, Rn. 11; **Schaumburg,** DB 2005, S. 1129. Vgl. aber **Reimer,** IStR 2004, S. 816 und **Lehner/Reimer,** IStR 2005, S. 542, welche hierfür zu Recht die präziseren Begriffe Ursprungs- und Quellenprinzip verwenden. Dennoch wird im Laufe der Arbeit weiterhin der Begriff „Territorialitätsprinzip" verwendet, da er sich in diesem Zusammenhang im Schrifttum und in der Rechtsprechung verfestigt hat.

112 Vgl. stellvertretend **Roser,** in: Lenski/Steinberg, GewStG, § 7 GewStG, Rn. 19a.

113 Siehe für eine aktuelle Übersicht BMF, Schreiben vom 17.01.2018, BStBl. I 2018, S. 239 ff.

114 Vgl. **Rust,** IStR 2004, S. 394; **Wassermeyer,** in: Debatin/Wassermeyer, Doppelbesteuerung, Vor Art. 1 MA, Rn. 9; **Lehner,** in: Vogel/Lehner, DBA, 2015, Grundlagen, Rn. 45; **Loukota,** SWI 2005, S. 56.

regelmäßig[115] zwischen zwei verschiedenen Staaten abgeschlossen werden[116] und anschließend durch Transformation[117] in nationales Recht den Rang eines einfachen Bundesgesetzes einnehmen.[118] Im Rahmen der nationalen Gesetzgebung sind die Vorgaben des Abkommensrechts zu beachten. Dies gilt damit auch für die Einführung von Entstrickungsnormen.[119] Auch wenn aus der Transformation der DBA in nationales Recht eine Gleichrangigkeit mit einfachen (Bundes-) Gesetzen resultiert, ist nach den allgemeinen Kollisionsregeln auch nach dem Abschluss eines Abkommens erlassenen Gesetzen trotz des sog. „lex posterior derogat legi priori"-Grundsatzes nicht zwangsläufig der Vorrang einzuräumen. Denn DBA sind nach dem „lex specialis derogat legi generali"-Grundsatz im Vergleich zu dem allgemeingültigen nationalen Gesetz die speziellere Regelung und genießen somit Vorrang.[120] Dies gilt zumindest dann, wenn durch das allgemeingültige Gesetz keine Suspendierung des DBA explizit[121] erfolgt oder sich

---

115 Ausnahmen hiervon stellt die Nordische Doppelbesteuerungskonvention zwischen den skandinavischen Ländern dar; vgl. **Heydt,** Bestandsaufnahme, 2004, S. 34.

116 Hierbei entsprechen die DBA meistens dem OECD-Musterabkommen; vgl. **OECD (Hrsg.),** Model Tax Convention on Income and on Capital, 15.07.2014. Grundsätzlich entsprechen die deutschen DBA im Wesentlichen dem OECD-MA; vgl. **Lehner/Reimer,** IStR 2005, S. 547. Jedoch erfolgte eine Modifizierung regelmäßig in zweierlei Hinsicht. Zum einen die Gewährung der Freistellung bei ausländischen Schachteldividenden, welche an eine deutsche Kapitalgesellschaft ausgeschüttet werden. Das OECD-MA sieht hiervon abweichend in Art. 23 A Abs. 2 und Art. 23 B Abs. 1 OECD die Anrechnungsmethode vor; vgl. **Ismer,** in: Vogel/Lehner, DBA, 2015, Artikel 23B OECD-MA 2014, Rn. 78 ff.; **Lehner/Reimer,** IStR 2005, S. 549. Zum anderen weicht Deutschland vom OECD-MA ab, wenn es sich um sog. Entwicklungsländer handelt, bei denen gezielte deutsche Investitionen geplant sind. Die Abweichung erstreckt sich dabei insbesondere auf die Anrechnung fiktiver Quellensteuern; vgl. **Lehner,** in: Vogel/Lehner, DBA, 2015, Grundlagen, Rn. 36; **Lehner/Reimer,** IStR 2005, S. 547.

117 Vgl. **Wassermeyer,** in: Debatin/Wassermeyer, Doppelbesteuerung, Art. 1 MA, Rn. 6.

118 Vgl. BVerfG, Beschluss vom 15.12.2015, 2 BvL 1/12, DStR 2016, S. 359.

119 Vgl. **Müller,** Besteuerung, 2012, S. 44 ff.

120 Vgl. **Gosch,** DB 2016 Heft 15, S. M5; **Rust/Reimer,** IStR 2005, S. 845.

121 Etwa durch die Formulierung „ungeachtet entgegenstehender Bestimmungen des Abkommens zur Vermeidung der Doppelbesteuerung"; vgl. exemplarisch § 50i Abs. 1 Satz 1 EStG; a.A. **Haendel,** IStR 2017, S. 437 ff., welcher Regelungen zur Wegzugsbesteuerung in DBA als „lex specialis"-Regelungen ungeachtet des Wortlauts von § 50i Abs. 1 Satz 1 EStG durchschlagen lassen will. Dies widerspricht jedoch dem eindeutigen Wortlaut des Beschlusses des BVerfG zu § 50d Abs. 8 EStG und ist somit nicht haltbar; vgl. BVerfG, Beschluss vom 15.12.2015, 2 BvL 1/12, DStR 2016, S. 359, Rn. 88.

aber implizit aus dem Gesamtzusammenhang der Regelung ergibt.[122] Eine solche durch den Gesetzgeber erlassene abkommensverdrängende Regelung wird als „Treaty-Override“ bezeichnet.[123] Jedoch ist die Bindungswirkung von Treaty-Overrides umstritten. Denn ihr wird die Rechtmäßigkeit[124] abgesprochen bzw. die Rechtswidrigkeit[125] aufgrund der Verletzung von Völkerrecht vorgeworfen. Darüber hinaus wird von Vogel[126] die Auffassung vertreten, dass Treaty-Overrides – aufgrund der Nichtbeachtung von DBA als besonderes Völkerrecht – neben dem Völkerrechtsverstoß auch gegen den verfassungsrechtlichen Grundsatz des Rechtsstaatsprinzips in Art. 20 Abs. 3 GG verstoßen und somit nichtig sind.[127] Gestützt wurde diese Auffassung nach der Interpretation von Vogel durch die Entscheidung des BVerfG zur Europäischen Menschenrechtskonvention[128] (sog. „Görgülü-Beschluss“). Insofern sei Völkervertragsrecht auch aus Gründen des Rechtsstaatsprinzips zu beachten. Hiervon könne nur abgewichen werden, wenn aus dem abgeschlossenen DBA ein Verstoß gegen tragende Grundsätze der Verfassung resultiere.[129]

Die Vereinbarkeit eines Treaty-Override mit geltendem Verfassungsrecht wird mittlerweile[130] auch durch mehrere Vorlagebeschlüsse[131] des ersten Senats

---

122 Vgl. **Lehner,** in: Vogel/Lehner, DBA, 2015, Grundlagen, Rn. 200; vgl. hierzu im Allgemeinen auch **Rust/Reimer,** IStR 2005, S. 844 ff.

123 Vgl. diesbezüglich ausführlich **Rust/Reimer,** IStR 2005, S. 844 ff.

124 Vgl. BFH, Urteil vom 13.07.1994, I R 120/93, BStBl. II 1995, S. 129.

125 Vgl. für die völkerrechtlichen Konsequenzen aus Literatursicht stellvertretend **Rust/Reimer,** IStR 2005, S. 844 f. Siehe ebenso die Vorlagebeschlüsse des BFH zu § 50d Abs. 8, 9 und 10 EStG; vgl. BFH, Urteil vom 10.01.2012, I R 66/09, BFH-NV 2012, S. 1056; BFH, Urteil vom 20.08.2014, I R 86/13, BStBl. II 2015, S. 18; BFH, Urteil vom 11.12.2013, I R 4/13, BStBl. II 2014, S. 791.

126 Vgl. **Vogel,** JZ 1997, S. 161; **Vogel,** IStR 2005, S. 29 f.

127 Auch wenn ein Treaty-Override als zulässig erachtet wird, so geht von ihm eine Störung der internationalen Zusammenarbeit aus; vgl. hierzu **Schaumburg,** in: Schaumburg, Internationales, 2017, Kapitel 3 Rechtsquellen des Internationalen Steuerrechts, Rn. 3.25.

128 Vgl. BVerfG, Beschluss vom 14.10.2004, 2 BvR 1481/04, BVerfGE 111, S. 307.

129 Siehe vor allem **Vogel,** IStR 2005, S. 29 f.

130 Der erste Senat des BFH vertrat hingegen früher die Rechtsauffassung, dass ein Treaty-Override keinen verfassungsrelevanten Vorgang darstellt; vgl. BFH, Urteil vom 13.07.1994, I R 120/93, BStBl. II 1995, S. 129.

131 Vgl. BFH, Urteil vom 10.01.2012, I R 66/09, BFH-NV 2012, S. 1056 (Az. BVerfG: 2 BvL 1/12); BFH, Urteil vom 11.12.2013, I R 4/13, BStBl. II 2014, S. 791 (Az. BVerfG: 2 BvL 15/14); BFH, Urteil vom 20.08.2014, I R 86/13, BStBl. II 2015, S. 18 (Az. BVerfG: 2 BvL 21/14).

des BFH beim BVerfG angezweifelt. Dabei vertritt der erste Senat des BFH die Auffassung,[132] dass mit einem Treaty-Override nach dem Grundsatz „pacta sunt servanda“[133] gegen geltendes Völkervertragsrecht verstoßen werde, welches, so die Auffassung des BFH, nach der Rechtsprechung des BVerfG[134] verfassungsrechtlich geschützt sei. Denn mit der durch Art. 59 Abs. 2 GG vollzogenen Transformation des DBA in nationales Recht gehe eine Einschränkung der nationalen Gesetzgebungskompetenz im Hinblick auf die im DBA geschlossenen völkerrechtlich bindenden Vertragsinhalte einher. Durch die Völkerrechtsfreundlichkeit des Grundgesetzes werde dem Gesetzgeber „die Verfügungsmacht über den Rechtsbestand“[135] genommen und wirke daher für ihn als unmittelbar bindendes Gebot sowie als materiell-rechtliche „Sperre“. Ein Bruch des Völkervertragsrechts sei nur bei Verstoß gegen tragende Grundsätze der Verfassung zulässig.[136] Dies gelte auch für die Bewertung der verfassungsrechtlichen Zulässigkeit eines Treaty-Override.[137] Der Treaty-Override lässt sich nach Auffassung des BFH[138] in Bezug auf § 50d Abs. 8 EStG 2002/2004 auch nicht mit der Verhinderung einer sog. „Keinmalbesteuerung“ rechtfertigen.

Mit Beschluss[139] vom 15.12.2015 hat das BVerfG über den Vorlagebeschluss[140] des BFH zur Verfassungsmäßigkeit von § 50d Abs. 8 EStG 2002/2004 entschieden. Nach Auffassung des BVerfG folgt aus Art. 59 Abs. 2 Satz 1 GG, dass „völkerrechtlichen Verträgen, soweit sie nicht in den Anwendungsbereich einer anderen, spezielleren Öffnungsklausel – insbesondere Art. 23 bis 25 GG – fallen, innerstaatlich der Rang eines einfachen (Bundes-)Gesetzes zukommt.“[141] Aufgrund dessen, dass dem DBA der Rang eines einfachen (Bundes-)Gesetzes

132 Vgl. BFH, Urteil vom 10.01.2012, I R 66/09, BFH-NV 2012, S. 1056, unter B.II.3; BFH, Urteil vom 11.12.2013, I R 4/13, BStBl. II 2014, S. 614, unter B.II.3.

133 Auch im Völkerrecht ist dieser allgemein geltende Grundsatz verankert; vgl. WÜRV, Übereinkommen vom 23.05.1969, BGBl. II 1985, S. 926, Art. 26 f.

134 Vgl. BVerfG, Beschluss vom 14.10.2004, 2 BvR 1481/04, BVerfGE 111, S. 307; BVerfG, Urteil vom 03.07.2007, 2 BvE 2/07, BVerfGE 118, S. 244; BVerfG, Urteil vom 04.05.2011, 2 BvR 2333/08, 2 BvR 2365/09, 2 BvR 571/10, 2 BvR 740/10, 2 BvR 1152/10, BVerfGE 128, S. 326.

135 Vgl. BVerfG, Urteil vom 26.03.1957, 2 BvG 1/55, BVerfGE 6, S. 309, allerdings mit anderem Ergebnis.

136 Vgl. BFH, Urteil vom 10.01.2012, I R 66/09, BFH-NV 2012, S. 1056, unter B.II.3.a.

137 Vgl. BFH, Urteil vom 10.01.2012, I R 66/09, BFH-NV 2012, S. 1056, unter B.II.3.b.

138 Vgl. BFH, Urteil vom 10.01.2012, I R 66/09, BFH-NV 2012, S. 1056, unter B.II.3.b.bb.

139 Vgl. BVerfG, Beschluss vom 15.12.2015, 2 BvL 1/12, DStR 2016, S. 359.

140 Vgl. BFH, Urteil vom 10.01.2012, I R 66/09, BFH-NV 2012, S. 1056.

141 BVerfG, Beschluss vom 15.12.2015, 2 BvL 1/12, DStR 2016, S. 359, Tz. 45.

zugesprochen wird, ist nach Auffassung des BVerfG der „lex-posterior-Grundsatz“ zu beachten.[142] Hiernach müssen spätere Gesetzgeber – unter Beachtung der vom Grundgesetz gesteckten Grenzen – die Möglichkeit haben, die Gesetzgebung früherer Gesetzgeber ändern zu können. Gründe für die Einschränkung des „lex-posterior-Grundsatzes“ sind nach Auffassung des BVerfG nicht ersichtlich.[143] Auch lässt sich eine Verfassungswidrigkeit völkerrechtswidriger Gesetze nach Auffassung des BVerfG nicht aus dem „ungeschriebenen Grundsatz der Völkerrechtsfreundlichkeit des Grundgesetzes“[144] herleiten. Zwar genieße dieser Grundsatz Verfassungsrang.[145] Hieraus folgt nach Auffassung des BVerfG jedoch „keine verfassungsrechtliche Pflicht zur uneingeschränkten Befolgung aller völkerrechtlichen Normen“[146]. Zudem könne, entgegen der von BFH und Literatur vertretenen Auffassung, „ein (begrenzter) Vorrang des Völkervertragsrechts vor dem (einfachen) Gesetz oder eine Einschränkung des lex-posterior-Grundsatzes“[147] auch nicht aus dem Rechtsstaatsprinzip hergeleitet werden. Insofern stellt sich die Frage der Auswirkungen dieser jüngst ergangenen Rechtsprechung auf die Ausgestaltung von Entstrickungsnormen, welche im Unterschied zu § 50d Abs. 8 EStG 2002/2004 nicht das Ziel der Keinmalbesteuerung, sondern das Ziel der (überschießenden) Sicherung von Besteuerungssubstrat verfolgen. Dabei ist zu beachten, dass der die Vorlagebeschlüsse vorlegende I. Senat des BFH im Urteil[148] vom 25.05.2016 angedeutet hat, dass er den „insoweit nicht bindenden“ Ausführungen des BVerfG zu folgen gedenkt.[149] Fraglich ist diesbezüglich jedoch, ob dies nur für Fälle einer Keinmalbesteuerung oder aber auch für Fälle der (überschießenden) Sicherung des Besteuerungssubstrats gilt.

b. Materielles Abkommensrecht

Das materielle Abkommensrecht vollzieht in erster Linie die Verteilung der Besteuerungsrechte über Verteilungsnormen. Verteilungsnormen begründen demnach keine Steuerpflicht und aus ihnen erwächst auch kein neues Besteuerungsrecht.[150] Sie verteilen lediglich das nach dem nationalen Recht vorhandene

142 Vgl. BVerfG, Beschluss vom 15.12.2015, 2 BvL 1/12, DStR 2016, S. 359.
143 Vgl. BVerfG, Beschluss vom 15.12.2015, 2 BvL 1/12, DStR 2016, S. 359.
144 BVerfG, Beschluss vom 15.12.2015, 2 BvL 1/12, DStR 2016, S. 359, Tz. 64.
145 Vgl. BVerfG, Beschluss vom 15.12.2015, 2 BvL 1/12, DStR 2016, S. 359, Tz. 65 f.
146 BVerfG, Beschluss vom 15.12.2015, 2 BvL 1/12, DStR 2016, S. 359, Tz. 67.
147 BVerfG, Beschluss vom 15.12.2015, 2 BvL 1/12, DStR 2016, S. 359, Tz. 77.
148 Vgl. BFH, Urteil vom 25.05.2016, I R 64/13, BFH/NV 2016, S. 1512, Tz. 19.
149 Vgl. **Kraft/Ungemach,** DStZ 2016, S. 886.
150 Vgl. **Rust/Reimer,** IStR 2005, S. 844.

Steuersubstrat auf die jeweiligen Vertragspartner und sind somit Ausdruck des Äquivalenzprinzips.[151] Des Weiteren regeln die DBA zu beachtende Diskriminierungsverbote (Art. 24 OECD-MA), welche sich jedoch im Unterschied zum allgemeinen Gleichheitsgrundsatz des Art. 3 Abs. 1 GG nur gegen die steuerliche Benachteiligung und nicht auch gegen die Bevorzugung richten. Keine Benachteiligung stellen jedoch sog. „versteckte" Diskriminierungen dar. Damit wird verhindert, dass auch Benachteiligungen aufgrund unterschiedlicher Steuerpflicht bzw. unterschiedlicher Steuerzahlungsfähigkeit vom Diskriminierungsverbot erfasst werden.[152] Des Weiteren fallen Staatsangehörige eines Staates, welcher nicht Vertragspartner ist, nicht in den Schutzbereich der Diskriminierungsverbote.[153] Im Ergebnis sind folgende abkommensrechtlichen Diskriminierungsverbote zu unterscheiden:[154]

- Diskriminierung von inländischen Unternehmen natürlicher und juristischer Personen des anderen Vertragssstaats aufgrund deren Staatsangehörigkeit (Art. 24 Abs. 1 OECD-MA);
- Diskriminierung von inländischen Betriebsstätten eines im anderen Vertragsstaat anssässigen Unternehmens (Art. 24 Abs. 3 OECD-MA);
- Diskriminierung von inländischen Unternehmen bei Zahlungen an ausländische Empfänger im Hinblick auf den Abzug von Betriebsausgaben (Art. 24 Abs. 4 OECD-MA);
- Diskriminierung von inländischen Kapital- und Personengesellschaften, weil daran ganz oder teilweise, unmittelbar oder mittelbar natürliche oder juristische Personen des anderen Vertragsstaates beteiligt sind (Art. 24 Abs. 5 OECD-MA).

Ausschließlich relevant für die Ausgestaltung von Entstrickungsnormen ist das Diskriminierungsverbot nach Art. 24 Abs. 5 OECD-MA, nach welchem zu prüfen ist, ob inländische Kapital- oder Personengesellschaften aufgrund der Beteiligung von im Ausland ansässigen Gesellschaftern benachteiligt werden. Diese Regelung findet sich in allen Doppelbesteuerungsabkommen der hier

151 Vgl. **Zuber,** Anknüpfungsmerkmale, 1991, S. 107 ff. Zur Kritik am Äquivalenzprinzip vgl. **Dölker,** Personengesellschaften, 2012, S. 48.

152 Vgl. **Wassermeyer/Schwenke,** in: Debatin/Wassermeyer, Doppelbesteuerung, Art. 24 MA, Rn. 1.

153 Vgl. **Wassermeyer/Schwenke,** in: Debatin/Wassermeyer, Doppelbesteuerung, Art. 24 MA, Rn. 2.

154 Vgl. **Schaumburg,** in: Schaumburg, Internationales, 2017, Kapitel 4 Gleichbehandlungsgebote und Diskriminierungsverbote im Internationalen Steuerrecht, Rn. 4.51 ff.

betrachteten Zuzugsstaaten (Art. 24 Abs. 5 DBA Österreich, Art. 24 Abs. 5 DBA Vereinigtes Königreich, Art. 24 Abs. 4 DBA USA, Art. 24 Abs. 4 DBA Schweiz,).

III. Vorgaben des Europarechts

1. Sekundäres Europarecht

Für den Bereich der Entstrickungsnormen im Zusammenhang mit Umwandlungen ist nach sekundärem Europarecht die FRL[155] in der aktuell gültigen Neufassung vom 19.10.2009 zu beachten. Die Richtlinie verfolgt das Ziel, binnenmarktähnliche Verhältnisse in der Gemeinschaft dadurch zu fördern, dass sie „Beschränkungen, Benachteiligungen oder Verfälschungen aufgrund von steuerlichen Vorschriften der Mitgliedschaften"[156] unterbindet. Ungeschriebene Leitlinie der FRL ist dabei die Niederlassungsfreiheit.[157] Das der FRL zugrunde liegende Konzept verfolgt die Steuerneutralität der in der Richlinie genannten Vorgänge.[158] Damit sollen durch Umwandlungen weder Steuerzahlungen vorzeitig ausgelöst, noch Steuervorteile vorzeitig gewährt werden. Um dies zu erreichen, soll, soweit möglich, sowohl auf der Gesellschaftsebene als auch auf der Anteilseignerebene die Buchwertfortführung zur Anwendung kommen.[159] Im Ergebnis soll damit lediglich ein Steueraufschub bis zur tatsächlichen Realisation am Markt gewährt werden.[160] Die FRL ist nur für EU-Mitgliedstaaten anwendbar, nicht hingegen für die verbleibenden Staaten des EWR.[161] Der Verpflichtung zur Transformation der FRL in nationales Recht ist Deutschland mit dem SEStEG[162] nachgekommen.[163]

---

155 Richtlinie 2009/133/EG des Rates vom 19. Oktober 2009 über das gemeinsame Steuersystem für Fusionen, Spaltungen, Abspaltungen, die Einbringung von Unternehmensteilen und den Austausch von Anteilen, die Gesellschaften verschiedener Mitgliedstaaten betreffen, sowie für die Verlegung des Sitzes einer Europäischen Gesellschaft oder einer Europäischen Genossenschaft von einem Mitgliedstaat in einen anderen Mitgliedstaat, ABl. EU Nr. L310 vom 25.11.2009, S. 34–46.

156 Vgl. Präambel Abs. 2 FRL.

157 Vgl. **Dautzenberg,** in: Haritz/Menner (Hrsg.), UmwStG, 2015, Einf. C, Rn. 141.

158 Vgl. **Herzig/Dautzenberg,** BFuP 1993, S. 474 f.; **Kraft,** SteuerStud 1993, S. 435.

159 Vgl. **Altheim,** IStR 1993, S. 409; **Dautzenberg,** in: Haritz/Menner (Hrsg.), UmwStG, 2015, Einf. C, Rn. 146.

160 Vgl. **Jacobs,** Unternehmensbesteuerung, 2016, S. 182.

161 Vgl. **Dautzenberg,** in: Haritz/Menner (Hrsg.), UmwStG, 2015, Einf. C, Rn. 150.

162 SEStEG, Gesetz vom 07.12.2006, BGBl. I 2006, S. 2782 ff.

163 Vgl. **Fehling,** in: Schaumburg/Englisch, Europäisches Steuerrecht, 2015, Kapitel 17 Fusionsrichtlinie, Rn. 17.89.

Unter sachlichen Gesichtspunkten ist die FRL lediglich für solche Vorgänge anwendbar, welche ausdrücklich hierin geregelt sind.[164] Dies sind im Einzelnen:[165]

- **Fusion:** Von diesem Begriff ist die Fusion durch Aufnahme, die Fusion durch Neugründung sowie der „upstream-merger“ erfasst. Voraussetzung aller drei Fusionsformen ist, dass das gesamte Aktiv- und Passivvermögen einer Gesellschaft übertragen werden muss. Weitere Voraussetzung ist, dass die Gegenleistung in der Gewährung von Anteilsrechten besteht. Dies entfällt jedoch beim „upstream-merger“ mangels außenstehendem Anteilseigner. Eine Barzuzahlung ist max. i.H.v. 10% des Nennwerts oder rechnerischen Werts der neu hingegebenen Anteilsrechte möglich;[166]
- **Spaltung und Abspaltung:** Unter dem Begriff der Spaltung versteht die FRL die Aufteilung des gesamten Aktiv- und Passivvermögens einer Gesellschaft auf zwei oder mehr Gesellschaften zum Zeitpunkt ihrer Auflösung. Voraussetzung ist wieder die Gewährung von Anteilsrechten als Gegenleistung. Eine Barzuzahlung ist auch hier max. i.H.v. 10% des Nennwerts oder rechnerischen Werts der ausgegebenen Anteile möglich.[167] Die Abspaltung unterscheidet sich von der Spaltung dadurch, dass zum einen Teilbetriebe übertragen werden und das zum anderen beim übertragenen Rechtsträger nach der Übertragung noch mindestens ein Teilbetrieb verbleiben muss (sog. „doppelter Teilbetriebsbegriff“). Die übrigen Voraussetzungen gelten zur Spaltung analog;[168]
- **Einbringung:** Der Begriff der Einbringung bezeichnet nach der FRL die Übertragung des gesamten Betriebes oder aber die Übertragung von einem oder mehreren Teilbetrieb(en) gegen Gewährung von Gesellschaftsrechten. Ebenso wie bei der Abspaltung bleibt die übertragene Gesellschaft auch bei der Einbringung im Nachgang bestehen.[169] Der Unterschied zur Abspaltung liegt zum einen darin, dass bei der Einbringung die übertragende Gesellschaft

---

164 Vgl. **Dautzenberg,** in: Haritz/Menner (Hrsg.), UmwStG, 2015, Einf. C, Rn. 153.

165 Vgl. **Debatin,** BB 1991, S. 948 ff.; **Krebs,** ZGR 1992, S. 348 f.; **Förster/Schollmeier,** Harmonisierung, 1995, S. 820 ff.; **Bogenschütz,** FS Debatin, 1997, S. 38 f.; **Kellersmann/Treisch,** Unternehmensbesteuerung, 2013, S. 220 ff.

166 Vgl. Art. 2 Buchst. a) FRL; siehe auch **Fehling,** in: Schaumburg/Englisch, Europäisches Steuerrecht, 2015, Kapitel 17 Fusionsrichtlinie, Rn. 17.31.

167 Vgl. Art. 2 Buchst. b) FRL.

168 Vgl. **Fehling,** in: Schaumburg/Englisch, Europäisches Steuerrecht, 2015, Kapitel 17 Fusionsrichtlinie, Rn. 17.33 f.

169 Vgl. Art. 2 Buchst. d) FRL.

selbst an der übernehmenden Gesellschaft beteiligt wird, wohingegen bei der Abspaltung die Gesellschafter der übertragenden Gesellschaft die Anteile an der übernehmenden Gesellschaft erhalten. Zum anderen wird bei der Einbringung, im Unterschied zur Abspaltung, nicht verlangt, dass ein Teilbetrieb bei der übertragenden Gesellschaft zurückbleibt. Insofern kommt der doppelte Teilbetriebsbegriff bei Einbringungen nicht zum tragen;[170]

- **Anteilstausch:** Unter Anteilstausch fasst die FRL aus Sicht der erwerbenden Gesellschaft den mehrheitlichen Erwerb bzw. den Ausbau der mehrheitlichen Anteile an einer Gesellschaft durch Hingabe eigener Anteile.[171] Aus Sicht des Gesellschafters der erwerbenden Gesellschaft handelt es sich gesellschaftsrechtlich um eine Einbringung der erworbenen Anteile in die erwerbende Gesellschaft.[172] Auch im Rahmen des Anteilstauschs gilt die Voraussetzung, dass eine Barzuzahlung i.H.v. max. 10% des Nennwerts bzw. des rechnerischen Werts der ausgegebenen Anteilsrechte möglich ist;[173]
- **Sitzverlegung:** Die FRL regelt neben Umwandlungen auch die Sitzverlegung bestimmter Gesellschaftsformen.[174] Sie ermöglicht damit die Verlegung des satzungsmäßigen Sitzes (§ 11 AO) einer SE oder SCE von einem Mitgliedstaat in einen anderen Mitgliedstaat ohne Auflösung der bestehenden Gesellschaft oder Neugründung einer juristischen Person.[175]

Unter persönlichen Gesichtspunkten ist die FRL auf „Gesellschaften"[176] anzuwenden, welche in einem Mitgliedstaat „ansässig"[177] sind und „nicht aufgrund eines Doppelbesteuerungsabkommens mit einem dritten Staat als außerhalb der Gemeinschaft ansässig gesehen"[178] werden. Des Weiteren müssen an den betreffenden Vorgängen „Gesellschaften aus zwei oder mehr Mitgliedstaaten"[179] beteiligt sein. Als „Gesellschaften" kommen nach Anhang I Teil A der

---

170 Vgl. **Dautzenberg,** in: Haritz/Menner (Hrsg.), UmwStG, 2015, Einf. C, Rn. 164; **Fehling,** in: Schaumburg/Englisch, Europäisches Steuerrecht, 2015, Kapitel 17 Fusionsrichtlinie, Rn. 17.37.

171 Vgl. Art. 2 Buchst. e) FRL.

172 Vgl. **Dautzenberg,** in: Haritz/Menner (Hrsg.), UmwStG, 2015, Einf. C, Rn. 168.

173 Vgl. Art. 2 Buchst. e) FRL; vgl. im Detail 17.38.

174 Vgl. Art. 1 Buchst. b) i.V.m. Art. 12 FRL.

175 Vgl. **Fehling,** in: Schaumburg/Englisch, Europäisches Steuerrecht, 2015, Kapitel 17 Fusionsrichtlinie, Rn. 17.39.

176 Vgl. Art. 3 Buchst. a) i.V.m. Anhang I Teil A FRL.

177 Vgl. Art. 3 Buchst. b) FRL.

178 Vgl. Art. 3 Buchst. b) FRL.

179 Vgl. Art. 1 Buchst. a) FRL.

FRL ausschließlich Kapitalgesellschaften oder sonstige juristische Personen in Betracht. Folgende nach deutschem Recht gegründete Gesellschaftsformen sind danach vom Wortlaut der Richlinie umfasst:

- Aktiengesellschaft;
- Kommanditgesellschaft auf Aktien;
- Gesellschaft mit beschränkter Haftung;
- Versicherungsverein auf Gegenseitigkeit;
- Erwerbs- und Wirtschaftsgenossenschaft;
- Betriebe gewerblicher Art von juristischen Personen des öffentlichen Rechts;
- andere nach deutschem Recht gegründete Gesellschaften, die der Körperschaftsteuer unterliegen.

Zwar sind Personengesellschaften vom Wortlaut der FRL nicht erfasst. Eine Ausnahme besteht jedoch nach Art. 8 Abs. 3 FRL. Hiernach werden eine oder mehrere steuerlich transparente Zwischengesellschaft(en) für Zwecke der FRL negiert, wenn die Zwischengesellschaft(en) Anteile an Gesellschaften i.S.d. FRL hält (halten), und diese Gesellschaften Umstrukturierungsvorgänge i.S.d. FRL vollziehen.

Trotz der von der o.g. Ausnahme abgesehenen Nichterfassung von Personengesellschaften im Wortlaut der FRL ist die Niederlassungsfreiheit nach Art. 54 AEUV auch für Personengesellschaften anwendbar, wenn eine Gründung nach dem Zivilrecht eines EU-Mitgliedstaates erfolgt ist. Da die FRL dem Gedanken der Niederlassungsfreiheit folgt, ist eine Anwendung der FRL auf Personengesellschaften nach Auffassung des Schrifttums zumindest dann geboten, wenn bzw. soweit das Körperschaftsteuerrecht trotz des Vorliegens einer Personengesellschaft nicht verlassen wird.[180] Dies ist z.B. dann der Fall, wenn an einer (gewerblich geprägten) GmbH & Co. KG Kapitalgesellschaften (teilweise) unmittelbar oder mittelbar über andere Personengesellschaften beteiligt sind. Insofern ist die FRL auch bei Umstrukturierungen anwendbar, an denen Personengesellschaften teilnehmen, soweit an diesen Kapitalgesellschaften unmittelbar oder mittelbar über andere Personengesellschaften beteiligt sind.

Nach Art. 3 Buchst. b) FRL kann eine „Gesellschaft eines Mitgliedstaates" nur dann die FRL in Anspruch nehmen, wenn sie „nach dem Steuerrecht eines Mitgliedstaats als in diesem Staate ansässig" anzusehen ist und „nicht aufgrund eines Doppelbesteuerungsabkommens mit einem dritten Staat als außerhalb

---

180 Vgl. diesbezüglich auch **Dautzenberg,** in: Haritz/Menner (Hrsg.), UmwStG, 2015, Einf. C, Rn. 182; **Liekenbrock,** DStR 2015, S. 1540.

der Gemeinschaft ansässig gesehen wird". Der Begriff der „Ansässigkeit" richtet sich damit im Ergebnis nach der abkommensrechtlichen Ansässigkeit. Somit sind nur solche Gesellschaften von der FRL erfasst, welche nicht ihren Ort der Geschäftsleitung (sog. „tie breaker rule") in einem Drittstaat haben.[181] Des Weiteren erfasst die FRL nur grenzüberschreitende Umwandlungen, da „Gesellschaften aus zwei oder mehr Mitgliedstaaten" an der Umwandlung beteiligt sein müssen. Rein nationale Umstrukturierungsvorgänge fallen damit nicht unter den Schutz der FRL.

Die FRL räumt den EU-Mitgliedstaaten in Art. 15 Abs. 1 Buchst. a) FRL ein Wahlrecht ein, die gewährte Steuerneutralität zu versagen oder rückgängig zu machen, wenn die Umstrukturierung hauptsächlich aus Gründen der „Steuerhinterziehung oder -umgehung"[182] erfolgte oder die Voraussetzungen für die Arbeitnehmermitbestimmung in den Organen[183] durch die Umstrukturierung in einer der an dem Vorgang beteiligten oder nicht beteiligten Gesellschaften im Nachgang nicht mehr erfüllt ist. Insofern handelt es sich bei Art. 15 FRL um eine Missbrauchsvermeidungsnorm. Zuständig für die erste zu klärende Frage, ob aus europarechtlicher Sicht überhaupt Missbrauch vorliegt, ist der EuGH. Nur wenn der Missbrauch aus europarechtlicher Sicht zu bejahen ist, ist eine seitens des nationalen Gesetzgebers erlassene Anti-Missbrauchsnorm zulässig und verstößt somit nicht gegen die FRL. Jedoch ist darauf hinzuweisen, dass das Streben nach der Erlangung steuerrechtlicher Vorteile nach Auffassung des EuGH keinen Missbrauch und damit keinen vernünftigen Grund zur Ausübung des Wahlrechts darstellt.[184] Darüber hinaus verlangt der EuGH bei der Ausgestaltung nationaler Missbrauchsnormen, dass diese dem Verhältnismäßigkeitsgrundsatz genügen und dem Steuerpflichtigen zudem einen Gegenbeweis ermöglichen.[185]

2. *Primäres Europarecht*

Soweit die schon dargestellte FRL keine Regelung enthält (Vorrang des sekundären Unionsrechts als lex specialis), sind auf der primären supranationalen Ebene

---

181 Vgl. **Dautzenberg,** in: Haritz/Menner (Hrsg.), UmwStG, 2015, Einf. C, Rn. 189.

182 Art. 15 Abs. 1 Buchst. a) FRL.

183 Vgl. Art. 15 Abs. 1 Buchst. b) FRL.

184 Vgl. EuGH, Urteil vom 17.07.1997, Rs. C-28/95, Slg. 1997, S. I-4161, Rn. 47; EuGH, Urteil vom 10.11.2011, C-126/10, Slg. 2011, S. I-10923, Rn. 34.

185 Vgl. **Dautzenberg,** in: Haritz/Menner (Hrsg.), UmwStG, 2015, Einf. C, Rn. 255 ff.

die multinationalen Diskriminierungsverbote des EU-Rechts zu beachten.[186] In erster Linie fallen darunter die speziellen und daher vorrangigen vier Grundfreiheiten, namentlich die Warenverkehrsfreiheit (Art. 28 ff. AEUV), die Personenfreizügigkeit (welche sowohl die Arbeitnehmerfreizügigkeit nach Art. 45 ff. AEUV sowie die Niederlassungsfreiheit nach Art. 49 ff. AEUV umfasst), die Dienstleistungsfreiheit (Art. 56 ff. AEUV) und die Kapitalverkehrsfreiheit (Art. 63 ff. AEUV). Diesen speziellen Grundfreiheiten nachrangig ist das allgemeine Diskriminierungsverbot des Art. 18 ff. AEUV.

Für die Frage der Europarechtskonformität von Entstrickungsnormen ist die Warenverkehrsfreiheit nicht anwendbar, da sie nur auf indirekte Steuern abzielt. Auch die Arbeitnehmerfreizügigkeit läuft in diesem Falle leer, da von der Arbeitnehmerfreizügigkeit nur der weisungsgebundene Grundfreiheitsträger umfasst ist. Hinsichtlich der Dienstleistungsfreiheit ist anzumerken, dass diese ggü. den anderen drei Grundfreiheiten gem. Art. 57 Abs. 1 AEUV subsidiär wirkt. Somit verbleiben für die Beurteilung der europarechtlichen Konformität des Unternehmensteuerrechts im Allgemeinen[187] und von Entstrickungsnormen im Speziellen sowohl die Niederlassungs- als auch die Kapitalverkehrsfreiheit. Aufgrund der Anwendbarkeit zweier spezieller Grundfreiheiten und der damit verbundenen Verdrängungswirkung bedarf es demnach keiner Überprüfung des allgemeinen Diskriminierungsverbots.

Der Niederlassungs- und der Kapitalverkehrsfreiheit inhärent sind sowohl ein Diskriminierungs- als auch ein Beschränkungsverbot.[188] Diese sind zwar

---

186 Vgl. **Wouters,** EC Tax Review 1999, S. 98. Diese stellen ebenso wie die abkommensrechtlichen Diskriminierungsverbote in Art. 24 OECD-MA nur auf Benachteiligungen und nicht hingegen auf Bevorteilungen ab.

187 Vgl. **Rödder,** DStR 2004, S. 1629; **Jacobs,** Unternehmensbesteuerung, 2016, S. 196.

188 Das Diskriminierungsverbot der Niederlassungsfreiheit richtet sich an den Tätigkeitsstaat und verlangt, dass dieselben Rechtsvorschriften auf die Niederlassung von EU-Ausländern anzuwenden sind wie auf vergleichbare Inländer. Das Beschränkungsverbot der Niederlassungsfreiheit richtet sich an Tätigkeits- und (Wohn-) Sitzstaat. Vom Tätigkeitsstaat wird hiernach verlangt, dass EU-Ausländer bei ihrer Niederlassung im Tätigkeitsstaat keine Nachteile hinzunehmen haben. Vom (Wohn-) Sitzstaat wird verlangt, dass sie die Niederlassungswahl der eigenen Staatsangehörigen bzw. Unternehmen in einem anderen EU-Mitgliedstaat nicht behindern. Der Wortlaut der Kapitalverkehrsfreiheit stellt gem. Art. 63 Abs. 1 AEUV explizit nur auf die Beschränkung des Kapitalverkehrs ab. Dennoch beinhaltet er aufgrund der diskriminierenden Wirkung von Beschränkungen auch ein Diskriminierungsverbot. Nach der Kapitalverkehrsfreiheit hat der Staat, in welchem die Kapitalanlage erfolgt (Kapitalanlagestaat), dafür Sorge zu tragen, dass die Kapitalanlage von EU-Ausländern und Inländern einer identischen Steuerbelastung unterliegt. Im Gegenzug hat der (Wohn-)

lediglich auf grenzüberschreitende Sachverhalte anwendbar,[189] an denen natürliche oder juristische Personen beteiligt sind,[190] umfassen aber dann sowohl offene als auch versteckte Diskriminierungen.[191] Unterschiede ergeben sich jedoch hinsichtlich der Wirkung der beiden Grundfreiheiten. Die Niederlassungsfreiheit entfaltet ihren Schutzbereich nur zwischen EU-Mitgliedstaaten.[192] Demgegenüber kann sich ein Drittstaat im Kapital- und Zahlungsverkehr mit einem EU-Mitgliedstaat auch auf die Kapitalverkehrsfreiheit berufen.[193] Aufgrund dieses Konkurrenzverhältnisses ist es notwendig, dass in Drittlandsfällen neben dem Verstoß gegen die Kapitalverkehrsfreiheit auch immer ein Verstoß gegen die Niederlassungsfreiheit vorliegen muss.[194] Ist dies nicht der Fall, verdrängt die Niederlassungsfreiheit die Kapitalverkehrsfreiheit und der im Drittland Ansässige kann sich nicht auf den Verstoß gegen die Kapitalverkehrsfreiheit berufen.[195] Relevant wird diese Abgrenzung insbesondere im Rahmen von Gesellschaftsbeteiligungen. Hier ist die Anwendung der Niederlassungsfreiheit dann gegeben, wenn der Anteilseigner eine die Gesellschaft beherrschende Stellung innehat. In einem solchen Fall wäre die Niederlassungsfreiheit einschlägig, auf welche sich der im Drittland ansässige Anteilseigner jedoch nicht berufen kann. Sofern der Anteilseigner jedoch eine Beteiligung hält, welche ihm keine beherrschende

---

sitzstaat sicherzustellen, dass eine Kapitalanlage in einem anderen EU-Mitgliedstaat nicht durch nationale Bestimmungen erschwert wird; vgl. **Jacobs,** Unternehmensbesteuerung, 2016, S. 197 ff.

189 Vgl. **Jacobs,** Unternehmensbesteuerung, 2016, S. 197 ff.

190 Vgl. Art. 54, 61 AEUV.

191 Vgl. EuGH, Urteil vom 16.05.2000, Rs. C-87/99, FR 2000, S. 674: „Nach ständiger Rechtsprechung verbieten die Gleichbehandlungsvorschriften […] nicht nur offene Diskriminierungen, sondern auch alle verschleierten Formen von Diskriminierung, die durch die Anwendung anderer Unterscheidungsmerkmale tatsächlich zu demselben Ergebnis führen".

192 In Bezug auf die Schweiz ist darüber hinaus aber auch das Abkommen zwischen der Europäischen Gemeinschaft und ihren Mitgliedstaaten einerseits und der Schweizerischen Eidgenossenschaft andererseits über die Freizügigkeit zu beachten; vgl. hierzu aktuell FG Baden-Württemberg, Vorabentscheidungsersuchen vom 14.06.2017, 2 K 2413/15, EFG 2018, S. 18.

193 Vgl. Art. 63 Abs. 1 AEUV; **Schaumburg,** in: Schaumburg, Internationales, 2017, Kapitel 4 Gleichbehandlungsgebote und Diskriminierungsverbote im Internationalen Steuerrecht, Rn. 4.33.

194 Vgl. **Schaumburg,** in: Schaumburg, Internationales, 2017, Kapitel 4 Gleichbehandlungsgebote und Diskriminierungsverbote im Internationalen Steuerrecht, Rn. 4.34.

195 Vgl. EuGH, Urteil vom 13.11.2012, Rs. C-35/11, IStR 2012, S. 924; BFH, Urteil vom 29.08.2012, I R 7/12, BStBl. II 2013, S. 89.

Stellung vermittelt, findet die Niederlassungsfreiheit keine Anwendung. Insofern wäre für einen im Drittland ansässigen Anteilseigner jedoch die Kapitalverkehrsfreiheit anwendbar.[196]

Sofern ein Verstoß gegen eine der Grundfreiheiten vorliegt, bedarf dieser einer Rechtfertigung.[197] Der AEUV lässt allgemein eine Beschränkung der Grundfreiheiten aus Gründen der öffentlichen Ordnung, Sicherheit oder Gesundheit ausdrücklich zu (Art. 45 Abs. 3, Art. 52 Abs. 1, Art. 62, Art. 65 Abs. 1 Buchst. b) AEUV). Darüber hinaus sind in den Vorschriften zur Kapitalverkehrsfreiheit (Art. 65 Abs. 1 Buchst. a) und Abs. 2 AEUV) steuerspezifische Rechtfertigungsgründe manifestiert,[198] welchen aber nach der ständigen Rechtsprechung des EuGH[199] nur deklaratorischer Charakter zukommt.[200] Neben den gerade genannten ausdrücklichen Rechtfertigungsgründen hat der EuGH in ständiger Rechtsprechung auch ungeschriebene Rechtfertigungsgründe anerkannt. Beschränkungen der Grundfreiheiten sind im Rahmen des Steuerrechts gerechtfertigt, wenn zwingende Gründe des Allgemeininteresses betroffen sind.[201] Eine Rechtfertigung sieht der EuGH das Steuerrecht betreffend in folgenden Fällen vor:

- Verhinderung von Steuerhinterziehung, Steuerumgehung oder Steuermissbrauch;[202]

196 Vgl. **Reimer,** in: Schaumburg/Englisch, Europäisches Steuerrecht, 2015, Kapitel 7 Diskriminierungs- und Beschränkungsverbote im direkten Steuerrecht, Rn. 7.74.

197 Hinsichtlich des durch den EuGH angewandten Prüfungsmaßstabes sowie den Versuchen der Rechtfertigung durch die EU-Mitgliedstaaten siehe **Rödder,** DStR 2004, S. 1629 f.

198 Vgl. **Englisch,** in: Schaumburg/Englisch, Europäisches Steuerrecht, 2015, Kapitel 7 Diskriminierungs- und Beschränkungsverbote im direkten Steuerrecht, Rn. 7.201.

199 Vgl. EuGH, Urteil vom 06.06.2000, Rs. C-35/98, Slg. 2000, S. I-4113, Rn. 44 ff.; EuGH, Urteil vom 07.09.2004, C-319/02, Slg. 2004, S. I-7477, Rn. 29; EuGH, Urteil vom 08.09.2005, C-512/03, Slg. 2005, S. 7705, Rn. 42; EuGH, Urteil vom 17.01.2008, C-256/06, Slg. 2008, S. I-123, Rn. 39 ff.; EuGH, Urteil vom 11.09.2008, C-11/07, Slg. 2008, S. I-6845, Rn. 59; EuGH, Urteil vom 19.11.2009, C-540/07, Slg. 2008, S. I-10983, Rn. 49.

200 Vgl. **Englisch,** in: Schaumburg/Englisch, Europäisches Steuerrecht, 2015, Kapitel 7 Diskriminierungs- und Beschränkungsverbote im direkten Steuerrecht, Rn. 7.201.

201 Vgl. **Englisch,** in: Schaumburg/Englisch, Europäisches Steuerrecht, 2015, Kapitel 7 Diskriminierungs- und Beschränkungsverbote im direkten Steuerrecht, Rn. 7.202.

202 Vgl. bspw. EuGH, Urteil vom 09.03.1999, C-212/97, Slg. 1999, S. I-1459.

- Wahrung der ausgewogenen Aufteilung der Besteuerungsbefugnis zwischen den Mitgliedstaaten;[203]
- Wahrung der Wirksamkeit der steuerlichen Kontrolle;[204]
- Verhinderung der Gefahr einer steuermindernden Doppelentlastung;[205]
- Wahrung der Kohärenz des innerstaatlichen Steuersystems.[206]

Auch wenn die gesetzliche Maßnahme einen dieser Rechtfertigungsgründe erfüllt, muss sie darüber hinaus dem Verhältnismäßigkeitsgrundsatz[207] genügen und darf insofern keine überschießende Wirkung hinsichtlich des verfolgten Zieles entfalten.[208] Demnach ist das mildeste Mittel zur Zielerreichung einzusetzen.[209]

C. Wirtschaftliche Vorgaben

I. Allokationseffizienz

a. Effizienz i.S.d. neoklassischen Volkswirtschaftslehre

In der neoklassichen Volkswirtschaftslehre wird unterstellt, dass sich das aus gesamtwirtschaftlicher Perspektive beste Ergebnis dann einstellt, wenn die Ressourcen allein durch die Kräfte des Marktes allokiert werden und steuerliche und sonstige staatliche Eingriffe diese Allokation durch ihr Handeln nicht beeinflussen (Allokationseffizienz).[210] Diesen aus neoklassischer Sicht optimalen

---

203 Vgl. z.B. EuGH, Urteil vom 12.05.1998, C-336/96, Slg. 1998, S. I-2793; EuGH, Urteil vom 12.09.2006, Rs. C-196–04, DB 2006, S. 2045; EuGH, Urteil vom 29.03.2007, Rs. C-347/04, Slg. 2007, S. I-2647.

204 Vgl. bspw. EuGH, Urteil vom 14.09.2006, C-386/04, Slg. 2006, S. I-8203.

205 Vgl. bspw. EuGH, Urteil vom 13.12.2005, Rs. C-446/03, Slg. 2005, S. I-10837; EuGH, Urteil vom 15.05.2008, C-414/06, Slg. 2008, S. I-3601.

206 Rechtsnormen sind im Gesamtkontext und nicht isoliert zu betrachten; vgl. EuGH, Urteil vom, 07.09.2004, C-319/02, Slg. 2004, S. I-7477.

207 Vgl. grundlegend EuGH, Urteil vom 30.11.1995, Rs. C-55/94, Slg. 1995, S. I-4186.

208 Vgl. bspw. EuGH, Urteil vom 30.06.2011, C-262/09, Slg. 2011, S. I-5669; EuGH, Urteil vom 29.11.2011, C-371/10, Slg. 2011, S. I-12273.

209 Vgl. **Schaumburg,** in: Schaumburg, Internationales, 2017, Kapitel 4 Gleichbehandlungsgebote und Diskriminierungsverbote im Internationalen Steuerrecht, Rn. 4.20; **Englisch,** in: Schaumburg/Englisch, Europäisches Steuerrecht, 2015, Kapitel 7 Diskriminierungs- und Beschränkungsverbote im direkten Steuerrecht, Rn. 7.205.

210 Vgl. **Musgrave/Musgrave/Kullmer,** Theorie, 1993, S. 89 ff.; **Schulz,** Harmonisierung, 2012, S. 105 f.

Gleichgewichtszustand bezeichnet man auch als pareto-effizient.[211] Er ist dann erreicht, wenn keiner der Marktteilnehmer besser gestellt werden kann, ohne dass ein anderer Marktteilnehmer gleichzeitig schlechter gestellt wird. Zur Erreichung dieses Zustands ist es erforderlich, dass insbesondere durch die Besteuerung keine Entscheidungswirkungen hervorgerufen werden, welche das pareto-effiziente Ergebnis beeinflussen. Denn ansonsten stellen sich, neben den hinzunehmenden Einkommenseffekten, Substitutionseffekte ein, welche die relativen Preise an den Primärgütermärkten beeinflussen.[212] Aus der Besteuerung und den daraus folgenden Substitutionseffekten resultiert ein gesamtwirtschaftlicher Wohlfahrtsverlust, welcher die durch den Staat vereinnahmte Steuerzahlung übersteigt.[213]

b. Betriebswirtschaftliche Entscheidungsneutralität der Besteuerung als Bedingung für Allokationseffizienz

Die gesamtwirtschaftlich geforderte Allokationseffizienz findet ihre Konkretisierung in der Betriebswirtschaftslehre in dem durch die Betriebswirtschaftliche Steuerlehre geprägten Begriff der Entscheidungsneutralität der Besteuerung.[214] Entscheidungsneutralität der Besteuerung liegt dann vor, wenn die Besteuerung „die relativen Preise auf dem Markt nicht verändert."[215] Die Entscheidungsneutralität lässt sich weiter untergliedern in die Rechtsformneutralität sowie die Investitions- und Finanzierungsneutralität.

(1) Rechtsformneutralität

Der Gleichheitsgrundsatz i.S.d. Art. 3 Abs. 1 GG findet seine Ausprägung unter anderem in der durch die juristische und ökonomische Literatur formulierte Forderung nach der Rechtsformneutralität der Unternehmensbesteuerung.[216]

---

211 Vgl. **Pareto,** Manuale, 1919, S. 1 ff.; **Schmiel,** Problematik, 2007, S. 3; **Schulz,** Harmonisierung, 2012, S. 106.

212 Vgl. **Wagner,** in: FS Schneider, 1995, S. 741; **Schön,** in: Zukunft, 2005, S. 26; **Schulz,** Harmonisierung, 2012, S. 106.

213 Vgl. **Wagner,** in: FS Schneider, 1995, S. 741; **Schön,** in: Zukunft, 2005, S. 28; **Schmiel,** Problematik, 2007, S. 4; **Schulz,** Harmonisierung, 2012, S. 106.

214 Vgl. **Wagner,** in: FS Schneider, 1995, S. 739 ff.; **Elschen,** StuW 1991, S. 99; **Treisch,** SteuerStud 2000, S. 368.

215 Vgl. **Elschen,** StuW 1991, S. 109.

216 Vgl. **Drüen,** GmbHR 2008, S. 394; **Schreiber,** in: FS Siegel, 2005, S. 578; **Siegel,** in: FS Wagner, 2004, S. 202 f.; **Wöhe,** ZfbF 1980, S. 519; a.A. **Schneider,** in: FS Bareis, 2005, S. 275 ff.

b. Rechts- und Planungssicherheit

Die einerseits gleichheitsrechtskonforme Ausgestaltung des Steuerrechts führt andererseits zu einer Erhöhung der Komplexität[228] des Steuerrechts mit der Folge mangelnder Rechts- und Planungssicherheit.[229] In der Vergangenheit gab es zahlreiche Vorschläge zur Vereinfachung des Steuerrechts.[230] Der Wunsch nach einem einfachen Steuerrecht, nach dem der Steuerpflichtige durch Lesen des Gesetzes seine Steuerlast selbst berechnen kann,[231] wurde nie erfüllt. Im Gegenteil nimmt die Komplexität der deutschen Steuergesetzgebung durch die stetigen Änderungen und die damit verbundene Ungewissheit[232] zu.[233] Die Ungewissheit resultiert hierbei zum einen aus einer hohen Unbestimmtheit der Steuerrechtsnormen sowie zum anderen aus deren beträchtlichen Unbeständigkeit.[234] Das Kriterium der Unbestimmtheit stellt hierbei auf die nicht vorhandene Bestimmtheit und die daraus resultierende Notwendigkeit der Auslegung ab. Mit dem Kriterium der Unbeständigkeit wird auf die sich ständig ändernde Gesetzgebung und Rechtsprechung im deutschen Steuerrecht abgestellt. Hierzu trägt die Einführung sog. Treaty-Overrides (bspw. in Form von § 50i Abs. 1 EStG) wesentlich bei, welche das Besteuerungsrecht damit oftmals systemwidrig zu sichern versuchen und damit verkomplizieren. Dem steht entgegen, dass die Planung einen wesentlichen Bestandteil der Betriebswirtschaftslehre darstellt.[235] Insofern ist auch die „Planbarkeit" der Steuerbelastung aus betriebswirtschaftlicher

---

228 Durch ein komplexes Steuersystem entstehen sowohl auf Seite des Fiskus als auch auf Seite der Steuerpflichtigen hohe Kosten, welche aufgrund des Begriffs der sog. „administrativen Effizienz" möglichst gering zu halten sind; vgl. diesbezüglich **Musgrave/Musgrave/Kullmer,** Theorie, 1993, S. 91; **Krawitz/Wagener,** Theorie, 1997, S. 155; **Kuhr,** Unternehmensbesteuerung, 2013, S. 44. Diese Forderung nach einer effizienten Besteuerung kann bereits auf Smith zurückgeführt werden; vgl. **Smith,** Wohlstand, 1974, S. 704.

229 Vgl. **Hey,** Steuerplanungssicherheit, 2002, S. 1 ff.

230 Vgl. jüngst **Kirchhof,** Bundessteuergesetzbuch, 2011, S. 1 ff.; **Lang/Eilfort,** Strukturreform, 2013, S. 1 ff.

231 Eine solche Anforderung ergibt sich aus dem Rechtsstaatsprinzip; vgl. **Kirchhof,** Steuerreform, 1997, S. 87.

232 Hinsichtlich der Definition des Begriffs der Ungewissheit und seinem Einfluss auf das Steuerrecht vgl. **Voss,** Ungewissheit, 1992, S. 27 ff.

233 Die Komplexität des Steuerrechts und die Ungewissheit bedingen sich gegenseitig; gl.A. **Rose,** StuW 1985, S. 335; **Hey,** in: Tipke/Lang, Steuerrecht, 2015, § 3, Rn. 247.

234 Vgl. **Rose,** StuW 1985, S. 335.

235 Zur Bedeutung der „Planung" für die Unternehmen vgl. **Seer,** in: Tipke/Lang, Steuerrecht, 2015, § 1, Rn. 11.

Sicht unabdingbar, woraus sich die Forderung nach einem einfachen Steuersystem ableiten lässt.[236] Denn nur wenn Ziel, Gegenstand, Inhalt und Umfang einer Steuerrechtsnorm ausreichend bestimmt sind, wird „die Steuerlast meßbar und in gewissem Umfang für den Staatsbürger voraussehbar und berechenbar“[237].[238] Planbarkeit verlangt in diesem Zusammenhang jedoch nicht ein statisches Steuersystem, sondern nur, dass der betreffende Rechtsstand dauerhaft geschützt wird.[239]

236 Vgl. **Rose,** StuW 1985, S. 335 f.

237 BVerfG, Beschluss vom 10.10.1961, 2 BvL 1/59, BVerfGE 132, S. 153.

238 Vgl. zu dieser Forderung bereits **Smith,** Wohlstand, 1974, S. 704.

239 Problematisch ist dabei, dass den betriebswirtschaftlichen Entscheidungen regelmäßig lange Planungszeiträume zugrunde liegen. Aus diesem Grund wird von Rose ein gesetzlicher Bestandsschutz für geplante und bereits realisierte Entscheidungen im Steuerrecht gefordert; vgl. **Rose,** StuW 1985, S. 337, 339.

Teil III Darstellung der Entstrickungsbesteuerung im deutschen Steuerrecht vor Einführung von § 50i EStG

A. Grundlagen der Entstrickungsbesteuerung

I. Bildung und Aufdeckung stiller Reserven

Eine stille Reserve stellt den Differenzbetrag zwischen Buchwert und höherem gemeinen Wert (Verkehrswert) oder Teilwert eines Wirtschaftsguts dar.[240] Stille Reserven entstehen durch Wertsteigerungen, die sowohl realwirtschaftlicher als auch inflationsbedingter Natur sein können.[241] Des Weiteren können stille Reserven aber auch durch handels- und steuerrechtliche Vorschriften entstehen. Als Beispiel für die Legung stiller Reserven sind Abschreibungen zu nennen, welche nicht dem tatsächlichen Wertezverzehr entsprechen (z.B. die Regelungen der §§ 7g bis 7i EStG).[242] Ebenso können handels- oder steuerrechtlich existierende Aktivierungsverbote (z.B. das Verbot zur Aktivierung selbst geschaffener immaterieller Vermögenswerte nach § 5 Abs. 2 EStG) sowie Bewertungsvereinfachungsverfahren (z.B. LiFo als Verbrauchsfolgeverfahren in der Steuerbilanz gem. § 6 Abs. 1 Nr. 2a EStG) zu einer Bildung stiller Reserven führen.[243] Die Besteuerung stiller Reserven richtet sich über den Maßgeblichkeitsgrundsatz (§ 5 Abs. 1 EStG) nach dem handelsrechtlichen Realisationsprinzip (§ 252 Abs. 1 Nr. 4 HGB)[244] und folgt somit dem sog. Markteinkommensprinzip[245]. Damit erfolgt eine Besteuerung vom Grundsatz her ebenfalls erst im Zeitpunkt der Verwirklichung eines Realisationstatbestandes. Unter den Begriff des Realisationstatbestandes fallen der Verkauf, die Verwertung bzw. der Verbrauch oder der Untergang.[246] Insofern hat einerseits der Fiskus ein besonderes Interesse

240 Vgl. **Hennrichs,** in: Tipke/Lang, Steuerrecht, 2015, § 9, Rn. 409.

241 Vgl. **Schnitger,** Entstrickung, 2013, S. 9.

242 Vgl. **Schulz/Petersen,** DStR 2002, S. 1513.

243 Vgl. **Müller-Thomczik,** Entstrickung, 2015, S. 9.

244 Vgl. **Hennrichs,** in: Tipke/Lang, Steuerrecht, 2015, § 9, Rn. 89, 41; **Dauber,** Realisationsprinzip, 2003, S. 127 ff.

245 Vgl. **Hennrichs,** in: Tipke/Lang, Steuerrecht, 2015, § 9, Rn. 52.

246 Vgl. **Bösing/Feriz,** Ubg 2013, S. 637.

daran, die Besteuerung stiller Reserven für den Fall sicherzustellen, indem ein Realisationsbestand (noch) nicht vorliegt, dass Besteuerungsrecht aber droht, verloren zu gehen. Andererseits liegt es in der Natur der Sache, dass Steuerpflichtige beabsichtigen, eine Besteuerung der stillen Reserven aufzuschieben oder gar zu vermeiden.[247] Um eine Sicherstellung der Besteuerung stiller Reserven zu gewährleisten, hat der Gesetzgeber aus diesem Grunde sog. „Ersatzrealisationstatbestände" geschaffen.[248] Im angelsächsichen Raum spricht man diesbezüglich von sog. „dry income".[249]

II. Begriffsdefinitionen

1. Gewinnrealisierung

Grundsätzlich setzt die Besteuerung stiller Reserven eine tatsächliche Gewinnrealisierung in Form eines Leistungsaustauschs (z.B. Verkauf oder Tausch) und damit eine Realisierung der stillen Reserven am Markt voraus. Die die Besteuerung realisierter Gewinne zugrundeliegenden Normen setzen damit in konsequenter Weise die Markteinkommenstheorie um und stellen somit nach Hennrichs[250] einen Grundpfeiler des deutschen Ertragsteuerrechts dar. Verfassungsrechtlich stellt die im Rahmen des Realisationsprinzips vollzogene Gewinnrealisierung eine Kodifizierung des Leistungsfähigkeitsprinzips (Art. 3 Abs. 1 GG) dar und begegnet daher verfassungsrechtlich keinen Bedenken.[251] Europarechtlich lassen sich die Gewinnrealisierungstatbestände dadurch rechtfertigen, dass sie nicht danach unterscheiden, ob ein Steuerausländer oder Steuerinländer den Tatbestand verwirklicht. Sowohl in rein innerstaatlichen als auch in grenzüberschreitenden Fällen kommt es zu einer Besteuerung der stillen Reserven, so dass keine Mehrbelastung für grenzüberschreitende Sachverhalte im Vergleich zu innerstaatlichen Sachverhalten zu verzeichnen ist.[252]

---

247 Vgl. **Schnitger,** Entstrickung, 2013, S. 9.

248 Vgl. **Costede,** StuW 1996, S. 20; **Hofmeister,** in: FS Wassermeyer, 2005, S. 444; **Knobbe-Keuk,** DStR 1985, S. 495; **Hey,** BB 2007, S. 1308; **Gsödl,** Entstrickungstatbestände, 2011, S. 42; **Werra/Teiche,** DB 2006, S. 1455; **Broemel/Endert,** BBK 2013, S. 209 f.; **Bösing/Feriz,** Ubg 2013, S. 636.

249 Vgl. **Köhler,** IStR 2010, S. 339.

250 Vgl. **Hennrichs,** in: Tipke/Lang, Steuerrecht, 2015, § 9, Rn. 403.

251 Vgl. **Hennrichs,** in: Tipke/Lang, Steuerrecht, 2015, § 9, Rn. 410.

252 Vgl. **Schnitger,** Entstrickung, 2013, S. 13.

2. *Ersatzrealisationstatbestand als Oberbegriff*

Eine Realisierung stiller Reserven ist aber auch ohne Leistungsaustausch möglich, sofern ein gesetzlich definierter Ersatzrealisationstatbestand vorliegt.[253] Als Beispiele hierfür sind die Entnahme eines Wirtschaftsguts für betriebsfremde Zwecke (§ 4 Abs. 1 Satz 2 EStG), der Ausschluss bzw. Verlust oder die Beschränkung des Besteuerungsrechts der Bundesrepublik Deutschland (§ 4 Abs. 1 Satz 3, 4 EStG, § 16 Abs. 3a EStG, § 12 KStG, §§ 3 Abs. 2 Satz 1 Nr. 2, 11 Abs. 2 Satz 1 Nr. 2, 20 Abs. 2 Satz 2 Nr. 3, 21 Abs. 2 Satz 3 Nr. 1 oder Nr. 2, 24 Abs. 2 Satz 2 Nr. 1 UmwStG), die Überführung oder Übertragung eines Wirtschaftsguts (§ 6 Abs. 5 EStG), die Betriebsaufgabe (§ 16 Abs. 3 EStG), die Liquidation einer Körperschaft (§ 11 KStG) sowie der Wegzug einer natürlichen Person (§ 6 AStG) zu nennen.[254] Meines Erachtens umfasst damit der Begriff des Ersatzrealisationstatbestands als Oberbegriff die Entnahme (§ 4 Abs. 1 Satz 2 EStG), allgemeine Entstrickungstatbestände (z.B. § 4 Abs. 1 Satz 3, 4 EStG) und alternative Modelle (spezielle Entstrickungstatbestände) zur Sicherstellung der Besteuerung stiller Reserven (z.B. § 6 AStG).[255]

Verfassungsrechtlich sind die dargestellten Ersatzrealisationstatbestände nicht zu beanstanden, soweit sie die Erfassung der stillen Reserven sicherstellen und damit die Anforderungen an das Leistungsfähigkeitsprinzip (Art. 3 Abs. 1 GG) erfüllen.[256] Die erste Entscheidung des BFH hinsichtlich der Verfassungskonformität betraf die Wegzugsbesteuerung des § 6 AStG.[257] Diese Vorschrift hat der BFH als verfassungskonform anerkannt. Hinsichtlich der Europarechtskonformität hat sich der EuGH in einer Reihe von Entscheidungen dazu geäußert, „ob und unter welchen Voraussetzungen derartige Ersatzrealisationstatbestände mit dem Unionsrecht vereinbar sind“[258]. Über die Europarechtskonformität

---

253 Vgl. **Hennrichs,** in: Tipke/Lang, Steuerrecht, 2015, § 9, Rn. 410 ff.; **Stoll**, DStJG 4, 1981, S. 212; **Werra/Teiche,** DB 2006, S. 1455.

254 Vgl. **Prinz,** GmbHR 2012, S. 196 f.; **Werra/Teiche,** DB 2006, S. 1455, Fn. 3. Hinsichtlich der Änderungen durch § 12 KStG in der Fassung des SEStEG vgl. **Dötsch/Pung,** DB 2006, S. 2649.

255 Hierfür spricht auch die Aussage von **Loschelder**, welcher den Begriff der Steuerentstrickung als über den allgemeinen Entnahmebegriff i.S.d. § 4 Abs. 1 Satz 2 EStG hinausgehend bezeichnet, da die stillen Reserven durch „sonstige Vorgänge“ der inländischen Besteuerung entzogen („entstrickt“) werden; vgl. **Loschelder,** in: Schmidt, EStG, 2018, § 4 EStG, Rn. 360 „Steuerentstrickung; Steuerverstrickung“.

256 Vgl. **Hennrichs,** in: Tipke/Lang, Steuerrecht, 2015, § 9, Rn. 450.

257 Vgl. BFH, Urteil vom 23.09.2008, I B 92/08, BStBl. II 2009, S. 524.

258 **Ismer,** in: Herrmann/Heuer/Raupach, EStG/KStG, Einführung zum EStG, Rn. 493 m.w.N.

deutscher Ersatzrealisationstatbestände hatte der EuGH bislang jedoch nicht zu entscheiden. Hingegen wurde § 6 AStG durch den BFH als europarechtskonform bestätigt.[259]

3. *Entstrickung*

Der Entstrickungsbegriff ist im deutschen Steuerrecht nicht legaldefiniert. Im Allgemeinen wird hierunter die Beendigung eines öffentlich-rechtlichen Gewaltverhältnisses[260] verstanden. Ursprünglich entstammt der Begriff der Entstrickung aus der im Zivilprozessrecht geregelten Zwangsvollstreckung.[261] Im Steuerrecht wurde der Begriff sprachlich durch das Bundesministerium der Finanzen im Verfahren zur Entscheidung des BFH[262] vom 16.07.1969 zur sog. „finalen Entnahmetheorie“[263] geprägt. In diesem Verfahren stellte das BMF[264] erstmalig auf eine „Gewinnverwirklichung durch Steuerentstrickung“ als allgemein geltendes Prinzip der Realisierung „stiller Reserven“ im Falle des Ausschlusses des Besteuerungsrechts ab. Der Begriff hat sich seitdem gehalten und wird regelmäßig[265] zur Beschreibung von Sachverhalten verwandt, durch die die mit den Wirtschaftsgütern in Zusammenhang stehenden stillen Reserven einer Besteuerung ganz oder teilweise entzogen werden, ohne dass ein die Gewinnrealisierung auslösender Leistungsaustausch vorliegt.[266] Der Begriff der

---

259 Vgl. BFH, Urteil vom 23.09.2008, I B 92/08, BStBl. II 2009, S. 524.

260 Vgl. **Vogel,** StuW 1974, S. 198.

261 Vgl. **Busse,** Steuerentstrickungstatbestand, 2009, S. 14 ff.; **Kessler/Huck**, StuW 2005, S. 197. Hinsichtlich des Begriffs der Entstrickung im Rahmen des Zivilprozessrechts vgl. **Kindl,** in: Kindl/Meller-Hannich/Wolf, ZPO/ZVG, 2016, § 803 ZPO, Rn. 9; **Gruber,** in: Krüger/Rauscher (Hrsg.), MüKo ZPO, 2016, § 803 ZPO, Rn. 40 ff.

262 Vgl. BFH, Urteil vom 16.07.1969, I 266/65, BStBl. II 1970, S. 175.

263 Vgl. diesbezüglich **Gsödl,** Entstrickungstatbestände, 2011, S. 44 m.w.N.

264 Eine stille Reserve stellt den Differenzbetrag zwischen Buchwert und höherem gemeinen Wert (Verkehrswert) oder Teilwert eines Wirtschaftsguts dar; vgl. hierzu **Hennrichs,** in: Tipke/Lang, Steuerrecht, 2015, § 9, Rn. 409.

265 Vgl. BFH, Urteil vom 10.02.1972, I R 205/66, BStBl. II 1972, S. 455; BFH, Urteil vom 29.01.1975, I R 135/70, BStBl. II 1975, S. 553; BFH, Urteil vom 29.10.1981, IV R 138/78, BStBl. II 1982, S. 381; BFH, Urteil vom 13.11.1990, VIII R 152/86, BStBl. II 1991, S. 94.

266 Vgl. Bundestag, Drs. vom 25.09.2006, BT-Drs. 16/2710, S. 26; **Thiel,** StKRep 1968, S. 278; **Schaumburg,** in: Schaumburg, Internationales, 2017, Kapitel 6 Einkommensteuer, Rn. 6.372; **Loschelder,** in: Schmidt, EStG, 2018, § 4 EStG, Rn. 360 „Steuerentstrickung; Steuerverstrickung“; **Prinz,** GmbHR 2012, S. 195; **Prinz,** GmbHR 2007,

Steuerentstrickung umfasst damit sowohl Wirtschaftsgüter des Betriebsvermögens als auch des Privatvermögens. Er erstreckt sich auf Vorgänge im In- und Ausland sowie auch auf grenzüberschreitende Vorgänge. Ebenfalls vom Entstrickungsbegriff umfasst sind subjekt- und objektbezogene Statuswechsel.[267] Eine subjektbezogene Entstrickung ist dadurch begründet, dass sich Änderungen im Hinblick auf die Tatbestandsvoraussetzungen des Steuersubjekts (etwa die Ansässigkeit) ergeben.[268] Eine objektbezogene Entstrickung ist dementsprechend durch Änderungen im Hinblick auf das Steuerobjekt (etwa Zuordnungswechsel eines Wirtschaftsguts) begründet.[269] Des Weiteren kann zwischen sog. aktiver und passiver Entstrickung unterschieden werden.[270] Die aktive Entstrickung bedarf einer aktiven (Entnahme-)Handlung des Steuerpflichtigen.[271] Demgegenüber vollzieht sich die passive Entstrickung ohne Zutun des Steuerpflichtigen,[272] z.B. durch Abschluss oder Änderung eines DBA.[273] Damit stellt die passive Entstrickung gleichzeitig eine rechtliche Entstrickung dar.[274]

Gesetzlich manifestierte Tatbestände der Entstrickung finden sich neben dem Einkommen- und Körperschaftsteuerrecht auch im Gewerbe- und Erbschaftsteuerrecht. Dabei ist jedoch festzustellen, dass die im deutschen Steuerrecht vorzufindenden Regelungen in ihrer Gesamtheit keinem allgemeingültigen widerspruchsfreien Entstrickungsprinzip folgen.[275] Die Umsetzung eines solchen Entstrickungsprinzips würde die gesonderte und unabhängige Erfassung sämtlicher in Wirtschaftsgütern enthaltenen stillen Reserven für jede Steuerart

---

S. 967; **Dörfler/Adrian/Oblau,** RIW 2007, S. 267 f.; **Rödder/Schumacher,** DStR 2006, S. 1482.

267 Siehe zur Unterscheidung mit Darstellung von Einzelfällen **Schaumburg,** in: Schaumburg, Internationales, 2017, Kapitel 6 Einkommensteuer, Rn. 6.376 ff.; **Klingberg/van Lishaut,** DK 2005, S. 704; **Heurung/Engel/Thiedemann,** EWS 2011, S. 231 f.

268 Vgl. **Kessler/Huck,** StuW 2005, S. 193.

269 Vgl. **Kessler/Huck,** StuW 2005, S. 193.

270 Vgl. **Beinert/Benecke,** FR 2010, S. 1014.

271 Vgl. **Prinz,** GmbHR 2012, S. 196.

272 Vgl. **Beinert/Benecke,** FR 2010, S. 1014.

273 Vgl. hierzu insbesondere **Reiter,** IStR 2012, S. 357 ff.; Überzeugende Argumente für die Ablehnung der passiven Entstrickung liefert **Bron,** IStR 2012, S. 905 ff. m.w.N. Zu den damit in Zusammenhang stehenden europarechtlichen Problemen vgl. **Heurung/Engel/Thiedemann,** EWS 2011, S. 233.

274 Vgl. **Maier,** in: Schneider/Ruoff/Sistermann, Umwandlungssteuererlass, 2012, § 3 UmwStG, Rn. H 3.48. Vgl. hierzu im Detail **Lohmar,** FR 2013, S. 593.

275 Vgl. **Wassermeyer,** in: Flick/Wassermeyer/Baumhoff et al. (Hrsg.), Außensteuerrecht, § 6 AStG, Rn. 16; **Schnitger,** Entstrickung, 2013, S. 9; **Prinz,** GmbHR 2007, S. 968; **Carle,** KÖSDI 2007, S. 15401.

erfordern.[276] Die verfassungsrechtliche Legitimation i.S.d. Art. 3 Abs. 1 GG ließe sich dabei nur dann erreichen, wenn dieses Entstrickungsprinzip konsequent umgesetzt und als einmalig getroffene sachgerechte Wertentscheidung folgerichtig durchgehalten würde.[277]

4. Nutzungsentstrickung

Mit der Einführung des Gesetzes über steuerliche Begleitmaßnahmen zur Einführung der europäischen Gesellschaft und zur Änderung weiterer steuerlicher Vorschriften (SEStEG)[278] wurde erstmalig der Begriff der sogenannten „Nutzungsentstrickung" verwendet.[279] Kennzeichnend für eine Nutzungsenstrickung ist, dass ein Wirtschaftsgut einer Betriebsstätte nur vorübergehend überlassen wird. Damit kommt es nicht zu einer Zuordnung des entsprechenden Wirtschaftsgutes zur Betriebsstätte, so dass es an einem Ausschluss oder einer Beschränkung des Besteuerungsrechts hinsichtlich des Gewinns aus der Veräußerung des Wirtschaftsguts mangelt.[280] Jedoch lässt sich ein Ausschluss oder eine Beschränkung des Besteuerungsrechts im Hinblick auf die laufenden Einkünfte feststellen, so dass mit der Auffassung der h.M. der Literatur § 4 Abs. 1 Satz 3 EStG diesbezüglich zur Anwendung kommt.[281]

III. Historie der Entstrickungsbesteuerung

Der Gedanke der Entstrickungsbesteuerung resultiert aus dem Urteil des RFH[282] vom 21.10.1936. In diesem Urteil erkannte der RFH die Notwendigkeit des Handlungsbedarfs im Falle des „Ausscheidens" eines Wirtschaftsguts aus der deutschen Besteuerungshoheit durch Überführung in eine ausländische Betriebsstätte. Die mit der Überführung in Zusammenhang stehende Beschränkung des Besteuerungsrechts führte nach seiner Auffassung zu einer Entnahme aus dem inländischen Stammhaus und zu einer Einlage in die ausländische

276 Vgl. **Schaumburg,** in: Schaumburg, Internationales, 2017, Kapitel 6 Einkommensteuer, Rn. 6.383.

277 Vgl. **Tipke,** Steuerrechtsordnung, Band I, 2000, S. 327 ff.

278 SEStEG, Gesetz vom 07.12.2006, BGBl. I 2006, S. 2782.

279 Vgl. stellvertretend **Rödder/Schumacher,** DStR 2006, S. 1484.

280 Vgl. **Musil,** in: Herrmann/Heuer/Raupach, EStG/KStG, § 4 EStG, Rn. 232; **Loschelder,** in: Schmidt, EStG, 2018, § 4 EStG, Rn. 331; **Wied,** in: Blümich, EStG/KStG, § 4 EStG, Rn. 488.

281 Vgl. **Rödder/Schumacher,** DStR 2006, S. 1484; **Beinert/Benecke,** FR 2010, S. 766.

282 Vgl. RFH, Urteil vom 21.10.1936, VI A 473/35, RStBl. 1937, S. 424.

Betriebsstätte. Diese Rechtsprechung setzte der RFH[283] im Urteil vom 14.12.1937 fort. Denn auch hier führte er aus, dass die überführten Wirtschaftsgüter aufgrund der abkommensrechtlichen Steuerbefreiung der ausländischen Betriebsstätteneinkünfte aus dem Betriebsvermögensvergleich ausschieden.

Aufgrund der Vorteilhaftigkeit für den Fiskus folgte die Finanzverwaltung diesen vom RFH entwickelten Grundsätzen.[284] Grundsätzlich sei eine Überführung von Wirtschaftsgütern zwischen Stammhaus und ausländischer Betriebsstätte als innerbetrieblicher Vorgang anzusehen. Dies gelte auch, soweit kein DBA mit Freistellungsverpflichtung abgeschlossen worden sei. Bei Vorliegen einer Freistellungsbetriebsstätte in einem ausländischen DBA-Staat liege jedoch eine Entnahme zum Teilwert vor.

Basierend auf der vom RFH entwickelten und der Finanzverwaltung akzeptierten Rechtsprechung hat der BFH im Urteil vom 16.07.1969 die sog. „Theorie der finalen Entnahme“ entwickelt.[285] Dabei nahm der BFH bei einer Überführung von Wirtschaftsgütern in eine ausländische Betriebsstätte zum Zeitpunkt des Ausschlusses des deutschen Besteuerungsrechts eine Gewinnverwirklichung in Form einer Entnahme an. Zum gleichen Ergebnis kam er im Falle einer grenzüberschreitenden (Teil-)Betriebsverlegung.[286] Dies begründete er damit, dass diese als (Teil-)Betriebsaufgabe qualifiziere. Die Finanzverwaltung folgte der durch den BFH entwickelten „Theorie der finalen Entnahme“ in zahlreichen folgenden Verwaltungsanweisungen.[287]

Der Rechtsprechung des BFH lag das Dogma zugrunde, die Besteuerung der stillen Reserven im letztmöglichen Zeitpunkt vor dem Verlust des Besteuerungsrechts zu sichern.[288] Dieses Dogma wurde seitens des BFH jedoch nicht konsequent verfolgt, da er im Urteil[289] vom 16.12.1975 die Überführung eines Wirtschaftsguts in eine ausländische Betriebsstätte mit Anrechnungsmethode nicht als „Verlust“ des inländischen Besteuerungsrechts ansah. Des Weiteren führte der BFH in diesem Urteil aus, dass auch der Abschluss eines DBA nicht

283 Vgl. RFH, Urteil vom 14.12.1937, I 250/37, RStBl. 1938, S. 67.

284 Vgl. OFD Düsseldorf, Verordnung vom 29.09.1952, DB 1952, S. 998.

285 Vgl. BFH, Urteil vom 16.07.1969, I 266/65, BStBl. II 1970, S. 175.

286 Vgl. BFH, Urteil vom 28.04.1971, I R 55/66, BStBl. II 1971, S. 630; BFH, Urteil vom 13.10.1976, I R 261/70, BStBl. II 1977, S. 76.

287 Vgl. A13a Abs. 1 Satz 3 EStR 1978; BMF, Schreiben vom 12.02.1990, BStBl. I 1990, S. 72; BMF-Schreiben, vom, 24.12.1999b, BStBl. I 1999, S. 1076; BMF, Schreiben vom 03.06.1992, DStR 1992, S. 948.

288 Vgl. **Reiter**, Besteuerung, 2011, S. 18.

289 Vgl. BFH, Urteil vom 16.12.1975, VIII R 3/74, BStBl. II 1976, S. 246.

zu einer „finalen Entnahme“ führe, da es an einer aktiven Entnahmehandlung des Steuerpflichtigen fehle. Zudem begegnete die Entscheidung zur „Theorie der finalen Entnahme“ vehementer Kritik in der Literatur, da es hierfür an einer gesetzlichen Legitimation mangelte.[290]

Aufgrund dieser Kritik sah sich der Gesetzgeber i.R.d. SEStEG[291] veranlasst, eine rechtssichere gesetzliche Grundlage zur Entstrickungsbesteuerung stiller Reserven zu schaffen. Als Tatbestandsvoraussetzung stellt der Gesetzgeber dabei in allen die Entstrickungsbesteuerung betreffenden Vorschriften (allen voran in § 4 Abs. 1 Satz 3 EStG) auf den „Ausschluss“ oder die „Beschränkung“ des deutschen Besteuerungsrechts ab.

In seinem Urteil vom 17.07.2008 änderte der BFH seine Rechtsprechung für den Fall der Überführung eines Wirtschaftsguts in eine ausländische Freistellungsbetriebstätte.[292] Dabei impliziert zumindest der Leitsatz der Entscheidung eine Aufgabe der finalen Entnahmetheorie. Jedoch muss hinterfragt werden, ob in dem Urteil tatsächlich eine Aufgabe der finalen Entnahmetheorie zu sehen ist. Der Wortlaut der Entscheidungsbegründung stellt nämlich darauf ab, dass die Besteuerung der stillen Reserven auch nach der Überführung eines Wirtschaftsguts in eine ausländische Betriebsstätte eines DBA-Staates mit Freistellungsmethode gesichert ist. Dies sei damit zu begründen, dass die stillen Reserven bei deren Realisierung durch Leistungsaustausch besteuert werden können, soweit diese im Inland entstanden sind. Demnach bedürfte es nach Auffassung des BFH im Falle der Überführung eines Wirtschaftsgutes nicht der Annahme einer finalen Entnahme, um die Besteuerung der stillen Reserven sicherzustellen.[293] Zu dem hier dargestellten Ergebnis kam der BFH mit identischer Begründung auch in einem anderen Urteil bei der Verlegung des inländischen Gewerbebetriebs eines beschränkt Steuerpflichtigen in das Ausland.[294] In der Literatur[295]

---

290 Vgl. zum Nachweis der kritischen Stimmen **Herbst,** Entstrickung, 2011, S. 37 f.

291 SEStEG, Gesetz vom 07.12.2006, BGBl. I 2006, S. 2782.

292 Vgl. BFH, Urteil vom 17.07.2008, I R 77/06, BStBl. II 2009, S. 464. Zur Kommentierung dieser Entscheidung in der Literatur vgl. **Ditz,** IStR 2009, S. 115 ff.; **Gosch,** BFH-PR 2008, S. 499 ff.; **Hoffmann,** DB 2008, S. 2286 f.; **Meilicke,** GmbHR 2009, S. 783 f.; **Mitschke,** FR 2008, S. 1144 ff.; **Mitschke,** FR 2009, S. 326 ff.; **Koch,** BB 2008, S. 2450 ff.

293 Vgl. **Benecke/Staats,** in: Dötsch/Pung/Möhlenbrock (Hrsg.), KStG, § 12, Rn. 227; **Schneider/Oepen,** FR 2009, S. 24.

294 Vgl. BFH, Urteil vom 28.10.2009, I R 99/08, BFHE 227, S. 83.

295 Vgl. **Prinz,** GmbHR 2007, S. 968; **Wassermeyer,** DB 2006, S. 1180; **Wassermeyer,** DB 2006, S. 2420 ff.; **Rödder/Schumacher,** DStR 2007, S. 371; **Benecke/Schnitger,** IStR 2006, S. 766; **Ernst & Young-Wissenschaftlicher Beirat Steuern,** DB 2010, S. 1776 ff.;

wurde daher überwiegend die Auffassung vertreten, dass die durch das SEStEG eingeführten Regelungen zur Entstrickung (allen voran § 4 Abs. 1 Satz 3 EStG) mangels Anwendungsbereich drohen, ins Leere zu laufen. Der Gesetzgeber hat hierauf i.R.d. JStG 2010[296] durch die Einführung eines Regelbeispiels in § 4 Abs. 1 Satz 4 EStG sowie § 12 Abs. 1 Satz 2 KStG reagiert. Danach wird der Zuordnungswechsel eines Wirtschaftsguts in eine ausländische Betriebstätte als Regelbeispiel für eine Entstrickungsbesteuerung definiert.

IV. Dogmatische Rechtfertigung

1. Entstrickung

Zur Entstehung stiller Reserven kommt es vor allem im Rahmen der Gewinneinkunftsarten (§ 2 Abs. 2 Nr. 1 EStG). Dies ist zum einen dadurch begründet, dass bei abschreibungsfähigen Wirtschaftsgütern des Anlagevermögens der tatsächliche Wertverlust eines Wirtschaftsguts nicht den in den AfA-Tabellen angenommenen Werteverzehr entspricht. Zudem sind über das Maßgeblichkeitsprinzip des § 5 Abs. 1 Satz 1 EStG i.V.m. § 252 Abs. 1 Nr. 4 HGB das handelsrechtliche Vorsichtsprinzip sowie das handelsrechtliche Realisationsprinzip anzuwenden. Aus dem Vorsichtsprinzip resultiert eine im Vergleich zur tatsächlichen Bewertung niedrigere Bewertung von Vermögensgegenständen im Falle einer dauerhaften Wertminderung, wodurch stille Reserven entstehen. Nach dem Realisationsprinzip dürfen Gewinne erst dann ausgewiesen werden, wenn sie realisiert wurden. Zudem gilt das Anschaffungskostenprinzip (§ 253 Abs. 1 HGB), nachdem Vermögensgegenstände höchstens mit ihren Anschaffungskosten bewertet werden dürfen. Insofern führt auch das Realisationsprinzip zur Legung stiller Reserven. Nach § 248 Abs. 2 HGB können bestimmte selbst geschaffene immaterielle Vermögensgegenstände des Anlagevermögens aktiviert werden. Über das Maßgeblichkeitsprinzip des § 5 Abs. 1 Satz 1 EStG würde dies grundsätzlich auch für das Ertragsteuerrecht gelten. Jedoch wird dieser Grundsatz durch § 5 Abs. 2 EStG durchbrochen, so dass nur eine Aktivierung entgeltlich erworbener immaterieller Wirtschaftsgüter möglich ist. Damit kommt es durch § 5 Abs. 2 EStG zur Entstehung stiller Reserven auch in der Steuerbilanz. Im Rahmen der Gewinneinkunftsarten (§ 2 Abs. 2 Nr. 1 EStG) gilt die sog. Markteinkommenstheorie[297],

---

Körner, IStR 2010, S. 208; **Köhler,** IStR 2010, S. 337 ff.; A.A. **Mitschke,** FR 2008, S. 1145; **Mitschke,** FR 2009, S. 329; **Musil,** in: Herrmann/Heuer/Raupach, EStG/KStG, § 4 EStG, Rn. 240

296 JStG 2010, Gesetz vom 08.12.2010, BGBl. I 2010, S. 1768 ff.

297 Vgl. **Hey,** in: Tipke/Lang, Steuerrecht, 2015, § 8, Rn. 50, 52.

nach der lediglich durch Leistungsaustausch realisierte Gewinne der Besteuerung unterliegen. Vom Grundsatz her sieht das deutsche Einkommensteuerrecht eine Besteuerung nicht realisierter Gewinne damit nicht vor und folgt somit nicht der Reinvermögenszugangstheorie.[298] Die Einführung von Entstrickungsnormen lässt sich demnach durch die mangelnde Erfassung noch nicht realisierter stiller Reserven im Rahmen der Markteinkommenstheorie rechtfertigen.[299]

Auch im Rahmen der Überschusseinkunftsarten (§ 2 Abs. 2 Nr. 2 EStG) können stille Reserven entstehen. Denn auch im Rahmen von Einkünften aus Vermietung und Verpachtung (§ 21 EStG) entspricht der tatsächliche Wertverlust eines abschreibungsfähigen Wirtschaftsguts des Anlagevermögens nicht den in den AfA-Tabellen angenommenem Werteverzehr. Im Rahmen der Überschusseinkunftsarten gilt die sog. Quellentheorie,[300] nach der lediglich die laufenden Einkünfte aus einer Quelle, nicht aber die Wertveränderungen im sog. Quellenvermögen einer Besteuerung unterliegen. Dieser Grundsatz wird vom Gesetzgeber jedoch zunehmend durchbrochen (§ 17 EStG, § 20 Abs. 2 EStG, § 23 EStG) und ist mit der Quellentheorie nicht vereinbar.[301]

Eine systematische Rechtfertigung der Besteuerung der in Deutschland entstandenen stillen Reserven lässt sich aus dem Äquivalenzprinzip ableiten.[302] Die Besteuerung erfolgt hiernach aufgrund des für den Steuerpflichtigen aus den Leistungen des Staates entstandenen Nutzens und wirkt somit auch als Gerechtigkeitsprinzip.[303] Die durch das Äquivalenzprinzip gerechtfertigte Besteuerung der stillen Reserven muss zur Erfüllung des dem Leistungsfähigkeitsprinzip (Art. 3 Abs. 1 GG) innewohnenden Grundsatzes der Folgerichtigkeit auch die Fälle der Verlagerung von stillen Reserven in das Ausland umfassen. Daraus lässt sich jedoch nicht ableiten, dass eine vorgezogene Entstrickungsbesteuerung gerechtfertigt ist.[304]

298 Vgl. **Hey,** in: Tipke/Lang, Steuerrecht, 2015, § 7, Rn. 30.

299 Vgl. **Schnitger,** Entstrickung, 2013, S. 20.

300 Vgl. **Hey,** in: Tipke/Lang, Steuerrecht, 2015, § 8, Rn. 50; **Kirchhof,** in: Kirchhof/Söhn/Mellinghoff, EStG, § 2 EStG, Rn. A 111 f.; **Musil,** in: Herrmann/Heuer/Raupach, EStG/KStG, § 2 EStG, Rn. 520.

301 Vgl. **Musil,** in: Herrmann/Heuer/Raupach, EStG/KStG, § 2 EStG, Rn. 520.

302 Vgl. **Schnitger,** Entstrickung, 2013, S. 21.

303 Vgl. **Hey,** in: Tipke/Lang, Steuerrecht, 2015, § 3, Rn. 44.

304 Vgl. **Schaumburg,** StuW 2000, S. 373; **Fischer,** FR 2004, S. 632.

2. *Wirtschaftsgut als Voraussetzung der Entstrickungsbesteuerung*

Voraussetzung für die Anwendung der Vorschriften über die deutsche Entstrickungsbesteuerung ist das Vorliegen eines zumindest abstrakt aktivierbaren materiellen oder immateriellen Wirtschaftsguts.[305] Eine derartige Anknüpfung der Entstrickungsbesteuerung an selbständig bewertbare Wirtschaftsgüter ist nachvollziehbar, da der realisierbare Vermögenswert[306] (inkl. des ihm innewohnenden Vorteils der stillen Reserven) hinreichend konkretisiert und damit eine vorgezogene Besteuerung möglich ist. Darüber hinaus finden die Vorschriften der Entstrickungsbesteuerung auch Anwendung, wenn sich die Wirtschaftsgüter zu einem Teilbetrieb oder Betrieb aggregieren.[307] Nicht von der Entstrickungsbesteuerung erfasst werden hingegen Gewinnpotenzial vermittelnde Funktionen sowie Geschäftschancen.[308] Sie sind Gegenstand der Funktionsverlagerung i.S.d. § 1 Abs. 3 Satz 9 f. AStG. Nach Hey[309] ist eine ultima ratio-Besteuerung lediglich dann hinzunehmen, wenn die stillen Reserven sonst nicht mehr in Deutschland besteuert werden könnten. Dies gelte aber nur für „vorhandene“, nicht aber für „zukünftige, ungewisse Werte“. Dieses Kriterium erfüllt die Entstrickungsbesteuerung, in dem sie nur auf abstrakt aktivierbare Wirtschaftsgüter abstellt. Insofern stellt sie die Besteuerung nach dem Äquivalenzprinzip sicher und vermeidet zugleich eine Doppelbesteuerung.[310] Gleichzeitig führt das Abstellen auf abstrakt aktivierbare Wirtschaftsgüter dazu, dass stille Reserven in Form gebildeter steuerlicher Rücklagen (§ 6b Abs. 3 EStG) von der Entstrickungsbesteuerung nicht erfasst werden.[311]

3. *Nutzungsentstrickung*

Der Nutzungsentstrickung liegt der Gedanke einer DCF-Methode[312] zu Grunde, nach der „die über die Laufzeit eines Wirtschaftsguts erzielbaren

305 Vgl. **Schnitger,** Entstrickung, 2013, S. 22.

306 Vgl. BFH, Urteil vom 09.07.1986, I R 218/82, BStBl. II 1987, S. 14.

307 Vgl. Bundestag, vom, 25.09.2006, BT-Drs. 16/2710, Gesetzentwurf SEStEG, S. 30. Siehe auch **Stadler/Elser,** BB 2006 Special 8, S. 21; **Kessens,** in: Schnitger/Fehrenbacher, KStG, 2012, § 12 KStG, Rn. 101.

308 Vgl. **Kessens,** in: Schnitger/Fehrenbacher, KStG, 2012, § 12 KStG, Rn. 102.

309 Vgl. **Hey,** BB 2007, S. 1308.

310 Vgl. **Schnitger,** Entstrickung, 2013, S. 22.

311 Vgl. **Kessens,** in: Schnitger/Fehrenbacher, KStG, 2012, § 12 KStG, Rn. 100.

312 Hinsichtlich der Anwendbarkeit von Ertragswertverfahren für steuerliche Bewertungszwecke vgl. OFD Rheinland/OFD Münster, Verordnung vom 15.11.2007, GmbHR 2008, S. 112.

Einkünfte [.] in der Summe den in einem Wirtschaftsgut ruhenden stillen Reserven“[313] entsprechen. Bei bloßem Abstellen auf den Zuordnungswechsel des Wirtschaftsguts könnte das Wirtschaftsgut an eine ausländische Betriebsstätte vorübergehend überlassen werden, ohne eine Enstrickungsbesteuerung auszulösen. Das Besteuerungsrecht für die laufenden Einkünfte hätte dann der ausländische Betriebsstättenstaat. Damit könnte im Ergebnis die Entstrickungsbesteuerung umgangen werden. Insofern ist die Ergänzung der Enstrickungsbesteuerung um eine Nutzungsentstrickung konsequent. Im Unterschied zur Entstrickung von Wirtschaftsgütern zielt die Nutzungsentstrickung auf eine fremdvergleichskonforme laufende Besteuerung bzw. Gewinnabgrenzung ab.[314] Dies lässt sich aus der Normenkonkurrenz der Nutzungsentstrickung zu anderen Einkünftekorrekturnormen ableiten (z.B. § 8 Abs. 3 Satz 2 KStG oder § 1 AStG).[315] Die unions- und verfassungsrechtliche Konformität der Nutzungsentstrickung ist somit nach den Kriterien für Einkünftekorrekturvorschriften zu beurteilen. Nach Schnitger[316] gewährleistet sie eine „sachgerechte Aufteilung der Besteuerungsrechte“ und vermeidet „eine Doppelbesteuerung bei der grenzüberschreitenden, zeitweisen Überlassung bzw. Nutzung von Wirtschaftsgütern“.

B. Entstrickungstatbestände

I. Allgemeine Entstrickungstatbestände

1. EStG und KStG

a. Einkünfte aus Betriebsvermögen

(1) Natürliche Personen

Als zentrale Entstrickungsnorm von Wirtschaftsgütern im Betriebsvermögen natürlicher Personen gilt § 4 Abs. 1 Satz 3 EStG. Diese fingiert im Falle des „Ausschlusses“ oder der „Beschränkung“ des Besteuerungsrechts Deutschlands eine fiktive Entnahme zum gemeinen Wert nach § 6 Abs. 1 Nr. 4 Satz 1 Halbsatz 2 EStG. Dabei umfasst der Gesetzeswortlaut sowohl subjekt- als auch

---

313 Vgl. **Schnitger**, Entstrickung, 2013, S. 23.

314 Vgl. **Levedag**, in: Prinz, Umwandlungen, 2013, Kapitel 11 Transfer von Einzelwirtschaftsgütern im Internationalen Steuerrecht, Rn. 11.59 und 11.87.

315 Vgl. **Frotscher**, in: Frotscher/Maas (Hrsg.), KStG, § 12 KStG, Rn. 40.

316 Vgl. **Schnitger**, Entstrickung, 2013, S. 24 f.

objektbezogene Entstrickungen.[317] Mit der Einführung von § 4 Abs. 1 Satz 3 EStG sollte die durch den BFH[318] entwickelte „Theorie der finalen Entnahme“ nach vehementer Kritik in der Literatur[319] gesetzlich legitimiert werden. Nach neuerer Auffassung des BFH[320] ist eine finale Entnahme nicht erforderlich, da die Besteuerung der stillen Reserven auch nach der Überführung eines Wirtschaftsguts in eine ausländische Betriebsstätte eines DBA-Staates mit Freistellungsmethode gesichert ist.[321] Die durch den Gesetzgeber erfolgte Reaktion im Rahmen des JStG 2010[322] durch die Einführung eines Regelbeispiels in § 4 Abs. 1 Satz 4 EStG sowie § 12 Abs. 1 Satz 2 KStG kann die vom BFH ergangene Entscheidung nach meiner Auffassung nicht entkräften, da § 4 Abs. 1 Satz 4 EStG mangels eigener Vorausetzungen die Voraussetzungen von § 4 Abs. 1 Satz 3 EStG erfüllen muss.[323] Problematisch ist, dass es bei einer späteren Veräußerung der Wirtschaftsgüter zu einer Doppelbesteuerung kommen kann, sofern der Zuzugsstaat die Wirtschaftsgüter zu (übernommenen) Buchwerten verstrickt. Denn in diesem Fall ermittelt der Zuzugsstaat den Gewinn aus der Veräußerung mittels Subtraktion des (übernommenen) Buchwertes vom erzielten Veräußerungspreis. Deutschland als Wegzugsstaat wendet die Entstrickungsbesteuerung i.S.d. § 4 Abs. 1 Satz 3 an, und ermittelt den Gewinn mittels Subtraktion des Buchwertes zum Zeitpunkt der Entstrickung vom gemeinen Wert (§ 6 Abs. 1 Nr. 4 Satz 1 Halbsatz 2 EStG) zum Zeitpunkt der Entstrickung. Insofern besteht die Gefahr, dass die bis zum Entstrickungszeitpunkt entstandenen stillen Reserven einer Doppelbesteuerung unterliegen.

---

317 Siehe zur Unterscheidung mit Darstellung von Einzelfällen **Schaumburg,** in: Schaumburg, Internationales, 2017, Kapitel 6 Einkommensteuer, Rn. 6.376 ff.; **Klingberg/van Lishaut,** DK 2005, S. 704; **Heurung/Engel/Thiedemann,** EWS 2011, S. 231 f.

318 Vgl. BFH, Urteil vom 16.07.1969, I 266/65, BStBl. II 1970, S. 175.

319 Vgl. zum Nachweis der kritischen Stimmen **Herbst,** Entstrickung, 2011, S. 37 f.

320 Vgl. BFH, Urteil vom 17.07.2008, I R 77/06, BStBl. II 2009, S. 464. Zur Kommentierung dieser Entscheidung in der Literatur vgl. **Ditz,** IStR 2009, S. 115 ff.; **Gosch,** BFH-PR 2008, S. 499 ff.; **Hoffmann,** DB 2008, S. 2286 f.; **Meilicke,** GmbHR 2009, S. 783 f.; **Mitschke,** FR 2008, S. 1144 ff.; **Mitschke,** FR 2009, S. 326 ff.; **Koch,** BB 2008, S. 2450 ff.

321 Vgl. **Benecke/Staats,** in: Dötsch/Pung/Möhlenbrock (Hrsg.), KStG, § 12, Rn. 227; **Schneider/Oepen,** FR 2009, S. 24.

322 JStG 2010, Gesetz vom 08.12.2010, BGBl. I 2010, S. 1768 ff.

323 Ebenso **Lendewig/Jaschke,** StuB 2011, S. 94; **Kessler/Philipp,** DStR 2012, S. 270; A.A. **Benecke/Staats,** in: Dötsch/Pung/Möhlenbrock (Hrsg.), KStG, § 12, Rn. 348; **Bäuml,** in: Frotscher/Geurts (Hrsg.), EStG, § 50i EStG, Rn. 375g; **Mitschke,** IStR 2012, S. 9 f.; **Musil,** FR 2011, S. 549.

Grundsätzlich stellt § 4 Abs. 1 Satz 3 EStG auf folgende Fallgruppen ab:[324]

- Fallgruppe 1: Zuordnungswechsel eines Wirtschaftsguts von einer inländischen Betriebsstätte zu einer Betriebsstätte in einem Nicht-DBA-Staat (Anrechnung nach § 34c EStG);
- Fallgruppe 2: Zuordnungswechsel eines Wirtschaftsguts von einer inländischen Betriebsstätte zu einer Betriebsstätte in einem DBA-Staat mit Anrechnungsmethode oder Freistellungsmethode;
- Fallgruppe 3: Zuordnung zu einer ausländischen Betriebsstätte, wobei eine Rückfallklausel nach DBA oder national (§ 50d Abs. 9 EStG, § 20 Abs. 2 AStG) zur Anwendung kommt;
- Fallgruppe 4: Zuordnungswechsel eines Wirtschaftsguts von einer ausländischen Betriebsstätte mit Anrechnungsmethode zu einer anderen ausländischen Betriebsstätte mit Freistellungsmethode;
- Fallgruppe 5: Abschluss eines DBA bzw. Änderung in ein DBA mit Freistellungsmethode.

Kritisch ist vor allen Dingen zu sehen, dass eine Entstrickung ohne Zutun des Steuerpflichtigen erfolgen kann (bspw. in Form des Abschlusses eines DBA mit Freistellungsmethode).[325] Insofern sind Fälle denkbar, in denen ein Steuerpflichtiger gar nicht weiß, dass er einen Entstrickungstatbestand ausgelöst (und einen solchen dementsprechend auch nicht deklariert) hat. Dieser Umstand führt zu weiteren Problemen. Bspw. stellt sich diesbezüglich die Frage, ob sich hieraus eine leichtfertige Steuerverkürzung i.S.d. § 378 AO oder sogar eine Steuerhinterziehung i.S.d. § 370 AO ableiten lässt. Dies kann nach meiner Auffassung vom Gesetzgeber nicht gewollt sein. Insofern bleibt zu hoffen, dass die Finanzverwaltung in einem BMF-Schreiben diese Fallgruppe aus Billigkeitsgründen nicht aufgreift.[326]

Zudem kritisiert Schnitger[327] zu Recht, dass die Höhe der ausgelösten Entstrickungsbesteuerung im Rahmen der gesetzlichen Vorschriften nicht im Nachgang an einen niedrigeren tatsächlich erzielten Außenumsatz angepasst werden kann. Nach § 6 Abs. 6 AStG ist in Fällen der Wegzugsbesteuerung eine solche Regelung vorgesehen, sofern der Zuzugsstaat eine solche Wertminderung nicht berücksichtigt.

---

324 Vgl. **Rupp, T.,** Entstrickung, 2007.

325 Vgl. **Schnitger,** Entstrickung, 2013, S. 26.

326 Vgl. **Rupp, T.,** Entstrickung, 2007.

327 Vgl. **Schnitger,** Entstrickung, 2013, S. 26.

(2) Körperschaften

In § 12 Abs. 1 KStG hat der Gesetzgeber die Entstrickungsbesteuerung für Körperschaften manifestiert. Zwar sind die Gewinnermittlungsvorschriften des Einkommensteuergesetzes (und damit auch § 4 Abs. 1 Satz 3 EStG)[328] gem. § 8 Abs. 1 Satz 1 KStG auch im Rahmen der Einkommensermittlung des KStG anzuwenden. § 12 Abs. 1 KStG gebührt jedoch als speziellere Regelung der Vorrang.[329] Es sind aber auch Fälle denkbar, in denen neben § 12 Abs. 1 KStG auch § 4 Abs. 1 Satz 3 EStG parallel zur Anwendung kommt. So können z.B. fiktive Entnahmen dann einer Körperschaft zuzurechnen sein, wenn diese als Mitunternehmerin an einer Personengesellschaft beteiligt ist.[330] Unabhängig davon bleibt § 12 Abs. 1 KStG auf Ebene der Körperschaft anwendbar. Dies gilt insbesondere für die Fälle, in denen die Körperschaft in ihrer Mitunternehmerstellung betroffen ist.[331]

In Ergänzung zu § 12 Abs. 1 KStG hat der Gesetzgeber in § 12 Abs. 2 KStG eine Regelung verankert, die eine Buchwertübertragung von Wirtschaftsgütern bei einem einer Verschmelzung vergleichbaren Vorgang (§ 2 UmwG) einer beschränkt körperschaftsteuerpflichtigen Körperschaft auf eine andere Körperschaft desselben ausländischen Drittstaates gestattet.[332] Die Notwendigkeit einer solchen Regelung besteht darin, dass die Verschmelzung (sofern es sich nicht um einen identitätswahrenden Formwechsel handelt) eine Vermögensübertragung im Ganzen darstellt, welche in der inländischen Betriebsstätte die Aufdeckung der stillen Reserven zur Konsequenz haben könnte. Diese Rechtsfolge ergäbe sich ohne § 12 Abs. 2 KStG selbst dann, wenn gar keine Gefahr bestünde, dass Besteuerungsrecht für die stillen Reserven zu verlieren.[333]

Wesentliche Voraussetzung ist nach § 12 Abs. 2 Satz 1 Nr. 2 KStG, dass es nicht zu einer Beschränkung des Besteuerungsrechts Deutschlands hinsichtlich der Besteuerung der übertragenen Wirtschaftsgüter bei der übernehmenden

328 Vgl. **Wassermeyer,** in: FS Krawitz, 2010, S. 486; **Lampert,** in: Gosch, KStG, 2015, § 12 KStG, Rn. 33.

329 Vgl. **Lampert,** in: Gosch, KStG, 2015, § 12 KStG, Rn. 33; **Pfirrmann,** in: Blümich, EStG/KStG/GewStG, § 12 KStG, Rn. 24; **Benecke/Staats,** in: Dötsch/Pung/Möhlenbrock (Hrsg.), KStG, § 12, Rn. 67 f.; **Prinz,** GmbHR 2007, S. 966.

330 Vgl. **Benecke/Staats,** in: Dötsch/Pung/Möhlenbrock (Hrsg.), KStG, § 12, Rn. 69; **Kessens,** in: Schnitger/Fehrenbacher, KStG, 2012, § 12 KStG, Rn. 24, **Lampert,** in: Gosch, KStG, 2015, § 12 KStG, Rn. 36.

331 Vgl. **Benecke/Staats,** in: Dötsch/Pung/Möhlenbrock (Hrsg.), KStG, § 12, Rn. 69.

332 Vgl. **Pfirrmann,** in: Blümich, EStG/KStG/GewStG, § 12 KStG, Rn. 75.

333 Vgl. **Lampert,** in: Gosch, KStG, 2015, § 12 KStG, Rn. 124.

Körperschaft kommt. Da § 4 Abs. 1 Satz 3 EStG als Grundnorm der Entstrickungsnormen zu verstehen ist, sollte die Tatbestandsvoraussetzung der „Beschränkung des Besteuerungsrechts" entsprechend den zu § 4 Abs. 1 Satz 3 EStG entwickelten Grundsätzen auszulegen sein.[334] Auf Anteilseignerebene ermöglicht der Gesetzgeber durch § 12 Abs. 2 Satz 2 KStG ebenfalls den Buchwertansatz für die im Rahmen der Verschmelzung erhaltenen Anteile, wenn das Besteuerungsrecht Deutschlands hinsichtlich des Veräußerungsgewinns an den Anteilen nicht beschränkt oder ausgeschlossen wird.

b. Einkünfte aus Privatvermögen

(1) Natürliche Personen

Im Rahmen des SEStEG[335] wurde auch für Einkünfte aus § 17 EStG eine Entstrickungsregelung eingeführt. Nach § 17 Abs. 5 Satz 1 EStG kommt es zu einer vorgezogenen fiktiven Veräußerung der Anteile, soweit eine Beschränkung oder der Ausschluss des Besteuerungsrechts Deutschlands hinsichtlich der Veräußerungsgewinne aus den Anteilen i.S.d. § 17 EStG vorliegt. Eine Ausnahme von der Entstrickungsbesteuerung ist gem. § 17 Abs. 5 Satz 2 ff. EStG lediglich für Anteile an einer SE vorgesehen. Sofern es sich bei den Anteilen an einer Kapitalgesellschaft nicht um wesentliche Anteile i.S.d. § 17 EStG handelt, kommt bei einer Veräußerung § 20 Abs. 2 EStG zur Anwendung. Eine Entstrickungsbesteuerung sieht § 20 Abs. 2 EStG aber nicht vor. Insofern kommt es zu einer nicht gerechtfertigten Ungleichbehandlung von Anteilen i.S.d. § 17 EStG und Anteilen i.S.d. § 20 EStG, obwohl beide Vorschriften das Privatvermögen betreffen. Die verbleibenden Einkunftsarten des Privatvermögens sehen, der Quellentheorie entsprechend, ebenfalls keine Entstrickungsbesteuerung vor.[336]

(2) Kapitalgesellschaften

§ 12 Abs. 1 KStG stellt im Vergleich zu § 4 Abs. 1 Satz 3 EStG die weitergehende Regelung dar, da sie grundsätzlich auch bei nicht betrieblichen Einkünften Anwendung findet.[337] Bedeutung erlangt dies im Hinblick auf die Erfassung von Veräußerungsgewinnen bei nicht wesentlichen Beteiligungen

---

334 Vgl. **Kessens,** in: Schnitger/Fehrenbacher, KStG, 2012, § 12 KStG, Rn. 199.

335 SEStEG, Gesetz vom 07.12.2006, BGBl. I 2006, S. 2782.

336 Vgl. **Schnitger,** Entstrickung, 2013, S. 29.

337 Vgl. **Benecke/Staats,** in: Dötsch/Pung/Möhlenbrock (Hrsg.), KStG, § 12, Rn. 68; **Wassermeyer,** IStR 2008, S. 176.

nach § 20 Abs. 2 EStG durch unbeschränkt steuerpflichtige Körperschaften i.S.d § 1 Abs. 1 Nr. 4 und 5 KStG.[338]

2. *UmwStG*

Da Umwandlungsfälle grundsätzlich mit einem Leistungsaustausch (entweder im Rahmen der Gesamtsrechtsfolge oder im Rahmen der Einzelrechtsfolge) einhergehen, würde es ohne umwandlungssteuerrechtliche Regelungen zu einer Aufdeckung stiller Reserven nach dem Markteinkommensprinzip kommen.[339] Insofern bedarf es mit der Auffassung von Müller-Thomczik[340] für den Fall eines Realisationstatbestandes keines Ersatzrealisationstatbestandes. Ein Ersatzrealisationstatbestand ist also nur dann erforderlich, wenn kein Leistungsaustausch (bspw. mangels Gewährung von Gesellschaftsrechten) vorliegt.[341] Sowohl bei der Realisierung eines Realisationstatbestandes als auch bei der Realisierung eines Ersatzrealisationstatbestandes möchte der Gesetzgeber jedoch betriebswirtschaftlich sinnvolle und handelsrechtlich mögliche Umstrukturierungen nicht durch steuerliche Folgen behindern, soweit steuerliche Gründe nicht entgegenstehen.[342] Mit dieser Begründung ermöglicht das UmwStG bei Erfüllung bestimmter Tatbestandsvoraussetzungen eine steuerneutrale Buchwertübertragung der Wirtschaftsgüter. Wesentliche Tatbestandsvoraussetzung ist, ebenso wie bei § 4 Abs. 1 Satz 3 EStG,[343] dass keine Beschränkung bzw. kein Ausschluss des inländischen Besteuerungsrechts an dem eingebrachten Vermögen bzw. den Anteilen vorliegt. Diese Voraussetzung findet sich in folgenden Normen:

- § 3 Abs. 2 Satz 1 Nr. 2 UmwStG (hinsichtlich des übergehenden Betriebsvermögens bei Verschmelzung einer Kapital- auf eine Personengesellschaft bzw. natürliche Person);

338 Vgl. **Benecke/Staats,** in: Dötsch/Pung/Möhlenbrock (Hrsg.), KStG, § 12, Rn. 68.

339 Vgl. BFH, Urteil vom 15.10.1997, I R 22/96, BStBl. II 1998, S. 168; BFH, Urteil vom 17.09.2003, I R 97/02, BStBl. II 2004, S. 686; BFH, Urteil vom 19.08.2008, IX R 71/07, BStBl. II 2009, S. 13; BFH, Urteil vom 07.04.2010, I R 96/08, BStBl. II 2011, S. 467; BMF, Schreiben vom 11.11.2011, BStBl. I 2011, S. 1314, Tz. 00.02 und 00.03. Zur Rspr. vor dem UmwStG 2006 vgl. **Schnitger/Rometzki,** FR 2006, S. 845 ff.

340 Vgl. **Müller-Thomczik,** Entstrickung, 2015, S. 10.

341 Vgl. auch **Hageböke,** Ubg 2011, S. 689 ff.; **Heurung/Engel/Thiedemann,** DK 2012, S. 24.

342 Vgl. Bundestag, Drs. vom 05.09.2012, BT-Drs. 17/10604, S. 14.

343 Insofern knüpfen das UmwStG und § 4 Abs. 1 Satz 3 EStG an die gleiche Tatbestandsvoraussetzung an, vgl. **Schwenke,** DStZ 2007, S. 238.

Regelung das Ziel, dass eine Aufstockung der Anschaffungskosten im Inland nur dann zu gewähren ist, wenn die Werterhöhungen im Ausland einer Besteuerung unterworfen worden sind.[347]

b. Übertragung stiller Reserven gem. § 6b EStG

Mit § 6b EStG verfolgt der Gesetzgeber die Förderung des Strukturwandels in Unternehmen, die Vermeidung einer Substanzbesteuerung, die Belebung des Grundstücksverkehrs sowie die Verbesserung der Finanzierungsmöglichkeiten von Unternehmen.[348] Nach § 6b Abs. 1 EStG ermöglicht die Vorschrift unter Erfüllung bestimmter Tatbestandsvoraussetzungen den Abzug eines im Rahmen einer Veräußerung von Grund und Boden und Gebäuden des Betriebsvermögens entstehenden Gewinnes von den Anschaffungskosten von im selben oder vorausgegangenen Wirtschaftsjahr erworbenen Anlagegütern (vor allen Dingen Grund und Boden sowie Gebäude). Soweit keine zeitnahe Reinvestition erfolgt, besteht die Möglichkeit nach § 6b Abs. 3 EStG, eine den steuerlichen Gewinn mindernde Rücklage zu bilden. Diese Rücklage kann bei Anschaffung von Grund und Boden und Gebäuden in den folgenden vier Wirtschaftsjahren nach Rücklagenbildung von den Anschaffungs- oder Herstellungskosten der Reinvestitionsgüter gewinnmindernd abgezogen werden.

Hinsichtlich des Steuersubjektes macht § 6b EStG keine Unterscheidung danach, ob es sich um einen beschränkt oder unbeschränkt Steuerpflichtigen handelt. Insoweit steht eine Diskriminierung grenzüberschreitender Vorgänge nicht im Raum.[349] Nach § 6b Abs. 4 Nr. 3 EStG i.d.F. des StEntlG 1999/2000/2002 war es jedoch erforderlich, dass die angeschafften oder hergestellten Wirtschaftsgüter zu einer inländischen Betriebsstätte gehörten. Demnach wurden Reinvestitionen in Wirtschaftsgüter einer ausländischen Betriebsstätte nicht begünstigt. Der Gewinn aus der Veräußerung des Wirtschaftsguts war demnach in voller Höhe steuerpflichtig. Mit Datum vom 16.04.2015[350] hat der EuGH entschieden, dass § 6b Abs. 4 Satz 1 Nr. 3 EStG i.d.F. des StEntlG 1999/2000/2002 der Niederlassungsfreiheit nach Art. 49 AEUV sowie gleichzeitig auch dem hierfür einschlägigen Art. 31 des EWR-Abkommens entgegensteht. Die sofortige

---

347 Vgl. **Kessler/Winterhalter/Huck,** DStR 2007, S. 133; **Heinicke,** in: Schmidt, EStG, 2018, § 4g EStG, Rn. 13 ff.; **Kolbe,** in: Herrmann/Heuer/Raupach, EStG/KStG, § 12 KStG, Rn. 37.

348 Vgl. **Marchal,** in: Herrmann/Heuer/Raupach, EStG/KStG, § 6b EStG, Rn. 1.

349 Vgl. **Schnitger,** Entstrickung, 2013, S. 37.

350 Vgl. EuGH, Urteil vom 29.11.2011, C-591/13, ECLI: EU: C:2015:230.

Besteuerung von Gewinnen bei Reinvestitionen in Wirtschaftsgüter einer ausländischen Betriebsstätte stelle eine nicht gerechtfertigte Diskriminierung dar. Die Beseitigung der Diskriminierung bedarf nach Auffassung des EuGH jedoch nicht einer Anpassung von § 6b Abs. 4 Satz 1 Nr. 3 EStG i.d.F. des StEntlG 1999/2000/2002 dergestalt, dass die Möglichkeit der Gewinnübertragung vollumfänglich auch auf ausländische Betriebsstätten ausgeweitet wird. Vielmehr reicht es aus, wenn dem Steuerpflichtigen ein Wahlrecht eingeräumt wird, nach dem er entscheiden kann, ob er die Steuer sofort entrichten oder über einen bestimmten Zeitraum verteilt zahlen möchte.[351] Der durch eine solche Regelung entstehende Zeitaufwand ist nach Auffassung des EuGH nicht übermäßig. Diesbezüglich verweist der EuGH auf die Rs. C-164/12 „DMC" vom 23.01.2014[352], nach welcher er eine gleichmäßige zeitliche Verteilung der angefallenen Steuer auf fünf Jahre ausdrücklich als europarechtskonform eingestuft hat. Diese Auffassung hat der EuGH in seinem Urteil in der Rs. C-657/13 „Verder Lab Tec" vom 21.05.2015[353] für die derzeit gültigen deutschen Vorsschriften zur Wegzugsbesteuerung in § 4g EStG und § 36 Abs. 5 EStG ausdrücklich bestätigt. Diese Vorgaben des EuGH hat der deutsche Gesetzgeber mit Datum vom 02.11.2015 im StÄndG 2015[354] durch die Einführung von § 6b Abs. 2a EStG umgesetzt.[355] Hiernach hat der Steuerpflichtige weiterhin das Wahlrecht, den Gewinn ohne Anwendung von § 6b EStG sofort zu versteuern, ihn gem. § 6b Abs. 1 EStG im Wirtschaftsjahr der Veräußerung oder im vorangegangenen Wirtschaftsjahr auf ein begünstigtes Reinvestitionsobjekt zu übertragen oder eine Rücklage gem. § 6b Abs. 3 EStG für eine zukünftige Investition zu bilden.[356] Aufgrund der aktuellen EuGH-Rechtsprechung hat der Gesetzgeber in § 6b Abs. 2a Satz 1 EStG zusätzlich die Möglichkeit geschaffen, auf Antrag bei einer geplanten Investition

351 Mit Verweis auf die Entscheidung zur Rs. C-371/10 „National Grid Indus"; vgl. EuGH, Urteil vom 29.11.2011, C-371/10, Slg. 2011, S. I-12273.

352 Vgl. EuGH, Urteil vom 23.01.2014, C-164/12, ECLI: EU: C:2014:20.

353 Vgl. EuGH, Urteil vom 21.05.2015, C-657/13, ECLI: EU: C:2015:331.

354 Vgl. Steueränderungsgesetz 2015, Gesetz vom 02.11.2015, BGBl. I 2015, S. 1834 ff.

355 Jedoch bestehen weiterhin Bedenken hinsichtlich der Europarechtskonformität in Bezug auf § 6b Abs. 4 Satz 1 Nr. 4 EStG; vgl.bspw. **Schnitger,** Entstrickung, 2013, S. 38. Des Weiteren fehlt in § 6b Abs. 10 Satz 4 EStG der Verweis auf § 6b Abs. 2a EStG, so dass auch § 6b Abs. 10 EStG einer europarechtlichen Überprüfung nicht Stand halten dürfte. Bezüglich der europarechtlichen Zweifel an § 6b Abs. 10 Satz 4 EStG vor Einführung des StÄndG 2015 **Schnitger,** BB 2004, S. 812.

356 Vgl. Bundestag, Drs. vom 23.09.2015, BT-Drs. 18/6094, S. 85; **Ortmann-Babel/Gauß,** DB 2015, S. 2472.

innerhalb des EU-/EWR-Raums (z.B. Österreich) die auf den Veräußerungsgewinn entfallende Steuer über einen Zeitraum von 5 Jahren gleichmäßig zu verteilen. Der Antrag ist nach § 6b Abs. 2a Satz 2 EStG im Wirtschaftsjahr der Veräußerung der in § 6b Abs. 1 Satz 1 EStG genannten Wirtschaftsgüter zu stellen. Damit erreicht der Gesetzgeber eine Gleichbehandlung mit Inlandsfällen, da der Steuerpflichtige auch bei rein inländischen Fallgestaltungen bereits im Wirtschaftsjahr der Veräußerung entscheiden muss, ob er den Veräußerungsgewinn unmittelbar auf ein Reinvestitionsgut übertragen oder aber eine Rücklage gemäß § 6b Abs. 3 EStG bilden will.[357] Eine steuerliche Übertragung von stillen Reserven auf Investitionsobjekte in Drittstaaten (z.B. Schweiz) ist hingegen nicht vorgesehen.

4. *Nutzungsentstrickung*

Die Nutzungsentstrickung ist für natürliche Personen in § 4 Abs. 1 Satz 3 EStG und für Körperschaften in § 12 Abs. 1 Satz 1 KStG geregelt. Die Nutzungsentstrickung stellt als Tatbestandsvoraussetzung darauf ab, dass das Besteuerungsrecht in Bezug auf den Gewinn aus der Nutzung des überlassenen Wirtschaftsguts ausgeschlossen oder beschränkt wird. Mit der Nutzungsentstrickung verfolgt der Gesetzgeber das Ziel, eine fremdvergleichskonforme laufende Besteuerung bzw. Gewinnabgrenzung nach dem AOA umzusetzen und somit eine Besteuerung der unentgeltlichen Überlassung von Wirtschaftsgütern sicherzustellen.[358] Jedoch stellt sich, ebenso wie bei der Überführung von Wirtschaftsgütern, die Frage, ob das Besteuerungsrecht Deutschlands im Hinblick auf die Gewinne aus der Nutzung des Wirtschaftsguts ausgeschlossen oder beschränkt wird, und die Tatbestandsvoraussetzungen der Vorschriften zur Nutzungsentstrickung damit ins Leere laufen.[359]

Durch die im Rahmen des AmtshilfeRLUmsG[360] eingeführte Selbständigkeitsfiktion von Betriebsstätten in § 1 Abs. 5 Satz 2 AStG wurde jedoch schließlich eine den AOA entsprechende gesetzliche Grundlage geschaffen, welche eine Korrektur von Einkünften im Falle einer Nutzungsentstrickung ermöglicht. Nach dem Wortlaut des Gesetzes ist die Annahme einer Nutzungsentstrickung

---

357 Vgl. Bundestag, Drs. vom 23.09.2015, BT-Drs. 18/6094, S. 85 f.; **Ortmann-Babel/Gauß,** DB 2015, S. 2472.

358 Vgl. **Levedag,** in: Prinz, Umwandlungen, 2013, Kapitel 11 Transfer von Einzelwirtschaftsgütern im Internationalen Steuerrecht, Rn. 11.79 f.

359 Vgl. hierzu statt vieler **Prinz,** GmbHR 2007, S. 968.

360 Vgl. AmtshilfeRLUmsG, Gesetz vom 26.06.2013, BGBl. I 2013, S. 1809.

im Rahmen von § 4 Abs. 1 Satz 3 EStG und § 12 Abs. 1 Satz 1 KStG auch bei entgeltlicher Überlassung von Wirtschaftsgütern möglich, sofern das Besteuerungsrecht durch ein DBA eingeschränkt oder ausgeschlossen wird. Eine Nutzungsentstrickung kommt beispielsweise im Rahmen folgender Fallgestaltungen in Betracht:

- Neuverhandlung eines bestehenden DBA mit der Folge der Ausweitung des ausländischen Quellensteuerrechts bei Überlassung von Wirtschaftsgütern eines unbeschränkt Steuerpflichtigen an ausländische Personen;[361]
- Abschluss oder Neuverhandlung eines DBA mit der Folge der Beschränkung des inländischen Quellensteuerrechts bei Überlassung von Wirtschaftsgütern eines beschränkt Steuerpflichtigen an eine inländische Person.[362]

Da auch die Nutzungsentstrickung auf eine fremdvergleichskonforme laufende Besteuerung bzw. Gewinnabgrenzung abzielt,[363] steht sie in Konkurrenz zu anderen Einkünftekorrekturnormen wie § 8 Abs. 3 Satz 2 KStG oder § 1 AStG, soweit es sich um eine nicht fremdvergleichskonforme Überlassung an den Gesellschafter oder nahestehende Personen handelt. Die Normenkonkurrenz ist in einem solchen Fall zugunsten von § 8 Abs. 3 Satz 2 KStG bzw. § 1 AStG aufzulösen.[364]

II. Alternative Formen zur Sicherstellung der Besteuerung stiller Reserven

1. Überblick

Neben den allgemeinen Entstrickungstatbeständen sind in der deutschen Steuergesetzgebung auch alternative Formen zur Sicherstellung der Besteuerung stiller Reserven in Wirtschaftsgütern zu finden.

Bereits vor der Einführung von § 50i EStG existierten folgende unterschiedlichen Formen zur Sicherstellung der inländischen Besteuerung:[365]

- Wegzugsbesteuerung natürlicher Personen (§ 6 AStG);
- Besteuerung bei der Sitzverlegung von Kapitalgesellschaften (§ 17 Abs. 5 EStG);

361 Vgl. **Körner,** IStR 2009, S. 750.

362 Vgl. **Blöchle,** IStR 2009, S. 651.

363 Vgl. **Levedag,** in: Prinz, Umwandlungen, 2013, Kapitel 11 Transfer von Einzelwirtschaftsgütern im Internationalen Steuerrecht, Rn. 11.59 und 11.87.

364 Vgl. **Frotscher,** in: Frotscher/Maas (Hrsg.), KStG, § 12 KStG, Rn. 40.

365 Vgl. hierzu auch **Prinz,** GmbHR 2012, S. 195 ff.

- Besteuerung der Entstrickung von Betrieben und Teilbetrieben (§ 16 Abs. 3a EStG);
- Sofortbesteuerung im Fall des Ausscheidens aus der unbeschränkten Körperschaftsteuerpflicht (§ 12 Abs. 3 KStG).

Im Anschluss folgt eine Darstellung der alternativen Formen zur Sicherstellung der inländischen Besteuerung. Dabei wird insbesondere auf die Merkmale eingegangen, welche die verschiedenen Formen von der allgemeinen Entstrickungsbesteuerung abgrenzen.

2. Wegzugsbesteuerung nach § 6 AStG

Um das Besteuerungsrecht hinsichtlich des Gewinns aus der Veräußerung von Anteilen i.S.d. § 17 EStG im Falle des Ausschlusses oder der Beschränkung durch Wegzug zu sichern, hat der Gesetzgeber mit § 6 Abs. 1 Satz 1 AStG eine von der allgemeinen Entstrickungsbesteuerung abweichende Regelung geschaffen. Die Norm gilt ausschließlich für natürliche Personen und regelt in ihrem Grundtatbestand eine fiktive Veräußerung von nach § 17 EStG gehaltenen Anteilen für den Fall des Wegzugs bzw. der Aufgabe der mindestens 10jährigen unbeschränkten Steuerpflicht.[366] Darüber hinaus wird der Grundtatbestand durch 4 Ersatzrealisationstatbestände flankiert, welche eine Umgehung der Rechtsfolgen der Vorschrift vermeiden sollen. Dabei ist zu beachten, dass sowohl der Grundtatbestand als auch die Ersatzrealisationstatbestände unabhängig von ggf. vorliegenden DBArechtlichen Erweiterungen des inländischen Besteuerungszugriffs einschlägig sind.[367] Bei der Ermittlung des dem Teileinkünfteverfahren unterliegenden Veräußerungsgewinns i.S.d. § 17 Abs. 2 Satz 1 EStG gilt der gemeine Wert der Anteile als fiktiver Veräußerungspreis (§ 6 Abs. 1 Satz 4 AStG). Auch die allgemeinen Entstrickungsbesteuerungstatbestände stellen hinsichtlich des Veräußerungspreises auf den gemeinen Wert ab. Insofern besteht Übereinstimmung zwischen den beiden Konzepten.[368] Im Unterschied zu den allgemeinen Entstrickungsbesteuerungstatbeständen sieht § 6 Abs. 5 AStG allerdings eine zinslose Stundung der Wegzugsteuer für den Fall vor, dass Staatsangehörige

---

366 Anteile des Betriebsvermögens (inkl. Sonderbetriebsvermögen) sowie sog. alteinbringungsgeborene Anteile gem. § 21 UmwStG 1995 unterliegen nicht § 6 AStG. Für diese Anteile gelten die allgemeinen Entstrickungstatbestände (allen voran § 4 Abs. 1 Satz 3, 4 EStG).

367 Vgl. **Pohl,** JbFfSt 2007/2008, 2007, S. 477, welcher auf Art. 4 Abs. 6 Buchst. a DBA Schweiz hinweist.

368 Vgl. **Schnitger,** Entstrickung, 2013, S. 42.

eines EU-/EWR-Staates in einen anderen EU-/EWR-Staat (z.B. Österreich) verziehen, welcher hinsichtlich der Beitreibung von Steuerforderungen Amtshilfe und Unterstützung leistet.[369] Im Gegensatz zu § 4 g EStG wird die Steuer also nicht nur auf 5 Jahre verteilt, sondern dauerhaft gestundet. Darüber hinaus hat der Steuerpflichtige im Rahmen des § 6 Abs. 5 AStG keine Verpflichtungen, Sicherheiten zu leisten. Ein Widerruf der Stundung kommt in Betracht, wenn der Steuerpflichtige über die Anteile schädlich im Rahmen einer Veräußerung oder verdeckten Einlage in eine Gesellschaft i.S.d. § 17 Abs. 1 Satz 1 EStG verfügt (§ 6 Abs. 5 Satz 4 Nr. 1 AStG). Ebenfalls ist das Ausscheiden des Steuerpflichtigen oder seines Rechtsnachfolgers aus der unbeschränkten Steuerpflicht in einem EU-/EWR-Staat schädlich (§ 6 Abs. 5 Satz 4 Nr. 4 AStG). Auch dürfen die Anteile nicht auf einen nicht in einem EU-/EWR-Staat ansässigen Steuerpflichtigen übergehen (§ 6 Abs. 5 Satz 4 Nr. 2 AStG). Im Unterschied dazu ermöglicht der Gesetzgeber in Drittlandsfällen (z.B. Schweiz) gem. § 6 Abs. 4 AStG lediglich eine max. 5jährige Stundung gegen Sicherheitsleistung, wenn die alsbaldige Einziehung der Steuer mit erheblichen Härten für den Steuerpflichtigen einhergeht. Demnach ist weder eine Verlängerung der Stundung auf max. 10 Jahre noch eine zinslose Stundung nach § 6 Abs. 5 AStG im Falle des geplanten Wegzugs in ein Drittland (z.B. Schweiz) möglich. Ohne Gestaltungsmaßnahmen kommt es damit im Zeitpunkt des Wegzugs zu einer deutschen Wegzugsteuer, welche mangels Veräußerungsvorgang („dry income") aus sonstigem Vermögen beglichen werden muss.[370]

Von Vertretern der Finanzverwaltung wird die Auffassung vertreten, dass sich nur mit der Entstrickungsbesteuerung das deutsche Besteuerungsrecht sicherstellen lasse, da eine Nachverfogung des Wirtschaftsguts im Anschluss an die Überführung ins Ausland administrativ nicht möglich sei.[371] Demgegenüber zeigt § 6 Abs. 7 Satz 4 AStG einen anderen Weg auf. Hiernach hat der

---

369 Rechtsgrundlage für die zwischenstaatliche Amtshilfe bei der Steuererhebung zwischen Deutschland und Österreich ist die Richtlinie 2010/24/EU des Rates vom 16. März 2010 über die Amtshilfe bei der Beitreibung von Forderungen in Bezug auf bestimmte Steuern, Abgaben und sonstige Maßnahmen, ABl. EU Nr. L 84 vom 31. März 2010, S. 1 ff. umgesetzt in österreichisches Recht durch EU-Vollstreckungsamtshilfegesetz, Gesetz vom 07.12.2011, BGBl. I 2011 Nr. 112, S. 1 ff.

370 Vgl. **Prinz,** DB 2013, S. 1379.

371 Vgl. bspw. **Mitschke,** IStR 2010, S. 97. Diese Auffassung wird in der Literatur zu Recht kritisiert, da administrative Schwierigkeiten bei der Nachverfolgung keine Beschränkung des Besteuerungsrechts auslösen können; vgl. 35; **Gosch,** BFH-PR 2008, S. 499; **Lenz,** in: Erle/Sauter (Hrsg.), KStG, 2010, § 12 KStG, Rn. 37.

Steuerstundung nach § 36 Abs. 5 EStG, vorausgesetzt, dass die Wirtschaftsgüter einer Betriebsstätte in einem EU-/EWR-Mitgliedstaat zugeordnet werden, mit dem ein Amtshilfeabkommen besteht. Des Weiteren ist festzustellen, dass § 36 Abs. 5 EStG, im Unterschied zu § 4g EStG, nicht bei der Ermittlung der Einkünfte, sondern bei der Steuererhebung ansetzt. Später entstehende Verluste können damit nicht mit dem gestundeten Entstrickungsgewinn verrechnet werden. Auch knüpft § 36 Abs. 5 EStG, im Gegensatz zu § 4g EStG, nicht an die unbeschränkte Steuerpflicht als zwingende Tatbestandsvoraussetzung an. Darüber hinaus findet § 16 Abs. 3a EStG auch bei der (Teil-)Betriebsverlegung in EWR-Staaten Anwendung. Zudem sieht § 16 Abs. 3a EStG keine Meldepflichten, wie die in § 4g EStG geregelten, vor. Im Unterschied zu § 4g EStG ist schließlich auch die Rücküberführung von Wirtschaftsgütern nicht geregelt.

5. *Sofortbesteuerung nach § 12 Abs. 3 KStG im Falle der Sitzverlegung oder Verlegung des Orts der Geschäftsleitung in einen Drittstaat*

Mit § 12 Abs. 3 Satz 1 KStG will der Gesetzgeber die im Inland gebildeten stillen Reserven bei Verlegung des statuarischen Sitzes oder des Ortes der Geschäftsleitung einer in einem EU-/EWR-Mitgliedstaat unbeschränkt steuerpflichtigen Körperschaft in einen Drittstaat sicherstellen. Die Sicherstellung des Besteuerungsrechts gewährleistet er durch die Auflösung der wegziehenden Gesellschaft und der Anwendung der Liquidationsbesteuerung i.S.d. § 11 KStG, ohne dabei jedoch an die bei anderen Entstrickungsregeln einschlägigen tatbestandlichen Voraussetzungen der Beschränkung und des Ausschlusses des deutschen Besteuerungsrechts anzuknüpfen. Eine Entstrickung ist nach dem Wortlaut der Vorschrift selbst dann anzunehmen, wenn nach der Sitzverlegung bzw. der Verlegung des Ortes der Geschäftsleitung eine Betriebsstätte (ggf. mit demselben Umfang wie der Umfang der Körperschaft) verbleibt. Daran ändert auch die Tatsache nichts, dass Deutschland auch im Nachgang durch § 49 Abs. 1 Nr. 2 Buchst. a) EStG das Besteuerungsrecht an den Betriebssstätteneinkünften und damit auch an den stillen Reserven innehat. In der Literatur[378] wird jedoch zu Recht die Auffassung vertreten, dass § 12 Abs. 3 Satz 1 KStG diesbezüglich teleologisch zu reduzieren ist. Nach § 12 Abs. 3 Satz 2 KStG findet eine Liquidationsbesteuerung i.S.d. § 11 KStG auch in den Fällen Anwendung, in denen die Sitzverlegung einer Körperschaft nach einem DBA zu einer Ansässigkeit

---

378 Vgl. **Frotscher,** in: Frotscher/Maas (Hrsg.), KStG, § 12 KStG, Rn. 172 ff.; **Eickmann/Stein,** DStZ 2007, S. 725; **Eickmann/Mörwald,** DStZ 2009, S. 427; **Haase,** IStR 2004, S. 233.

außerhalb der EU-/EWR-Staaten führt. Nach dem Wortlaut der Vorschrift ist es auch hier unerheblich, ob das Besteuerungsrecht auch nach dem Wechsel in Deutschland verbleibt. Im Unterschied zu den allgemeinen Entstrickungsregeln und den anderen hier dargestellten Formen der Sicherstellung der Besteuerung stiller Reserven ist festzuhalten, dass § 12 Abs. 3 KStG als einzige Norm keinen Aufschub der Besteuerung stiller Reserven vorsieht.

Globalisierung geforderten als auch der freiwilligen Flexibilität der Bevölkerung entgegen. Aus diesem Grund suchten und suchen Steuerpflichtige immer noch nach sog. „Verstrickungsmodellen", welche eine steuerliche Entstrickung durch die Wegzugsbesteuerung oder sonstige Entstrickungsvorschriften vermeiden.[380]

2. *Strukturen zur Sicherstellung des Besteuerungsrechts vor dem Hintergrund von § 6 AStG*

Zur Vermeidung der Anwendung von § 6 AStG wurden in der Vergangenheit Anteile i.S.v. § 17 Abs. 1 Satz 1 EStG nach den Grundsätzen des BMF-Schreibens vom 11.07.2011[381] steuerneutral im Wege der verdeckten Einlage auf eine gewerblich geprägte Personengesellschaft im Sinne von § 15 Abs. 3 Nr. 2 EStG übertragen.[382] Solche „Gestaltungen"[383] waren zulässig und üblich. Denn § 6 AStG stellt hinsichtlich der Entstrickung nicht auf den Tatbestand des Ausschlusses oder der Beschränkung des deutschen Besteuerungsrechts an einer im Betriebsvermögen gehaltenen Beteiligung ab.[384] Sofern die Beschränkung oder der Ausschluss des Besteuerungsrechts durch den Wegzug eintritt, kann jedoch ein allgemeiner Entstrickungstatbestand i.S.d. § 4 Abs. 1 Satz 3 EStG vorliegen.[385] Insofern bedürfte es zur Vermeidung der Aufdeckung stiller Reserven der Sicherung des deutschen Besteuerungsrechts im Rahmen eines DBA.

---

380 Vgl. **Bilitewski/Schifferdecker,** Ubg 2013, S. 559.

381 Vgl. BMF, Schreiben vom 11.07.2011, BStBl. I 2011, S. 713.

382 Vgl. **Roser/Hamminger,** in: Grotherr, Handbuch der internationalen Steuergestaltung, 2011, S. 1546 f.; **Mitschke,** FR 2013, S. 697; **Prinz,** DB 2013, S. 1379 f.; **Bilitewski/Schifferdecker,** Ubg 2013, S. 559; **Loose/Wittkowski,** IStR 2011, S. 68 ff.; **Schönfeld,** IStR 2011, S. 142 ff.; **Goebel/Boller/Ungemach,** IStR 2008, S. 643 ff.; **Blöchle,** IStR 2009, S. 645 ff.; **Blumers,** DB 2007, S. 312 ff.; **Suchanek/Herbst,** IStR 2007, S. 620 ff.; **Brandenberg,** BB 2008, S. 868; **Painter,** DStR 2013, S. 1638; **Adrian/Franz,** BB 2013, S. 1885 ff.; **Salzmann,** IWB 2013, S. 409 f.; **Höreth/Stelzer,** DStZ 2013, S. 457 f.; **Gosch,** IWB 2012, S. 788 f:, **Hörster,** NWB 2013, S. 1971; **Levedag,** GmbHR 2013, S. 252; Bundestag, Drs. vom 19.02.2013, BT-Drs. 17/12375, S. 73.

383 **Schönfeld** stößt sich zu recht daran, dass in diesem Zusammenhang von einer Gestaltung gesprochen wird, da für das Zwischenschalten einer gewerblich geprägten Personengesellschaft häufig wirtschaftliche Gründe, wie etwa die Poolung gemeinsamer Interessen sprechen und nicht etwa die Vermeidung eines Entstrickungstatbestandes; vgl. **Schönfeld,** IStR 2011, S. 144.

384 Vgl. **Prinz,** DB 2013, S. 1379; **Wassermeyer,** in: Flick/Wassermeyer/Baumhoff et al. (Hrsg.), Außensteuerrecht, § 6 AStG, Rn. 42; **Kaminski,** in: Strunk/Kaminski et al. (Hrsg.), AStG/DBA, § 6 AStG, Rn. 72; **Bilitewski/Schifferdecker,** Ubg 2013, S. 559.

385 Vgl. **Prinz,** DB 2013, S. 1379.

3. *Früheres Rechtsverständnis und frühere Verwaltungspraxis der Finanzverwaltung in Wegzugs- und Einbringungsfällen*

a. *Früheres Rechtsverständnis der Finanzverwaltung*

Die Finanzverwaltung vertrat im BMF-Schreiben vom 16.04.2010[386] noch die Auffassung, dass sowohl eine gewerblich infizierte als auch eine gewerblich geprägte Personengesellschaft nach Abkommensrecht eine Betriebsstätte i.S.d. Art. 5 OECD-MA vermittelt. Demzufolge hätte der Gesellschafter aus der Beteiligung an der Personengesellschaft Unternehmensgewinne i.S.v. Art. 7 Abs. 1 Satz 2 OECD-MA erzielt. Insofern hätte auch durch den Wegzug keine Beschränkung bzw. kein Ausschluss des deutschen Besteuerungsrechts gem. Art. 13 Abs. 2 OECD-MA hinsichtlich der Veräußerung der Anteile vorgelegen. Dies hätte ebenso für die laufenden Einkünfte aus der Beteiligung an der Personengesellschaft gegolten.[387] Dass eine gewerblich infizierte bzw. geprägte Personengesellschaft als Betriebsstätte qualifiziert, wurde seitens der Finanzverwaltung über Art. 3 Abs. 2 OECD-MA und § 15 EStG nach innerstaatlichem Recht hergeleitet. Denn nach Auffassung der Finanzverwaltung war die Frage, ob es sich um eine Tätigkeit im Rahmen eines Unternehmens handelt, gem. Art. 3 Abs. 2 OECD-MA nach innerstaatlichem Recht und damit nach § 15 EStG zu klären.[388] Im Falle eines Wegzugs unterblieb daher regelmäßig eine Entstrickungsbesteuerung.[389] Die von der Finanzverwaltung vertretene fehlerhafte Auffassung galt für alle hier betrachteten Zuzugsstaaten gleichermaßen.[390]

b. *Frühere Verwaltungspraxis in Wegzugsfällen*

Ausgehend von diesem Rechtsverständnis hat die Finanzverwaltung von der Anwendung der Wegzugsbesteuerung gem. § 6 AStG für im Inland steuerverstrickte Anteile i.S.d. § 17 EStG abgesehen, wenn die Anteile vor dem Wegzug steuerneutral[391] in das Betriebsvermögen einer gewerblich geprägten Personengesellschaft i.S.d. § 15 Abs. 3 Nr. 2 EStG eingebracht wurden, welche auch abkommensrechtlich gem. Art. 7 Abs. 1 Satz 2 OECD-MA Unternehmensgewinne vermittelte und damit das deutsche Besteuerungsrecht an den stillen Reserven der Anteile wahrte. Dabei wurde die funktionale Zuordnung der Anteile zum Gesamthandsvermögen

386 Vgl. BMF, Schreiben vom 16.04.2010, BStBl. I 2010, S. 354, Tz. 2.2.1.

387 Vgl. Bundestag, Drs. vom 19.02.2013, BT-Drs. 17/12375, S. 73; **Mitschke,** FR 2013, S. 697.

388 Vgl. **Painter,** DStR 2013, S. 1639; **Leisner-Egensperger,** IStR 2014, S. 10 ff.; **Richter,** FR 2010, S. 544 ff.

389 Vgl. **Pohl,** IStR 2013, S. 699.

390 Vgl. Art. 13 Abs. 2 DBA Schweiz, Art. 13 Abs. 3 DBA Österreich sowie Art. 13 Abs. 3 DBA Vereinigtes Königreich.

391 Nach den Grundsätzen des BMF, Schreiben vom 11.07.2011, BStBl. I 2011, S. 713.

der Personengesellschaft bzw. zum Sonderbetriebsvermögen stets unterstellt.[392] Da es sich im Anschluss an den Transfer nicht mehr um eine im Privatvermögen gehaltene wesentliche Beteiligung handelte, konnte zum Zeitpunkt des Wegzugs keine Besteuerung nach § 6 Abs. 1 AStG vorgenommen werden. Da das Besteuerungsrecht Deutschlands sowohl in Bezug auf einen etwaig anfallenden Veräußerungsgewinn[393] als auch hinsichtlich der laufenden Einkünften[394] aus den Anteilen nach der fehlerhaften Auffassung der Finanzverwaltung abkommensrechtlich weder ausgeschlossen noch beschränkt war, konnte zudem keine Entstrickungsbesteuerung nach § 4 Abs. 1 Satz 3, 4 EStG erfolgen. Im Ergebnis bestand demnach nach Einbringung von Anteilen i.S.d. § 17 EStG in das Gesamthands- oder Sonderbetriebsvermögen einer gewerblich geprägten Personengesellschaft kein steuerliches Entstrickungsrisiko im Hinblick auf einen Wegzug. Dies galt auch für den Wegzug in die im Rahmen dieser Arbeit betrachteten Zuzugsstaaten (Österreich, Vereinigtes Königreich, Vereinigte Staaten sowie die Schweiz).[395] Die von der Finanzverwaltung vertretene Auffassung wurde auch regelmäßig im Rahmen verbindlicher Auskünfte i.S.d. § 89 Abs. 2 AO bestätigt.[396] Im Rahmen solcher verbindlichen Auskünfte verlangte die Finanzverwaltung jedoch die Anerkennung des deutschen Besteuerungsrechts durch die ausländische Finanzbehörde im Hinblick auf einen eventuell später anfallenden Veräußerungsgewinn.[397] Um eine weitere Absicherung des deutschen Besteuerungsrechts zu gewährleisten, erklärten Teile der wegzugswilligen Steuerpflichtigen gegenüber der Finanzverwaltung einen Einspruchsverzicht gem. § 354 Abs. 1a AO im Hinblick auf die eine spätere Veräußerung oder Entnahme der Anteile betreffenden Steuerbescheide.[398]

---

392 Vgl. allgemein zur Notwendigkeit des Vorliegens einer funktionalen Zuordnung im Detail **Bilitewski/Schifferdecker,** Ubg 2013, S. 562 ff. Hinsichtlich der Kritik an einer unreflektierten funktionalen Zuordnung der Anteile zum Gesamthands- bzw. Sonderbetriebsvermögen vgl. **Salzmann,** IWB 2013, S. 410; **Gosch,** IWB 2012, S. 788; **Prinz,** DB 2013, S. 1380.

393 Vgl. **Schönfeld,** IStR 2011, S. 142 f.; **Loose/Wittkowski,** IStR 2011, S. 69.

394 Vgl. **Mitschke,** FR 2013, S. 697.

395 Vgl. Art. 7 Abs. 1 DBA Österreich, Art. 7 Abs. 1 DBA Vereinigtes Königreich sowie Art. 7 Abs. 1 DBA Schweiz.

396 Vgl. Bundestag, Drs. vom 19.02.2013, BT-Drs. 17/12375, S. 73; **Mitschke,** FR 2013, S. 697. Nach Aussage von **Pung** sind jedoch bereits seit 2001 keine verbindlichen Auskünfte diesbezüglich erteilt worden; vgl. **Lüdicke,** FR 2015, S. 134 Fn. 7 mit Hinweis auf eine Podiumsdiskussion beim 66. Fachkongress der Steuerberater am 28.10.2014 in Köln. **Brandenberg** spricht davon, dass für VZ ab 2008 keine diesbezüglichen verbindlichen Auskünfte mehr ergangen sind; vgl. **Brandenberg,** BB 2008, S. 869.

397 Vgl. Bundesrat, Drs. vom 01.03.2013, BR-Drs. 139/13 B, S. 18; Bundesrat, Drs. vom 22.02.2013, BR-Drs. 139/13, S. 141.

398 Vgl. **Brandenberg,** BB 2008, S. 869.

Eine Struktur zur Vermeidung der Wegzugsbesteuerung sah bspw. wie folgt aus:

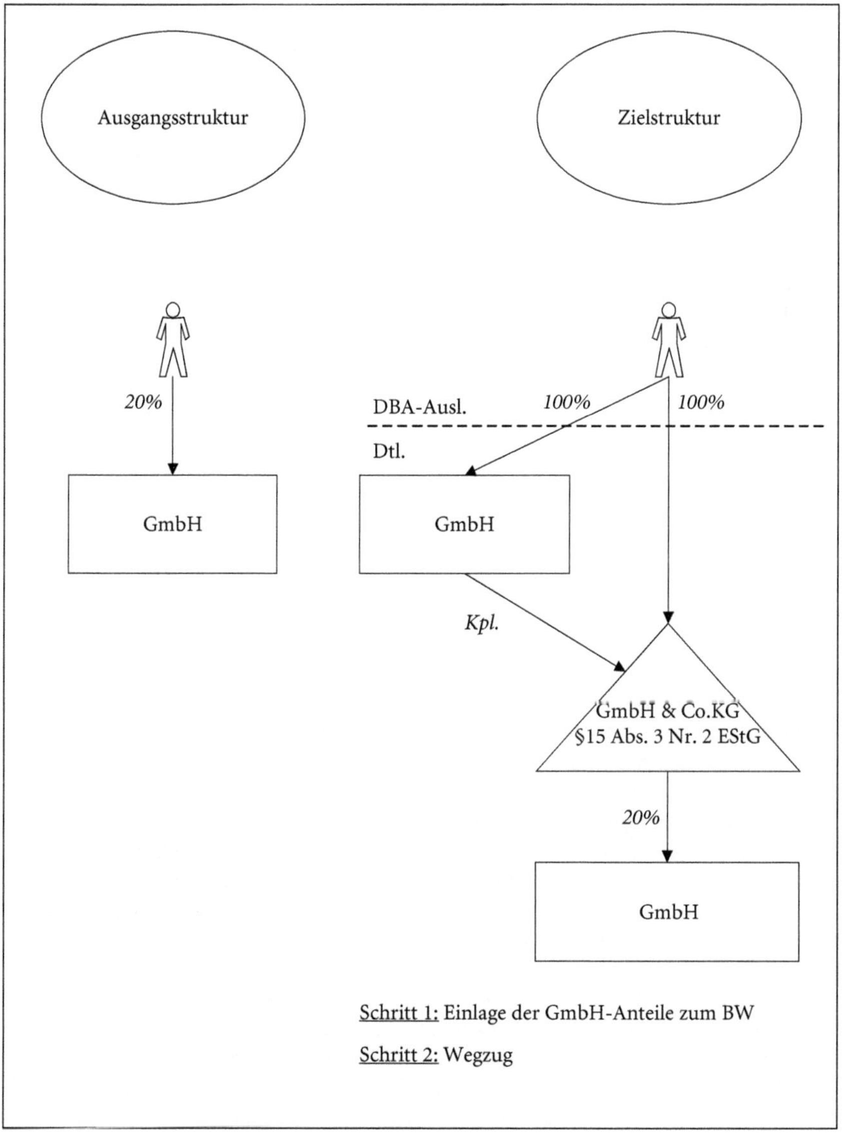

Abb. 1 Vermeidung der Wegzugsbesteuerung im Wegzugfall

c. *Frühere Verwaltungspraxis in Einbringungsfällen*

Durch díe fehlerhafte Auffassung der Finanzverwaltung führte auch die durch einen in einem anderen DBA-Staat ansässigen Gesellschafter vollzogene Einbringung der Sachgesamtheit einer inländischen gewerblich tätigen Personengesellschaft in eine Tocherkapitalgesellschaft gegen Gewährung neuer Anteile an der aufnehmenden Kapitalgesellschaft gem. § 20 UmwStG nicht zu einem Ansatz gemeiner Werte, da die Personengesellschaft nach Einbringung gewerblich geprägt war und damit (nach fehlerhafter Annahme der Finanzverwaltung) eine inländische Betriebsstätte i.S.d. Art. 5 OECD-MA vermittelte,[399] welcher die Beteiligung an der Tochterkapitalgesellschaft zugerechnet werden konnte.[400] Insofern war die in § 1 Abs. 4 Satz 1 Nr. 2 Buchst. b UmwStG kodifizierte Voraussetzung,[401] dass das deutsche Besteuerungsrecht am Gewinn aus der Veräußerung der erhaltenen Anteile an der Tochterkapitalgesellschaft gesichert wird erfüllt und ein Buch- bzw. Zwischenwertansatz i.S.v. § 20 Abs. 2 Satz 2 UmwStG auf Ebene der übernehmenden Tochterkapitalgesellschaft war möglich.[402] Zu einer Entstrickungsbesteuerung kam es demnach nicht. Dies galt auch für Gesellschafter, welche in den im Rahmen dieser Arbeit betrachteten Staaten (Österreich, Vereinigtes Königreich, Vereinigte Staaten sowie Schweiz) ansässig waren. Auch diese Rechtsauffassung wurde regelmäßig im Rahmen verbindlicher Auskünfte i.S.d. § 89 Abs. 2 AO bestätigt.[403] Jedoch verlangte die Finanzverwaltung auch hier regelmäßig die Anerkennung des deutschen Besteuerungsrechts durch die ausländische Finanzbehörde im Hinblick auf einen eventuell später anfallenden Veräußerungsgewinn.[404]

---

399 Vgl. **Graw,** in: Rödder/Herlinghaus/van Lishaut (Hrsg.), UmwStG, 2013, § 1, Rn. 283; **Salzmann,** IWB 2013, S. 409 f.; **Hörster,** NWB 2013, S. 1971.

400 Vgl. diesbezüglich auch BMF, Schreiben vom 26.09.2014, BStBl. I 2014, S. 1258, Tz. 2.3.3.2.

401 Nach § 1 Abs. 4 Satz 1 Nr. 2 Buchst. b UmwStG ist eine Einbringung nach § 20 UmwStG nicht davon abhängig, dass der übertragende Rechtsträger selbst oder eine über eine Personengesellschaft am übertragenden Rechtsträger beteiligte Person nicht in der EU bzw. dem EWR ansässig ist, wenn das deutsche Besteuerungsrecht hinsichtlich des Gewinns aus der Veräußerung der erhaltenen Anteile hierdurch nicht ausgeschlossen oder beschränkt wird.

402 Vgl. **Bodden,** in: Korn, EStG, § 50i EStG, Rn. 6.

403 Vgl. Bundestag, Drs. vom 19.02.2013, BT-Drs. 17/12375, S. 73; **Mitschke,** FR 2013, S. 697. Jedoch hat die Finanzverwaltung nach Aussage von **Pung** bereits seit 2001 keine verbindlichen Auskünfte mehr erteilt; vgl. **Lüdicke,** FR 2015, S. 134 Fn. 7 mit Hinweis auf eine Podiumsdiskussion beim 66. Fachkongress der Steuerberater am 28.10.2014 in Köln. **Brandenberg** weist darauf hin, dass verbindliche Auskünfte für VZ ab 2008 nicht mehr ergangen sind; vgl. **Brandenberg,** BB 2008, S. 869.

404 Vgl. Bundesrat, Drs. vom 01.03.2013, BR-Drs. 139/13 B, S. 18; Bundesrat, Drs. vom 22.02.2013, BR-Drs. 139/13, S. 141.

Eine Struktur zur Vermeidung der Wegzugsbesteuerung im Einbringungsfall sah z.B. wie folgt aus:

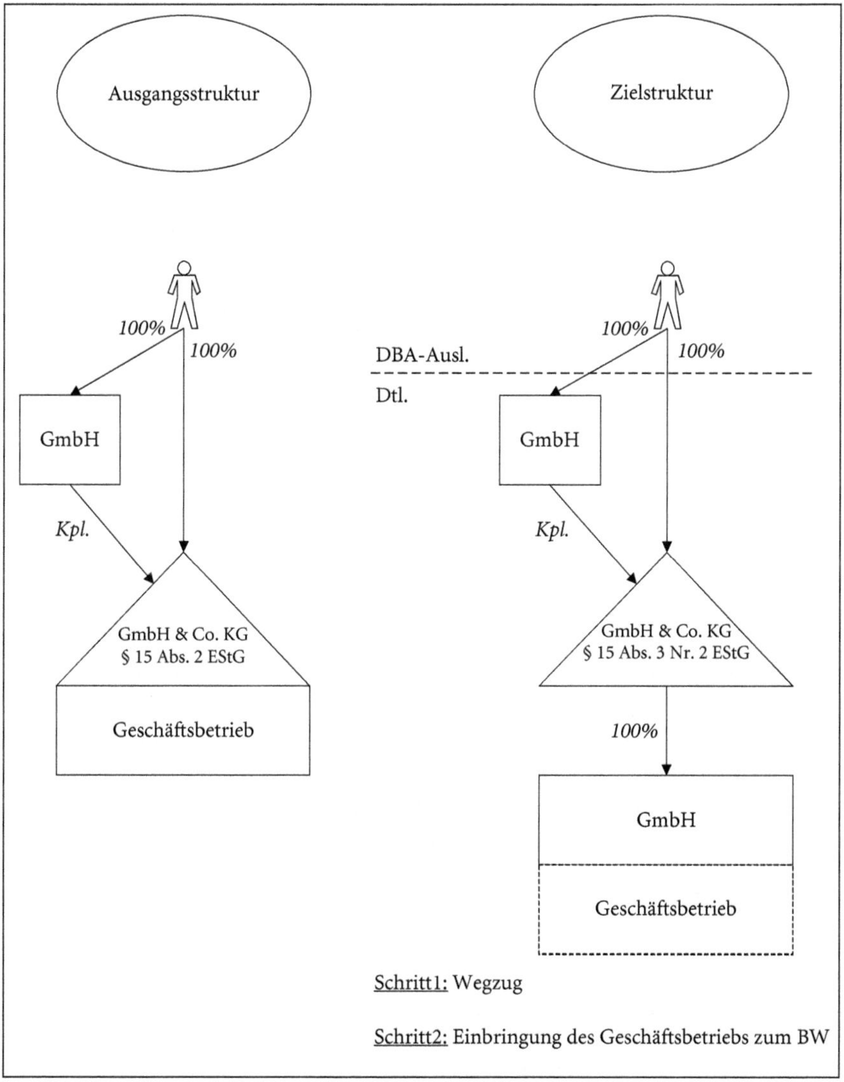

Abb. 2 Vermeidung der Wegzugsbesteuerung im Einbringungsfall

B. Auffassung der Rechtsprechung zur abkommensrechtlichen Qualifikation von Einkünften vermögensverwaltender gewerblich geprägter Personengesellschaften

I. Urteil des FG Hamburg vom 12.06.2003

Bereits das FG Hamburg vertrat im Urteil vom 12.06.2003[405] die Auffassung, dass sich die abkommensrechtliche Qualifikation von Einkünften zwar gem. Art. 3 Abs. 2 OECD-MA[406] nach dem Recht des Anwenderstaates zu richten habe, die gewerbliche Fiktion nach § 15 Abs. 3 Nr. 2 EStG könne aber nicht auf das Abkommensrecht durchschlagen, da es bei einer vermögensverwaltenden gewerblich geprägten Personengesellschaft an einer Betriebsstätte fehle, welche Unternehmensgewinne vermittle. Mangels Betriebsstättenvorbehalt unterlägen die von der vermögensverwaltenden GmbH & Co. KG bezogenen Dividenden demnach dem für Dividenden geltenden Spezialartikel (Art. 10 OECD-MA), welcher das Besteuerungsrecht dem Ansässigkeitsstaat (hier Niederlande) zuweise. Diese Auffassung vertrat auch die h.M. der Literatur.[407] Verwunderlich ist in diesem Zusammenhang, dass die Finanzverwaltung das zur Revision zugelassene und ihrer Auffassung entgegenstehende Urteil hat rechtskräftig werden lassen.[408]

II. BFH-Urteil vom 28.04.2010

Im Urteil vom 28.04.2010[409] hatte der BFH ebenfalls zur Frage der abkommensrechtlichen Qualifikation der Zinseinkünfte einer US-amerikanischen vermögensverwaltend tätigen gewerblich geprägten Personengesellschaft i.S.d. § 15 Abs. 3 Nr. 2 EStG zu entscheiden, an welcher unmittelbar oder mittelbar in Deutschland unbeschränkt steuerpflichtige Personen beteiligt waren. Auch nach seiner Auffassung umfasst der abkommensrechtliche Begriff des Unternehmensgewinns i.S.d. Art. 7 Abs. 1 DBA-USA 1989 a.F. nicht nach innerstaatlichem

---

405 Vgl. FG Hamburg, Urteil vom 12.06.2003, VI 6/01, EFG 2003, S. 548.

406 Zur allgemeinen Auslegung von Art. 3 Abs. 2 OECD-MA vgl. **Leisner-Egensperger,** IStR 2014, S. 10 ff.

407 Vgl. **Wassermeyer,** in: Wassermeyer/Andresen/Ditz/Schönfeld, Betriebsstätten-Handbuch, 2006, Besonderheiten bei Personengesellschaften, Rn. 7.3; **Wassermeyer,** in: Debatin/Wassermeyer, Doppelbesteuerung, Art. 7 MA (2000), Rn. 85; **Knobbe-Keuk,** Bilanz- und Unternehmenssteuerrecht, 1993, S. 545; **Lehner,** in: Vogel/Lehner, DBA, 2015, Grundlagen, Rn. 57.

408 Vgl. **Lüdicke,** FR 2015, S. 129.

409 Vgl. BFH, Urteil vom 28.04.2010, I R 81/09, BStBl. II 2014, S. 754.

Recht fingierte gewerbliche Unternehmensgewinne, welche inhaltlich dem Bereich der Vermögensverwaltung zuzuordnen sind. Dies sei damit zu begründen, dass Art. 3 Abs. 2 DBA-USA 1989 a.F. hinsichtlich des Begriffs des „Zusammenhangs" eine abkommensrechtliche und damit vom innerstaatlichem Recht abweichende Definition erfordere. Hierfür spreche, dass die abkommensrechtliche Zuordnung des Besteuerungsrechts sich nach der Einkunftsart richte und die innerstaatliche Qualifikation der Einkünfte demnach nur eine Hilfsfunktion darstelle. Des Weiteren ließe sich das in Art. 7 Abs. 1 DBA-USA 1989 a.F. geregelte abkommensrechtliche Subsidiaritätsprinzip nur mit einer derartigen Auslegung von Art. 3 Abs. 2 DBA-USA 1989 a.F. erfüllen. Bei einer abweichenden Auslegung bestünde zudem die Gefahr, dass es zu einer unterschiedlichen Auslegung des Abkommens in den beiden Vertragsstaaten kommt, welches der vom Grundsatz angestrebten Entscheidungsharmonie entgegenwirken würde. Insofern handele es sich bei den nach § 15 Abs. 3 EStG fingierten gewerblichen Einkünften nicht um Unternehmensgewinne. Die durch die vermögensverwaltende gewerblich geprägte Personengesellschaft bezogenen Zinseinkünfte seien damit unter dem für Zinsen geltenden Spezialartikel (Art. 11 DBA-USA 1989 a.F.) zu erfassen. Diese Auffassung hat der BFH in zahlreichen Folgeentscheidungen[410] bestätigt. Ebenfalls hat der BFH[411] die hier dargelegte Auffassung in Betriebsaufspaltungsfällen vertreten, da nach seiner Auffassung die Fiktion der Gewerblichkeit der durch das Besitzunternehmen erzielten Einkünfte abkommensrechtlich ebenfalls nicht durchschlägt. Dieser Auffassung hat sich die Finanzverwaltung mit BMF-Schreiben vom 26.09.2014[412] angeschlossen. Es bedarf damit im Ergebnis zur Erfüllung des abkommensrechtlichen Begriffs der Unternehmensgewinne einer originären unternehmerischen Tätigkeit.[413] Der von der Finanzverwaltung noch im BMF-Schreiben vom 16.04.2010[414] vertretenen Auffassung wurde damit der Boden entzogen. Das BFH-Urteil wurde seinerzeit durch die Finanzverwaltung nicht veröffentlicht.[415] Ausschlaggebend hierfür war eine

410 Vgl. BFH, Urteil vom 09.12.2010, I R 49/09, BStBl. II 2011, S. 482; BFH, Urteil vom 24.08.2011, I R 46/10, BStBl. II 2014, S. 764. Hinsichtlich der Rechtsprechungsentwicklung vgl. auch **Pohl,** ISR 2014, S. 158 ff.

411 Vgl. BFH, Urteil vom, 25.05.2011, I R 95/10, BStBl. II 2014, S. 760; a.A. **Mroz,** SWI 2017, S. 419, welche bei dem Besitzunternehmen eine gewerbliche Tätigkeit aufgrund einer abkommensrechtlichen Geschäftsleitungsbetriebsstätte annimmt.

412 Vgl. BMF, Schreiben vom 26.09.2014, BStBl. I 2014, S. 1258.

413 Vgl. **Bodden,** in: Korn, EStG, § 50i EStG, Rn. 7.

414 Vgl. BMF, Schreiben vom 16.04.2010, BStBl. I 2010, S. 354, Tz. 2.2.1.

415 Die Veröffentlichung erfolgte im BStBl. II erst nach Einführung von § 50i EStG im Jahr 2014.

mehr als zwei Jahre andauernde verwaltungsinterne Diskussion, ob das Urteil veröffentlicht werden soll oder nicht. Hintergrund war, dass nur wenige Tage vor der Veröffentlichung des Urteils durch den BFH das BMF-Schreiben zur Anwendung der DBA auf Personengesellschaften[416] neu veröffentlicht worden war, in welchem eine zum BFH konträre Auffassung vertreten wurde.[417] Mit einer Veröffentlichung hätte die Finanzverwaltung die Grundsätze des Urteils anwenden müssen und damit ihre im BMF-Schreiben vertretene Auffassung konterkariert.

III. Folge der Rechtsprechung in Wegzugs- und Einbringungsfällen

Aus der Rechtsprechung des BFH folgt sowohl im Wegzugs- als auch im Einbringungsfall, dass das inländische Besteuerungsrecht hinsichtlich des Gewinns aus der Veräußerung der Anteile bzw. einer Entnahme der Anteile verlorengeht, da die nach innerstaatlichem Recht bestehende Steuerpflicht gem. § 49 Abs. 1 Nr. 2 Buchst. a EStG abkommensrechtlich nicht durchschlägt. Dies ist damit zu begründen, dass einerseits keine Betriebsstätte vorliegt und andererseits die Fiktion gewerblicher Einkünfte für die Begründung einer Betriebsstätte im abkommensrechtlichen Sinne nicht ausreicht. Das Besteuerungsrecht steht damit im Regelfall gem. Art. 13 Abs. 5 OECD-MA dem Zuzugsstaat zu.[418] Eine nachträgliche Besteuerung im Wegzugsjahr ist regelmäßig aufgrund einer entgegenstehenden verbindlichen Auskunft bzw. dem Ablauf der Festsetzungsfrist nicht mehr möglich.[419]

---

416 Vgl. BMF, Schreiben vom 16.04.2010, BStBl. I 2010, S. 354, Tz. 2.2.1.

417 Vgl. **Müller-Gatermann,** in: Lüdicke, Internationales Steuerrecht, 2011, S. 218 ff.

418 Vgl. **Bodden,** in: Korn, EStG, § 50i EStG, Rn. 8; **Mitschke,** FR 2013, S. 697; **Gosch,** IWB 2012, S. 779; **Lüdicke,** StBJb 2013/2014, 2014, S. 247. Ausnahmen hiervon bilden z.B. DBA Ägypten, DBA Australien, DBA Bulgarien, DBA Mexiko und DBA Tschechien. Des Weiteren bleibt das Besteuerungsrecht für Deutschland unberührt, soweit im entsprechenden DBA eine Regelung für Immobilienkapitalgesellschaften i.S.v. Art. 13 Abs. 4 OECD-MA enthalten ist; vgl. diesbezüglich **Blöchle,** in: Strahl, Ertragsteuern, 2009, Wohnsitzverlagerung ins Ausland, Rn. 58.

419 Vgl. **Pohl,** ISR 2014, S. 700, Fn. 12.

C. Gesetzgebungsverfahren und Verwaltungsanweisungen als Reaktion auf die BFH-Rechtsprechung vom 28.04.2010

I. Einführung von § 50i EStG mit dem AmtshilfeRLUmsG

1. Gescheitertes JStG 2013

Der vom Bundesrat initiierte Gesetzesentwurf des JStG 2013[420] sah die Schließung der durch die BFH-Rechtsprechung entstandenen Besteuerungslücke durch Einführung von § 50i EStG noch nicht vor. Die Bundesregierung bat daraufhin in ihrer Gegenäußerung vom 05.09.2012[421] um Prüfung der Fragestellung.

Jedoch berücksichtigte auch der nachgehende Gesetzesbeschluss des Bundestages vom 25.10.2012[422] nicht die aktuelle BFH-Rechtsprechung im Rahmen einer Neuregelung. Die Einbringung von § 50i EStG in das Gesetzgebungsverfahren erfolgte erst am 13.12.2012[423] durch den Vermittlungsausschuss, nachdem der Finanzausschusses des Bundesrates in seiner Empfehlung vom 13.11.2012 von drohenden Steuerausfällen „in Milliardenhöhe"[424] gesprochen und der Bundesrat dem von der Bundesregierung vorgelegten Gesetzesentwurf daraufhin nicht zugestimmt[425] hatte. Jedoch wurde der vom Vermittlungsausschuss vorgelegte Gesetzgebungsvorschlag für das JStG 2013 (und damit auch § 50i EStG) mit Datum vom 17.01.2013[426] durch den Bundestag abgelehnt. Nach der Ablehnung des Gesetzesentwurfes zum JStG 2013 stellten die SPD-regierten Bundesländer mit Datum vom 22.02.2013[427] im Bundesrat einen Gesetzesantrag für ein (neues) JStG 2013, welcher in einem weiteren Gesetzesentwurf des Bundesrates mit Datum vom 17.04.2013[428] zur Vorlage beim Bundestag mündete. Dieser Gesetzesentwurf sah ebenfalls die Aufnahme von § 50i EStG vor.

---

420 Vgl. Bundesrat, Drs. vom 25.05.2012, BR-Drs. 302/12, S. 1 ff.
421 Vgl. Bundestag, Drs. vom 05.09.2012, BT-Drs. 17/10604, S. 18 f.
422 Vgl. Bundesrat, Drs. vom 25.10.2012, BR-Drs. 632/12, S. 1 ff.
423 Vgl. Bundestag, Drs. vom 08.11.2001, BT-Drs. 14/7344, S. 7.
424 Vgl. Bundesrat, Drs. vom 13.11.2012, BR-Drs. 632/1/12, S. 18.
425 Vgl. Bundesrat, Drs. vom 01.03.2013, BR-Drs. 139/13 B, S. 1 ff.
426 Vgl. Bundesrat, Drs. vom 17.01.2013, BR-Drs. 33/13, S. 1.
427 Vgl. Bundesrat, Drs. vom 22.02.2013, BR-Drs. 139/13, S. 1 ff.
428 Vgl. Bundestag, vom, 10.04.2013, BT-Drs. 17/13033, S. 1 ff.

2. *Einführung von § 50i EStG mit AmtshilfeRLUmsG*

Im ursprünglichen Gesetzesentwurf zum AmtshilfeRLUmsG der Fraktionen der CDU/CSU und FDP war § 50i EStG jedoch nicht vorgesehen.[429] Mit Datum vom 22.03.2013[430] beschloss der Bundesrat daraufhin, den Vermittlungsauschuss mit dem Ziel anzurufen, dass das Gesetz „um wichtige Maßnahmen zur Verhinderung von ungewollten Steuergestaltungen und damit verbundener Steuermindereinnahmen“ ergänzt wird. Der Vermittlungsausschuss brachte seinen Vermittlungsvorschlag mit Datum vom 05.06.2013[431] in das Gesetzgebungsverfahren ein, nach welchem der Wortlaut von § 50i EStG dem des gescheiterten JStG 2013 entsprach. Die Annahme durch den Bundestag erfolgte am 06.06.2013[432]. Am 29.06.2013[433] wurde das AmtshilfeRLUmsG im Bundesgesetzblatt veröffentlicht und trat mit Wirkung vom 30.06.2013 in Kraft.[434]

Nach § 52 Abs. 59d EStG i.d.F. des AmtshilfeRLUmsG war § 50i EStG i.d.F. des AmtshilfeRLUmsG auf die Veräußerung von Wirtschaftsgütern oder Anteilen oder deren Entnahme anzuwenden, die ab dem 29.06.2013 stattfinden. Mit diesem Treaty-Override wollte der Gesetzgeber den endgültigen Wegfall des deutschen Besteuerungsrechts in den Fällen verhindern, in denen vor dem 29.06.2013 aufgrund der von der Finanzverwaltung vertretenen falschen Abkommensauslegung eine Besteuerung in Wegzugsfällen und in Fällen der Betriebsaufspaltung zum Entstrickungszeitpunkt unterblieben ist.[435] Die Nachholung der Besteuerung war aber durch den Gesetzeswortlaut nicht auf die zum Entstrickungszeitpunkt vorhandenen stillen Reserven begrenzt, sondern umfasste sämtliche bis zum Veräußerungs- bzw. Entnahmezeitpunkt entstandenen stillen Reserven. Darüber hinaus sicherte der Wortlaut des § 50i EStG i.d.F. des AmtshilfeRLUmsG die Besteuerung der laufenden Einkünfte aus der Beteiligung an der Personengesellschaft, auf die die Wirtschaftsgüter oder Anteile übetragen oder überführt wurden.[436]

Die vom Finanzausschuss des Bundesrates vorgelegte Gesetzesbegründung rechtfertigte dies damit, dass die Steuerpflichtigen aufgrund ihrer gewählten

---

429 Vgl. Bundestag, Drs. vom 19.02.2013, BT-Drs. 17/12375, S. 1 ff.
430 Vgl. Bundesrat, Drs. vom 22.03.2013, BR-Drs. 157/13 B, S. 1 ff.
431 Vgl. Bundestag, Drs. vom 05.06.2013, BT-Drs. 17/13722, S. 13.
432 Vgl. Bundesrat, Drs. vom 06.06.2013, BR-Drs. 477/13, S. 24 f.
433 Vgl. AmtshilfeRLUmsG, Gesetz vom 26.06.2013, BGBl. I 2013, S. 1809.
434 Vgl. für den Wortlaut der Regelung Gliederungspunkt 1 des Anhangs zu dieser Arbeit.
435 Vgl. **Lüdicke,** FR 2015, S. 129.
436 Vgl. **Lüdicke,** FR 2015, S. 129 f.

Gestaltungen zur Vermeidung einer Entstrickungsbesteuerung selbst davon ausgegangen seien, dass sie sowohl hinsichtlich eines späteren Veräußerungsfalles als auch hinsichtlich der laufenden Einkünfte eine deutsche Besteuerung zu erwarten haben.[437]

Im Gegensatz zur Gesetzesbegründung[438] war der Einbringungsfall im Gesetzeswortlaut von § 50i EStG i.d.F. des AmtshilfeRLUmsG[439] nicht zu finden. Denn es fand in solchen Fällen weder eine Überführung noch eine Übertragung der durch die Anwendung von § 20 UmwStG zu gewährenden Anteile in das Betriebsvermögen der Personengesellschaft statt.[440] Vielmehr entstanden diese originär in der Hand der Personengesellschaft.[441]. Nach h.M. der Literatur[442] konnte die Besteuerung der Veräußerungs- und Entnahmegewinne bei Einbringungssachverhalten auch nicht mit dem Sinn und Zweck der Vorschrift gerechtfertigt werden. Des Weiteren umfasste § 50i EStG i.d.F. des AmtshilfeRLUmsG vom Gesetzeswortlaut nur Fälle einer Betriebsaufspaltung, in denen eine Besitzpersonengesellschaft vorlag. Besitzeinzelunternehmen wurden vom Wortlaut der Vorschrift hingegen nicht erfasst.[443]

II. Ergänzung und Erweiterung von § 50i EStG mit Einführung des KroatienAnpG

1. Entstehung der geänderten Norm

Mit dem KroatienAnpG[444] hat der Gesetzgeber § 50i EStG ergänzt und wesentlich erweitert. Die Überarbeitung der Norm kam unerwartet,[445] da im

437 Vgl. Bundesrat, Drs. vom 13.11.2012, BR-Drs. 632/1/12, S. 18.

438 Vgl. Bundesrat, Drs. vom 01.03.2013, BR-Drs. 139/13 B, S. 141.

439 Vgl. AmtshilfeRLUmsG, Gesetz vom 26.06.2013, BGBl. I 2013, S. 1809.

440 Vgl. **Salzmann,** IWB 2013, S. 411. Nach Auffassung von **Bodden** findet zwar weder eine Überführung noch eine Übertragung der zu gewährenden Anteile in das Betriebsvermögen der Personengesellschaft statt; vgl. **Bodden,** in: Korn, EStG, § 50i EStG, Rn. 44. Dennoch enthält der Wortlaut von § 50i Satz 2 EStG i.d.F. AmtshilfeRLUmsG nach seiner Auffassung ausreichende Anhaltspunkte für den Einbezug von Einbringungsfällen; vgl. **Bodden,** DB 2014, S. 2372.

441 Vgl. **Salzmann,** IWB 2013, S. 411; **Strothenke,** StuB 2015, S. 184.

442 Vgl. **Liekenbrock,** IStR 2013, S. 695; **Pohl,** IStR 2013, S. 700; **Prinz,** GmbHR 2014, S. R241; **Salzmann,** IWB 2013, S. 411.

443 Vgl. **Bodden,** DB 2014, S. 2373. A.A. **Schulze zur Wiesche,** BB 2013, S. 2467.

444 Vgl. KroatienAnpG, Gesetz vom 25.07.2014, BGBl. I 2014, S. 1266 f.

445 Vgl. **Liekenbrock,** in: Flick/Wassermeyer/Baumhoff et al. (Hrsg.), Außensteuerrecht, § 50i EStG, Rn. 3.

Gesetzesentwurf zum KroatienAnpG noch keine Änderung von § 50i EStG vorgesehen war.[446] Erst die ein halbes Jahr später erfolgte Prüfbitte des Bundesrates vom 13.06.2014[447] gab Anlass dazu, von einer Gesetzesänderung auszugehen. Die notwendigen Änderungen für § 50i EStG wurden im Anschluss an die Prüfbitte des Bundesrates im Rahmen einer öffentlichen Anhörung am 23.06.2014[448] erörtert und dem Bundestag durch Bericht des Finanzausschusses vom 02.07.2014[449] als Beschlussempfehlung vorgelegt. Die Beschlussempfehlung des Finanzausschusses wurde seitens des Bundestages am 03.07.2014[450] angenommen. Die Zustimmung des Bundesrates erfolgte am 11.07.2014[451], woraufhin das KroatienAnpG am 30.07.2014 im Bundesgesetzblatt veröffentlicht wurde. § 50i EStG i.d.F. des KroatienAnpG umfasste zwei Absätze.[452] § 50i Abs. 1 EStG i.d.F. des KroatienAnpG bildete im Wesentlichen den Inhalt von § 50i EStG i.d.F. des AmtshilfeRLUmsG ab. Zudem erfolgten Ergänzungen des Anwendungsbereiches. Der neu gefasste § 50i Abs. 2 EStG i.d.F. des KroatienAnpG versagte die unter bestimmten Voraussetzungen zu gewährende Buchwertfortführung für bestimmte von Unternehmen i.S.d. § 50i Abs. 1 EStG i.d.F. des KroatienAnpG durchgeführte Umstrukturierungen.[453]

2. *Ergänzung von § 50i Abs. 1 EStG*

Ausweislich des § 50i Abs. 1 Satz 2 EStG i.d.F. des KroatienAnpG[454] sind der Übertragung oder Überführung von Anteilen i.S.d. § 17 EStG in das Betriebsvermögen einer gewerblich geprägten Personengesellschaft im Sinne des § 15 Abs. 3 Nr. 2 EStG, die nicht zur Besteuerung stiller Reserven führen, Umstrukturierungen gleichzusetzen, z.B. die oben dargestellte Einbringung eines gewerblichen Betriebs einer gewerblich tätigen Personengesellschaft in eine Tochterkapitalgesellschaft gegen Gewährung von Gesellschaftsrechten, wenn

---

446 Vgl. Bundestag, Drs. vom 23.06.2014, BT-Drs. 18/1529, S. 1 ff.

447 Vgl. Bundesrat, Drs. vom 03.07.2014, BR-Drs. 291/14, S. 15 ff.; Bundestag, Drs. vom 18.06.2014, BT-Drs. 18/1776, S. 1 ff.

448 Vgl. Bundestag, Drs. vom 24.11.2014, Protokoll Nr. 18/26 zu BT, S. 1 ff.

449 Vgl. Bundestag, Drs. vom 02.07.2014, BT-Drs. 18/1995, S. 23 f.

450 Vgl. Bundesrat, Drs. vom 03.07.2014, BR-Drs. 291/14, S. 1 ff.

451 Vgl. Bundesrat, Drs. vom 11.07.2014, BR-Drs. 291/14 (B), S. 1 ff.

452 Vgl. für den Wortlaut der Regelung Gliederungspunkt 2 des Anhangs zu dieser Arbeit.

453 Vgl. **Liekenbrock,** in: Flick/Wassermeyer/Baumhoff et al. (Hrsg.), Außensteuerrecht, § 50i EStG, Rn. 3.

454 Vgl. KroatienAnpG, Gesetz vom 25.07.2014, BGBl. I 2014, S. 1266 f.

dadurch aus der bisher gewerblich tätigen Personengesellschaft eine gewerblich geprägte Personengesellschaft entsteht. Damit hat der Gesetzgeber auf die in der Literatur[455] bestehenden Zweifel hinsichtlich der Möglichkeit der Anwendung von § 50i EStG i.d.F. des AmtshilfeRLUmsG auf Einbringungsfälle reagiert.[456] Nach Auffassung des Gesetzgebers[457] handelt es sich hierbei jedoch lediglich um eine klarstellende Regelung, da diese Fälle bereits von § 50i EStG i.d.F. des AmtshilfeRLUmsG miterfasst sein sollten, auch wenn sich dies in dessen Wortlaut nicht widergespiegelt hatte. Entsprechend soll § 50i Abs. 1 Satz 2 EStG i.d.F. des KroatienAnpG gem. § 52 Abs. 48 Satz 1 EStG i.d.F. des KroatienAnpG bereits auf ab dem 29.06.2013 stattfindende Veräußerungen oder Entnahmen von Wirtschaftsgütern oder Anteilen anzuwenden sein, wenn der Einbringungszeitpunkt vor dem 29.06.2013 liegt.

Des Weiteren wurden in § 50i Abs. 1 Satz 4 EStG die Fälle der Betriebsaufspaltung verortet und um Besitzeinzelunternehmen ergänzt.[458] Zudem wurden § 50i Abs. 1 Sätze 3 und 4 EStG i.d.F. des KroatienAnpG hinsichtlich der Bezugnahme auf § 50i Abs. 1 Satz 2 EStG i.d.F. des KroatienAnpG angepasst.

3. *Erweiterung um § 50i Abs. 2 EStG*

Ausweislich der Gesetzesbegründung sah sich der Gesetzgeber aufgrund „jüngst bekannt gewordener Steuergestaltungsstrategien“[459] dazu veranlasst, § 50i EStG i.d.F. des AmtshilfeRLUmsG zu erweitern. Nach § 50i Abs. 2 Satz 1 EStG i.d.F. des KroatienAnpG waren Sachgesamtheiten, die Wirtschaftsgüter und Anteile im Sinne von § 50i Abs. 1 EStG i.d.F. des KroatienAnpG enthalten, die also von ausländischen Gesellschaftern steuerneutral in gewerblich geprägte Personengesellschaften eingebracht wurden, im Rahmen bestimmter steuerneutraler Vorgänge zwingend mit dem gemeinen Wert anzusetzen. Mit dieser Erweiterung des Anwendungsbereichs wollte der Gesetzgeber verhindern, dass die Entstrickungsbesteuerung durch steuerneutrale Maßnahmen nach dem Wegzug in einen anderen DBA-Staat umgangen wird. Dabei zielte der Gesetzgeber im Rahmen dieser Vorschrift insbesondere auf mehrstöckige Gesellschaftsstrukturen ab.[460]

---

455 Vgl. **Liekenbrock,** IStR 2013, S. 695; **Pohl,** IStR 2013, S. 700; **Prinz,** GmbHR 2014, S. R241; **Salzmann,** IWB 2013, S. 411.

456 Vgl. **Bodden,** in: Korn, EStG, § 50i EStG, Rn. 44.

457 Vgl. Bundestag, Drs. vom 02.07.2014, BT-Drs. 18/1995, S. 106.

458 Vgl. **Bodden,** DB 2014, S. 2373. A.A. **Schulze zur Wiesche,** BB 2013, S. 2467.

459 Vgl. Bundestag, Drs. vom 02.07.2014, BT-Drs. 18/1995, S. 106.

460 Vgl. **Hruschka,** DStR 2014, S. 2423.

Im Blick hatte der Gesetzgeber dabei vor allem den Fall der steuerneutralen Einbringung der gewerblich geprägten Personengesellschaft nach Wegzug (oder Geschäftsleitungsverlegung) in eine deutsche Kapitalgesellschaft i.R.d. § 20 UmwStG mit anschließender Anwachsung der Personengesellschaft auf die Kapitalgesellschaft.[461] Nach erfolgter Einbringung und anschließender Anwachsung hätte der im DBA-Ausland ansässige Gesellschafter die Anteile an der Kapitalgesellschaft unter Berücksichtigung der 7jährigen Sperrfrist des § 22 Abs. 1 UmwStG steuerfrei veräußern können.[462] Sofern man die Anteile an der deutschen Kapitalgesellschaft nach der Anwachsung in eine ausländische Kapitalgesellschaft eingebracht hätte, hätte man sogar die deutsche Besteuerung künftiger Ausschüttungen vermeiden können.[463]

461 Vgl. Bundestag, Drs. vom 23.06.2014, Protokoll Nr. 18/12 zu BT, S. 125 ff.; BMF, Schreiben vom 11.11.2011, BStBl. I 2011, S. 1314, Tz. 00.02 f.; **Hruschka,** DStR 2014, S. 2423.

462 Vgl. **Bron,** DStR 2014, S. 1852.

463 Vgl. Bundestag, Drs. vom 24.11.2014, Protokoll Nr. 18/26 zu BT, S. 127 f.

Eine Struktur zur Vermeidung von § 50i EStG i.d.F. des AmtshilfeRLUmsG sah bspw. wie folgt aus:

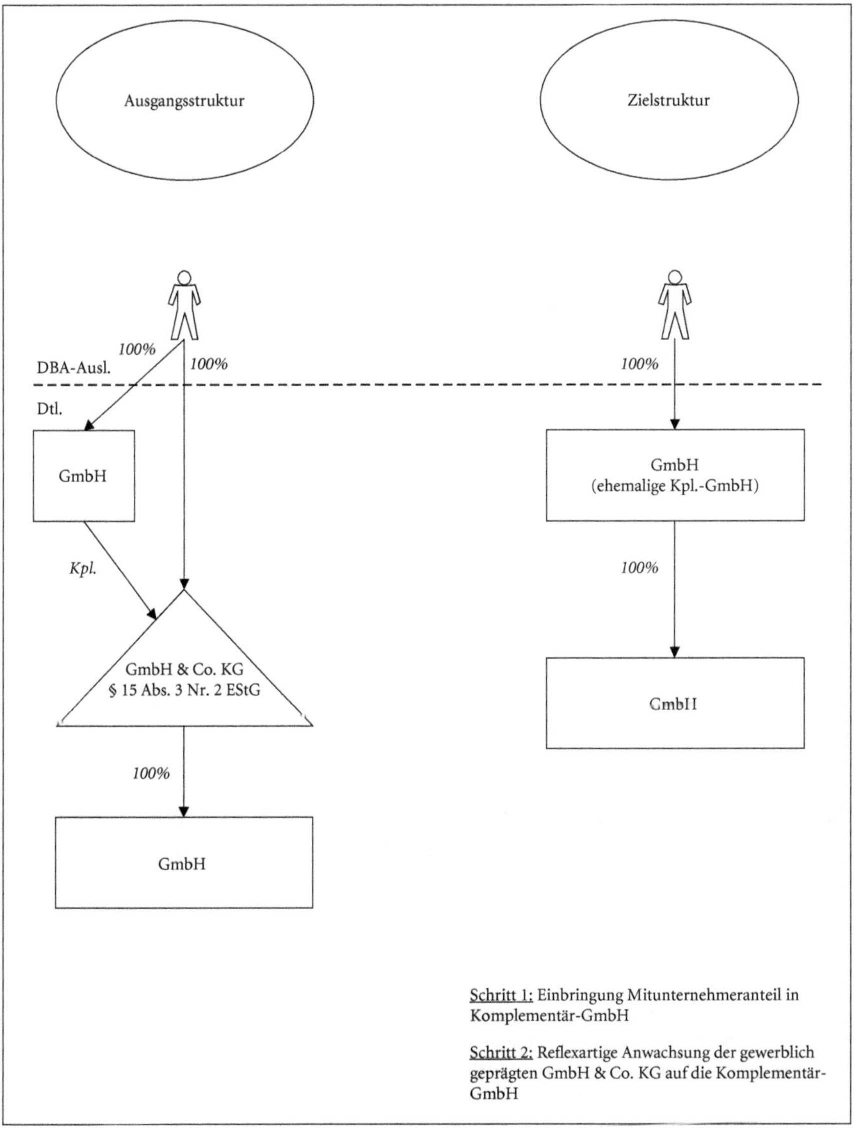

Abb. 3 Vermeidung von § 50i EStG i.d.F. des AmtshilfeRLUmsG

Ferner waren gem. § 50i Abs. 2 Satz 2 EStG i.d.F. des KroatienAnpG solche Wirtschaftsgüter und Anteile aus dem Gesamthandsvermögen einer Personengesellschaft im Sinne von § 50i EStG i.d.F. des KroatienAnpG oder aus dem Sonderbetriebsvermögen eines Mitunternehmers einer solchen Personengesellschaft ebenso wie ein Mitunternehmeranteil an einer solchen Personengesellschaft – ungeachtet von § 6 Abs. 3 und 5 EStG – zwingend zum gemeinen Wert zu übertragen oder zu überführen. Als typischer Anwendungsfall war hier die vorweggenommene Erbfolge anzusehen, welche damit unter die Vorschrift fiel.[464] Schließlich waren nach § 50i Abs. 2 Satz 3 EStG i.d.F. des KroatienAnpG solche Wirtschaftsgüter und Anteile zwingend mit dem gemeinen Wert anzusetzen, wenn sie für eine originär gewerbliche Tätigkeit genutzt wurden. In der Literatur[465] wurde darüber nachgedacht, dass § 50i EStG i.d.F. des AmtshilfeRLUmsG nicht einschlägig sein könnte, wenn aus einer zunächst gewerblich geprägten Personengesellschaft durch einen steuerneutralen Vermögenstransfer eine originär gewerblich tätige Personengesellschaft erwächst. Gleichzeitig wurde für diesen Fall jedoch festgestellt, dass dieser sog. „Strukturwandel" dann auch eine abkommensrechtliche Betriebsstätte begründe, welche die Besteuerung der Veräußerungs- oder Entnahmegewinne sicherstellt.

In zeitlicher Hinsicht waren die Regelungen des § 50i Abs. 2 EStG i.d.F. des KroatienAnpG gem. § 52 Abs. 48 Sätze 4, 5 EStG i.d.F. des KroatienAnpG erstmals für den Veranlagungszeitraum 2014 anzuwenden.

III. Verwaltungsanweisungen betreffend § 50i EStG i.d.F. des KroatienAnpG

1. BMF-Schreiben vom 26.09.2014 hinsichtlich der Anwendung der DBA auf Personengesellschaften

Im BMF-Schreiben vom 16.04.2010[466] hatte die Finanzverwaltung noch die Auffassung vertreten, dass eine gewerblich infizierte oder geprägte Personengesellschaft (gewerbliche Fiktion) nach Abkommensrecht eine Betriebsstätte i.S.d. Art. 5 OECD-MA vermittelt. Mit dem BFH-Urteil vom 28.04.2010[467] und den sich anschließenden Folgeentscheidungen[468] geriet die Auffassung der

464 Vgl. **Bron,** DStR 2014, S. 1853; **Bodden,** KÖSDI 2015, S. 19256, Rn. 27.

465 Vgl. **Liekenbrock,** IStR 2013, S. 693.

466 Vgl. BMF, Schreiben vom 16.04.2010, BStBl. I 2010, S. 354, Tz. 2.2.1.

467 Vgl. BFH, Urteil vom 28.04.2010, I R 81/09, BStBl. II 2014, S. 754.

468 Vgl. BFH, Urteil vom 09.12.2010, I R 49/09, BStBl. II 2011, S. 482; BFH, Urteil vom 24.08.2011, I R 46/10, BStBl. II 2014, S. 764. Hinsichtlich der Rechtsprechungsentwicklung vgl. auch **Pohl,** ISR 2014, S. 158 ff.

Finanzverwaltung zunehmend in die Kritik. Nachdem das deutsche Besteuerungssubstrat letzlich durch die Überarbeitung von § 50i EStG i.R.d. KroatienAnpG erfolgreich gesichert werden konnte, hat die Finanzverwaltung einerseits das BFH-Urteil vom 28.04.2010 im Bundessteuerblatt veröffentlicht und andererseits ihre Auffassung in einem BMF-Schreiben vom 26.09.2014 überarbeitet.

Zu Beginn stellt das BMF-Schreiben[469] klar, dass sich die Frage der Qualifizierung einer ausländischen Gesellschaft als Personengesellschaft oder Körperschaft für deutsche Besteuerungszwecke nach den allgemein anerkannten Grundsätzen des Rechtstypenvergleichs[470] richtet. Vom Grundsatz her wird zudem bestätigt, dass Personengesellschaften als transparent zu behandeln sind, so dass eine Abkommensberechtigung aufgrund fehlender Einkommen- oder Körperschaftsteuerpflicht grundsätzlich ausscheidet.[471] Abweichungen ergäben sich jedoch hinsichtlich der Gewerbesteuer, für die die Personengesellschaft selbst steuerpflichtig ist.[472]

Hinsichtlich der Frage des Durchschlagens einer gewerblichen Fiktion nach nationalem Steuerrecht auf das Abkommensrecht hat sich die Finanzverwaltung der Auffassung des BFH angeschlossen.[473] Insofern ist der Betriebsstättenbegriff nunmehr auch nach Auffassung der Finanzverwaltung abkommensautonom auszulegen, so dass für die Begründung einer Betriebsstätte eine tatsächliche Gewerblichkeit i.S.d. § 15 Abs. 2 EStG vorliegen muss.[474] Sofern teilweise vermögensverwaltende und teilweise gewerbliche Tätigkeiten vorliegen (§ 15 Abs. 3 Nr. 1 EStG) hat eine Aufteilung für Abkommenszwecke zu erfolgen.[475]

Entsprechend müssen für freiberufliche Einkünfte die Voraussetzungen von § 18 Abs. 1 Nr. 1 EStG erfüllt sein.[476] Sofern doppel- bzw. mehrstöckige Personengesellschaften vorliegen, ist für die Frage des Vorliegens einer Betriebsstätte auf die Tätigkeit der Untergesellschaft abzustellen.[477] Bei doppel- bzw.

469 Vgl. BMF, Schreiben vom 26.09.2014, BStBl. I 2014, S. 1258, Tz. 1.2.

470 Vgl. BMF, Schreiben vom 19.03.2004, BStBl. I 2004, S. 411.

471 Vgl. BMF, Schreiben vom 26.09.2014, BStBl. I 2014, S. 1258, Tz. 2.1.1 sowie die Anlage für die hiervon geltenden Ausnahmen.

472 Vgl. BMF, Schreiben vom 26.09.2014, BStBl. I 2014, S. 1258, Tz. 2.1.1.

473 Vgl. BMF, Schreiben vom 26.09.2014, BStBl. I 2014, S. 1258, Tz. 2.2.1.

474 Vgl. BMF, Schreiben vom 26.09.2014, BStBl. I 2014, S. 1258, Tz. 2.2.1; **Hruschka,** DStR 2014, S. 2421 f.; **Ditz,** in: Schönfeld/Ditz, DBA, 2013, Art. 7 OECD-MA, Rn. 52 f.

475 Vgl. BMF, Schreiben vom 26.09.2014, BStBl. I 2014, S. 1258, Tz. 2.1.1; BFH, Urteil vom 24.04.1997, IV R 60/95, BStBl. II 1997, S. 567.

476 Vgl. BMF, Schreiben vom 26.09.2014, BStBl. I 2014, S. 1258, Tz. 2.2.1.

477 Vgl. BMF, Schreiben vom 26.09.2014, BStBl. I 2014, S. 1258, Tz. 2.2.1.

insbesondere gemein, dass das Besteuerungsrecht Deutschlands hinsichtlich der laufenden Einkünfte und der Veräußerungsgewinne durch einen der vom Gesetzeswortlaut i.d.F. des KroatienAnpG genannten Vorgänge (Umwandlungen bzw. Einbringungen, Überführungen bzw. Übetragungen sowie der Strukturwandel) nicht ausgeschlossen oder beschränkt werden dürfte. Bei der Beurteilung, ob das deutsche Besteuerungsrecht ausgeschlossen oder beschränkt wurde, sollte § 50i EStG unberücksichtigt bleiben. Dies glich einem Eingeständnis der Finanzverwaltung hinsichtlich der aus § 50i Abs. 2 EStG i.d.F. des KroatienAnpG resultierenden überschießenden Wirkungen in bestimmten Fallkonstellationen.[506]

Das BMF-Schreiben war in zwei Abschnitte untergliedert. Im ersten, allgemeinen Abschnitt wurde § 50i Abs. 2 EStG i.d.F. des KroatienAnpG sinngemäß wiedergegeben.[507] Hierbei erfolgte der Hinweis, dass die Regelung nach Auffassung der Finanzverwaltung nicht voraussetzte, dass der Steuerpflichtige in einem DBA-Staat ansässig war. Demnach wollte die Finanzverwaltung § 50i Abs. 2 EStG i.d.F. des KroatienAnpG grundsätzlich auch auf reine Inlandsfälle anwenden.[508] Ebenfalls schien der Finanzverwaltung auch die Anwendung auf „Konzernfälle" vorzuschweben.[509] Der von einigen Autoren[510] geforderten teleologischen Reduktion des Anwendungsbereichs wurde damit eine Absage erteilt.[511]

Im zweiten Abschnitt des BMF-Schreibens waren die von der Billigkeitsregelung erfassten Fallgruppen wiedergegeben.[512] In der nachfolgenden Abbildung sind die im BMF-Schreiben behandelten Vorgänge (nebst Tz.) sowie die Voraussetzungen für die Anwendung der Billigkeitsregelungen (Antragstellung und Besteuerungsrecht Deutschlands) zusammengefasst.

---

506 Vgl. **Heinlein/Euchner,** BB 2016, S. 796.

507 Vgl. BMF, Schreiben vom 21.12.2015, BStBl. I 2016, S. 7, Tz. 1.

508 Vgl. **van Lishaut/Hannig,** FR 2016, S. 51; **Benz/Böhmer,** DStR 2016, S. 146.

509 Vgl. **Köhler,** ISR 2016, S. 74 mit Verweis auf BMF, Schreiben vom 21.12.2015, BStBl. I 2016, S. 7, Tz. 2.1.3.

510 Vgl. **Schnittker/Haselmann,** in: Wassermeyer/Richter/Schnittker, Personengesellschaften im IStR, 2015, Kapitel 14, Rn. 14.57; **Bodden,** DStR 2015, S. 156; **Rödder/Kuhr/Heimig,** Ubg 2014, S. 479; **Roderburg/Richter,** IStR 2015, S. 231; a.A. **van Lishaut/Hannig,** FR 2016, S. 51; **Gosch,** in: Kirchhof (Hrsg.), EStG, 2015, § 50i EStG, Rn. 28.

511 Vgl. **Benz/Böhmer,** DStR 2016, S. 146; **Heinlein/Euchner,** BB 2016, S. 796.

512 Vgl. BMF, Schreiben vom 21.12.2015, BStBl. I 2016, S. 7, Tz. 2.

Abb. 4 Voraussetzungen für die Anwendung der Billigkeitsregelungen

Tz.	**Vorgang**	**Übereinstimmender Antrag**	**Kein Ausschluss / keine Beschränkung des deutschen Besteuerungsrechts hinsichtlich**
2.1.1	Einbringung und Formwechsel in eine Kapitalgesellschaft oder Genossenschaft nach §§ 20 und 25 UmwStG	des Einbringenden und der übernehmenden Gesellschaft	der laufenden Einkünfte und des Gewinns aus der Veräußerung oder Entnahme der erhaltenen Anteile
2.1.2	Einbringung in eine Personengesellschaft nach § 24 UmwStG	des Einbringenden und der übernehmenden Gesellschaft	der laufenden Einkünfte sowie des Gewinns aus der Veräußerung oder Entnahme des eingebrachten Betriebsvermögens
2.1.3	Umwandlungen nach §§ 3, 9, 11, 15 und 16 UmwStG (Verschmelzungen, Formwechsel, Spaltungen)	des übertragenden und des übernehmenden Rechtsträgers	der laufenden Einkünfte sowie des Gewinns aus der Veräußerung oder Entnahme des übertra-genen Betriebsvermögens
2.2	Übertragungen nach § 6 Abs. 3 EStG	des übertragenden und des übernehmenden Rechtsträgers	der laufenden Einkünfte sowie des Gewinns aus der Veräußerung oder Entnahme der Wirtschaftsgüter und Anteile im Sinne des § 50i Abs. 1 EStG. Zudem erfolgte nur dann keine Anwendung von § 50i Abs. 2 EStG, soweit der Rechtsnachfolger eine natürliche Person war
2.3	Überführung oder Übertragung eines Wirtschaftsguts nach § 6 Abs. 5 EStG	des überführenden bzw. auf übereinstimmenden Antrag des übertragenden und des übernehmenden Rechtsträgers	der laufenden Einkünfte sowie des Gewinns aus der Veräußerung oder Entnahme des Wirt-schaftsguts
2.4	Strukturwandel	des Rechtsträgers im Sinne des § 50i Abs. 1 EStG	der laufenden Einkünfte sowie des Gewinns aus der Veräußerung oder Entnahme der Wirt-schaftsgüter und Anteile im Sinne des § 50i Abs. 1 EStG

Mit BMF-Schreiben vom 05.01.2017[513] hat die Finanzverwaltung das BMF-Schreiben vom 21.12.2015 aufgehoben, da nach ihrer Auffassung die Neufassung von § 50i Abs. 2 EStG i.d.F. des Anti-BEPS-Umsetzungsgesetzes I die Vorschrift in der Fassung des KroatienAnpG rückwirkend und umfassend ersetzt. § 50i Abs. 2 EStG i.d.F. des KroatienAnpG kommt damit nach Auffassung der Finanzverwaltung zu keinem Zeitpunkt zur Anwendung. Fraglich ist jedoch, ob die Streichung der Regelung zur zeitlichen Anwendbarkeit von § 50i Abs. 2 EStG i.d.F. des KroatienAnpG ausreicht, um eine Nichtanwendung der Norm rückwirkend herbeizuführen.[514] Sollte dies nicht der Fall sein, so besteht für die Steuerpflichtigen nunmehr keine Möglichkeit der Vermeidung der Auswirkungen von § 50i Abs. 2 EStG i.d.F. des KroatienAnpG. Fraglich wäre in einem solchen Fall auch, ob für bereits gestellte Anträge nach dem BMF-Schreiben vom 21.12.2015 nach der Aufhebung Vertrauensschutz besteht.

IV. Änderung von § 50i EStG im Rahmen des Anti-BEPS-Umsetzungsgesetzes I

1. Anhaltende Kritik

Auch nach Erlass des BMF-Schreibens vom 21.12.2015 riss die Kritik in der Literatur nicht ab. Grundsätzlich wurde kritisiert, dass das BMF-Schreiben die überschießenden Wirkungen von § 50i Abs. 2 EStG i.d.F. des KroatienAnpG nicht im Rahmen einer Billigkeitsregelung beseitigen könne.[515] Insofern sei eine gesetzgeberische Anpassung unabdingbar. Auch der Gesetzgeber hat eingesehen, dass die dem Gesetzeswortlaut entgegenstehende Verwaltungspraxis aus Gründen der Rechtssicherheit auf Dauer nicht akzeptabel ist.[516] Insofern ist er der Aufforderung der Literatur gefolgt, und hat im Rahmen des Anti-BEPS-Umsetzungsgesetzes I[517] aufgrund der Empfehlung des Finanzausschusses des Bundesrates vom 23.09.2016[518]

513 Vgl. BMF, Schreiben vom 05.01.2017, BStBl. I 2017, S. 32.

514 Vgl. diesbezüglich Teil V A.I.3.

515 Vgl. diesbezüglich **Köhler,** ISR 2016, S. 79 ff.; **Mroz,** FR 2016, S. 935; **Brandenberg,** DB 2016 Heft 12, S. M5; BStBK, Stellungnahme vom 14.10.2016, S. 6 f.; **Bodden,** DStR 2016, S. 1721, welcher zutreffend darauf hinweist, dass ein FG an Billigkeitsregelungen nicht gebunden ist.

516 Vgl. Bundesrat, Drs. vom 09.09.2016, BR-Drs. 406/1/16, S. 9; Bundesrat, Drs. vom 23.09.2016, BR-Drs. 406/16 (B), S. 9; Bundestag, Drs. vom 30.11.2016, BT-Drs. 18/10506, S. 81.

517 Vgl. Anti-BEPS-Umsetzungsgesetz I, Gesetz vom 20.12.2016, BGBl. I 2016, S. 3000 ff.

518 Vgl. Bundesrat, Drs. vom 09.09.2016, BR-Drs. 406/1/16, S. 7 ff.; Bundesrat, Drs. vom 23.09.2016, BR-Drs. 406/16 (B), S. 7 ff.

eine Gesetzesänderung herbeigeführt. Ebenfalls hat er in diesem Zusammenhang § 50i Abs. 1 EStG i.d.F. des KroatienAnpG auf „Altfälle“ begrenzt.[519] § 50i EStG umfasst auch i.d.F. des Anti-BEPS-Umsetzungsgesetzes I weiterhin zwei Absätze.[520]

2. *Änderung von § 50i Abs. 1 EStG*

Die Änderung von § 50i Abs. 1 i.d.F. des Anti-BEPS-Umsetzungsgesetzes I beschränkt die Regelung auf steuerneutrale Vermögenstransfers vor dem 29.06.2013 (Übertragungen, Überführungen, Einbringungen nach § 24 UmwStG und Betriebsaufspaltungen),[521] bei denen das deutsche Besteuerungsrecht für Wirtschaftsgüter oder Anteile i.S.d. Vorschrift vor dem 01.01.2017 ausgeschlossen oder beschränkt (etwa durch Wegzug, Geschäftsleitungsverlegung oder Anteilsübertragung auf eine in einem DBA-Staat ansässige Person)[522] worden ist. Hierbei sollen die Rechtsfolgen des § 50i Abs. 1 EStG i.d.F. des Anti-BEPS-Umsetzungsgesetzes I unberücksichtigt bleiben. Damit möchte der Gesetzgeber die Schutzfunktion dieser Norm bis zum 31.12.2016 hervorheben.[523] Denn durch die Anwendung von § 50i Abs. 1 EStG i.d.F. des Anti-BEPS-Umsetzungsgesetzes I wird eine Entstrickungsbesteuerung in noch nicht bestandskräftigen Fällen vermieden.[524] Soweit der Ausschluss oder die Beschränkung des deutschen Besteuerungsrechts hingegen nach dem 31.12.2016 eintritt, soll § 50i Abs. 1 EStG i.d.F. des Anti-BEPS-Umsetzungsgesetzes I (und damit auch § 50i Abs. 2 EStG i.d.F. des Anti-BEPS-Umsetzungsgesetzes I) nicht mehr zur Anwendung kommen. Vielmehr sollen in einem solchen Fall die allgemeinen Enstrickungsregeln (allen voran § 4 Abs. 1 Satz 3, 4 EStG und § 12 Abs. 1 KStG) greifen.[525]

---

519 Vgl. **Liekenbrock,** DStR 2016, S. 2610 f.

520 Vgl. für den Wortlaut der Regelung Gliederungspunkt 3 des Anhangs zu dieser Arbeit.

521 Vgl. **Liekenbrock,** in: Flick/Wassermeyer/Baumhoff et al. (Hrsg.), Außensteuerrecht, § 50i EStG, Rn. 5.

522 Vgl. **Liekenbrock,** DStR 2016, S. 2611.

523 Vgl. **Liekenbrock,** DStR 2016, S. 2611.

524 Vgl. **Liekenbrock,** in: Flick/Wassermeyer/Baumhoff et al. (Hrsg.), Außensteuerrecht, § 50i EStG, Rn. 5.

525 Vgl. Bundesrat, Drs. vom 09.09.2016, BR-Drs. 406/1/16, S. 9 f.; Bundesrat, Drs. vom 23.09.2016, BR-Drs. 406/16 (B), S. 9 f.

3. Änderung von § 50i Abs. 2 EStG

Mit der Änderung von § 50i Abs. 2 EStG i.d.F. des Anti-BEPS-Umsetzungsgesetzes I verfolgt der Gesetzgeber das Ziel, die Regelung wieder auf ihre ursprüngliche Intention, nämlich die Vermeidung von Steuergestaltungsstrategien durch Anwendung von § 20 UmwStG im Hinblick auf die Umgehung von § 50i Abs. 1 EStG, zurückzuführen. Insofern verlangt die Regelung nur noch dann den Ansatz gemeiner Werte, wenn Betriebe, Teilbetriebe oder Mitunternehmeranteile, welche Wirtschaftsgüter oder Anteile i.S.d. § 50i Abs. 1 EStG i.d.F. des Anti-BEPS-Umsetzungsgesetzes I enthalten, nach § 20 Abs. 1 UmwStG vor dem 29.06.2013 in das Betriebsvermögen einer Personengesellschaft i.S.d. § 15 Abs. 3 EStG übertragen oder überführt worden sind und das Besteuerungsrecht Deutschlands hinsichtlich der Besteuerung des Gewinns aus der Veräußerung der erhaltenen Anteile oder bezüglich der mit diesen in Zusammenhang stehenden Anteile i.S.d. § 22 Abs. 7 UmwStG ausgeschlossen oder beschränkt wird. Anders als in i.d.F. des KroatienAnpG bezieht sich der Ansatz des gemeinen Wertes dabei nicht mehr auf die „Sachgesamtheit“, sondern auf die von § 50i Abs. 1 EStG i.d.F. des Anti-BEPS-Umsetzungsgesetzes I betroffenen „Wirtschaftsgüter und Anteile“. Soweit ein Ausschluss oder eine Beschränkung des deutschen Besteuerungsrechts aus anderen Umstrukturierungen als die der Einbringung nach § 20 UmwStG resultiert, finden die allgemeinen Entstrickungsregelungen Anwendung (allen voran § 4 Abs. 1 Satz 3, 4 EStG und § 12 Abs. 1 KStG).[526]

526 Vgl. Bundesrat, Drs. vom 09.09.2016, BR-Drs. 406/1/16, S. 10; Bundesrat, Drs. vom 23.09.2016, BR-Drs. 406/16 (B), S. 10.

Teil V Würdigung von § 50i EStG als Entstrickungsnorm

A. Normzweck, Prüfung rechtlicher Vorgaben und Verhältnisfragen der Norm

I. Normzweck

1. Grundsätzliches

§ 50i EStG dient einem doppelten Zweck. Zum einen verfolgt die Norm das Ziel, den Fiskus vor Steuerausfällen in Bezug auf die unterbliebene Entstrickungsbesteuerung bei bestandskräftigen Veranlagungen zu schützen. Zum anderen dient die Norm dem Schutz der Steuerpflichtigen vor einer Entstrickungsbesteuerung bei noch nicht bestandskräftigen Veranlagungen. Zur Gestaltungsvermeidung sieht die Norm zudem in Abs. 2 EStG eine zwingende Aufdeckung stiller Reserven für den Fall der Einbringung nach § 20 UmwStG vor, wenn von dieser Einbringung nach § 50i Abs. 1 EStG erfasstes Betriebsvermögen berührt ist und die im Rahmen der Einbringung neu gewährten Anteile nicht uneingeschränkt in Deutschland steuerverhaftet sind.[527] Die Norm ist damit als Pendant zu § 6 AStG für Personengesellschaften i.S.d. § 15 Abs. 3 EStG sowie als Ergänzung zu § 4 Abs. 1 Satz 3 EStG bzw. § 12 Abs. 1 KStG den alternativen Formen zur Sicherstellung der Besteuerung stiller Reserven zuzuordnen.

2. „Schutzbereich" des Fiskus

Durch die Einführung von § 50i i.R.d. AmtshilfeRLUmsG[528] hat der Gesetzgeber die Auffassung des BFH[529] bestätigt, dass die von der Finanzverwaltung vertretene und in der Praxis angewandte Auffassung der abkommensrechtlichen Behandlung von Personengesellschaften i.S.d. § 15 Abs. 3 EStG nicht mit geltendem Recht in Einklang gebracht werden kann.[530] Der „Schutzbereich"[531]

---

527 Vgl. **Liekenbrock,** in: Flick/Wassermeyer/Baumhoff et al. (Hrsg.), Außensteuerrecht, § 50i EStG, Rn. 7.

528 Vgl. AmtshilfeRLUmsG, Gesetz vom 26.06.2013, BGBl. I 2013, S. 1809.

529 Vgl. BFH, Urteil vom 28.04.2010, I R 81/09, BStBl. II 2014, S. 754.

530 Vgl. Bundestag, Drs. vom 10.04.2013, BT-Drs. 17/13033, S. 73.

531 Der Begriff „Schutzbereich" wird juristisch grundsätzlich im Rahmen der Prüfung von Grundrechten verwendet. Darüber hinaus verwendet der Gesetzgeber diesen

des Fiskus ergibt sich somit aus dem vom Gesetzgeber verfolgten Ziel des vollumfänglichen Besteuerungsrechts Deutschlands mittels Einführung eines sog. Treaty-Override im Falle bestandskräftiger Veranlagungen. Für die Sicherung des Besteuerungsrechts im Hinblick auf die bis zum Entstrickungszeitpunkt entstandenen stillen Reserven besteht ein berechtigtes Interesse des Gesetzgebers, so dass der Treaty-Override insofern gerechtfertigt ist.[532] Fraglich ist das Interesse des Gesetzgebers jedoch hinsichtlich der Besteuerung der stillen Reserven ab dem Entstrickungszeitpunkt sowie der Besteuerung der laufenden Einkünfte ab diesem Zeitpunkt. Durch die Erweiterung von § 50i EStG i.R.d. KroatienAnpG hatte der Gesetzgeber den Schutzbereich des Fiskus „über das gebotene Maß hinaus ausgeweitet“[533], so dass damit auch Umstrukturierungen, Fälle der Unternehmensnachfolge nach § 6 Abs. 3 EStG, Überführungen und Übertragungen nach § 6 Abs. 5 EStG sowie Fälle des sog. Strukturwandels unter die Regelung fielen. Mit Einführung des Anti-BEPS-Umsetzungsgesetzes I hat der Gesetzgeber diese überschießende Wirkung wieder auf den ursprünglichen Gesetzeszweck zurückgeführt. Ebenfalls hat der Gesetzgeber mit der Einführung des Anti-BEPS-Umsetzungsgesetzes I den Schutzbereich des Steuerpflichtigen im Rahmen von § 50i Abs. 1 EStG auf „Altfälle“ begrenzt, da die Regelung nur noch dann zur Anwendung gelangt, wenn das Besteuerungsrecht Deutschlands vor dem 01.01.2017 ausgeschlossen oder beschränkt worden ist. Jedoch hat der Gesetzgeber seinen Schutzbereich, nämlich die Sicherung des Besteuerungsrechts für die nach dem Entstrickungszeitpunkt (bei Entstrickung vor dem 31.12.2016, 24 Uhr) bzw. nach dem 31.12.2016 zuwachsenden stillen Reserven und die laufenden Einkünfte, nicht beschränkt. Zur Herstellung eines ausgeglichenen Verhältnisses wäre es insofern geboten, das Besteuerungsrecht des Gesetzgebers auf die bis zum Entstrickungszeitpunkt (bei Entstrickung vor dem 31.12.2016, 24 Uhr) bzw. auf die bis zum 31.12.2016 angewachsenen stillen Reserven sowie auf die laufenden Einkünfte bis zum Entstrickungszeitpunkt (bei Entstrickung vor dem 31.12.2016, 24 Uhr) bzw. auf die laufenden Einkünfte bis zum 31.12.2016 zu beschränken.[534]

Begriff hier auch im Rahmen der Einführung von § 50i EStG; vgl. Bundestag, Drs. vom 02.07.2014, BT-Drs. 18/1995, S. 106.

532 Vgl. **Schnittker/Haselmann,** in: Wassermeyer/Richter/Schnittker, Personengesellschaften im IStR, 2015, Kapitel 14, Rn. 14.4.

533 Vgl. **Liekenbrock,** in: Flick/Wassermeyer/Baumhoff et al. (Hrsg.), Außensteuerrecht, § 50i EStG, Rn. 7.

534 Vgl. ähnlich auch **Liekenbrock,** DStR 2016, S. 2610 f.

3. „Schutzbereich“ des Steuerpflichtigen

Im Falle noch nicht bestandskräftiger Veranlagungen entfaltet die Norm auch einen „Schutzbereich“[535] für den Steuerpflichtigen. Der Schutzbereich erstreckt sich hierbei auf Steuerpflichtige, welche aufgrund der von der Finanzverwaltung vertretenen Auffassung hinsichtlich der abkommensrechtlichen Behandlung einer gewerblich geprägten Personengesellschaft ins Ausland verzogen sind, ohne sich diese Auffassung jedoch im Rahmen einer verbindlichen Auskunft bestätigen zu lassen.[536] In diesem Zusammenhang ist darauf hinzuweisen, dass dies häufig nicht in der Verantwortung der Steuerpflichtigen lag. Zum einen wurden von Finanzämtern verbindliche Auskünfte mit der Begründung verweigert, dass die Frage der abkommensrechtlichen Behandlung der gewerblich geprägten Personengesellschaft durch BMF-Schreiben[537] geklärt sei, und es somit an einem Auskunftsinteresse mangele.[538] Zum anderen wurden aufgrund der in der Literatur[539] kritisierten Auffassung der Finanzverwaltung und der damit verbundenen Unsicherheit der abkommensrechtlichen Behandlung einer gewerblich geprägten Personengesellschaft keine verbindlichen Auskünfte mehr erteilt.[540] Insofern bestand nach der Veröffentlichung des BFH-Urteils vom 28.04.2010[541] die Gefahr, dass die Finanzverwaltung in solchen Sachverhaltskonstellationen rückwirkend die allgemeine Entstrickungsbesteuerung anwendet (§ 4 Abs. 1 Satz 3 EStG, § 12 Abs. 1 KStG). Mit dem BMF-Schreiben vom 26.09.2014[542] hat die Finanzverwaltung jedoch die Sperrwirkung des § 50i EStG im Hinblick

---

535 Vgl. Bundestag, Drs. vom 02.07.2014, BT-Drs. 18/1995, S. 106.

536 Vgl. **Liekenbrock,** in: Flick/Wassermeyer/Baumhoff et al. (Hrsg.), Außensteuerrecht, § 50i EStG, Rn. 12.

537 Vgl. zuletzt BMF, Schreiben vom 16.04.2010, BStBl. I 2010, S. 354.

538 Vgl. **Liekenbrock,** in: Flick/Wassermeyer/Baumhoff et al. (Hrsg.), Außensteuerrecht, § 50i EStG, Rn. 12.

539 Vgl. **Wassermeyer,** in: Wassermeyer/Andresen/Ditz/Schönfeld, Betriebsstätten-Handbuch, 2006, Besonderheiten bei Personengesellschaften, Rn. 7.3; **Wassermeyer,** in: Debatin/Wassermeyer, Doppelbesteuerung, Art. 7 MA (2000), Rn. 85; **Knobbe-Keuk,** Bilanz- und Unternehmenssteuerrecht, 1993, S. 545; **Lehner,** in: Vogel/Lehner, DBA, 2015, Grundlagen, Rn. 57.

540 Die Finanzverwaltung hat nach Aussage von **Pung** bereits seit 2001 keine verbindlichen Auskünfte mehr erteilt; vgl. **Lüdicke,** FR 2015, S. 134 Fn. 7 mit Hinweis auf eine Podiumsdiskussion beim 66. Fachkongress der Steuerberater am 28.10.2014 in Köln. **Brandenberg** weist darauf hin, dass verbindliche Auskünfte für VZ ab 2008 nicht mehr ergangen sind; vgl. **Brandenberg,** BB 2008, S. 869.

541 Vgl. BFH, Urteil vom 28.04.2010, I R 81/09, BStBl. II 2014, S. 754.

542 Vgl. BMF, Schreiben vom 26.09.2014, BStBl. I 2014, S. 1258, Tz. 2.3.3.

auf § 4 Abs. 1 Satz 3 EStG und § 12 Abs. 1 KStG bestätigt.[543] Insofern besteht ein Schutzbereich für den Steuerpflichtigen dahingehend, dass § 50i EStG die allgemeinen Entstrickungsregelungen auch für alle noch nicht bestandskräftig veranlagten Jahre außer Kraft setzt.[544] Mit der Einführung des Anti-BEPS-Umsetzungsgesetzes I[545] hat der Gesetzgeber diesen Schutzbereich jedoch auf solche Entstrickungstatbestände begrenzt, welche vor dem 01.01.2017 vollzogen wurden.[546] Somit hat der Gesetzgeber, dem ursprünglichen Gesetzeszweck folgend,[547] eine Regelung geschaffen, die die Anwendung tatächlich auf „Altfälle" begrenzt. Im Wortlaut kommt der „Schutzbereich" durch den Passus „ungeachtet der Anwendung dieses Absatzes" zum Ausdruck. Nach § 50i Abs. 1 EStG i.d.F. des KroatienAnpG hätte ein zukünftiger Wegzug eines Gesellschafters, welcher an einer von § 50i EStG betroffenen Gesellschaft beteiligt ist, keine Entstrickungsbesteuerung, sondern § 50i Abs. 1 EStG ausgelöst. Insofern hätte § 50i Abs. 1 EStG i.d.F. des KroatienAnpG eine dem Gesetzeszweck entgegenstehende dauerhafte Sperrwirkung im Hinblick auf die allgemeinen Enstrickungsregelungen entfaltet. Eine solche dauerhafte Sperrwirkung war gesetzgeberisch nicht gewollt, so dass eine zeitliche Beschränkung geboten war. Für alle schädlichen Ereignisse nach dem 31.12.2016 entfällt die Schutzfunktion und die allgemeinen Entstrickungsregelungen kommen zur Anwendung.[548]

4. *Gestaltungsvermeidung*

Der Gesetzesbegründung zur Folge sah sich der Gesetzgeber aufgrund „jüngst bekannt gewordener Steuergestaltungsstrategien"[549] zur Vermeidung von § 50i EStG i.d.F. des AmtshilfeRLUmsG zu einer Erweiterung veranlasst. Angefacht wurde die Diskussion wohl durch einen großen in der Presse bekannt gewordenen Einzelfall.[550] Aus diesem Grunde verfolgte § 50i Abs. 2 EStG

543 Vgl.auch **van Lishaut/Hannig,** FR 2016, S. 57.

544 Vgl. **Liekenbrock,** in: Flick/Wassermeyer/Baumhoff et al. (Hrsg.), Außensteuerrecht, § 50i EStG, Rn. 12.

545 Vgl. Anti-BEPS-Umsetzungsgesetz I, Gesetz vom 20.12.2016, BGBl. I 2016, S. 3000 ff.

546 Vgl. **Liekenbrock,** in: Flick/Wassermeyer/Baumhoff et al. (Hrsg.), Außensteuerrecht, § 50i EStG, Rn. 12.

547 Vgl. Bundestag, Drs. vom 10.04.2013, BT-Drs. 17/13033, S. 73, 77.

548 Vgl. **Liekenbrock,** DStR 2016, S. 2611. Jedoch sind Fälle denkbar, in denen § 50i Abs. 1 EStG auch über den 31.12.2016 hinaus anwendbar ist; vgl. hierzu **Liekenbrock,** in: Flick/Wassermeyer/Baumhoff et al. (Hrsg.), Außensteuerrecht, § 50i EStG, Rn. 90.4.

549 Vgl. Bundestag, Drs. vom 02.07.2014, BT-Drs. 18/1995, S. 106.

550 Vgl. **Ettinger/Beuchert,** IWB 2014, S. 683.

i.d.F. des KroatienAnpG das Leitmotiv, dass Umwandlungen und Einbringungen in Zusammenhang mit Personengesellschaften, welche Wirtschaftsgüter und Anteile im Sinne von Abs. 1 enthielten, zwingend zum gemeinen Wert anzusetzen seien. Anderenfalls hätte § 50i EStG i.d.F. des AmtshilfeRLUmsG durch die seitens des UmwStG gewährte Buchwertübertragung umgangen werden können.[551] Gleiches galt für die zwingende Buchwertfortführung i.R.v. § 6 Abs. 3 und 5 EStG.[552] Der daraus resultierende Konflikt zu den Zielsetzungen des UmwStG (keine Behinderung betriebswirtschaftlich sinnvoller Umstrukturierungen durch steuerrechtliche Vorschriften)[553], von § 6 Abs. 3 EStG (Verschonung des unentgeltlichen Betriebsübergangs von Steuerbelastungen)[554] und § 6 Abs. 5 EStG (Erleichterung von Umstrukturierungen bei Personenunternehmen)[555] wurde von der Literatur[556] zu Recht kritisiert, denn vom Wortlaut des § 50i Abs. 2 EStG i.d.F. des KroatienAnpG wurden auch solche Sachverhaltskonstellationen erfasst, welche keine Gestaltung darstellten. Insofern verursachte die Norm nach Auffassung der Literatur[557] erhebliche Kollateralschäden. Des Weiteren stand die Frage eines Verstoßes gegen Europarecht im Raum, da seitens der Literatur vertreten wurde, dass § 50i Abs. 2 EStG i.d.F. des KroatienAnpG ausschließlich DBA-Ausländer belaste.[558] Mit Einführung des Anti-BEPS-Umsetzungsgesetzes I[559] wollte der Gesetzgeber die Regelung auf die ursprüngliche Zielsetzung, nämlich die Vermeidung von Gestaltungsstrategien zur Umgehung von § 50i Abs. 1 EStG mittels § 20 UmwStG, zurückführen. Das gesetzgeberische Ziel der Gestaltungsvermeidung sollte damit durch Einführung des Anti-BEPS-Umsetzungsgesetzes I auf das notwendige Maß begrenzt werden. Fraglich

---

551 Vgl. Bundestag, Drs. vom 23.06.2014, Protokoll Nr. 18/12 zu BT, S. 125 ff.; BMF, Schreiben vom 11.11.2011, BStBl. I 2011, S. 1314, Tz. 00.02 f.; **Hruschka,** DStR 2014, S. 2423; Bundestag, Drs. vom 02.07.2014, BT-Drs. 18/1995, S. 106.

552 Vgl. Bundestag, Drs. vom 02.07.2014, BT-Drs. 18/1995, S. 106.

553 Vgl. **Rödder,** in: Rödder/Herlinghaus/van Lishaut, UmwStG, 2013, Einführung in das Umwandlungssteuerrecht, Rn. 3 m.w.N.

554 Vgl. **Kulosa,** in: Schmidt, EStG, 2018, § 6 EStG, Rn. 645.

555 Vgl. Bundestag, Drs. vom 08.11.2001, BT-Drs. 14/7344, S. 7.

556 Vgl. **Liekenbrock,** in: Flick/Wassermeyer/Baumhoff et al. (Hrsg.), Außensteuerrecht, § 50i EStG, Rn. 13 (Stand: 04/2017).

557 Vgl. **Rödder/Kuhr/Heimig,** Ubg 2014, S. 477 ff.; **Köhler,** ISR 2014, S. 317 ff.; **Bron,** DStR 2014, S. 1849 ff.; Ernst & Young–Wissenschaftlicher Beirat Steuern, DB 2015 Heft 46, S. M5.

558 Vgl. **Liekenbrock,** in: Flick/Wassermeyer/Baumhoff et al. (Hrsg.), Außensteuerrecht, § 50i EStG, Rn. 13 (Stand: 04/2017).

559 Vgl. Anti-BEPS-Umsetzungsgesetz I, Gesetz vom 20.12.2016, BGBl. I 2016, S. 3000 ff.

ist jedoch, ob ihm dies vollumfänglich gelungen ist. Denn § 52 Abs. 48 Satz 4 EStG i.d.F. des Anti-BEPS-Umsetzungsgesetzes I stellt nur darauf ab, dass Einbringungen i.S.d. § 20 UmwStG (trotz Vorliegen der Voraussetzungen von § 50i Abs. 2 EStG i.d.F. des KroatienAnpG) auch rückwirkend (für Einbringungsvorgänge nach § 20 UmwStG vor dem 01.01.2017) unter § 50i Abs. 2 EStG i.d.F. des Anti-BEPS-Umsetzungsgesetzes I fallen sollen. Nicht geklärt ist hingegen die Frage, ob § 50i Abs. 2 EStG i.d.F. des KroatienAnpG nunmehr rückwirkend auch für die übrigen Umstrukturierungen (Umwandlungen, Einbringungen i.S.d. § 24 UmwStG, Übertragungen und Überführungen nach § 6 Abs. 3, 5 EStG und Strukturwandel), welche bis zum 31.12.2016 erfolgten, aufgehoben wird oder aber anwendbar bleibt.[560] Auch wenn der Gesetzgeber das Ziel verfolgt hat, § 50i Abs. 2 EStG i.d.F. des KroatienAnpG rückwirkend zu beseitigen,[561] so fehlt es an einer expliziten gesetzlichen Anordnung. Zieht man jedoch zur Auslegung der Norm die Gesetzesmaterialien hinzu, so muss man unter Berücksichtigung des Willens des Gesetzgebers zu dem Ergebnis kommen, dass § 50i Abs. 2 EStG i.d.F. des KroatienAnpG rückwirkend nicht mehr anzuwenden ist. Denn die Gesetzesbegründung bringt klar zum Ausdruck, „dass § 50i Absatz 2 EStG in der Fassung des Gesetzes zur Anpassung des nationalen Steuerrechts an den Beitritt Kroatiens zur EU und zur Änderung weiterer steuerlicher Vorschriften vom 25. Juli 2014 (BGBl. I S. 1266) durch den neugefassten Absatz 2 rückwirkend und umfassend ersetzt wird“[562]. Im Ergebnis ist damit für Einbringungen i.S.d. § 20 UmwStG vor und nach dem 01.01.2017 die Vorschrift des § 50i Abs. 2 EStG i.d.F. des Anti-BEPS-Umsetzungsgesetzes I anzuwenden. Für die übrigen i.R.d. § 50i Abs. 2 EStG i.d.F. des KroatienAnpG erfassten Umstrukturierungen (Umwandlungen, Einbringungen i.S.d. § 24 UmwStG, Übertragungen und Überführungen nach § 6 Abs. 3, 5 EStG und den Strukturwandel) sind nunmehr die allgemeinen Entstrickungsregelungen (allen voran § 4 Abs. 1 Satz 3, 4 EStG und § 12 Abs. 1 KStG) einschlägig. Diese Auffassung wird auch dadurch gestützt, dass die Finanzverwaltung mit BMF-Schreiben vom 05.01.2017[563] das BMF-Schreiben vom 21.12.2015 hinsichtlich der Anwendung von § 50i Abs. 2 EStG i.d.F. des KroatienAnpG mit der Begründung aufgehoben hat, dass die

560 Vgl. **Liekenbrock,** DStR 2016, S. 2616.

561 Der Wortlaut der Gesetzesmaterialien lässt eindeutig darauf schließen, vgl. Bundesrat, Drs. vom 09.09.2016, BR-Drs. 406/1/16, S. 9; Bundesrat, Drs. vom 23.09.2016, BR-Drs. 406/16 (B), S. 9; Bundestag, Drs. vom 12.10.2016, BT-Drs. 18/9956, S. 6.

562 Bundestag, Drs. vom 30.11.2016, BT-Drs. 18/10506, S. 83.

563 Vgl. BMF, Schreiben vom 05.01.2017, BStBl. I 2017, S. 32.

Neufassung der Vorschrift die Fassung des Art. 2 des Gesetzes vom 25.07.2014 (KroatienAnpG) rückwirkend und umfassend ersetze und § 50i Abs. 2 EStG i.d.F. des KroatienAnpG damit zu keinem Zeitpunkt anzuwenden sei. In diesem Zusammenhang ist jedoch zu erwähnen, dass i.R.d. Anti-BEPS-Umsetzungsgesetz I parallel ein Besteuerungsvorbehalt an den unentgeltlich übertragenen stillen Reserven in § 6 Abs. 3 EStG eingeführt wurde.[564]

II. Prüfung rechtlicher Vorgaben

1. *Verfassungsrechtliche Vorgaben*

a. *Eigentumsgarantie*

(1) Schutzbereich

(a) Sachlicher Schutzbereich

Über Art. 14 GG erfolgt der Schutz des Eigentums als Rechtsinstitut und Individualrecht des einzelnen Steuerbürgers vor Eingriffen des Staates.[565] Unter Eigentum fasst man „alle vermögenswerten Rechte, [...] die dem Berechtigten von der Rechtsordnung in der Weise zugeordnet sind, dass er die damit verbundenen Befugnisse nach eigenverantwortlicher Entscheidung zu seinem privaten Nutzen ausüben darf“[566]. Damit umfasst der verfassungsrechtliche Eigentumsbegriff das in den §§ 903 ff. BGB manifestierte Sacheigentum des bürgerlichen Rechts als Ausgangspunkt, geht aber in seinem Umfang darüber hinaus, in dem er sich auf alle vermögenswerte Rechtspositionen erstreckt, „die für die Persönlichkeitsentfaltung und Existenzsicherung funktional die gleiche Bedeutung wie Sacheigentum haben“[567].

Für die Frage, ob § 50i EStG gegen Art. 14 GG verstößt, sind daher folgende Fragen zu beantworten:[568]

1) Zunächst ist zu klären, ob die Erhebung von Steuern einen unzulässigen Eingriff i.S.d. Art. 14 GG begründet? Die Klärung dieser Frage betrifft sowohl § 50i Abs. 1 als auch Abs. 2 EStG.

564 Vgl. **Liekenbrock,** in: Flick/Wassermeyer/Baumhoff et al. (Hrsg.), Außensteuerrecht, § 50i EStG, Rn. 50.

565 Vgl. **Papier,** in: Maunz/Dürig, GG, Kommentar, Art. 14, Rn. 1.

566 Vgl. BVerfG, Beschluss vom 09.01.1991, BvR 929/89, BVerfGE 83, S. 201.

567 Vgl. **Kingreen/Poscher**, Grundrechte Staatsrecht II, 2018, § 23, Rn. 1036.

568 Vgl. **Schnitger,** Entstrickung, 2013, S. 98.

2) Soweit die jeweilige Vorschrift nicht auf einen Realisationsakt am Markt abstellt, stellt sich die Frage, ob die in den Wirtschaftsgütern enthaltenen stillen Reserven Eigentum i.S.d. Art. 14 GG darstellen? Diese Frage ist lediglich für § 50i Abs. 2 EStG zu klären, da § 50i Abs. 1 EStG nach seinem Wortlaut auf die Veräußerung/Entnahme der Wirtschaftsgüter sowie auf laufende Einkünfte aus der Beteiligung an der Personengesellschaft abstellt.

Die erste Frage stellt darauf ab, dass Art. 14 GG nach nahezu einhelliger Meinung in Rechtsprechung und Literatur lediglich den Schutz des Eigentums, jedoch nicht den des Vermögens gewährleistet.[569] Denn es besteht Uneinigkeit darüber, ob die Steuererhebung als eine das Vermögen des Steuerpflichtigen belastende Geldleistungspflicht dem Anwendungsbereich von Art. 14 GG unterliegt.[570] Nach der hier vertretenen Auffassung stellt auch der Bestand des Hinzuerworbenen des Steuerpflichtigen eine vermögenswerte Rechtsposition dar, an welche das Steuerrecht anknüpft und somit den privaten Nutzen der erworbenen Rechtsposition zugunsten der Allgemeinheit einschränkt, so dass Art. 14 GG anwendbar ist.[571] Damit ist auch der Eigentumserwerb, der Eigentumsbestand sowie die Eigentumsverwendung nach Art. 14 GG schutzwürdig und somit im Rahmen der Ausgestaltung von § 50i EStG zu berücksichtigen.[572]

Mangels Abstellen auf einen Realisationsakt stellt sich in einem zweiten Schritt die Frage, ob die im Rahmen von § 50i Abs. 2 EStG besteuerten stillen Reserven als Eigentum i.S.d. Art. 14 GG qualifizieren können.[573] Gegen die Qualifikation von stillen Reserven als Eigentum i.S.d. Art. 14 GG könnte sprechen, dass die Entstrickungsbesteuerung einerseits steuerlich vollzogene Abschreibungen rückgängig macht und andererseits aus einer Werterhöhung des Wirtschaftsguts resultiert, welche die Marktteilnehmer dem Wirtschaftsgut im Entstrickungszeitpunkt beimessen.[574] Bei einer Rückgängigmachung von Abschreibungen fehlt es an einem Eingriff in die Vermögenssubstanz, da Abschreibungen im Abschreibungszeitraum auch zu einer Minderung der Bemessungsgrundlage und damit

569 Vgl. **Jarass,** in: Jarass/Pieroth (Hrsg.), GG, 2016, Art. 14, Rn. 7; BVerfG, Beschluss vom 31.05.1988, 1 BVL 22/85, BVerfGE 78, S. 232, Tz. 31 f.

570 Zum Diskussionsstand in der Literatur siehe **Seer,** DStJG 23, 2000, S. 98; **Englisch,** StuW 2003, S. 237 ff.

571 Vgl. zuletzt auch BVerfG, Beschluss vom 18.01.2006, 2 BvR 2194/99, BVerfGE 115, S. 97, Tz. 32 ff.

572 Insofern scheidet eine Prüfung nach Art. 2 Abs. 1 GG aus Subsidiaritätsgründen aus; vgl. BVerfG, Beschluss vom 18.01.2006, 2 BvR 2194/99, BVerfGE 115, S. 97, Tz. 38.

573 Vgl. **Schnitger,** Entstrickung, 2013, S. 99.

574 Vgl. **Müller,** Besteuerung, 2012, S. 130 f.

zu einer steuerlichen Entlastung geführt haben. Hinsichtlich der Werterhöhung fehlt es an einem konkreten und rechtlich gesicherten Anspruch. Für die nach meiner Auffassung zutreffende Qualifikation von stillen Reserven als Eigentum i.S.d. Art. 14 GG spricht jedoch, dass die stillen Reserven unmittelbar mit den im Eigentum stehenden Wirtschaftsgütern verknüpft sind, so dass Art. 14 GG anwendbar ist.[575]

(b) Persönlicher Schutzbereich

Der persönliche Schutzbereich von Art. 14 GG erfasst alle natürlichen Personen sowie nach Art. 19 Abs. 3 GG auch juristische Personen des Privatrechts (z.B. Kapitalgesellschaften). § 50i Abs. 1 EStG stellt allgemein auf „Steuerpflichtige" ab, so dass der persönliche Schutzbereich eröffnet ist. § 50i Abs. 2 EStG ist unabhängig davon anzuwenden, ob die Tatbestandsvoraussetzungen durch eine natürliche Person oder durch eine juristische Person des privaten Rechts vollzogen werden. Insofern ist der persönliche Schutzbereich auch im Hinblick auf § 50i Abs. 2 EStG eröffnet.

(2) Eingriff

(a) Arten von Eingriffen und deren Definition

Grundsätzlich unterscheidet man zwischen Enteignungen i.S.v. Art. 14 Abs. 3 GG einerseits und Inhalts- und Schrankenbestimmungen i.S.v. Art. 14 Abs. 1 Satz 2 GG andererseits. Die Enteignung grenzt sich nach der Rechtsprechung des BVerfG[576] durch vier Merkmale von den Inhalts- und Schrankenbestimmungen ab: „Sie ist konkret statt abstrakt, trifft individuell statt generell, belässt das Eigentum dem Eigentümer nicht, sondern entzieht es ihm und dient durch die Beschaffung des Gegenstands öffentlichen Aufgaben"[577]. Demnach sind alle Eingriffe, welche diese Merkmale nicht erfüllen als Inhalts- und Schrankenbestimmungen zu qualifizieren.

(b) § 50i Abs. 1 EStG

Im Rahmen von § 50i Abs. 1 EStG vollzieht sich der Eingriff dadurch, dass die Besteuerung im Rahmen eines Treaty-Override an realisierte Gewinne anknüpft, welche nach oben vertretener Auffassung eine Eigentumsposition i.S.d. Art. 14 Abs. 1 GG darstellen.[578] Der Eingriff qualifiziert als Inhalts- und

575 Vgl. **Reiter**, Besteuerung, 2011, S. 137.

576 Vgl. BVerfG, Beschluss vom 16.02.2000, 1 BvR 242/91, 1 BvR 315/99, BVerfGE 102, S. 1.

577 **Kingreen/Poscher**, Grundrechte Staatsrecht II, 2018, § 23, Rn. 1058.

578 Vgl. **Müller**, Besteuerung, 2012, S. 164.

rechtfertigungsbedürftige Ungleichbehandlung grundsätzlich nicht vor.[615] Bei einer Typisierung im Rahmen einer Vereinfachungszwecknorm[616] liegt es jedoch in der Natur der Sache, dass auch Sachverhalte erfasst werden, welche nicht als missbräuchlich zu qualifizieren sind.[617] Zwar hat der Gesetzgeber nach ständiger Rechtsprechung des Bundesverfassungsgerichts[618] die Möglichkeit, typisierende und pauschalierende Regelungen zu erlassen, ohne damit gegen den Gleichheitssatz zu verstoßen. Dennoch besteht hier ein gleichheitsrechtliches Rechtfertigungsbedürfnis.[619] Denn der Gesetzgeber muss für die gewählte Typisierung einen Durchschnittsfall zu Grunde legen und darf nicht auf atypische Fälle abstellen.[620] Auch muss die Verhältnismäßigkeit zwischen dem Vorteil der Verwaltungsvereinfachung und der mit der Typisierung verbundenen Ungleichbehandlung gewahrt sein.[621] Eine Rechtfertigung einer Missbrauchsvermeidungsnorm lässt sich somit nur erreichen, wenn sie die gleichzeitige Erfassung von nicht als missbräuchlich zu qualifizierenden Sachverhalten auf wenige Einzelfälle beschränkt.[622]

Die aus der unterschiedlichen Behandlung beschränkt Steuerpflichtiger nach § 15 Abs. 2 und § 15 Abs. 3 EStG resultierende Ungleichbehandlung kann mit dem Verlust des Besteuerungsrechts durch die Ausnutzung von Steuergestaltungsstrategien gerechtfertigt werden.[623] Denn durch die mit § 50i Abs. 2 EStG eingeführte Ungleichbehandlung wird eine nach der wirtschaftlichen Leistungsfähigkeit entsprechende Besteuerung erreicht und damit dem aus dem Gleichheitssatz resultierenden Grundsatz der Gleichmäßigkeit der Besteuerung entsprochen.

---

615 Vgl. **Hey,** StuW 2008, S. 174; **Hey**, DStJG 33, 2010, S. 168.

616 Vgl.zum Begriff **Hey,** StuW 2008, S. 172.

617 Vgl. **Hey,** StuW 2008, S. 176; **Hey**, DStJG 33, 2010, S. 168; **Hey,** in: Tipke/Lang, Steuerrecht, 2015, § 3, Rn. 129.

618 Vgl. BVerfG, Beschluss vom 08.10.1991, 1 BvL 50/86, BVerfGE 84, S. 348; BVerfG, Beschluss vom 10.04.1997, 2 BvL 77/92, BVerfGE 96, S. 1; BVerfG, Beschluss vom 11.11.1998, 2 BvL 10/95, BVerfGE 99, S. 280; BVerfG, Urteil vom 06.03.2002, 2 BvL 17/99, BVerfGE 105, S. 73; BVerfG, Beschluss vom 21.08.2006, 2 BvL 2/99, BVerfGE 116, S. 164; BVerfG, Beschluss vom 06.07.2010, 2 BvL 13/09, BVerfGE 126, S. 268.

619 Vgl. **Hey,** StuW 2008, S. 176; **Hey**, DStJG 33, 2010, S. 168; **Hey,** in: Tipke/Lang, Steuerrecht, 2015, § 3, Rn. 129.

620 Vgl. BVerfG, Beschluss vom 06.07.2010, 2 BvL 13/09, BVerfGE 126, S. 268, Tz. 38.

621 Vgl. **Drüen,** StuW 2008, S. 14.

622 Vgl. **Hey**, DStJG 33, 2010, S. 168.

623 Vgl. **Thiel,** FR 2007, S. 130.

Im Unterschied zur Fassung i.S.d. KroatienAnpG[624] hat der Gesetzgeber mit der Neufassung eine zielgerichtete Regelung geschaffen, die als Typisierungsnorm den Regelfall (Einbringung nach § 20 UmwStG durch DBA-Ausländer)[625] zum Gegenstand hat und somit eine gleichzeitige Erfassung von nicht missbräuchlich zu qualifizierenden Sachverhalten nahezu ausschließt. Aus diesem Grund kann die durch § 50i Abs. 2 EStG hervorgerufene Ungleichbehandlung gerechtfertigt werden, so dass insgesamt kein Verstoß gegen Art. 3 Abs. 1 GG vorliegt.

c. *Rückwirkungsverbot*

Noch ungeklärt bleiben bei alldem Fragen etwaiger Verstöße der einschlägigen steuerrechtlichen Regelungen gegen das benannte verfassungsrechtliche Rückwirkungsverbot.

(1) Rückwirkung von § 50i Abs. 1 Satz 1 EStG (§ 52 Abs. 48 Satz 1 EStG)

Mit § 50i Abs. 1 Satz 1 EStG werden grundsätzlich zwei gesetzgeberische Ziele verfolgt. Zum einen wird hierdurch eine Entstrickung (§§ 4 Abs. 1 Satz 3 EStG, 12 KStG) von Wirtschaftsgütern und Anteilen verhindert, bei denen vor dem 29.06.2013 (Tag der Gesetzesverkündung) eine steuerneutrale Übertragung oder Überführung in das Betriebsvermögen einer Personengesellschaft erfolgte und welche ohne Anwendung von § 50i Abs. 1 EStG vor dem 01.01.2017 zu einem Ausschluss oder einer Beschränkung des deutschen Besteuerungsrechts geführt hätten. Zum anderen wird dadurch das deutsche Besteuerungsrecht an den stillen Reserven im Falle eines Verkaufs oder einer Entnahme ab dem 29.06.2013 (Tag der Gesetzesverkündung) sichergestellt (nunmehr § 52 Abs. 48 Satz 1 EStG).[626] Für die damit in Zusammenhang stehende verfassungsrechtliche Frage des Vertrauensschutzes erlangt das Datum des Gesetzesbeschlusses eine besondere Relevanz, da dieses Datum nach ständiger Rechtsprechung des BVerfG[627] und des BFH[628] den Zeitpunkt markiert, in dem der Steuerpflichtige nicht mehr auf den Fortbestand geltenden Rechts vertrauen darf. Da der Gesetzesbeschluss

---

624 Vgl. **Liekenbrock,** DStR 2015, S. 1537; **Schnittker/Haselmann,** in: Wassermeyer/Richter/Schnittker, Personengesellschaften im IStR, 2015, Kapitel 14, Rn. 14.57; **Köhler,** ISR 2016, S. 73; **Brandenberg,** DB 2016 Heft 12, S. M 5.

625 Vgl. **Liekenbrock,** DStR 2016, S. 2612.

626 Vgl. **Liekenbrock,** in: Flick/Wassermeyer/Baumhoff et al. (Hrsg.), Außensteuerrecht, § 50i EStG, Rn. 16.

627 Vgl. BVerfG, Beschluss vom 10.10.2012, 1 BvL 6/07, BVerfGE 132, S. 302.

628 Vgl. BFH, Urteil vom 19.04.2012, VI R 74/10, BStBl. II 2012, S. 577; BFH, Urteil vom 29.08.2012, VIII B 45/12, BStBl. II 2012, S. 839.

am 06.06.2013[629] erfolgte, durften Steuerpflichtige damit ab diesem Zeitpunkt nicht mehr auf die geltende Rechtslage vertrauen und mussten mit einer rückwirkenden Anwendung von § 50i Abs. 1 Satz 1 EStG rechnen. Die im Rahmen des Anti-BEPS-Umsetzungsgesetzes I[630] eingeführte Einschränkung auf Fälle, bei denen das deutsche Besteuerungsrecht ohne Anwendung von § 50i Abs. 1 EStG vor dem 01.01.2017 ausgeschlossen oder beschränkt worden ist, führt nicht zu einer rückwirkenden Anwendung, da die Veröffentlichung am 23.12.2016 im Bundesgesetzblatt erfolgte.[631]

Durch die rückwirkende Vermeidung bzw. Rückgängigmachung einer allgemeinen Entstrickungsbesteuerung (§§ 4 Abs. 1 Satz 3 EStG, 12 KStG) wird einerseits eine steuerliche Entlastung des Steuerpflichtigen erreicht, so dass keine verfassungsrechtlich unzulässige echte Rückwirkung[632] vorliegt.[633] Diese Entlastung steht jedoch andererseits in engem Zusammenhang mit der zukünftigen steuerlichen Belastung der Veräußerung oder Entnahme der nach § 50i EStG infizierten Wirtschaftsgüter und Anteile.[634] Da die belastende Rechtsfolge des § 50i Abs. 1 Satz 1 EStG für Sachverhalte, die vor dem 29.06.2013 ausgelöst wurden, erst ab dem 29.06.2013 und damit nach Gesetzesverkündung eintritt, liegt eine zulässige unechte Rückwirkung[635] vor.[636]

Mit § 50i Abs. 1 Satz 1 EStG sichert sich der Gesetzgeber darüber hinaus das Besteuerungsrecht an den stillen Reserven, die zwischen dem Entstrickungszeitpunkt (Wegzug) und der Veräußerung bzw. Entnahme der Wirtschaftsgüter bzw.

---

629 Vgl. Bundesrat, Drs. vom 06.06.2013, BR-Drs. 477/13, S. 1 ff.

630 Vgl. Anti-BEPS-Umsetzungsgesetz I, Gesetz vom 20.12.2016, BGBl. I 2016, S. 3000.

631 Vgl. auch **Liekenbrock,** in: Flick/Wassermeyer/Baumhoff et al. (Hrsg.), Außensteuerrecht, § 50i EStG, Rn. 16.

632 Eine echte Rückwirkung bezeichnet eine Gesetzesänderung, die sich auf abgeschlossene und damit der Vergangenheit angehörende Tatbestände bezieht und deren bereits verwirklichte Rechtsfolgen nachträglich ändert; vgl. **Hey,** in: Tipke/Lang, Steuerrecht, 2015, § 3, Rn. 262.

633 Vgl. BVerfG, Beschluss vom 17.12.2013, 1 BvL 5/08, BVerfGE 135, S. 1.

634 Vgl. **Liekenbrock,** in: Flick/Wassermeyer/Baumhoff et al. (Hrsg.), Außensteuerrecht, § 50i EStG, Rn. 18.

635 Eine unechte Rückwirkung bezeichnet eine für die Zukunft wirkende Gesetzesänderung, die sich auf in der Vergangenheit ins Werk gesetzte und noch nicht abgeschlossene Sachverhalte und Rechtsbeziehungen bezieht und damit die Rechsposition des Steuerpflichtigen nachträglich im Ganzen beeinträchtigt; vgl. **Hey,** in: Tipke/Lang, Steuerrecht, 2015, § 3, Rn. 262.

636 Vgl. BVerfG, Beschluss vom 07.07.2010, 2 BvL 14/02, 2 BvL 2/04, 2 BvL 13/05, BVerfGE 127, S. 1.

Anteile i.S.d. § 17 EStG entstehen.[637] Abkommensrechtlich steht die Besteuerung der in Rede stehenden stillen Reserven regelmäßig dem (neuen) Ansässigkeitsstaat zu. Insofern bestand für Deutschland vor der Einführung von § 50i EStG regelmäßig kein Besteuerungsrecht an den zwischen Wegzug und Veräußerung bzw. Entnahme entstandenen stillen Reserven, so dass der Steuerpflichtige diese Wertzuwächse (in Deutschland) steuerfrei realisieren konnte. Diese systemgerechte, abkommensrechtlich manifestierte und steuerfreie Realisierung in Deutschland ist durch die Einführung von § 50i EStG nunmehr nicht mehr möglich. Es ist fraglich, ob dieses Besteuerungsrecht überschießend und damit verfassungsrechtlich bedenklich ist. So möchte Liekenbrock[638] die Prüfung der Verfassungsmäßigkeit anhand der in der Entscheidung des BVerfG[639] zur Absenkung der Wesentlichkeitsgrenzen in § 17 EStG aufgestellten Kriterien vollziehen. Danach sei fraglich, ob für den Steuerpflichtigen eine konkrete Vermögensposition entstanden sei, welche durch § 50i Abs. 1 Satz 1 EStG in verfassungsrechtlich unzulässiger Weise beeinträchtigt werde. Eine solche Beeinträchtigung sei nur damit zu rechtfertigen, dass der Steuerpflichtige keinen Vertrauensschutz in Bezug auf die geltende Rechtslage genieße oder dieser Vertrauensschutz hinter den Interessen der Allgemeinheit zurücktreten müsse. Sollte ein schutzwürdiges Vertrauen bestehen, so müsse die unechte Rückwirkung nach der Rechtsprechung des BVerfG[640] zur Absenkung der Wesentlichkeitsgrenzen in § 17 EStG für die „Förderung des Gesetzeszweckes geeignet und erforderlich" sein. Nach dieser Rechtsprechung sei zudem im Rahmen einer „Gesamtabwägung zwischen dem Gewicht des enttäuschten Vertrauens und dem Gewicht und der Dringlichkeit der die Rechtsänderung rechtfertigenden Gründe die Grenze der Zumutbarkeit zu wahren".

Der Gesetzgeber[641] und ein Großteil der Literatur[642] sprechen den von § 50i Abs. 1 Satz 1 EStG betroffenen Steuerpflichtigen keinen Vertrauensschutz zu,

---

637 Vgl. **Liekenbrock,** IStR 2013, S. 697; **Bron,** DStR 2014, S. 1849; **Hruschka,** StBJb 2013/2014, 2014, S. 247, 256 f.; a.A. **Lüdicke,** StBJb 2013/2014, 2014, S. 258.

638 Vgl. **Liekenbrock,** in: Flick/Wassermeyer/Baumhoff et al. (Hrsg.), Außensteuerrecht, § 50i EStG, Rn. 19.

639 Vgl. BVerfG, Beschluss vom 07.07.2010, 2 BvR 748/05, 2 BvR 753/05, 2 BvR 1738/05, BVerfGE 127, S. 61, unter B.I.2.b.

640 Vgl. BVerfG, Beschluss vom 07.07.2010, 2 BvR 748/05, 2 BvR 753/05, 2 BvR 1738/05, BVerfGE 127, S. 61, unter B.I.1.c.

641 Vgl. Bundesrat, Drs. vom 13.11.2012, BR-Drs. 632/1/12, S. 18; Bundestag, Drs. vom 10.04.2013, BT-Drs. 17/13033, S. 77.

642 Vgl. **Loschelder,** in: Schmidt, EStG, 2018, § 50i EStG, Rn. 3; **Rehfeld,** in: Herrmann/Heuer/Raupach, EStG/KStG, § 50i EStG, Rn. 5; **Gosch,** in: Kirchhof (Hrsg.), EStG,

konstitutivem Charakter eingeführt, welche verfassungsrechtlich unzulässig ist.[667]

Aufgrund des konstitutiven Charakters von § 50i Abs. 1 Satz 2 EStG i.d.F. des KroatienAnpG steht die Frage einer unechten Rückwirkung im Raum, soweit die Veräußerung oder Entnahme der im Rahmen der Einbringung gewährten Anteile zwischen dem 01.01.2014 und vor dem Gesetzesbeschluss vom 03.07.2014 erfolgte.[668] Liekenbrock[669] hingegen möchte den Zeitraum des Vertrauensschutzes auf Veräußerung bzw. Entnahmen vor dem 30.07.2014 erstrecken. Dies ist nach meiner Auffassung aufgrund der vertrauenschutzrechtlichen Bedeutung des Gesetzesbeschlusses jedoch nicht sachgerecht. Denn der Steuerpflichtige konnte nach der Rechtsprechung des BVerfG[670] und des BFH[671] lediglich bis zum Zeitpunkt des Gesetzesbeschlusses davon ausgehen, dass er auf den Fortbestand des geltenden Rechts vertrauen darf.

Die Zulässigkeit einer unechten Rückwirkung ist nach den durch die Rechtsprechung des BVerfG[672] zur Absenkung der Wesentlichkeitsgrenzen in § 17 EStG aufgestellten Kriterien zu beurteilen. Danach genießt der Steuerpflichtige Vertrauensschutz, wenn bis zum Gesetzesbeschluss von § 50i EStG i.d.F. des KroatienAnpG hinsichtlich der veräußerten Anteile eine Vermögensposition entstanden ist (Steuerfreiheit der Veräußerung der Anteile), von deren steuerfreien Verwertung er im Inland ausgehen durfte. Für das Bestehen einer solchen

---

667 Für eine verfassungswidrige echte Rückwirkung sprechen sich ebenfalls aus **Gosch,** in: Kirchhof (Hrsg.), EStG, 2017, § 50i EStG, Rn. 5; **Rehfeld,** in: Herrmann/Heuer/Raupach, EStG/KStG, § 50i EStG, Rn. 5; **Liekenbrock,** in: Flick/Wassermeyer/Baumhoff et al. (Hrsg.), Außensteuerrecht, § 50i EStG, Rn. 30; **Prinz,** GmbHR 2014, S. R241 f.; **Ortmann-Babel/Bolik/Zöller,** DB 2014, S. 1576. Eine verfassungsrechtliche bedenkliche unechte Rückwirkung sehen **Kudert/Kahlenberg/Mroz,** ISR 2014, S. 260, welche jedoch darauf hinweisen, dass nach der aktuellen Rechtsprechung des BVerfG ggf. auch eine verfassungswidrige echte Rückwirkung vorliegen könnte.

668 Vgl. hinsichtllich einer veranlagungszeitraumbezogenen Prüfung BVerfG, Beschluss vom 07.07.2010, 2 BvR 748/05, 2 BvR 753/05, 2 BvR 1738/05, BVerfGE 127, S. 61, unter B.I.1.c.

669 Vgl. **Liekenbrock,** in: Flick/Wassermeyer/Baumhoff et al. (Hrsg.), Außensteuerrecht, § 50i EStG, Rn. 31.

670 Vgl. BVerfG, Beschluss vom 10.10.2012, 1 BvL 6/07, BVerfGE 132, S. 302.

671 Vgl. BFH, Urteil vom 19.04.2012, VI R 74/10, BStBl. II 2012, S. 577; BFH, Urteil vom 29.08.2012, VIII B 45/12, BStBl. II 2012, S. 839.

672 Vgl. BVerfG, Beschluss vom 07.07.2010, 2 BvR 748/05, 2 BvR 753/05, 2 BvR 1738/05, BVerfGE 127, S. 61, unter B.I.1.c; BVerfG, Beschluss vom 17.12.2013, 1 BvL 5/08, BVerfGE 135, S. 1, unter B.II.1.a.

Vermögensposition spricht, dass § 50i i.d.F. des AmtshilfeRLUmsG Einbringungsfälle i.S.d. § 20 UmwStG nach h.M. der Literatur nicht erfasste.[673] Die Erschütterung des aus dieser Vermögensposition resultierenden schutzwürdigen Vertrauens bedarf einer Rechtfertigung. Zum einen muss die unechte Rückwirkung nach der Rechtsprechung des BVerfG[674] zur Absenkung der Wesentlichkeitsgrenzen in § 17 EStG für die „Förderung des Gesetzeszweckes geeignet und erforderlich" sein. Zum anderen ist eine „Gesamtabwägung zwischen dem Gewicht des enttäuschten Vertrauens und dem Gewicht und der Dringlichkeit der die Rechtsänderung rechtfertigenden Gründe" erforderlich und dabei ist die „Grenze der Zumutbarkeit zu wahren". Da der Gesetzgeber von einer deklaratorischen Regelung ausgegangen ist, fehlt es an einer Gesetzesbegründung im Rahmen der Einführung von § 50i Abs. 1 Satz 2 EStG i.d.F. des KroatienAnpG. Insofern muss auf die im Rahmen der Einführung von § 50i EStG i.d.F. des AmtshilfeRLUmsG dargelegte Gesetzesbegründung zurückgegriffen werden. Der Gesetzgeber begründet die rückwirkende Gesetzgebung damit, dass die Steuerpflichtigen von der späteren Besteuerung der Veräußerung bzw. Entnahme wussten.[675] Wie oben aufgezeigt[676] begründen die mit dieser Gesetzesbegründung verbundenen Rechtfertigungsgründe allesamt ein in die Zukunft gerichtetes Änderungsinteresse. Insofern stellt auch die Besteuerung von Veräußerungen bzw. Entnahmen zwischen dem 01.01.2014 und dem 03.07.2014 i.R.d. § 50i Abs. 1 Satz 2 EStG eine unechte Rückwirkung dar, welche nach der einschlägigen Rechtsprechung des BVerfG[677] als verfassungswidrig einzustufen ist.[678]

Bei Veräußerung oder Entnahme ab dem 04.07.2014 bis 29.07.2014 ist die unechte Rückwirkung hingegen zulässig, da der Steuerpflichtige mit einer Gesetzesänderung rechnen musste. Ebenso zulässig ist die unechte Rückwirkung für

---

673 Diesbezüglich ist auch auf die Zweifel des Finanzausschusses zu verweisen; vgl. Bundestag, Drs. vom 02.07.2014, BT-Drs. 18/1995, S. 106.

674 Vgl. BVerfG, Beschluss vom 07.07.2010, 2 BvR 748/05, 2 BvR 753/05, 2 BvR 1738/05, BVerfGE 127, S. 61, unter B.I.1.c.

675 Vgl. Bundesrat, Drs. vom 13.11.2012, BR-Drs. 632/1/12, S. 18.

676 Siehe Teil II B.I.4.

677 Vgl. BVerfG, Beschluss vom 07.07.2010, 2 BvR 748/05, 2 BvR 753/05, 2 BvR 1738/05, BVerfGE 127, S. 61.

678 Vgl. ebenso **Liekenbrock,** in: Flick/Wassermeyer/Baumhoff et al. (Hrsg.), Außensteuerrecht, § 50i EStG, Rn. 31 mit der abweichenden Auffassung, dass die unechte Rückwirkung Veräußerungen und Entnahme vom 03.07.2014 bis 30.07.2014 einschließt.

Veräußerungen und Entnahmen ab dem 30.07.2014, da der Steuerpflichtige unter Anbetracht der Gesetzesänderung seine Dispositionsentscheidung getroffen hat.[679] Dies gilt unabhängig davon, dass der Steuerpflichtige vor Gesetzesänderung die Anteile steuerfrei veräußern konnte.[680] Jedoch stellt sich die Frage, ob dies für alle in den Anteilen enthaltenen stillen Reserven gilt, da die Einführung von § 50i Abs. 1 Satz 2 EStG i.d.F. des KroatienAnpG konstitutiven Charakter hat und damit lediglich stille Reserven ab dem Zeitpunkt der Gesetzesänderung steuerverstrickt sind. Soweit der Gesetzgeber jedoch auch stille Reserven besteuern möchte, die vor der Gesetzesänderung (also vor dem Einbringungszeitpunkt bis zum 03.07.2014) enstanden sind, sollte mit Liekenbrock[681] davon auszugehen sein, dass eine verfassungswidrige unechte Rückwirkung vorliegt. Dies ist damit zu begründen, dass der Steuerpflichtige eine verfassungsrechlich geschützte Vermögensposition innehatte, welche ohne einschlägigen Rechtfertigungsgrund rückwirkend entwertet wird.[682]

(3) Rückwirkung von § 50i Abs. 1 Satz 3 EStG (§ 52 Abs. 48 Satz 2 EStG)

Mit § 50i Abs. 1 Satz 3 EStG hat der Gesetzgeber sich das Besteuerungsrecht an den laufenden Einkünften aus der Beteiligung an einer gewerblich infizierten bzw. gewerblich geprägten Personengesellschaft gesichert. Die Vorschrift wurde im Rahmen des KroatienAnpG neu in Abs. 1 Satz 3 EStG verortet. Zudem erfolgte eine redaktionelle Ergänzung um Einbringungsfälle i.S.d. § 20 UmwStG. Nach § 52 Abs. 59 Satz 2 EStG i.d.F. des AmtshilfeRLUmsG (nunmehr § 52 Abs. 48 Satz 2 EStG) ist die Norm auf alle noch nicht bestandskräftigen Sachverhalte anzuwenden.

Der BFH[683] hat in ständiger Rechtsprechung entschieden, dass Deutschland kein Besteuerungsrecht für die von einer gewerblich geprägten Personengesellschaft bezogenen Einkünfte hat, für die das jeweilige DBA aufgrund des Vorranges eines Spezialartikels (entsprechend Art. 7 Abs. 7 OECD-MA) das Besteuerungsrecht dem Ansässigkeitsstaat des Mitunternehmers zuweist. Insbesondere betroffen sind hier Dividenden, Zinserträge, Tätigkeitsvergütungen

679 Vgl. **Liekenbrock,** in: Flick/Wassermeyer/Baumhoff et al. (Hrsg.), Außensteuerrecht, § 50i EStG, Rn. 32.

680 Vgl. BVerfG, Beschluss vom 07.07.2010, 2 BvR 748/05, 2 BvR 753/05, 2 BvR 1738/05, BVerfGE 127, S. 61, unter B.I.2.a.

681 Vgl. **Liekenbrock,** in: Flick/Wassermeyer/Baumhoff et al. (Hrsg.), Außensteuerrecht, § 50i EStG, Rn. 32.

682 Vgl. zur Begründung auch Teil II B.I.4.

683 Vgl. BFH, Urteil vom 28.04.2010, I R 81/09, BStBl. II 2014, S. 754; BFH, Urteil vom 19.05.2010, I B 191/09, BStBl. II 2011, S. 156; BFH, Urteil vom, 25.05.2011, I R 95/10, BStBl. II 2014, S. 760; BFH, Urteil vom 24.08.2011, I R 46/10, BStBl. II 2014, S. 764.

und Lizenzgebühren. Diese für den Fiskus ungünstige Rechtsprechung hat der Gesetzgeber durch die Einführung von § 50i Satz 2 EStG i.d.F. des AmtshilfeRLUmsG (nunmehr § 50i Abs. 1 Satz 3 EStG) im Veranlagungszeitraum 2013 überschrieben. Damit qualifiziert die Vorschrift für nicht bestandskräftige Veranlagungszeiträume bis einschließlich 2012 als grundsätzlich unzulässige echte Rückwirkung.[684] Hinsichtlich der laufenden Einkünfte aus Einbringungsfällen liegt ebenfalls eine grundsätzlich unzulässige echte Rückwirkung für nicht bestandskräftige Veranlagungszeiträume bis einschließlich 2013 vor, da die Einführung von § 50i Abs. 1 Satz 2 EStG i.d.F. des KroatienAnpG eine konstitutive Wirkung entfaltet.[685] Eine Rechtfertigung der echten Rückwirkung ist nicht gegeben, da die Steuerpflichtigen eine rechtsprechungsbrechende Gesetzesänderung nicht vorsehen konnten.[686] Entgegen der Gesetzesbegründung[687] konnten die Steuerpflichtigen auch nicht davon ausgehen, dass – neben den Veräußerungsgewinnen – auch die laufenden Einkünfte im Rahmen der Einführung von § 50i EStG besteuert werden.[688] Insofern reicht die Gesetzesbegründung zur Rechtfertigung der echten Rückwirkung ebenfalls nicht aus.[689] Auch kann die Besteuerung der laufenden Einkünfte nicht mit einer verworrenen und unklaren Gesetzeslage oder einem systemwidrigen und unbilligen Gesetzeszustand gerechtfertigt werden.[690] Ebenfalls sollten durch die Rechtsprechung des BFH keine Interessen der Allgemeinheit verletzt worden sein.[691] Mit der h.M. der Literatur[692] ist demnach

---

684 Vgl. **Liekenbrock,** in: Flick/Wassermeyer/Baumhoff et al. (Hrsg.), Außensteuerrecht, § 50i EStG, Rn. 34.

685 Vgl. **Liekenbrock,** in: Flick/Wassermeyer/Baumhoff et al. (Hrsg.), Außensteuerrecht, § 50i EStG, Rn. 34; **Kudert/Kahlenberg/Mroz,** ISR 2014, S. 260; **Gosch,** in: Kirchhof (Hrsg.), EStG, 2017, § 50i EStG, Rn. 21; zweifelnd **Bodden,** DB 2014, S. 2372 f.

686 Vgl. **Pohl,** in: Blümich, EStG/KStG/GewStG, § 50i EStG, Rn. 7.

687 Vgl. Bundesrat, Drs. vom 13.11.2012, BR-Drs. 632/1/12, S. 18.

688 Vgl. **Rehfeld,** in: Herrmann/Heuer/Raupach, EStG/KStG, § 50i EStG, Rn. 5.

689 Vgl. **Liekenbrock,** in: Flick/Wassermeyer/Baumhoff et al. (Hrsg.), Außensteuerrecht, § 50i EStG, Rn. 34; **Rehfeld,** in: Herrmann/Heuer/Raupach, EStG/KStG, § 50i EStG, Rn. 5; **Pohl,** in: Blümich, EStG/KStG/GewStG, § 50i EStG, Rn. 7.

690 Hinsichtlich Gründen, welche die Zulässigkeit einer echten Rückwirkung ermöglichen vgl. BVerfG, Beschluss vom 17.12.2013, 1 BvL 5/08, BVerfGE 135, S. 1, unter B.II.3.b.

691 Vgl. **Liekenbrock,** in: Flick/Wassermeyer/Baumhoff et al. (Hrsg.), Außensteuerrecht, § 50i EStG, Rn. 34.

692 Vgl. **Liekenbrock,** in: Flick/Wassermeyer/Baumhoff et al. (Hrsg.), Außensteuerrecht, § 50i EStG, Rn. 34; **Rehfeld,** in: Herrmann/Heuer/Raupach, EStG/KStG, § 50i EStG, Rn. 5; **Bodden,** in: Korn, EStG, § 50i EStG, Rn. 31.1; **Salzmann,** IWB 2014, S. 411; **Lüdicke,** FR 2015, S. 133; **Gosch,** in: Kirchhof (Hrsg.), EStG, 2017, § 50i EStG, Rn. 21;

festzustellen, dass § 50i Abs. 1 Satz 3 EStG i.d.F. des KroatienAnpG eine verfassungsrechtlich unzulässige echte Rückwirkung darstellt.

Im Hinblick auf die mit den in § 50i Abs. 1 Satz 1 EStG geregelten Übertragungen und Überführungen in Zusammenhang stehenden laufenden Einkünften entfaltet § 50i Abs. 1 Satz 3 EStG eine unechte Rückwirkung für Veranlagungszeiträume ab 2013. Hinsichtlich der mit § 50i Abs. 1 Satz 2 EStG erfassten Einbringungen i.S.v. § 20 UmwStG in Zusammenhang stehenden laufenden Einkünften entfaltet § 50i Abs. 1 Satz 3 EStG eine unechte Rückwirkung für Veranlagungzeiträume ab 2014. In beiden Fällen ist die unechte Rückwirkung zulässig, da es sich bei der Einkommensteuer um eine Jahressteuer[693] handelt, welche erst mit dem Ablauf des Veranlagungszeitraums (Kalenderjahr: §§ 25 Abs. 1; 36 Abs. 1 EStG) entsteht und ein vertrauenschutzrechtlicher Verstoß aus diesem Grunde nicht ersichtlich ist.[694]

(4) Rückwirkung von § 50i Abs. 1 Satz 4 EStG (§ 52 Abs. 48 Satz 3 EStG)

Mit § 50i Satz 3 i.d.F. des AmtshilfeRLUmsG hat der Gesetzgeber Besitzpersonengesellschaften in den Anwendungsbereich von § 50i Satz 1 und 2 EStG i.d.F. des AmtshilfeRLUmsG einbezogen. Durch das KroatienAnpG erfolgte einerseits eine Neuverortung in Abs. 1 Satz 4 sowie eine Erweiterung auf Besitzeinzelunternehmen. Nach § 52 Abs. 59d Satz 1 EStG i.d.F. des AmtshilfeRLUmsG war § 50i EStG auf alle Veräußerungen von Wirtschaftsgütern oder Anteilen einer Besitzpersonengesellschaft anwendbar, die ab dem 29.06.2013 erfolgen. In Bezug auf die laufenden Einkünfte einer Besitzpersonengesellschaft war § 50i Satz 2 EStG i.d.F. des AmtshilfeRLUmsG gem. § 52 Abs. 59d Satz 2 EStG i.d.F. des AmtshilfeRLUmsG auf alle noch nicht bestandskräftigen Fälle anwendbar. Hinsichtlich der Aufnahme von Besitzeinzelunternehmen wurde in § 52 Abs. 48 Satz 3 EStG i.d.F. des KroatienAnpG eine eigene zeitliche Anwendungsregel für ab dem 29.06.2013 erfolgende Veräußerungen bzw. Entnahmen von Wirtschaftsgütern oder Anteilen geschaffen. Jedoch wurde es seitens des Gesetzgebers versäumt,

---

a.A. **Mitschke,** FR 2013, S. 699; ebenfalls **von Brocke/Rottenmoser,** SteuK 2013, S. 422, bei erteilter verbindlicher Auskunft.

693 Vgl. **Hey,** in: Tipke/Lang, Steuerrecht, 2015, § 3, Rn. 262 m.w.N. Hinsichtlich der veranlagungszeitraumbezogenen Betrachtungsweise vgl. auch BVerfG, Beschluss vom 07.07.2010, 2 BvR 748/05, 2 BvR 753/05, 2 BvR 1738/05, BVerfGE 127, S. 61, unter B.I.1.c.

694 Vgl. **Liekenbrock,** in: Flick/Wassermeyer/Baumhoff et al. (Hrsg.), Außensteuerrecht, § 50i EStG, Rn. 35.

eine eigene zeitliche Anwendungsregelung für die laufenden Einkünfte der Besitzeinzel-unternehmen einzuführen.

Durch die Einführung der eigenen zeitlichen Anwendungsregel für Veräußerungen oder Entnahmen des Betriebsvermögens eines Besitzeinzelunternehmens hat der Gesetzgeber einer echten Rückwirkung hinsichtlich der Veranlagungszeiträume bis einschließlich 2013 vorgebeugt. Für den Veranlagungszeitraum 2014 liegt jedoch eine grundsätzlich zulässige unechte Rückwirkung vor. Auch hier sind die Kriterien des BVerfG[695] für die Zulässigkeit der unechten Rückwirkung heranzuziehen, da die Regelung einen konstitutiven Charakter aufweist. Die Frage der Zulässigkeit stellt sich dabei für Veräußerungen oder Entnahmen von Wirtschaftsgütern oder Anteilen der Besitzeinzelunternehmen, die zwischen dem 01.01.2014 und vor dem Gesetzesbeschluss vom 03.07.2014 erfolgten.

Nach der Rechtsprechung des BVerfG kommt es auch im Rahmen der Besteuerung der Veräußerungen oder Entnahmen von Wirtschaftsgütern oder Anteilen der Besitzeinzelunternehmen auf die Frage einer Vermögensposition eines Steuerpflichtigen an, von deren Steuerfreiheit der Steuerpflichtige ausgehen durfte. Für das Bestehen einer solchen Vermögensposition spricht (analog zu den in § 50i Abs. 1 Satz 2 EStG i.d.F. des KroatienAnpG geregelten Einbringungsfällen i.S.d. § 20 UmwStG), dass § 50i i.d.F. des AmtshilfeRLUmsG Besitzpersonengesellschaften unstreitig nicht erfasste. Eine Rechtfertigung für die Entwertung dieser Vermögensposition kann der Gesetzesbegründung[696] nicht entnommen werden. Insofern stellt auch die Besteuerung der Veräußerungen oder Entnahmen von Wirtschaftsgütern oder Anteilen der Besitzeinzelunternehmen zwischen dem 01.01.2014 und dem 03.07.2014 i.R.d. § 50i Abs. 1 Satz 4 EStG i.d.F. des Kroatien AnpG eine unechte Rückwirkung dar, welche nach der einschlägigen Rechtsprechung des BVerfG[697] als verfassungswidrig einzustufen ist.[698]

---

695 Vgl. BVerfG, Beschluss vom 07.07.2010, 2 BvR 748/05, 2 BvR 753/05, 2 BvR 1738/05, BVerfGE 127, S. 61, unter B.I.1.c; BVerfG, Beschluss vom 17.12.2013, 1 BvL 5/08, BVerfGE 135, S. 1, unter B.II.1.a.

696 Vgl. Bundestag, Drs. vom 02.07.2014, BT-Drs. 18/1995, S. 106.

697 Vgl. BVerfG, Beschluss vom 07.07.2010, 2 BvR 748/05, 2 BvR 753/05, 2 BvR 1738/05, BVerfGE 127, S. 61.

698 Vgl. **Liekenbrock,** in: Flick/Wassermeyer/Baumhoff et al. (Hrsg.), Außensteuerrecht, § 50i EStG, Rn. 37; a.A. **Ortmann-Babel/Bolik/Zöller,** DB 2014, S. 1576, welche lediglich eine unzulässige unechte Rückwirkung für den Veranlagungszeitraum 2014 sehen. Als verfassungskonform sieht die Regelung **Bodden,** in: Korn, EStG, § 50i EStG, Rn. 31.2.

Mangels spezieller zeitlicher Anwendungsregel für laufende Erträge eines Besitzeinzelunternehmens gilt die im Rahmen des AmtshilfeRLUmsG eingeführte zeitliche Anwendungsregel für laufende Erträge von Besitzpersonengesellschaften. Da jedoch die Erweiterung von § 50i Abs. 1 Satz 4 EStG i.d.F. des KroatienAnpG auf Besitzeinzelunternehmen unstreitig erst im Veranlagungszeitraum 2014 erfolgte, stellt die Besteuerung von laufenden Einkünften bis einschließlich zum Veranlagungszeitraum 2013 eine unzulässige echte Rückwirkung dar.[699] Hinsichtlich der Besteuerung der laufenden Erträge des Veranlagungszeitraums 2014 handelt es sich hingegen um eine verfassungskonform unechte Rückwirkung.[700] Dies ist damit zu begründen, dass die Einkommensteuer eine Jahressteuer[701] ist, welche erst mit Ablauf des Veranlagungszeitraums (Kalenderjahr: §§ 25 Abs. 1; 36 Abs. 1 EStG) entsteht, so dass ein vertrauensschutzrechtlicher Verstoß aus diesem Grunde nicht vorliegt.[702]

(5) Rückwirkung von § 50i Abs. 2 EStG i.d.F. des Anti-BEPS-Umsetzungsgesetzes I

Nach § 52 Abs. 48 Satz 4 EStG i.d.F. des am 23.12.2016 veröffentlichten Anti-BEPS-Umsetzungsgesetzes I soll § 50i Abs. 2 EStG ab dem 01.01.2017 anwendbar sein. Damit wird klargestellt, dass lediglich Einbringungen i.S.d. § 20 UmwStG die nach dem 31.12.2013 beschlossen, vertraglich vereinbart oder tatsächlich vollzogen wurden, unter § 50i Abs. 2 EStG i.d.F. des Anti-BEPS-Umsetzungsgesetzes I fallen.[703] Sonstige Umstrukturierungsmaßnahmen (Umwandlungen, Einbringungen i.S.d. § 24 UmwStG, Übertragungen und Überführungen nach

---

699 Vgl. **Liekenbrock,** in: Flick/Wassermeyer/Baumhoff et al. (Hrsg.), Außensteuerrecht, § 50i EStG, Rn. 38.

700 Vgl. **Liekenbrock,** in: Flick/Wassermeyer/Baumhoff et al. (Hrsg.), Außensteuerrecht, § 50i EStG, Rn. 38; a.A. **Ortmann-Babel/Bolik/Zöller,** DB 2014, S. 1576, welche die Regelung als unzulässige unechte Rückwirkung für den Veranlagungszeitraum 2014 qualifizieren. Von der Verfassungskonformität der Regelung geht aus **Bodden,** in: Korn, EStG, § 50i EStG, Rn. 31.2.

701 Vgl. **Hey,** in: Tipke/Lang, Steuerrecht, 2015, § 3, Rn. 262 m.w.N. Hinsichtlich der veranlagungszeitraumbezogenen Betrachtungsweise vgl. auch BVerfG, Beschluss vom 07.07.2010, 2 BvR 748/05, 2 BvR 753/05, 2 BvR 1738/05, BVerfGE 127, S. 61, unter B.I.1.c.

702 Vgl. **Liekenbrock,** in: Flick/Wassermeyer/Baumhoff et al. (Hrsg.), Außensteuerrecht, § 50i EStG, Rn. 35.

703 Vgl. **Liekenbrock,** in: Flick/Wassermeyer/Baumhoff et al. (Hrsg.), Außensteuerrecht, § 50i EStG, Rn. 39; **Neumann-Tomm,** in: Lademann, EStG, § 50i EStG, Rn. 285; **Bodden,** in: Korn, EStG, § 50i EStG, Rn. 18.2.

§ 6 Abs. 3, 5 EStG und der Strukturwandel) sind nicht mehr von § 50i Abs. 2 EStG i.d.F. des Anti-BEPS-Umsetzungsgesetzes I erfasst. Darüber hinaus hat der Gesetzgeber in der Gesetzesbegründung[704] dargelegt, dass er die sonstigen von § 50i Abs. 2 EStG i.d.F. des KroatienAnpG erfassten Umstrukturierungen rückwirkend streichen möchte. Der Gesetzgeber möchte dies damit erreichen, indem er die überschießende Altfassung durch eine Neuregelung überschreibt.[705] Diese Überschreibung stellt zwar eine echte Rückwirkung dar. Jedoch führt diese nicht zu einem Verfassungsverstoß, da die Neuregelung als rückwirkend entlastend wirkt.[706] Bestand hat jedoch die Frage, ob die Zwangsrealisation stiller Reserven bei Einbringungen nach § 20 UmwStG eine unzulässige Rückwirkung darstellt.[707]

Mit der erstmaligen Anwendung von § 50i Abs. 2 EStG auf Vorgänge, die nach dem 31.12.2013 vollzogen werden, hat der Gesetzgeber nach h.M. der Literatur[708] eine unechte Rückwirkung geschaffen.[709] Unter vertrauenschutzrechtlichen Aspekten ist diese Regelung für Sachverhalte problematisch, deren Verwirklichung vor Bekanntgabe der Gesetzesänderung (aber im Veranlagungszeitraum 2014) erfolgte.[710] Dies ist insbesondere vor dem Hintergrund kritisch zu sehen, dass die Gesetzesänderung für die Steuerpflichtigen überraschend kam und diese bis zur Veröffentlichung des geplanten Wortlauts der Gesetzesänderung durch das KroatienAnpG davon ausgehen konnten, dass Einbringungen i.S.d. § 20 UmwStG steuerneutral möglich sind.[711] Diese Auffassung war auch

704 Vgl. Bundestag, Drs. vom 12.10.2016, BT-Drs. 18/9956, S. 6.

705 Auf die Problematik der Anwendung von § 50i Abs. 2 EStG i.d.F. des KroatienAnpG für sonstige Umstrukturierungen bis zum 31.12.2016 sei hier erneut verwiesen.

706 Vgl. grundlegend **Hey,** in: Tipke/Lang, Steuerrecht, 2015, § 3, Rn. 260; so auch bezüglich § 50i Abs. 2 EStG i.d.F. des Anti-BEPS-Gesetzes **Schnitger,** IStR 2017, S. 220; **Neumann-Tomm,** in: Lademann, EStG, § 50i EStG, Rn. 286; **Liekenbrock,** DStR 2016, S. 2616; **Bodden,** in: Korn, EStG, § 50i EStG, Rn. 32.1.

707 Vgl. **Liekenbrock,** in: Flick/Wassermeyer/Baumhoff et al. (Hrsg.), Außensteuerrecht, § 50i EStG, Rn. 39.

708 Vgl. **Ortmann-Babel/Bolik/Zöller,** DB 2014, S. 1576; **Bron,** DStR 2014, S. 1854; **Patt,** EStB 2014, S. 380; **Prinz,** GmbHR 2014, S. R242; **Kudert/Kahlenberg/Mroz,** ISR 2014, S. 264; **Liekenbrock,** in: Flick/Wassermeyer/Baumhoff et al. (Hrsg.), Außensteuerrecht, § 50i EStG, Rn. 40; **Neumann-Tomm,** in: Lademann, EStG, § 50i EStG, Rn. 292 f.; a.A. **Bodden,** DB 2014, S. 2374; **Bodden,** in: Korn, EStG, § 50i EStG, Rn. 32; **Ettinger/Beuchert,** IWB 2014, S. 685.

709 Vgl. BVerfG, Beschluss vom 07.07.2010, 2 BvR 748/05, 2 BvR 753/05, 2 BvR 1738/05, BVerfGE 127, S. 61, unter B.I.1.c hinsichtlich der veranlagungszeitraumbezogenen Prüfung.

710 Vgl. **Bron,** DStR 2014, S. 1854.

711 Vgl. **Bron,** DStR 2014, S. 1854; **Patt,** EStB 2014, S. 380.

systemgerecht, da § 50i EStG i.d.F. des AmtshilfeRLUmsG mit der Sperrwirkung einen Inlandsbezug für die mit den in den infizierten Wirtschaftsgütern und Anteilen verbundenen stillen Reserven sicherstellte.[712] Vielmehr hat der Gesetzgeber durch den mit § 50i EStG i.d.F. des AmtshilfeRLUmSG initiierten Inlandsbezug eine Gleichbehandlung zwischen Personengesellschaften i.S.v. § 15 Abs. 3 EStG (bzw. Besitzunternehmen) und originär gewerblich tätigen Personengesellschaften[713] geschaffen.[714] Die Erweiterung um Abs. 2 EStG führt hingegen wieder zu einer Ungleichbehandlung zwischen Personengesellschaften i.S.v. § 15 Abs. 3 EStG und originär tätigen Personengesellschaften, da letzere nach § 20 UmwStG ohne Aufdeckung stiller Reserven in eine Kapitalgesellschaft eingebracht werden können.[715] Die zwangsweise Aufdeckung der stillen Reserven lässt sich auch nicht mit dem Verweis der „Umgehung" von § 6 AStG erklären,[716] da dieser für originär gewerblich tätige Personengesellschaften nicht anwendbar ist und damit steuerneutralen Umstrukturierungen nicht im Wege steht.[717]

Auch die vom Gesetzgeber mit § 50i Abs. 2 EStG i.d.F. des KroatienAnpG eingeführte unechte Rückwirkung bedarf der Rechtfertigung. Zum einen muss die Gesetzesänderung nach der Rechtsprechung des BVerfG[718] für die „Förderung des Gesetzeszweckes geeignet und erforderlich" sein. Zum Anderen hat sie zudem im Rahmen einer „Gesamtabwägung zwischen dem Gewicht des enttäuschten Vertrauens und dem Gewicht und der Dringlichkeit der die Rechtsänderung rechtfertigenden Gründe die Grenze der Zumutbarkeit zu wahren". Unter Anwendung dieser Maßstäbe genießen von § 50i Abs. 2 EStG erfasste Einbringungsvorgänge bis zum Gesetzesbeschluss des KroatienAnpG (vom 01.01.2014 bis 03.07.2014)

---

712 Vgl. **Liekenbrock,** in: Flick/Wassermeyer/Baumhoff et al. (Hrsg.), Außensteuerrecht, § 50i EStG, Rn. 40.

713 Das Vorhandensein einer abkommensrechtlichen Betriebsstätte zwecks Zuordnung der Wirtschaftsgüter wird hierbei unterstellt.

714 Vgl. **Liekenbrock,** in: Flick/Wassermeyer/Baumhoff et al. (Hrsg.), Außensteuerrecht, § 50i EStG, Rn. 40.

715 Vgl. **Liekenbrock,** in: Flick/Wassermeyer/Baumhoff et al. (Hrsg.), Außensteuerrecht, § 50i EStG, Rn. 40; zur Fassung i.S.d. KroatienAnpG vgl. **Rödder/Kuhr/Heimig,** Ubg 2014, S. 482; **Schnittker/Haselmann,** in: Wassermeyer/Richter/Schnittker, Personengesellschaften im IStR, 2015, Kapitel 14, Rn. 14.57.

716 Vgl. Bundestag, Drs. vom 02.07.2014, BT-Drs. 18/1995, S. 106.

717 Vgl. **Liekenbrock,** in: Flick/Wassermeyer/Baumhoff et al. (Hrsg.), Außensteuerrecht, § 50i EStG, Rn. 40.

718 Vgl. BVerfG, Beschluss vom 07.07.2010, 2 BvR 748/05, 2 BvR 753/05, 2 BvR 1738/05, BVerfGE 127, S. 61, unter B.I.1.c.

Vertrauensschutz, da es an einer Rechtfertigung mangelt.[719] Eine Förderung des Gesetzeszwecks ist nicht erkennbar, da die Vorschrift durch die frühzeitige Aufdeckung stiller Reserven die ursprüngliche Zielsetzung von § 50i EStG konterkariert.[720] Auch sollte die Grenze des Zumutbaren bei der Gesamtabwägung zwischen dem Gewicht des enttäuschten Vertrauens und der Dringlichkeit der die Rechtsänderung rechtfertigenden Gründe („Steuerausfälle"[721]) überschritten sein, da die Steuerpflichtigen bis zum Bekanntwerden des Wortlauts der Vorschrift nicht davon ausgehen konnten, dass der Gesetzgeber plant, § 50i Abs. 2 EStG betreffende Vorgänge der Besteuerung zu unterwerfen.[722] Auch die vom Gesetzgeber in der Gesetzesbegründung vorgebrachte Notwendigkeit der Missbrauchsbekämpfung[723] rechtfertigt nach der BVerfG-Rechtsprechung keine unechte Rückwirkung. Zudem handelt es sich bei den durch § 50i Abs. 2 EStG geregelten Vorgängen um gesetzlich geregelte Tatbestände, welche den Buchwertansatz ermöglichen bzw. vorschreiben. Da das Besteuerungsrecht Deutschlands durch § 50i EStG i.d.F. des AmtshilfeRLUmsG gesichert wurde, bedurfte es auch keiner Schließung einer Regelungslücke.[724] Insofern bleibt im Ergebnis festzustellen, dass die Anwendung von § 50i Abs. 2 EStG i.d.F. des KroatienAnpG auf Vorgänge bis zum Bekanntwerden der Gesetzesänderungen verfassungswidrig ist.[725]

Hinsichtlich von § 50i Abs. 2 EStG erfassten Einbringungen ab dem 04.07.2014 bis 29.07.2014 ist die unechte Rückwirkung hingegen zulässig, da der Steuerpflichtige mit einer Gesetzesänderung rechnen musste. Dies gilt ebenso für von § 50i Abs. 2 EStG erfasste Einbringungen ab dem 30.07.2014, da der Steuerpflichtige unter Anbetracht der Gesetzesänderung seine Dispositionsentscheidung getroffen hat.[726] Fraglich ist jedoch, ob dies für alle von § 50i Abs. 2 EStG

---

719 Vgl. **Liekenbrock,** in: Flick/Wassermeyer/Baumhoff et al. (Hrsg.), Außensteuerrecht, § 50i EStG, Rn. 41.

720 Vgl. **Kudert/Kahlenberg/Mroz,** ISR 2014, S. 264.

721 Vgl. Bundestag, Drs. vom 02.07.2014, BT-Drs. 18/1995, S. 106.

722 Vgl. **Liekenbrock,** in: Flick/Wassermeyer/Baumhoff et al. (Hrsg.), Außensteuerrecht, § 50i EStG, Rn. 41.

723 Vgl. Bundestag, Drs. vom 02.07.2014, BT-Drs. 18/1995, S. 106, 109.

724 Vgl. **Liekenbrock,** in: Flick/Wassermeyer/Baumhoff et al. (Hrsg.), Außensteuerrecht, § 50i EStG, Rn. 41.

725 So auch **Ortmann-Babel/Bolik/Zöller,** DB 2014, S. 1576; **Bron,** DStR 2014, S. 1854; **Patt,** EStB 2014, S. 380; **Prinz,** GmbHR 2014, S. R242; **Kudert/Kahlenberg/Mroz,** ISR 2014, S. 264; **Liekenbrock,** in: Flick/Wassermeyer/Baumhoff et al. (Hrsg.), Außensteuerrecht, § 50i EStG, Rn. 40.

726 Vgl. **Liekenbrock,** in: Flick/Wassermeyer/Baumhoff et al. (Hrsg.), Außensteuerrecht, § 50i EStG, Rn. 32.

betroffene Wirtschaftsgüter und Anteile gilt, da die Einführung von § 50i Abs. 2 EStG i.d.F. des KroatienAnpG konstitutiven Charakter hat und damit lediglich stille Reserven ab dem Zeitpunkt der Gesetzesänderung steuerverstrickt sind. Soweit der Gesetzgeber jedoch auch stille Reserven besteuern möchte, die vor der Gesetzesänderung (also bis zum 03.07.2014) enstanden sind, sollte eine verfassungswidrige unechte Rückwirkung vorliegen.[727] Dies ist damit zu begründen, dass der Steuerpflichtige eine verfassungsrechlich geschützte Vermögensposition innehatte, welche ohne einschlägigen Rechtfertigungsgrund rückwirkend entwertet wird.[728]

2. *Völkerrechtliche Vorgaben*

a. *Formelles Abkommensrecht*

(1) Zulässigkeit des Treaty-Overrides

Mit § 50i Satz 1 EStG i.d.F. des AmtshilfeRLUmsG (nunmehr § 50i Abs. 1 Satz 1 EStG i.d.F. des Anti-BEPS-Umsetzungsgesetzes I) hat der Gesetzgeber einen „Treaty-Override" eingeführt,[729] da die Vorschrift „ungeachtet entgegenstehender Bestimmungen des Abkommens zur Vermeidung der Doppelbesteuerung" zur Anwendung kommt.[730] Die Vereinbarkeit eines Treaty-Override mit geltendem Verfassungsrecht wird mittlerweile[731] durch mehrere Vorlagebeschlüsse[732] des ersten Senats des BFH beim BVerfG angezweifelt. Mit Beschluss[733] vom

---

727 Vgl. **Liekenbrock,** in: Flick/Wassermeyer/Baumhoff et al. (Hrsg.), Außensteuerrecht, § 50i EStG, Rn. 42.

728 Vgl. zur Begründung Teil II B.I.4.

729 Vgl. **Gosch,** IWB 2012, S. 779, 789; **Lüdicke,** StBJb 2013/2014, 2014, S. 247; **Prinz,** DB 2013, S. 1378; **Salzmann,** IWB 2013, S. 405; **Schnittker,** FR 2015, S. 134; **van Lishaut/Hannig,** FR 2016, S. 50; **Gosch,** in: Kirchhof (Hrsg.), EStG, 2017, § 50i EStG, Rn. 2; **Pohl,** in: Blümich, EStG/KStG/GewStG, § 50i EStG, Rn. 6.

730 Vgl. zum Begriff und zum Stand der Diskussion von Treaty-Overrides **Lehner,** IStR 2012, S. 389 ff.; **Schwenke,** FR 2012, S. 443 ff.; **Hahn,** IStR 2011, S. 863 ff.; **Mitschke,** DStR 2011, S. 2221 ff.

731 Der erste Senat des BFH vertrat hingegen früher die Rechtsauffassung, dass ein Treaty-Override keinen verfassungsrelevanten Vorgang darstellt; vgl. BFH, Urteil vom 13.07.1994, I R 120/93, BStBl. II 1995, S. 129.

732 Vgl. BFH, Urteil vom 11.12.2013, I R 4/13, BStBl. II 2014, S. 791 (Az. BVerfG: 2 BvL 15/14); BFH, Urteil vom 20.08.2014, I R 86/13, BStBl. II 2015, S. 18 (Az. BVerfG: 2 BvL 21/14).

733 Vgl. BVerfG, Beschluss vom 15.12.2015, 2 BvL 1/12, DStR 2016, S. 359.

15.12.2015 hat das BVerfG über den Vorlagebeschluss[734] des BFH zur Verfassungsmäßigkeit von § 50d Abs. 8 EStG 2002/2004 entschieden. Nach Auffassung des BVerfG ergibt sich eine Verfassungswidrigkeit weder aus einem Verstoß gegen Völkerrecht noch aus einem Verstoß gegen das Rechtsstaatsprinzip.[735] In diesem Zusammenhang ist darauf hinzuweisen, dass der die Vorlagebeschlüsse vorlegende I. Senat des BFH im Urteil[736] vom 25.05.2016 angedeutet hat, dass er den „insoweit nicht bindenden" Ausführungen des BVerfG zu folgen gedenkt.[737] Fraglich ist diesbezüglich jedoch,[738] ob dies nur für Fälle einer Keinmalbesteuerung (wie etwa im Rahmen von § 50d Abs. 8 EStG) oder aber auch für Fälle der (überschießenden) Sicherung des Besteuerungssubstrats (wie etwa bei § 50i EStG) gilt.[739] Die h.M. der steuerrechtlichen Literatur[740] teilt die verfassungsrechtlichen Zweifel des BFH und möchte seine Argumentation auch auf § 50i Abs. 1 Satz 1 EStG entsprechend anwenden, so dass die Verfassungsmäßigkeit der Vorschrift im Ergebnis zu bezweifeln ist.[741] Hingegen rechtfertigt der Gesetzgeber die Einführung von § 50i Abs. 1 Satz 1 EStG mit dem im fehlerhaften Rechtsverständnis der Finanzverwaltung begründeten Verzicht der Besteuerung im Zeitpunkt des Wegzugs, einer Umstrukturierung oder der Überführung von Wirtschaftsgütern bzw. Anteilen.[742] Es geht also letztlich um die Sicherung von Besteuerungssubstrat.

---

734 Vgl. BFH, Urteil vom 10.01.2012, I R 66/09, BFH-NV 2012, S. 1056.

735 Zur detaillierten Begründung des BVerfG vgl. Teil II B.II.2.a.

736 Vgl. BFH, Urteil vom 25.05.2016, I R 64/13, BFH/NV 2016, S. 1512, Tz. 19.

737 Vgl. **Kraft/Ungemach,** DStZ 2016, S. 886.

738 Vgl. **Lehner,** IStR 2016, S. 220; **Mitschke,** DStR 2016, S. 376 f.; **Liekenbrock,** in: Flick/Wassermeyer/Baumhoff et al. (Hrsg.), Außensteuerrecht, § 50i EStG, Rn. 14.

739 Für eine Allgemeingültigkeit sprechen sich bspw. aus **Musil,** FR 2016, S. 300; **Neumann-Tomm,** in: Lademann, EStG, § 50i EStG, Rn. 11 m.w.N.; a.A. **Kußmaul/Schwarz,** Ubg 2016, S. 464.

740 Vgl. zu den zu erwartenden verfassungsrechtlichen Problemen vor Einführung von § 50i EStG schon **Gosch,** IWB 2012, S. 789. Nach Einführung von § 50i EStG wurden diese verfassungsrechtlichen Probleme vom Großteil der Literatur bestätigt und kritisiert; vgl. hierzu insbesondere **Prinz,** DB 2013, S. 1381; **Tippelhofer,** IStR 2013, S. 697; **Salzmann,** IWB 2013, S. 411; **Pohl,** ISR 2014, S. 702 f.; **Levedag,** GmbHR 2013, S. 252; **Adrian/Franz,** BB 2013, S. 1884; **Rehfeld,** in: Herrmann/Heuer/Raupach, EStG/KStG, § 50i EStG, Rn. 4; **Bäuml,** in: Frotscher/Geurts (Hrsg.), EStG, § 50i EStG, Rn. 83; **Loschelder,** in: Schmidt, EStG, 2018, § 50i EStG, Rn. 3; a.A. **Mitschke,** FR 2013, S. 698; **Bodden,** in: Korn, EStG, § 50i EStG, Rn. 29.

741 Vgl. statt vieler **Prinz,** DB 2013, S. 1381.

742 Vgl. Bundesrat, Drs. vom 13.11.2012, BR-Drs. 632/1/12, S. 18. Diese Auffassung vertritt auch **Mitschke,** FR 2013, S. 698.

Zunächst ist festzustellen, dass der Beschluss des BVerfG im Hinblick auf den sog. „Görgülü-Beschluss“[743] stringent ist, da das Gericht weiterhin an der Position festhält, dass völkerrechtliche Verträge mittels Transformation den Rang einfacher (Bundes-)gesetze einnehmen.[744] Damit folgt das Gericht der auch durch die h.M. der Literatur[745] vertretenen Transformationsthese. Ebenfalls stringent ist die Auffassung des BVerfG, dass im Bezug auf den Grundsatz der Völkerrechtsfreundlichkeit zwischen zwingendem (z.B. Menschenrechte) und sonstigem Völkerrecht (z.B. DBA) zu unterscheiden ist.[746] Nur im Bereich des zwingenden Völkerrechts (Menschenrechte) kann nach Auffassung des BVerfG einfaches Recht die Auslegung der Grundrechte überlagern. Dies wird im „Görgülü-Beschluss“ an mehreren Stellen angedeutet.[747] Im Beschluss des BVerfG vom 15.12.2015 erfolgt diesbezüglich eine explizite Ausführung und ist nach meiner Auffassung insofern konsequent.[748]

In der Literatur[749] wird jedoch zu Recht kritisiert, dass der Beschluss vom 15.12.2015 dem Demokratieprinzip vor dem Rechtsstaatsprinzip den Vorrang gibt, ohne dass eine Differenzierung des Vertragsbruchs nach seinem Grund und einer typologischen Entwicklung tragfähiger Rechtsfertigungsgründe erfolgt. Nach Auffassung des BVerfG ist dies damit zu begründen, dass „eine Abkommensüberschreibung (Treaty Override) [.] zu keiner größeren Rechtsunsicherheit [führt], als sie mit den Grundsätzen, der lex posterior und der lex speciales allgemein verbunden ist.“[750] Dies ist nicht zutreffend, da der Steuerpflichtige bei einem völkerrechtlichen Vertrag im Gegensatz zu einem Gesetz nach dem Grundsatz pacta sunt servanda regelmäßig vom Abkommensschutz ausgehen

---

743 Vgl. BVerfG, Beschluss vom 14.10.2004, 2 BvR 1481/04, BVerfGE 111, S. 307.

744 Vgl. **Jochimsen,** ISR 2016, S. 126 f.

745 Vgl. stellvertetend **Lehner,** in: Vogel/Lehner, DBA, 2015, Grundlagen, Rn. 53.

746 Vgl. BVerfG, Beschluss vom 15.12.2015, 2 BvL 1/12, DStR 2016, S. 359, Tz. 76.

747 Vgl. BVerfG, Beschluss vom 14.10.2004, 2 BvR 1481/04, BVerfGE 111, S. 307, Tz. 33 ff.

748 Vgl. diesbezüglich auch **Trinks/Frau,** IWB 2016, S. 309.

749 Vgl. BVerfG, Beschluss vom 15.12.2015, 2 BvL 1/12, DStR 2016, S. 359, Abweichende Meinung der Richterin König, Tz. 7 ff.; **Gosch,** DB 2016 Heft 15, S. M5; **Payandeh,** NJW 2016, S. 1281 f.; **Lehner,** IStR 2016, S. 218 f.; a.A. **Trinks/Frau,** IWB 2016, S. 311. Die Notwendigkeit einer Differenzierung wurde vom Großteil der steuerrechtlichen Literatur gefordert; vgl. **Gosch,** IStR 2008, S. 419; **Gebhardt,** Ubg 2012, S. 594 f.; **Drüen,** DStJG 36, 2013, S. 35; **Payandeh,** JöR 2009;, S. 487 f.; **Lehner,** IStR 2012, S. 403; **Drüen,** in: Tipke/Kruse, AO, § 2 AO, Rn. 5b; **Oellerich,** in: Gosch, AO, § 2 AO, Rn. 90 f.; **Rupp,** in: Haase, Außensteuergesetz, 2016, § 20 AStG, Rn. 58.

750 BVerfG, Beschluss vom 15.12.2015, 2 BvL 1/12, DStR 2016, S. 359, Tz. 88.

wird. Insofern führt die Einführung eines Treaty-Override sehr wohl zu einer für den Steuerpflichtigen nicht kalkulierbaren Rechtsunsicherheit. Eine Rechtfertigung dieser Rechtsunsicherheit ist nach Auffassung der Literatur[751] lediglich mit der Verhinderung von Abkommensmissbrauch, der Sicherung von Steuersubstrat, der Verhinderung von Treaty Shopping sowie der Verhinderung künstlicher Strukturen zur Erlangung einer günstigen Abkommensposition zu begründen. Abkommensmissbrauch, Treaty Shopping sowie die Erlangung einer günstigen Abkommensposition durch künstlische Strukturen liegen hier nicht vor, da die Steuerpflichtigen davon ausgingen, dass gewerblich infizierte und geprägte Personengesellschaften eine abkommensrechtliche Betriebsstätte vermitteln. Insofern kann als Rechtfertigungsgrund für den Treaty-Override nur die Sicherung des deutschen Besteuerungsrechts herangezogen werden. Für die Sicherung des Besteuerungsrechts hinsichtlich der bis zum Wegzugszeitpunkt entstandenen stillen Reserven besteht auch ein berechtigtes Interesse des deutschen Gesetzgebers, so dass der Treaty-Override diesbezüglich gerechtfertigt ist.[752] Als nicht verfassungsrechtlich zu rechtfertigender Abkommensbruch muss allerdings die (überschießende) Sicherung des Besteuerungsrechts hinsichtlich der Besteuerung der stillen Reserven ab dem Wegzugszeitpunkt sowie die Besteuerung der laufenden Einkünfte ab diesem Zeitpunkt gewertet werden. Denn diese führt zu einer abkommenswidrigen Doppelbesteuerung ohne Beseitigung oder Milderung durch den deutschen Gesetzgeber im Rahmen einer Anrechnung. Jedoch bestehen berechtigte Zweifel, dass das BVerfG eine solche Differenzierung in dem noch ausstehenden Vorlagebeschluss zur Verfassungsmäßigkeit von § 50d Abs. 9 Satz 1 Nr. 2 EStG vornehmen wird.[753] Denn auch hier geht es um die Vermeidung einer doppelten Nichtbesteuerung (Keinmalbesteuerung) und nicht um die (überschießende) Sicherung des Steuersubstrats. Anders stellt sich die Situation jedoch für den Vorlagebeschluss zur Verfassungsmäßigkeit von § 50d Abs. 10 Satz 1 EStG dar. Denn hier geht es – genau wie bei § 50i Abs. 1 Satz 1 EStG – um die (überschießende)[754] Sicherung von Steuersubstrat,[755] welche

751 Vgl. stellvertretend **Musil,** FR 2016, S. 300. Treaty Overrides lassen sich entsprechend dieser Rechtfertigungsgründe kategorisieren nach Treaty Overrides zur Mißbrauchsverhinderung, Treaty Overrides zur Verhinderung von Keinmalbesteuerung und Treaty Overrides zur Sicherstellung von Besteuerungssubstrat; vgl. **Gosch,** IStR 2008, S. 414 ff.

752 Vgl. **Schnittker/Haselmann,** in: Wassermeyer/Richter/Schnittker, Personengesellschaften im IStR, 2015, Kapitel 14, Rn. 14.4.

753 Vgl. **Mitschke,** DStR 2016, S. 376; **Mitschke,** DStR 2011, S. 2222 ff.

754 Da es sich nach mit Korn um die „planmäßige Herbeiführung rechtlicher Doppelbesteuerung gegen ein bestehendes DBA" handelt; vgl. **Korn,** IStR 2009, S. 644.

755 Vgl. **Mitschke,** DStR 2011, S. 2228.

grundsätzlich eine Doppelbesteuerung zur Folge hat.[756] Im Unterschied zu § 50i Abs. 1 Satz 1 EStG sieht § 50d Abs. 10 Satz 5 EStG jedoch zum Zweck der Vermeidung der Doppelbesteuerung eine Anrechnung der für diese Einkünfte im anderen Staat festgesetzten und gezahlten und um einen entstandenen Ermäßigungsanspruch gekürzten Steuer vor. Die Anrechnung ist dabei auf die Höhe der anteilig auf diese Einkünfte entfallenden deutschen Einkommensteuer begrenzt. Insofern stellt sich die Frage, ob der Vorlagebeschluss zu § 50d Abs. 10 Satz 1 EStG die Möglichkeit einer Differenzierung durch das BVerfG eröffnet. Eine solche Differenzierung wäre jedoch aufgrund der überschießenden Sicherung des Steuersubstrats vorzunehmen, um sich dem „prinzipienlos handelnden Gesetzgeber"[757] entgegenzustemmen. Anderenfalls ist wohl eine drohende Inflation von Treaty Overrides durch den durch die Exekutive fremdgesteuerten Gesetzgeber zu erwarten,[758] welche auch nach Auffassung des BVerfG einen nicht unbeachtlichen Verstoß gegen das Völkerrecht darstellen. Bedauerlich ist, dass das BVerfG aus dieser Feststellung keine für den Gesetzgeber zu beachtenden Konsequenzen abgeleitet hat.[759] Dies wäre jedoch dringend angezeigt,[760] denn „die Steuerpolitik missachtet [.] [die] Sachgesetzlichkeiten, ist taub gegenüber Argumenten juristisch-ökonomischer Rationalität, reklamiert weitreichende Gestaltungsfreiheit und fühlt sich in erster Linie dem Steueraufkommen verpflichtet"[761].

(2) Auswirkungen des Treaty-Overrides

Durch die Einführung von § 50i Satz 1 EStG i.d.F. des AmtshilfeRLUmsG (nunmehr § 50i Abs. 1 Satz 1 EStG i.d.F. des Anti-BEPS-Umsetzungsgesetzes I) setzt der deutsche Fiskus das Besteuerungsrecht Deutschlands für Veräußerungs- und Entnahmegewinne entgegen den abkommensrechtlichen Bestimmungen einseitig durch. Durch die Bezugnahme auf § 50i Abs. 1 Satz 1 EStG in § 50i Abs. 1 Satz 3 EStG wirkt sich die Vorschrift auch auf die laufenden Einkünfte aus.[762] Da dem ausländischen Ansässigkeitsstaat das Besteuerungsrecht abkommensrechtlich zusteht, wird dieser die Veräußerungs- und Entnahmegewinne sowie die laufenden Einkünfte ebenfalls besteuern, so dass eine Doppelbesteuerung

756 Vgl. **Schmidt,** DStR 2010, S. 2438.

757 **Hey,** in: Tipke/Lang, Steuerrecht, 2015, § 3, Rn. 101.

758 Vgl. **Gosch,** DB 2016 Heft 15, S. M5; **Jochimsen,** ISR 2016, S. 127 f.

759 Vgl. auch **Lehner,** IStR 2016, S. 218.

760 Vgl. **Lehner,** IStR 2016, S. 219.

761 **Hey,** in: Tipke/Lang, Steuerrecht, 2015, § 3, Rn. 99.

762 Vgl. **Liekenbrock,** in: Flick/Wassermeyer/Baumhoff et al. (Hrsg.), Außensteuerrecht, § 50i EStG, Rn. 47.

eintritt. Dies gilt insbesondere für Veräußerungs- und Entnahmegewinne und laufende Einkünfte aus Kapitalgesellschaftsanteilen, da einerseits Deutschland über § 50i Abs. 1 EStG das Besteuerungsrecht beansprucht, andererseits jedoch der Ansässigkeitsstaat das Besteuerungsrecht mangels Zuordnung zu einer abkommensrechtlichen Betriebsstätte in Deutschland nach Art. 13 Abs. 5 OECD-MA für sich einfordert.[763]

b. Materielles Abkommensrecht

(1) Verstoß gegen Art. 24 Abs. 5 OECD-MA durch § 50i Abs. 1 EStG

Der Schutzbereich von Art. 24 Abs. 5 OECD-MA erstreckt sich auf in Deutschland ansässige Unternehmen (Kapital- und Personengesellschaften),[764] nicht jedoch auf ihre im DBA-Ausland ansässigen Gesellschafter.[765] Insofern besteht kein Verbot der unterschiedlichen Besteuerung der in Deutschland steuerpflichtigen Einkünfte von im DBA-Ausland ansässigen Gesellschaftern im Vergleich zu im Inland ansässigen Gesellschaftern. Umfasst vom Schutzbereich ist vielmehr lediglich die Besteuerung auf Ebene der Gesellschaft. Im Zusammenhang mit § 50i Abs. 1 EStG bedeutet dies, das sich ein Schutzbereich lediglich für die deutsche Gewerbesteuer ergibt. Denn § 15 Abs. 3 EStG stellt lediglich auf Personengesellschaften ab, deren Steuerschuldnerschaft sich aber im Rahmen der Ertragsteuern lediglich auf die Gewerbesteuer (§ 5 Abs. 1 Satz 3 GewStG) erstreckt.

Voraussetzung für eine Diskriminierung nach Art. 24 Abs. 5 OECD-MA ist zum einen, dass die aus der Besteuerung resultierende Benachteiligung an der Ansässigkeit des Gesellschafters im DBA-Ausland anknüpft.[766] Dies ist im Rahmen von § 50i Abs. 1 EStG der Fall, da die Regelung nur dann zur Anwendung kommt, wenn der Steuerpflichtige in einem anderen DBA-Staat ansässig ist. Nicht hingegen ist die Regelung anwendbar, wenn der entsprechende Gesellschafter im Inland oder im Nicht-DBA-Ausland ansässig ist.

---

763 Vgl. **Prinz,** DB 2013, S. 1381; **Schnittker/Haselmann,** in: Wassermeyer/Richter/Schnittker, Personengesellschaften im IStR, 2015, Kapitel 14, Rn. 14.45; **Gosch,** in: Kirchhof (Hrsg.), EStG, 2017, § 50i EStG, Rn. 23; **Kudert/Kahlenberg/Mroz,** ISR 2014, S. 263; **Rehfeld,** in: Herrmann/Heuer/Raupach, EStG/KStG, § 50i EStG, Rn. 11; **Töben,** IStR 2013, S. 685.

764 Vgl. **Wassermeyer/Schwenke,** in: Debatin/Wassermeyer, Doppelbesteuerung, Art. 24 MA, Rn. 1.

765 Vgl. **Rust,** in: Vogel/Lehner, DBA, 2015, Art. 24 OECD-MA, Rn. 164.

766 Vgl. **Rust,** in: Vogel/Lehner, DBA, 2015, Art. 24 OECD-MA, Rn. 165.

Zum anderen ist eine Diskriminierung nach Art. 24 Abs. 5 OECD-MA nur dann untersagt, wenn vergleichbare Verhältnisse vorliegen.[767] Davon unberücksichtigt bleiben muss allerdings das Unterscheidungsmerkmal, dass der Gesellschafter des Unternehmens im DBA-Ausland ansässig ist. Insofern ist die Frage der Vergleichbarkeit nur für das Unternehmen selbst zu klären. Als Vergleichsobjekt sind hierbei Unternehmen heranzuziehen, an denen ausschließlich inländische Personen beteiligt sind. Denn auch nach Art. 24 Abs. 5 bestimmt der Begriff des „Unternehmens des anderen Vertragsstaates" nach Art. 3 Abs. 1 Buchst. d OECD-MA und stellt somit auf den idealtypischen Fall eines durch Inländer beherrschten Unternehmens ab. Nach welchen Kriterien die Auswahl eines vergleichbaren Unternehmens erfolgen soll, lässt das OECD-MA offen. Nach Auffassung der Literatur[768] sollen hierfür die Besteuerungskriterien des aufnehmenden Staates entscheidend sein. Bei gewerblich infizierten Personengesellschaften i.S.v. § 15 Abs. 3 Nr. 1 EStG erfolgt die Besteuerung im Rahmen der Gewerbesteuer, unabhängig von der Ansässigkeit der Gesellschafter, tätigkeits- und rechtsformbezogen[769] und ist somit vergleichbar. Bei gewerblich geprägten Personengesellschaften i.S.v. § 15 Abs. 3 Nr. 2 EStG stellt die Gewerbesteuer, unabhängig von der Ansässigkeit der Gesellschafter, allein auf die Rechtsform[770] ab und ist somit ebenfalls vergleichbar.

Da in vergleichbaren Inlandsfällen eine Belastung von Personengesellschaften i.S.d. § 50i Abs. 1 Satz 1 EStG i.V.m. § 15 Abs. 3 EStG nicht vorgesehen ist, verstößt § 50i Abs. 1 Satz 1 EStG in DBA-Auslandsfällen grundsätzlich damit gegen das abkommensrechtliche Diskriminierungsverbot gem. Art. 24 Abs. 5 OECD-MA im Hinblick auf die Belastung der Personengesellschaft mit Gewerbesteuer. Dies gilt aufgrund der inhaltsgleichen Regelungen in Art. 25 Abs. 3 DBA Schweiz, Art. 24 Abs. 4 DBA USA, Art. 24 Abs. 5 DBA Österreich und Art. 25 Abs. 5 DBA Vereinigtes Königreich auch für die im Rahmen dieser Arbeit betrachteten Zuzugsstaaten.

(2) Verstoß gegen Art. 24 Abs. 5 OECD-MA durch § 50i Abs. 2 EStG

Auch im Rahmen von § 50i Abs. 2 EStG erstreckt sich der Schutzbereich von Art. 24 Abs. 5 OECD-MA aus o.g. Gründen lediglich auf die deutsche Gewerbesteuer. Eine Diskriminierung nach Art. 24 Abs. 5 OECD-MA kann aus § 50i

767 Vgl. **Rust,** in: Vogel/Lehner, DBA, 2015, Art. 24 OECD-MA, Rn. 167.
768 Vgl. **Rust,** in: Vogel/Lehner, DBA, 2015, Art. 24 OECD-MA, Rn. 168.
769 Vgl. **Sarrazin,** in: Lenski/Steinberg, GewStG, § 2 GewStG, Rn. 58.
770 Vgl. **Sarrazin,** in: Lenski/Steinberg, GewStG, § 2 GewStG, Rn. 58.

Abs. 2 EStG jedoch nicht resultieren, da die Regelung die aus der Besteuerung resultierende Benachteiligung nicht an die Ansässigkeit eines Gesellschafters im DBA-Ausland anknüpft.[771] Auf das Vorliegen vergleichbarer Verhältnisse kommt es insofern nicht mehr an.

3. *Vorgaben des EU-Rechts*

a. *Sekundäres Europarecht*

Zunächst erfolgt die Prüfung, ob § 50i Abs. 2 EStG gegen sekundäres Unionsrecht in Gestalt der FRL verstößt. Die FRL verfolgt das Ziel, die Steuerneutralität der in der Richtlinie enumerativ dargestellten grenzüberschreitenden Umstrukturierungen zu gewährleisten. Gleichzeitig sollen hiermit die finanziellen Interessen der Mitgliedstaaten gewahrt werden. Damit beseitigt sie die durch steuerliche Vorschriften der Mitgliedstaaten bestehenden Behinderungen in Form von Beschränkungen, Benachteiligungen oder Verfälschungen bei grenzüberschreitenden Umstrukturierungsvorgängen. Dies gilt vor allem auch im Vergleich zu rein innerstaatlichen Umstrukturierungsvorgängen.[772] Die Umsetzung des durch die FRL verfolgten Ziels der Steuerneutralität erfolgt bei Vorliegen bestimmter Voraussetzungen durch die Anordnung eines Besteuerungsaufschubs für die stillen Reserven des übertragenen Vermögens bzw. der getauschten Anteile auf Gesellschafts- und Gesellschafterebene, bis eine tatsächliche Realisierung am Markt eingetreten ist.[773]

In einem ersten Schritt stellt sich die Frage, ob die unter § 50i Abs. 2 EStG fallenden Einbringungen i.S.d. § 20 UmwStG unter die FRL fallen. Grundsätzlich sind Personengesellschaften vom unmittelbaren Anwendungsbereich der FRL nicht erfasst.[774] Auch die in Art. 8 Abs. 3 FRL genannte Ausnahme kommt in den § 50i Abs. 2 EStG zugrunde liegenden Fällen nicht zum Tragen. Dies ist damit zu begründen, dass in diesen Fällen nicht die steuerlich transparente Gesellschaft

---

771 Vgl. **Rust,** in: Vogel/Lehner, DBA, 2015, Art. 24 OECD-MA, Rn. 165.

772 Vgl. Richtlinie 2009/133/EG des Rates vom 19. Oktober 2009 über das gemeinsame Steuersystem für Fusionen, Spaltungen, Abspaltungen, die Einbringung von Unternehmensteilen und den Austausch von Anteilen, die Gesellschaften verschiedener Mitgliedstaaten betreffen, sowie für die Verlegung des Sitzes einer Europäischen Gesellschaft oder einer Europäischen Genossenschaft von einem Mitgliedstaat in einen anderen Mitgliedstaat, ABl. EU Nr. L310 vom 25.11.2009, S. 34, Präambel, Art. 2; **Herzig/Dautzenberg/Heyeres,** DB 1991 Beilage Heft Nr. 12, S. 3 f.; **Herzig/Griemla,** StuW 2002, S. 59.

773 Vgl. **Schmidtmann,** Hinzurechnungsbesteuerung, 2007, S. 435.

774 Vgl. Anhang I Teil A der FRL.

eine Einbringung i.S.d. § 20 UmwStG tätigt, sondern selbst Gegenstand der Einbringung ist. Insofern sind die Voraussetzungen der Ausnahme nicht erfüllt. Dennoch sollte nach meiner Auffassung die FRL Anwendung finden, wenn bzw. soweit Körperschaften an der eingebrachten Personengesellschaft beteiligt sind, und damit das Körperschafsteuerrecht nicht verlassen wird.[775] Der Gesetzgeber hatte bei der Einführung von § 50i Abs. 2 EStG insbesondere den Fall der steuerneutralen Einbringung der gewerblich geprägten Personengesellschaft nach Wegzug oder Verlegung der Geschäftsleitung in eine deutsche Kapitalgesellschaft i.R.d. § 20 UmwStG mit anschließender Anwachsung der Personengesellschaft auf die Kapitalgesellschaft im Blick.[776] Nach erfolgter Einbringung und anschließender Anwachsung hätte der im DBA-Ausland ansässige Gesellschafter die Anteile an der Kapitalgesellschaft unter Berücksichtigung der 7jährigen Sperrfrist des § 22 Abs. 1 UmwStG steuerfrei veräußern können.[777] Ebenfalls erfasst sind Fälle, in denen ein schon immer im DBA-Ausland ansässiger Gesellschafter an einer Personengesellschaft i.S.d. § 50i Abs. 1 Satz 1 EStG beteiligt ist und diese im Rahmen von § 20 UmwStG in eine Kapitalgesellschaft einbringt.[778] Denn § 50i EStG stellt in seiner Gesamtheit nicht auf die Tatbestandsmerkmale des Wegzugs oder der Geschäftsleitungsverlegung ab. Im Ergebnis fallen damit die hier genannten Fälle unter die FRL, wenn an der Personengesellschaft i.S.d. § 50i Abs. 1 Satz 1 EStG Körperschaften in einem anderen EU-Mitgliedstaat beteiligt sind.

Nachdem geklärt ist, dass die Anwendung der FRL eröffnet ist, stellt sich die Frage des Verstoßes gegen den von der FRL verlangten Besteuerungsaufschub. § 50i Abs. 2 EStG verhindert den im Rahmen der FRL vorgesehenen zwingenden Besteuerungsaufschub bei in EU-Mitgliedstaaten ansässigen DBA-Ausländern, da sie diesen nur gewährt, „soweit das Recht der Bundesrepublik Deutschland hinsichtlich der Besteuerung des Gewinns aus der Veräußerung der erhaltenen Anteile oder hinsichtlich der mit diesen im Zusammenhang stehenden Anteile im Sinne des § 22 Absatz 7 des Umwandlungssteuergesetzes ausgeschlossen oder beschränkt ist“. Dies stellt einen Verstoß gegen die FRL

775 Vgl. diesbezüglich auch **Dautzenberg,** in: Haritz/Menner (Hrsg.), UmwStG, 2015, Einf. C, Rn. 182; **Liekenbrock,** DStR 2015, S. 1540.

776 Vgl. Bundestag, Drs. vom 23.06.2014, Protokoll Nr. 18/12 zu BT, S. 125 ff.; BMF, Schreiben vom 11.11.2011, BStBl. I 2011, S. 1314, Tz. 00.02 f.; **Hruschka,** DStR 2014, S. 2423.

777 Vgl. **Bron,** DStR 2014, S. 1852.

778 Vgl. **Liekenbrock,** DStR 2016, S. 2614.

dar, welcher sich auch nicht mit dem in Art. 11 FRL manifestierten Argument der Bekämpfung einer Steuerhinterziehung oder -umgehung rechtfertigen lässt, da der Verhältnismäßigkeitsgrundsatz damit nicht gewahrt wird. Dies ist damit zu begründen, dass nach § 50i Abs. 2 EStG in EU-Mitgliedstaaten ansässige Körperschaften, welche an Personengesellschaften i.S.d. § 50i Abs. 1 EStG beteiligt sind, automatisch und unabhängig davon, ob tatsächlich eine Steuerhinterziehung oder -umgehung vorliegt, vom Steuervorteil ausgeschlossen werden. Damit geht die Regelung über das zur Verhinderung einer Steuerhinterziehung oder -umgehung Erforderliche hinaus,[779] so dass das mit der FRL verfolgte Ziel beeinträchtigt wird.[780]

Damit hebelt § 50i Abs. 2 EStG in Bezug auf Einbringungsvorgänge i.S.d. § 20 UmwStG das die FRL umsetzende SEStEG[781] aus und führt zum selben Ergebnis wie § 20 UmwStG 1995, welcher vor Einführung des SEStEG gegen die FRL verstieß.[782]

b. Primäres Europarecht

(1) Niederlassungsfreiheit

(a) Schutzbereich

Für die Eröffnung des sachlichen Schutzbereichs bedarf es eines grenzüberschreitenden Bezugs,[783] welcher sowohl in § 50i Abs. 1 EStG als auch in § 50i Abs. 2 EStG gegeben ist. Unter den Begriff der Niederlassung fallen alle in §§ 8–11 AO genannten ansässigkeitsbegründenden Merkmale.[784] Da § 50i EStG auf im DBA-Ausland ansässige Steuerpflichtige abzielt, ist der Begriff der Niederlassung erfüllt. Der persönliche Schutzbereich setzt nach Art. 49 UAbs. 1 Satz 1 AEUV die „Staatsangehörigkeit“ eines Mitgliedsstaates voraus. Nach Art. 49 UAbs. 1 Satz 2 AEUV steht „Angehörigen“ eines Mitgliedstaates das Recht zur Gründung sekundärer Niederlassungen (Zweitniederlassungen, Agentur,

779 Vgl. EuGH, Urteil vom 17.07.1997, Rs. C-28/95, Slg. 1997, S. I-4161, Rn. 47.

780 Vgl. Fehling, in: Schaumburg/Englisch, Europäisches Steuerrecht, 2015, Kapitel 17 Fusionsrichtlinie, Rn. 84.

781 Vgl. SEStEG, Gesetz vom 07.12.2006, BGBl. I 2006, S. 2782.

782 Vgl. zum Verstoß von § 20 UmwStG gegen die FRL FG Hamburg, Urteil vom 15.04.2015, 2 K 66/14, EFG 2015, S. 1404, Rn. 36.

783 Vgl. **Reimer,** in: Schaumburg/Englisch, Europäisches Steuerrecht, 2015, Kapitel 7 Diskriminierungs- und Beschränkungsverbote im direkten Steuerrecht, Rn. 7.30 ff.

784 Vgl. **Reimer,** in: Schaumburg/Englisch, Europäisches Steuerrecht, 2015, Kapitel 7 Diskriminierungs- und Beschränkungsverbote im direkten Steuerrecht, Rn. 7.77.

Tochtergesellschaft) zu. Mit Art. 54 UAbs. 1 AEUV werden beide Rechte auf die nach den Rechtsvorschriften der Mitgliedsstaaten gegründeten Gesellschaften erstreckt, welche ihren satzungsmäßigen Sitz, ihre Hauptverwaltung oder ihre Hauptniederlassung in der Europäischen Union haben.[785] Dazu zählen auch die im Rahmen von § 50i EStG betrachteten gewerblich infizierten/geprägten Personengesellschaften.

(b) Eingriff

Grundsätzlich stellt die nach § 50i Abs. 1 Satz 1 EStG vorzunehmende Besteuerung der Veräußerungs- oder Entnahmegewinne im Realisationszeitpunkt keine europarechtswidrige Schlechterstellung von EU-Ausländern im Vergleich zu Inländern dar, da die Veräußerung- oder Entnahmegewinne der unbeschränkt steuerpflichtigen Inländer ebenfalls der Besteuerung im Realisationszeitpunkt unterliegen.[786] Dabei ist jedoch zu beachten, dass der deutsche Fiskus die Besteuerung aller in den Wirtschaftsgütern oder Anteilen verhafteten stillen Reserven vornehmen will. Die damit verbundende Besteuerung von stillen Reserven, welche in einem anderen EU-/EWR-Staat entstanden sind, ist jedoch unter europarechtlichen Gesichtspunkten zu hinterfragen.[787] Denn es wird damit gegen die vom EuGH im Rahmen von Wegzugsfällen aufgestellten Maßstäbe verstoßen, dass dem Wegzugstaat lediglich das Besteuerungsrecht an den stillen Reserven zusteht, welche im Rahmen der Steueransässigkeit in seinem Hoheitsgebiet entstanden sind.[788]

785 Vgl. **Reimer,** in: Schaumburg/Englisch, Europäisches Steuerrecht, 2015, Kapitel 7 Diskriminierungs- und Beschränkungsverbote im direkten Steuerrecht, Rn. 7.75. Darüber hinaus ist in Bezug auf die Schweiz das Abkommen zwischen der Europäischen Gemeinschaft und ihren Mitgliedstaaten einerseits und der Schweizerischen Eidgenossenschaft andererseits über die Freizügigkeit zu beachten; vgl. aktuell FG Baden-Württemberg, Vorabentscheidungsersuchen vom 14.06.2017, 2 K 2413/15, EFG 2018, S. 18.

786 Vgl. **Pohl,** in: Blümich, EStG/KStG/GewStG, § 50i EStG, Rn. 9; **Rehfeld,** in: Herrmann/Heuer/Raupach, EStG/KStG, § 50i EStG, Rn. 5; **Liekenbrock,** in: Flick/Wassermeyer/Baumhoff et al. (Hrsg.), Außensteuerrecht, § 50i EStG, Rn. 43; **Gosch,** in: Kirchhof (Hrsg.), EStG, 2017, § 50i EStG, Rn. 4a; **Neumann-Tomm,** in: Lademann, EStG, § 50i EStG, Rn. 15; **Bodden,** in: Korn, EStG, § 50i EStG, Rn. 28; **Pohl,** IStR 2013, S. 703.

787 Vgl. **Liekenbrock,** IStR 2013, S. 697; **Liekenbrock,** in: Flick/Wassermeyer/Baumhoff et al. (Hrsg.), Außensteuerrecht, § 50i EStG, Rn. 43; **Kudert/Kahlenberg/Mroz,** ISR 2013, S. 264; **Gosch,** in: Kirchhof (Hrsg.), EStG, 2017, § 50i EStG, Rn. 3; **Lüdicke,** StBJb 2013/2014, 2014, S. 261.

788 Vgl. EuGH, Urteil vom 29.11.2011, C-371/10, Slg. 2011, S. I-12273; EuGH, Urteil vom 19.09.2012, C-540/11, ECLI: EU: C:2012:581; EuGH, Urteil vom 06.12.2007, C-298/05, Slg. 2007, S. I-10451.

Insofern liegt nach meiner Auffassung hier ein Verstoß gegen die Niederlassungsfreiheit des Art. 49 AEUV vor.[789]

Unter europarechtlichen Gesichtspunkten ist die Überschreibung eines DBA durch die Einführung eines Treaty-Override nicht zu beanstanden.[790] Denn in der Rs. *Columbus Container Services* hat der EuGH die Europarechtskonformität des in § 20 Abs. 2 AStG manifestierten Treaty-Overrides bestätigt, da hiermit eine Gleichstellung von In- und Outboundfällen sichergestellt wird.[791] Diese Argumentation lässt sich auch auf § 50i Abs. 1 Satz 1 EStG übertragen, da auch hierdurch eine Gleichstellung von DBA-/EU-Ausländern mit Steuerinländern erfolgt.[792] In der Literatur[793] wird jedoch vertreten, dass die durch den Treaty-Override verursachte Doppelbesteuerung unilateral abgemildert werden muss (wie z.B. im Rahmen von § 50d Abs. 10 Satz 5 EStG)[794], um das Treaty-Override als europarechtskonform qualifizieren zu können. Denn durch § 50i Abs. 1 Satz 1 EStG wird die abkommensrechtliche Vereinbarung über die Aufteilung des Steuersubstrats konterkariert. Dies führt zu einer Doppelbesteuerung und damit zu einer Schlechterstellung von Inlandsinvestitionen von im EU-/EWR-Ausland ansässigen Personen im Vergleich zu Inlandsinvestitionen von im Inland ansässigen Personen.[795] Gegen diese Argumentation wird jedoch zurecht angeführt, dass es im Gemeinschaftsrecht an allgemein geltenden Regelungen für die Aufteilung des Steuersubstrats im Hinblick auf die

---

789 Ebenso **Liekenbrock,** in: Flick/Wassermeyer/Baumhoff et al. (Hrsg.), Außensteuerrecht, § 50i EStG, Rn. 43; **Gosch,** in: Kirchhof (Hrsg.), EStG, 2017, § 50i EStG, Rn. 3; **Lüdicke,** StBJb 2013/2014, 2014, S. 261.

790 Vgl. **Rehfeld,** in: Herrmann/Heuer/Raupach, EStG/KStG, § 50i EStG, Rn. 5; **Bodden,** in: Korn, EStG, § 50i EStG, Rn. 28; **Pohl,** in: Blümich, EStG/KStG/GewStG, § 50i EStG, Rn. 9; **Ettinger/Beuchert,** IWB 2014, S. 686; **Neumann-Tomm,** in: Lademann, EStG, § 50i EStG, Rn. 14; **Liekenbrock,** in: Flick/Wassermeyer/Baumhoff et al. (Hrsg.), Außensteuerrecht, § 50i EStG, Rn. 44.

791 Vgl. EuGH, Urteil vom 06.12.2007, C-298/05, Slg. 2007, S. I-10451.

792 Vgl. **Hruschka,** StBJb 2013/2014, 2014, S. 248; **Pohl,** ISR 2014, S. 162; **Pohl,** in: Blümich, EStG/KStG/GewStG, § 50i EStG, Rn. 9; **Liekenbrock,** in: Flick/Wassermeyer/Baumhoff et al. (Hrsg.), Außensteuerrecht, § 50i EStG, Rn. 44.

793 Vgl. hierzu **Forsthoff,** IStR 2006, S. 512; **Tippelhofer,** IStR 2013, S. 310.

794 Vgl. **Liekenbrock,** in: Flick/Wassermeyer/Baumhoff et al. (Hrsg.), Außensteuerrecht, § 50i EStG, Rn. 44.

795 Vgl. **Rehfeld,** in: Herrmann/Heuer/Raupach, EStG/KStG, § 50i EStG, Rn. 5; **Liekenbrock,** in: Flick/Wassermeyer/Baumhoff et al. (Hrsg.), Außensteuerrecht, § 50i EStG, Rn. 44; **Pohl,** ISR 2014, S. 162; **Musil,** RIW 2006, S. 291 ff.; **Musil,** RIW 2006, S. 195; **Hruschka,** StBJb 2013/2014, 2014, S. 247; **Lüdicke,** StBJb 2013/2014, 2014, S. 249; **Mroz,** FR 2016, S. 937.

Beseitigung von Doppelbesteuerungen fehlt. Insofern gebieten die im AEUV verankerten Grundfreiheiten keinen Schutz vor Doppelbesteuerungssituationen, welche ihre Ursache in der Einführung eines Treaty-Overrides durch einen Vertragsstaat haben.[796] Damit verstößt im Ergebnis lediglich die Auswirkung von § 50i Abs. 1 Satz 1 EStG in Gestalt eines Treaty-Overrides gegen die Niederlassungsfreiheit, nicht jedoch der Treaty-Override an sich.[797]

Neben den Veräußerungs- oder Entnahmegewinnen hat sich der Gesetzgeber durch § 50i Abs. 1 Satz 3 EStG das Besteuerungsrecht an den laufenden Einkünften der gewerblich geprägten Personengesellschaft gesichert. Da diese Regelung jedoch nur dann greift, wenn ein Tatbestand des § 50i Abs. 1 Satz 1 EStG vorliegt, werden EU-/EWR-Mitunternehmer, die von dieser Regelung betroffen sind, durch die Doppelbesteuerung laufender Einkünfte schlechter gestellt als EU-/EWR-Mitunternehmer, welche von dieser Regelung nicht betroffen sind. Eine solche Ungleichbehandlung wirft ebenfalls die Frage einer unzulässigen Diskriminierung auf.[798] Auch hier gilt, dass die Einführung eines Treaty-Override aufgrund der Rspr. des EuGH[799] europarechtlich nicht zu beanstanden ist.[800] Eine unilaterale Abmilderung[801] der durch den Treaty-Override entstehenden Doppelbesteuerung ist auch hier nicht erforderlich, da das Gemeinschaftsrecht keine allgemein geltenden Regelungen für die Aufteilung des Steuersubstrats im Hinblick auf die Beseitigung von Doppelbesteuerungen vorsieht und insofern nicht durch die

---

796 Vgl. EuGH, Urteil vom 19.09.2012, C-540/11, ECLI: EU: C:2012:581; vgl. auch **Neumann-Tomm,** in: Lademann, EStG, § 50i EStG, Rn. 14; **Pohl,** ISR 2014, S. 692; **Musil,** RIW 2006, S. 195; **Liekenbrock,** in: Flick/Wassermeyer/Baumhoff et al. (Hrsg.), Außensteuerrecht, § 50i EStG, Rn. 44.

797 Vgl. **Liekenbrock,** IStR 2013, S. 697; **Lüdicke,** StBJb 2013/2014, 2014, S. 249. Vgl. zu dem Verstoß der Auswirkungen von Treaty-Overrides gegen europarechtliche Grundfreiheiten im Allgemeinen **Musil,** Treaty Overriding, 2000, S. 105 ff.

798 Vgl. **Rehfeld,** in: Herrmann/Heuer/Raupach, EStG/KStG, § 50i EStG, Rn. 5; **Liekenbrock,** in: Flick/Wassermeyer/Baumhoff et al. (Hrsg.), Außensteuerrecht, § 50i EStG, Rn. 45.

799 Vgl. EuGH, Urteil vom 06.12.2007, C-298/05, Slg. 2007, S. I-10451.

800 Vgl. **Rehfeld,** in: Herrmann/Heuer/Raupach, EStG/KStG, § 50i EStG, Rn. 5; **Bodden,** in: Korn, EStG, § 50i EStG, Rn. 28; **Pohl,** in: Blümich, EStG/KStG/GewStG, § 50i EStG, Rn. 9; **Ettinger/Beuchert,** IWB 2014, S. 686; **Neumann-Tomm,** in: Lademann, EStG, § 50i EStG, Rn. 14; **Liekenbrock,** in: Flick/Wassermeyer/Baumhoff et al. (Hrsg.), Außensteuerrecht, § 50i EStG, Rn. 44.

801 Vgl. hierzu **Forsthoff,** IStR 2006, S. 512; **Tippelhofer,** IStR 2013, S. 310.

Grundfreiheiten des AEUV geschützt ist.[802] Nichtsdestotrotz führt die Doppelbesteuerung zu einer Schlechterstellung von Inlandsinvestitionen von im EU-/EWR-Ausland ansässigen Personen im Vergleich zu Inlandsinvestitionen von im Inland ansässigen Personen,[803] so dass die Auswirkungen von § 50i Abs. 1 Satz 3 EStG in Gestalt eines Treaty-Overrides in die Niederlassungsfreiheit eingreifen.[804]

Des Weiteren hat der EuGH[805] bei der portugiesischen Wegzugs- und Einbringungsbesteuerung die steuerlich bevorzugte Einbringung in eine in Portugal ansässige Gesellschaft im Vergleich zu einer im EU-/EWR-Ausland ansässigen Gesellschaft als Verstoß gegen die Niederlassungsfreiheit i.S.d. Art. 49 gewertet. Damit sollte die in § 50i Abs. 2 EStG i.d.F. des Anti-BEPS-Umsetzungsgesetzes I vorgesehene Privilegierung des Inlandsachverhalts im Vergleich zu einem grenzüberschreitenden EU-/EWR-Sachverhalt ebenfalls als Eingriff in die Niederlassungsfreiheit gewertet werden können.[806]

(c) Rechtfertigung

Der AEUV lässt allgemein eine Beschränkung der Grundfreiheiten aus Gründen der öffentlichen Ordnung, Sicherheit oder Gesundheit ausdrücklich zu (Art. 45 Abs. 3, Art. 52 Abs. 1, Art. 62, Art. 65 Abs. 1 Buchst. b) AEUV). Solche sind im Rahmen von § 50i EStG jedoch nicht ersichtlich.

Bei den weiteren vom EuGH in ständiger Rechtsprechung entwickelten Rechtfertigungsgründen kommen als zwingende Gründe des Allgemeininteresses die Verhinderung von Steuerhinterziehung, Steuerumgehung oder Steuermissbrauch[807] sowie die Wahrung der ausgewogenen Aufteilung der

802 Vgl. EuGH, Urteil vom 19.09.2012, C-540/11, ECLI: EU: C:2012:581; vgl. auch **Neumann-Tomm,** in: Lademann, EStG, § 50i EStG, Rn. 14; **Pohl,** ISR 2014, S. 692; **Musil,** RIW 2006, S. 195; **Liekenbrock,** in: Flick/Wassermeyer/Baumhoff et al. (Hrsg.), Außensteuerrecht, § 50i EStG, Rn. 44.

803 Vgl. **Rehfeld,** in: Herrmann/Heuer/Raupach, EStG/KStG, § 50i EStG, Rn. 5; **Liekenbrock,** in: Flick/Wassermeyer/Baumhoff et al. (Hrsg.), Außensteuerrecht, § 50i EStG, Rn. 44; **Pohl,** ISR 2014, S. 162; **Musil,** RIW 2006, S. 291 ff.; **Musil,** RIW 2006, S. 195; **Hruschka,** StBJb 2013/2014, 2014, S. 247; **Lüdicke,** StBJb 2013/2014, 2014, S. 249.

804 Vgl. **Liekenbrock,** IStR 2013, S. 697; **Lüdicke,** StBJb 2013/2014, 2014, S. 249. Vgl. zu dem Verstoß der Auswirkungen von Treaty-Overrides gegen europarechtliche Grundfreiheiten im Allgemeinen **Musil,** Treaty Overriding, 2000, S. 105 ff.

805 Vgl. EuGH, Urteil vom 21.12.2016, Rs. C-503/14, ECLI: EU: C:2016:979.

806 Vgl. **Liekenbrock,** in: Flick/Wassermeyer/Baumhoff et al. (Hrsg.), Außensteuerrecht, § 50i EStG, Rn. 46; **Liekenbrock,** ISR 2017, S. 116; **Müller,** DB 2017, S. 96; a.A. **Neumann-Tomm,** in: Lademann, EStG, § 50i EStG, Rn. 18.

807 Vgl. bspw. EuGH, Urteil vom 09.03.1999, C-212/97, Slg. 1999, S. I-1459.

III. Einordnung der Norm und Verhältnisfragen

1. Einordnung der Norm

§ 50i EStG ist als flankierende Norm zu den allgemeinen Entstrickungsregelungen (vor allem § 4 Abs. 1 Satz 3 EStG und § 12 KStG) zu verstehen, da in der Vergangenheit aufgrund eines fehlerhaften Rechtsverständnisses der Finanzverwaltung im Zeitpunkt eines schädlichen Ereignisses (z.B. Wegzug oder Verlagerung der Geschäftsleitung) eine Entstrickungsbesteuerung unterblieben ist. Mangels Entstrickungstatbestand kann die Norm damit auch nicht den allgemeinen Entstrickungsregeln zugeordnet werden. Vielmehr stellt sie ein Pendant zu § 6 AStG dar, welcher lediglich auf Kapitalgesellschaften Anwendung findet. Damit ist die Norm den alternativen Formen zur Sicherstellung der Besteuerung stiller Reserven zuzuordnen.

2. Verhältnisfragen

a. Allgemeine Entstrickungstatbestände

Soweit die sachlichen Tatbestandsvoraussetzungen von § 50i Abs. 1 EStG vorliegen, verdrängt er mangels Ausschlusses oder der Beschränkung des Besteuerungsrechts eine Entstrickung i.S.d. §§ 4 Abs. 1 Satz 3 EStG, 12 Abs. 1 KStG.[839] Diese Sperrwirkung[840] tritt, auch mit Rückwirkung, für vor dem 01.01.2017 verwirklichte Entstrickungstatbestände unabhängig davon ein, wann der Entstrickungstatbestand erfolgt. Damit sind auch Entstrickungstatbestände erfasst, welche vor Einführung von § 50i EStG i.d.F. des AmtshilfeRLUmsG und damit vor dem 30.06.2013 erfolgten.[841] Ein lex-specialis-Verhältnis liegt aber nicht vor,

---

839 Vgl. **Liekenbrock,** in: Flick/Wassermeyer/Baumhoff et al. (Hrsg.), Außensteuerrecht, § 50i EStG, Rn. 49; **Rehfeld,** in: Herrmann/Heuer/Raupach, EStG/KStG, § 50i EStG, Rn. 7; a.A. **Schnittker/Haselmann,** in: Wassermeyer/Richter/Schnittker, Personengesellschaften im IStR, 2015, Kapitel 14, Rn. 14.17 f.; **Bron,** DStR 2014, S. 1851; **Pohl,** IStR 2013, S. 701; **Pohl,** in: Blümich, EStG/KStG/GewStG, § 50i EStG, Rn. 15; **Jehl-Magnus,** NWB 2016, S. 1284.

840 Vgl. **Rödder/Kuhr/Heimig,** Ubg 2014, S. 480; **Köhler,** ISR 2014, S. 319; **Bron,** DStR 2014, S. 1851; **Hruschka,** DStR 2014, S. 2422 f.; **Rödder,** DB 2015, S. 1430; **Lang/Benz,** StBJb 2014/2015, 2015, S. 190; **van Lishaut/Hannig,** FR 2016, S. 57; **Neumann-Tomm,** in: Lademann, EStG, § 50i EStG, Rn. 21; **Liekenbrock,** in: Flick/Wassermeyer/Baumhoff et al. (Hrsg.), Außensteuerrecht, § 50i EStG, Rn. 49.

841 Vgl. **Liekenbrock,** in: Flick/Wassermeyer/Baumhoff et al. (Hrsg.), Außensteuerrecht, § 50i EStG, Rn. 49; **Liekenbrock,** DStR 2016, S. 2611. A.A. und sich für eine Wiederverstrickung aussprechend **Lüdicke,** FR 2015, S. 132 ff.; **Schnittker/Haselmann,**

da § 50i Abs. 1 Satz 1 EStG mit der steuerneutralen Überführung oder Übertragung von Wirtschaftsgütern und Anteilen i.S.d. § 17 EStG und §§ 4 Abs. 1 Satz 3 EStG, 12 Abs. 1 KStG mit dem Verlust/der Beschränkung des deutschen Besteuerungsrechts an unterschiedliche Tatbestandsvoraussetzungen anknüpfen und somit nicht die Voraussetzung für ein lex-specialis-Verhältnis erfüllen.[842]

b. Wegzugsbesteuerung

Die in § 6 AStG kodifizierte Wegzugsbesteuerung erfasst die Sicherstellung der Besteuerung von im Privatvermögen gehaltener Anteile i.S.d. § 17 EStG unbeschränkt steuerpflichtiger natürlicher Personen. Hingegen stellt § 50i EStG auf Sachverhalte ab, in denen ehemals nach § 17 EStG privat gehaltene Anteile in ein inländisches Betriebsvermögen einer Personengesellschaft i.S.d. § 15 Abs. 3 EStG oder in ein Besitzunternehmen steuerneutral übertragen oder überführt wurden. Da die Anteile nach Überführung oder Übertragung in das Betriebsvermögen nicht mehr als Anteile i.S.d. § 17 EStG (Privatvermögen) qualifiziert werden können, kommt § 6 AStG nicht mehr zur Anwendung.[843] Insofern schließen sich § 50i EStG und § 6 AStG gegenseitig aus.

c. Umwandlungsteuergesetz

Nach Einführung des Anti-BEPS-Umsetzungsgesetzes I wird die Möglichkeit einer Buchwertforführung durch § 50i Abs. 2 EStG i.d.F. des Anti-BEPS-Umsetzungsgesetzes I nur noch bei Einbringungen i.S.d. § 20 UmwStG versagt, wenn die als Gegenleistung gewährten Anteile der übernehmenden Kapitalgesellschaft in Deutschland nicht vollumfänglich steuerverhaftet sind.[844]

---

in: Wassermeyer/Richter/Schnittker, Personengesellschaften im IStR, 2015, Kapitel 14, Rn. 14.19; **Strothenke,** StuB 2016, S. 189.

842 Vgl. auch **Schnittker/Haselmann,** in: Wassermeyer/Richter/Schnittker, Personengesellschaften im IStR, 2015, Kapitel 14, Rn. 14.18 m.w.N.; a.A. **Liekenbrock,** in: Flick/Wassermeyer/Baumhoff et al. (Hrsg.), Außensteuerrecht, § 50i EStG, Rn. 49; **Rehfeld,** in: Herrmann/Heuer/Raupach, EStG/KStG, § 50i EStG, Rn. 7; **Gosch,** in: Kirchhof (Hrsg.), EStG, 2017, § 50i EStG, Rn. 23.

843 Dabei ist die abkommensrechtliche Qualifikation der Anteile nicht von Bedeutung; vgl. **Pohl,** in: Blümich, EStG/KStG/GewStG, § 50i EStG, Rn. 17.

844 Vgl. **Liekenbrock,** in: Flick/Wassermeyer/Baumhoff et al. (Hrsg.), Außensteuerrecht, § 50i EStG, Rn. 55.

B. Tatbestände, Rechtsfolgen und Würdigung von § 50i Abs. 1 EStG

I. Besteuerung der Veräußerungs- bzw. Entnahmegewinne von im DBA-Ausland ansässigen Mitunternehmern

1. Tatbestände

a. Persönlicher Anwendungsbereich

Anwendung entfaltet die Vorschrift für „Steuerpflichtige". Damit zielt die Regelung für Einkommen- und Körperschaftsteuerzwecke sowohl auf natürliche Personen als auch auf Körperschaften ab.[845] Fraglich ist jedoch der persönliche Anwendungsbereich von § 50i Abs. 1 Satz 1 EStG i.d.F. des Anti-BEPS-Umsetzungsgesetzes I bei der Gewerbesteuer. Grundsätzlich ist § 50i EStG aufgrund von § 7 Satz 1 GewStG auch im Rahmen der Gewerbesteuer anzuwenden. Bei der Aufgabe oder Veräußerung eines Betriebes, Teilbetriebes oder Mitunternehmeranteils einer unmittelbar beteiligten von § 50i Abs. 1 Satz 1 EStG i.d.F. des Anti-BEPS-Umsetzungsgesetzes I betroffenen natürlichen Person gehört der Gewinn nach § 7 Satz 2 GewStG nicht zum Gewerbeertrag.[846] In allen anderen Fällen gehört der Gewinn aus der Veräußerung eines Betriebes, Teilbetriebes oder Mitunternehmeranteils zum Gewerbeertrag. Steuerschuldner[847] und damit Steuerpflichtiger[848] im Rahmen der Gewerbesteuer ist, im Unterschied zur Einkommen- und Körperschaftsteuer, die die Betriebsstätte i.S.d. § 12 AO unterhaltende Personengesellschaft. Weitere Voraussetzung von § 50i Abs. 1 Satz 1 EStG ist allerdings, dass der jeweilige Steuerpflichtige im Sinne eines Abkommens in einem anderen DBA-Staat ansässig ist.[849] Demzufolge scheidet die Anwendung auf im Inland ansässige Steuerpflichtige und auf Steuerpflichtige, die in einem Nicht-DBA-Staat ansässig sind, aus. Gleiches gilt bei DBA, welche von einem der beiden Staaten aufgekündigt werden, da ein Ausschluss oder eine Beschränkung

845 Vgl. **Gosch,** in: Kirchhof (Hrsg.), EStG, 2017, § 50i EStG, Rn. 3; **Loschelder,** in: Schmidt, EStG, 2018, § 50i EStG, Rn. 5; **Rehfeld,** in: Herrmann/Heuer/Raupach, EStG/KStG, § 50i EStG, Rn. 6; **Schnittker/Haselmann,** in: Wassermeyer/Richter/Schnittker, Personengesellschaften im IStR, 2015, Kapitel 14, Rn. 14.6; **Töben,** IStR 2013, S. 684; **Liekenbrock,** IStR 2013, S. 691.

846 Vgl. **Liekenbrock,** in: Flick/Wassermeyer/Baumhoff et al. (Hrsg.), Außensteuerrecht, § 50i EStG, Rn. 52.

847 § 5 Abs. 1 Satz 3 GewStG.

848 Vgl. R 5.1 Abs. 1 GewStR; siehe auch **Sarrazin,** in: Lenski/Steinberg, GewStG, § 5 GewStG, Rn. 18.

849 Vgl. BMF, Schreiben vom 26.09.2014, BStBl. I 2014, S. 1258, Tz. 2.3.3.1.

des Besteuerungsrechts durch das DBA dann nicht mehr eintreten kann.[850] Im Rahmen der Gewerbesteuer stellt sich somit die Frage, ob für die Anwendung von § 50i Abs. 1 Satz 1 EStG auf die Ansässigkeit der Mitunternehmer oder aber auf die Ansässigkeit der Personengesellschaft selbst abzustellen ist.

Die Frage der steuerlichen Ansässigkeit wird durch das zwischen beiden Vertragsstaaten vereinbarte DBA geregelt.[851] Wann die Ansässigkeit im anderen DBA-Staat begründet wurde, ist für die Anwendung der Vorschrift irrelevant.[852] Ebenso besteht, im Gegensatz zur Anwendung von § 6 AStG, nicht die Notwendigkeit eines Wegzugs, um die Tatbestandsvoraussetzungen von § 50i Abs. 1 Satz 1 EStG i.d.F. des Anti-BEPS-Umsetzungsgesetzes I zu erfüllen.[853] Kommt es vor dem Zeitpunkt der Veräußerung bzw. Entnahme zu einem Rück- bzw. Zuzug nach Deutschland, ist § 50i Abs. 1 Satz 1 EStG i.d.F. des Anti-BEPS-Umsetzungsgesetzes I grundsätzlich[854] nicht anwendbar.[855] Die Ansässigkeit natürlicher Personen bestimmt sich gem. Art. 4 Abs. 1 OECD-MA (Art. 4 Abs. 1 DBA Österreich, Art. 4 Abs. 1 DBA Vereinigtes Königreich, Art. 4 Abs. 1 DBA USA, Art. 4 Abs. 1 DBA Schweiz) nach den steuerlichen Anknüpfungspunkten der beiden Vertragsstaaten. In Deutschland ist zum einen der Wohnsitz (§ 8 AO) und zum anderen der gewöhnliche Aufenthalt (§ 9 AO) für die Anknüpfung des Besteuerungsrechts entscheidend. Soweit eine Doppelansässigkeit vorliegt, richtet sich die Ansässigkeit nach der sog. „Tie-Breaker-Rule" des Art. 4 Abs. 2 OECD-MA (Art. 4 Abs. 2 DBA Österreich, Art. 4 Abs. 2 DBA Vereinigtes Königreich, Art. 4 Abs. 2 DBA USA, Art. 4 Abs. 2 DBA Schweiz).[856] Hiernach

---

850 Vgl. **Liekenbrock,** in: Flick/Wassermeyer/Baumhoff et al. (Hrsg.), Außensteuerrecht, § 50i EStG, Rn. 56.

851 Vgl. **Pohl,** in: Blümich, EStG/KStG/GewStG, § 50i EStG, Rn. 26.

852 Vgl. **Loschelder,** in: Schmidt, EStG, 2018, § 50i EStG, Rn. 5.

853 Vgl. **Schnittker/Haselmann,** in: Wassermeyer/Richter/Schnittker, Personengesellschaften im IStR, 2015, Kapitel 14, Rn. 14.12, 14.38; a.A. **Bäuml,** in: Frotscher/Geurts (Hrsg.), EStG, § 50i EStG, Rn. 33.

854 Zweifelnd **Liekenbrock,** in: Flick/Wassermeyer/Baumhoff et al. (Hrsg.), Außensteuerrecht, § 50i EStG, Rn. 90.4; **Liekenbrock,** DStR 2017, S. 179 f.

855 Vgl. **Roderburg/Richter,** IStR 2015, S. 229 f.; **Rödder/Kuhr/Heimig,** Ubg 2014, S. 479.

856 Zweifelnd **Kudert/Kahlenberg/Mroz,** ISR 2013, S. 368, die nach einer Auslegung nach dem Wortlaut auch Fälle der doppelten Ansässigkeit als von § 50i betroffen sehen, weil § 50i Abs. 1 Satz 1 auf die tatsächliche Ansässigkeit („ansässig ist") und nicht auf die durch eine „Tie-Breaker-Rule" („als ansässig gilt") im DBA bestimmte Ansässigkeit abstellt. Im Ergebnis plädieren sie aber für eine sinngebende Auslegung, wonach die „Tie-Breaker-Rule" zu beachten sei.

aber mangels Abkommensanwendung keine abkommensrechtliche Ansässigkeit begründen. Insofern ist § 50i Abs. 1 Satz 1 EStG für Gewerbesteuerzwecke bei grenzüberschreitenden Sachverhalten mit der Schweiz und den Vereinigten Staaten nicht anwendbar und läuft auch insofern leer.

Für die Anwendung von § 50i EStG ist es nicht erforderlich, dass der Steuerpflichtige vor der Übertragung der Wirtschaftsgüter oder Anteile in Deutschland ansässig und demzufolge unbeschränkt steuerpflichtig war.[864] Ebenfalls besteht keine personelle Verknüpfung hinsichtlich der steuerneutralen Übertragung oder Überführung der Wirtschaftsgüter oder Anteile einerseits und der Veräußerungsgewinnbesteuerung andererseits. Insofern besteht die Gefahr der steuerlichen Infektion von Mitgesellschaftern, welche im DBA-Ausland ansässig sind, obwohl sie selbst keine Übertragung oder Überführung i.S.d. § 50i Abs. 1 Satz 1 EStG vollzogen haben (fremdbestimmte Steuerwirkung)[865].[866]

Für die Frage der Anwendung der Vorschrift ist des Weiteren zu klären, wann die Ansässigkeit in einem anderen DBA-Staat vorliegen muss. Nach übereinstimmender Auffassung der Kommentarliteratur ist für das Besteuerungsrecht hinsichtlich der Veräußerungs- und Entnahmegewinne auf den Veräußerungs- bzw. Entnahmezeitpunkt der Wirtschaftsgüter bzw. Anteile i.S.d. § 17 EStG abzustellen.[867] Unbedeutend ist somit die Frage der beschränkten oder unbeschränkten Steuerpflicht des Steuerpflichtigen im Zeitpunkt der Übertragung oder Überführung.[868] Ebenfalls ist damit irrelevant, ob zum Zeitpunkt der Übertragung oder Überführung überhaupt ein DBA existierte. Zeitlich beschränkt wird die Begründung der Ansässigkeit durch das Anti-BEPS-Umsetzungsgesetz I[869]

---

864 Vgl. **Kudert/Kahlenberg/Mroz,** ISR 2013, S. 368; **Liekenbrock,** IStR 2013, S. 691; **Bron,** DStR 2014, S. 1852.

865 Vgl. **Liekenbrock,** in: Flick/Wassermeyer/Baumhoff et al. (Hrsg.), Außensteuerrecht, § 50i EStG, Rn. 58.1.

866 Vgl. **Gosch,** in: Kirchhof (Hrsg.), EStG, 2017, § 50i EStG, Rn. 3; **Schnittker/Haselmann,** in: Wassermeyer/Richter/Schnittker, Personengesellschaften im IStR, 2015, Kapitel 14, Rn. 14.11; **Kudert/Kahlenberg/Mroz,** ISR 2013, S. 368; Für eine Begrenzung der Rechtsfolgen auf in DBA-Staaten verzogene Steuerinländer sprechen sich aus **Töben,** IStR 2013, S. 684; **Pohl,** IStR 2013, S. 702; **Bäuml,** in: Frotscher/Geurts (Hrsg.), EStG, § 50i EStG, Rn. 33.

867 Vgl. **Pohl,** in: Blümich, EStG/KStG/GewStG, § 50i EStG, Rn. 26; **Bodden,** in: Korn, EStG, § 50i EStG, Rn. 19; **Liekenbrock,** in: Flick/Wassermeyer/Baumhoff et al. (Hrsg.), Außensteuerrecht, § 50i EStG, Rn. 58.

868 Vgl. BMF, Schreiben vom 26.09.2014, BStBl. I 2014, S. 1258, Tz. 2.3.3.1.

869 Vgl. Anti-BEPS-Umsetzungsgesetz I, Gesetz vom 20.12.2016, BGBl. I 2016, S. 3000.

auf den 31.12.2016 (24 Uhr). Tatbestandlich muss ein Steuerpflichtiger bis zu diesem Zeitpunkt in einem DBA-Staat ansässig geworden sein.[870]

Auch im Ausland ansässige natürliche Personen unterliegen gem. § 1 Abs. 4 EStG i.V.m. § 49 Abs. 1 Nr. 2 Buchst. a) EStG mit ihren inländischen Einkünften der Anwendung von § 50i EStG.[871] Voraussetzung hierfür ist das Begründen einer Betriebsstätte i.S.d. § 12 AO oder der Einrichtung eines ständigen Vertreters i.S.d. § 13 AO. Sowohl gewerblich infizierte Personengesellschaften i.S.d. § 15 Abs. 3 Nr. 1 EStG als auch gewerblich geprägte Personengesellschaften i.S.d. § 15 Abs. 3 Nr. 2 EStG begründen aufgrund einer festen Geschäftseinrichtung regelmäßig eine Betriebsstätte nach nationalem Recht.[872] Die gleichen Rechtsfolgen ergeben sich für beschränkt steuerpflichtige Körperschaften, deren Besteuerung aufgrund von § 8 Abs. 1 KStG i.V.m. § 49 Abs. 1 Nr. 2 a) EStG i.V.m. § 50i EStG sichergestellt wird. Bei doppel- oder mehrstöckigen Personengesellschaften ist für die Prüfung der Tatbestandsvoraussetzungen von § 50i Abs. 1 EStG nach einstimmiger Auffassung von BMF[873] und Literatur[874] auf die Gesellschafter der Obergesellschaft abzustellen.

b. Zeitlicher Anwendungsbereich

Die Anwendung von § 50i Abs. 1 Satz 1 EStG i.d.F. des Anti-BEPS-Umsetzungsgesetzes I setzt einerseits voraus, dass Wirtschaftsgüter und Anteile i.S.d. § 17 EStG vor dem 29.06.2013 in das Betriebsvermögen einer Personengesellschaft i.S.d. § 15 Abs. 3 EStG steuerneutral übertragen oder überführt worden sind. Andererseits müssen die Wirtschaftsgüter oder Anteile i.S.d. § 17 EStG gem. § 52 Abs. 48 Satz 1 EStG ab dem 30.06.2013[875] verkauft oder entnommen[876]

---

870 Vgl. **Liekenbrock,** in: Flick/Wassermeyer/Baumhoff et al. (Hrsg.), Außensteuerrecht, § 50i EStG, Rn. 58.

871 Vgl. **Schnittker/Haselmann,** in: Wassermeyer/Richter/Schnittker, Personengesellschaften im IStR, 2015, Kapitel 14, Rn. 14.46.

872 Die beschränkte Steuerpflicht nach § 49 Abs. 1 Nr. 2 Buchst. a) EStG erstreckt sich auch auf Veräußerungs- bzw. Entnahmegewinne, BMF, Schreiben vom 26.09.2014, BStBl. I 2014, S. 1258, Tz. 3.2.

873 Vgl. BMF, Schreiben vom 26.09.2014, BStBl. I 2014, S. 1258, Tz. 2.2.1.

874 Vgl. **Liekenbrock,** in: Flick/Wassermeyer/Baumhoff et al. (Hrsg.), Außensteuerrecht, § 50i EStG, Rn. 59.

875 Vgl. **Gosch,** in: Kirchhof (Hrsg.), EStG, 2017, § 50i EStG, Rn. 17; **Schnittker/Haselmann,** in: Wassermeyer/Richter/Schnittker, Personengesellschaften im IStR, 2015, Kapitel 14, Rn. 14.13; **Bodden,** in: Korn, EStG, § 50i EStG, Rn. 49; **Bäuml,** in: Frotscher/Geurts (Hrsg.), EStG, § 50i EStG, Rn. 35.

876 Nicht erfasst wird die fiktive Entnahme i.S.d. § 4 Abs. 1 Satz 3 EStG (bzw. § 12 Abs. 1 KStG), so auch **Rödder/Kuhr/Heimig,** Ubg 2014, S. 480. Die Sperrwirkung des

werden.[877] Dies gilt nach Auffassung der Finanzverwaltung auch, wenn der Mitunternehmeranteil selbst veräußert wird.[878] Bei Verkauf vor dem 30.06.2013 findet § 50i EStG mangels Erfüllung der zeitlichen Tatbestandsvoraussetzung keine Anwendung. Im Rahmen des Anti-BEPS-Umsetzungsgesetzes I wurde eine zusätzliche zeitliche Tatbestandsvoraussetzung aufgenommen, welche verlangt, dass das Recht der Besteuerung am Gewinn aus der Veräußerung oder Entnahme der in das Betriebsvermögen der Personengesellschaft übertragenen oder überführten Wirtschaftsgüter vor dem 01.01.2017 ausgeschlossen oder beschränkt worden ist. Sofern der Ausschluss oder die Beschränkung des Besteuerungsrechts ab dem 01.01.2017 erfolgt, sind die allgemeinen Entstrickungstatbestände anzuwenden.[879]

c. *Sachlicher Anwendungsbereich*

(1) Vorliegen einer Personengesellschaft i.S.d. § 15 Abs. 3 EStG

(a) Einstöckige Personengesellschaftsstrukturen

Nach dem eindeutigen Wortlaut erfolgt die Anwendung von § 50i Abs. 1 Satz 1 EStG nur bei Übertragungen oder Überführungen in das Betriebsvermögen einer Personengesellschaft i.S.d. § 15 Abs. 3 EStG. Damit ist die Vorschrift vom Grundsatz her nur auf gewerblich infizierte Personengesellschaften nach § 15 Abs. 3 Nr. 1 EStG und auf gewerblich geprägte Personengesellschaften nach § 15 Abs. 3 Nr. 2 EStG anzuwenden. Nicht erfasst werden hingegen grundsätzlich[880]

---

§ 50i gilt auch für den zeitlichen Anwendungsbereich nach § 52 Abs. 48 Satz 1 EStG. Andernfalls hätte § 50i in den klassichen Wegzugsfällen, die vor dem 30.06.2013 umgesetzt wurden, keinen Anwendungsbereich, weil der Wegzug als fiktive Entnahme zu werten wäre, die vor dem 30.06.2013 verwirklicht wurde. § 50i könnte aufgrund von § 52 Abs. 48 Satz 1 EStG nicht angewendet werden, weil Voraussetzung hierfür ist, dass die Entnahme (oder Veräußerung) ab dem 29.06.2013 erfolgt, vgl. **Liekenbrock,** IStR 2013, S. 696.

877 Vgl. § 52 Abs. 59d Satz 1 EStG i.d.F. des KroatienAnpG.

878 Vgl. BMF, Schreiben vom 26.09.2014, BStBl. I 2014, S. 1258, Tz. 2.3.3.

879 Vgl. **Liekenbrock,** in: Flick/Wassermeyer/Baumhoff et al. (Hrsg.), Außensteuerrecht, § 50i EStG, Rn. 60.

880 Zur Ausnahme von Besitzpersonengesellschaften siehe Gliederungspunkt Teil V B.IV.1.a Dabei besteht auch bei originär gewerblich tätigen Personengesellschaften durchaus die Gefahr, dass das Besteuerungsrecht verloren geht, bspw. wenn die betreffenden Wirtschaftsgüter nicht der inländischen Betriebsstätte der originär tätigen Personengesellschaft, sondern dem ausländischen Mutterunternehmen zuzuordnen sind; vgl. **Liekenbrock,** IStR 2013, S. 692; **Loschelder,** in: Schmidt, EStG, 2018, § 50i EStG, Rn. 6; **Rehfeld,** in: Herrmann/Heuer/Raupach, EStG/KStG, § 50i EStG, Rn. 16; **Bodden,** in: Korn, EStG, § 50i EStG, Rn. 36.

ausschließlich originär gewerblich tätige Personengesellschaften i.S.d. § 15 Abs. 1 Nr. 2 EStG, Abs. 2 EStG.

Personengesellschaften i.S.d. § 15 Abs. 3 EStG können sowohl inländische als auch ausländische Personengesellschaften sein.[881] Zwar ist nach dem Gesetzeszweck von § 50i Abs. 1 Satz 1 EStG eine Einbeziehung von ausländischen Personengesellschaften nicht vorgesehen. Jedoch schließen Gesetzeswortlaut und Regelungsfolge eine Einbeziehung von ausländischen Personengesellschaften nicht explizit aus.[882] Ob eine ausländische Gesellschaft als Personengesellschaft zu qualifizieren ist, ist nach dem sog. Rechtstypenvergleich zu bestimmen.[883] Auch wenn nach dem Rechtstypenvergleich eine ausländische Personengesellschaft vorliegt, welche die sonstigen Voraussetzungen von § 50i Abs. 1 Satz 1 EStG erfüllt, kann die Regelung nach der hier vertretenen Auffassung nur unter bestimmten kumulativ zu erfüllenden Bedingungen zur Anwendung gelangen. Denn für die Begründung des Besteuerungsrechts nach § 49 Abs. 1 Nr. 2 Buchst. a) EStG ist es einerseits erforderlich, dass die ausländische Personengesellschaft in Deutschland eine (Geschäftsleitungs-)Betriebsstätte abkommensrechtlich begründet. Andererseits bedarf es der abkommensrechtlichen Zuordnung der steuerneutral übertragenen oder überführten Wirtschaftsgüter oder Anteile zu eben dieser deutschen Betriebsstätte. Sofern eine dieser Voraussetzungen nicht erfüllt ist, kann ein deutsches Besteuerungsrecht demnach nur aus anderen inländischen Einkunftsquellen resultieren (z.B. § 49 Abs. 1 Nr. 5 Buchst. e) EStG), welches nach abkommensrechtlichen Grundsätzen aber regelmäßig dem Ansässigkeitsstaat zugewiesen wird. Eine Überschreibung dieser abkommensrechtlichen Grundsätze durch § 50i Abs. 1 Satz 1 EStG kann nicht gerechtfertigt werden, da auch nach der von der Finanzverwaltung vertretenen fehlerhaften Rechtsauffassung eine ausländische Personengesellschaft keine abkommensrechtliche Abschirmwirkung entfaltet hat. Die Sicherstellung des Besteuerungsrechts im Übertragungszeitpunkt musste hier durch die

881 Vgl. **Liekenbrock,** in: Flick/Wassermeyer/Baumhoff et al. (Hrsg.), Außensteuerrecht, § 50i EStG, Rn. 67.

882 Vgl. **Gosch,** in: Kirchhof (Hrsg.), EStG, 2017, § 50i EStG, Rn. 10. A.A. **Töben,** IStR 2013, S. 684, welcher entsprechend dem Gesetzeszweck eine Anwendung lediglich für inländische Personengesellschaften sieht.

883 Vgl. BMF, Schreiben vom 26.09.2014, BStBl. I 2014, S. 1258, Tz. 1.2, welches auf die für den Rechtstypenvergleich einschlägigen Betriebsstätten-Verwaltungsgrundsätze verweist; vgl. BMF, Schreiben vom 24.12.1999, BStBl. I 1999, S. 1076 ff.

Anwendung der Entstrickungsbesteuerung (§ 4 Abs. 1 Satz 3 EStG, § 12 Abs. 1 KStG, § 6 Abs. 1 Nr. 3 AStG) sichergestellt werden.[884]

Für die Frage der Anwendbarkeit von § 50i Abs. 1 Satz 1 EStG auf gewerblich infizierte Personengesellschaften i.S.d. § 15 Abs. 3 Nr. 1 Alt. 1 EStG ist zu klären, ob es sich um eine ausschließlich originär gewerblich tätige Personengesellschaft oder aber um eine teilweise originär gewerblich tätige Personengesellschaft handelt. Eine grundsätzlich originär gewerblich tätige Personengesellschaft, welche teilweise eine vermögensverwaltende Tätigkeit ausübt, führt zu einer Erfüllung der Tatbestandsvoraussetzung des Vorliegens einer (teilweisen) Tätigkeit nach § 15 Abs. 3 Nr. 1 Alt. 1 EStG und damit zu einer Anwendbarkeit von § 50i Abs. 1 Satz 1 EStG.[885] Sofern jedoch die gewerblichen und nicht gewerblichen Tätigkeiten nach sachlichen und wirtschaftlichen Bezugspunkten untrennbar miteinander verbunden sind, liegt eine sog. „einheitlich zu betrachtende Gesamtbetätigung" vor, welche die Bestimmung der prägenden Tätigkeit erfordert.[886] Entweder liegt dann einheitlich eine gewerbliche Tätigkeit i.S.d. § 15 Abs. 2 EStG oder einheitlich eine vermögensverwaltende Tätigkeit i.S.d. § 14 Satz 3 AO vor. § 15 Abs. 3 Nr. 1 Alt. 1 EStG sowie in Folge § 50i Abs. 1 Satz 1 EStG kommen somit nicht zur Anwendung.[887] Eine Aufteilung der Tätigkeiten ist für die Zwecke der Anwendung von § 50i EStG demnach nicht erforderlich.[888] Soweit eine originär nicht gewerblich tätige Ober-Personengesellschaft Einkünfte aus einer Beteiligung an einer gewerblich tätigen Unter-Personengesellschaft bezieht, werden die Einkünfte der nicht gewerblich tätigen Ober-Personengesellschaft gem. § 15 Abs. 3 Nr. 1 Alt. 2 EStG infiziert und qualifizieren damit als Einkünfte aus Gewerbebetrieb.[889]

---

884 Vgl. **Schnittker/Haselmann,** in: Wassermeyer/Richter/Schnittker, Personengesellschaften im IStR, 2015, Kapitel 14, Rn. 14.26 f.; **Neumann-Tomm,** in: Lademann, EStG, § 50i EStG, Rn. 74; **Liekenbrock,** in: Flick/Wassermeyer/Baumhoff et al. (Hrsg.), Außensteuerrecht, § 50i EStG, Rn. 67.

885 Vgl. **Bilitewski/Schifferdecker,** Ubg 2013, S. 565; **Liekenbrock,** in: Flick/Wassermeyer/Baumhoff et al. (Hrsg.), Außensteuerrecht, § 50i EStG, Rn. 68; **Schnittker/Haselmann,** in: Wassermeyer/Richter/Schnittker, Personengesellschaften im IStR, 2015, Kapitel 14, Rn. 14.24, Fn. 8, welche sich für die Anwendbarkeit einer Bagatellgrenze i.H.v. 1,25 % aussprechen.

886 Vgl. BFH, Urteil vom 24.04.1997, IV R 60/95, BStBl. II 1997, S. 567.

887 Vgl. **Liekenbrock,** in: Flick/Wassermeyer/Baumhoff et al. (Hrsg.), Außensteuerrecht, § 50i EStG, Rn. 68, Fn. 2; **Heurung/Schmidt/Berhorst,** GmbHR 2016, S. 1012.

888 Eine Aufteilung ist jedoch für abkommensrechtliche Zwecke vorzunehmen; vgl. BMF, Schreiben vom 26.09.2014, BStBl. I 2014, S. 1258, Tz. 2.2.1.

889 Vgl. **Liekenbrock,** in: Flick/Wassermeyer/Baumhoff et al. (Hrsg.), Außensteuerrecht, § 50i EStG, Rn. 68.

Noch im BMF-Schreiben vom 16.04.2010[890] ging die Finanzverwaltung bei gewerblich infizierten Personengesellschaften von einer abkommensrechtlichen Abschirmwirkung aus, welche das Besteuerungsrecht für Veräußerungs- und Entnahmegewinne sowie für laufende Einkünfte gesichert hätte. Gleiches galt für gewerblich geprägte Personengesellschaften i.S.d. § 15 Abs. 3 Nr. 2 EStG. Da diese Auffassung durch das BFH-Urteil vom 28.04.2010[891] nicht länger aufrecht erhalten werden konnte, wird das Besteuerungsrecht in beiden Fällen nunmehr in Überführungs- und Übertragungsfällen vor dem 29.06.2013 durch § 50i Abs. 1 Satz 1 EStG und in Überführungs- und Übertragungsfällen ab dem 29.06.2013 durch eine überarbeitete Verwaltungsauffassung sichergestellt.[892] Nach dem Wortlaut des § 15 Abs. 3 Nr. 2 EStG schließen sich gewerblich tätige Personengesellschaften i.S.d. § 15 Abs. 2 EStG und gewerblich geprägte Personengesellschaften gegenseitig aus.[893]

(b) Doppel- oder mehrstöckige Personengesellschaftsstrukturen

Bei doppel- oder mehrstöckigen Personengesellschaften kommt § 50i Abs. 1 Satz 1 EStG zur Anwendung, wenn die Ansässigkeit von Mitunternehmern einer Obergesellschaft in einem DBA-Staat liegt.[894] Die sachlichen Tatbestandsvoraussetzungen müssen dabei jedoch von der jeweiligen zu betrachtenden Personengesellschaft der doppel- oder mehrstöckigen Struktur selbst erfüllt werden.[895] Eine Mitunternehmerbeteiligung an einer Untergesellschaft, die Wirtschaftsgüter und Anteile i.S.v. § 50i Abs. 1 Satz 1 EStG hält, führt nicht zugleich zu einer Anwendung von § 50i Abs. 1 Satz 1 EStG auf Ebene der Obergesellschaft.[896] Zu unterscheiden sind hierbei folgende Strukturen:[897]

---

890 Vgl. BMF, Schreiben vom 16.04.2010, BStBl. I 2010, S. 354, Tz. 2.2.1.

891 Vgl. BFH, Urteil vom 28.04.2010, I R 81/09, BStBl. II 2014, S. 754.

892 Vgl. BMF, Schreiben vom 26.09.2014, BStBl. I 2014, S. 1258, Tz. 2.2.1.

893 Siehe auch BFH, Urteil vom 20.11.2003, IV R 5/02, BStBl. II 2004, S. 464.

894 Für die Frage der Anwendung von § 50i Abs. 1 Satz 1 EStG ist auf die Mitunternehmer der Obergesellschaft abzustellen; vgl. **Liekenbrock,** in: Flick/Wassermeyer/Baumhoff et al. (Hrsg.), Außensteuerrecht, § 50i EStG, Rn. 59.

895 Vgl. **Loschelder,** in: Schmidt, EStG, 2018, § 50i EStG, Rn. 6; **Schnittker/Haselmann,** in: Wassermeyer/Richter/Schnittker, Personengesellschaften im IStR, 2015, Kapitel 14, Rn. 14.25; **Liekenbrock,** in: Flick/Wassermeyer/Baumhoff et al. (Hrsg.), Außensteuerrecht, § 50i EStG, Rn. 70.

896 Vgl. **Liekenbrock,** in: Flick/Wassermeyer/Baumhoff et al. (Hrsg.), Außensteuerrecht, § 50i EStG, Rn. 70; **Schnittker/Haselmann,** in: Wassermeyer/Richter/Schnittker, Personengesellschaften im IStR, 2015, Kapitel 14, Rn. 14.25.

897 Vgl. **Liekenbrock,** in: Flick/Wassermeyer/Baumhoff et al. (Hrsg.), Außensteuerrecht, § 50i EStG, Rn. 71 ff.

1) Strukturen, in denen die Obergesellschaft eine Personengesellschaft i.S.d. § 15 Abs. 3 EStG ist, welche an einer Untergesellschaft beteiligt ist, die als Personengesellschaft i.S.d. § 15 Abs. 1 Nr. 2, Abs. 2 EStG qualifiziert;
2) Strukturen, in denen die Obergesellschaft eine Personengesellschaft i.S.d. § 15 Abs. 1 Nr. 2, Abs. 2 EStG ist, welche an einer Untergesellschaft beteiligt ist, die als Personengesellschaft i.S.d. § 15 Abs. 3 EStG qualifiziert;
3) Strukturen, in denen Ober- und Untergesellschaft Personengesellschaften i.S.d. § 15 Abs. 3 EStG sind.

Auch wenn bei Fallgruppe 1) § 15 Abs. 3 EStG auf Ebene der Oberpersonengesellschaft erfüllt ist, qualifiziert der Mitunternehmeranteil an der originär gewerblich tätigen Unterpersonengesellschaft nicht als Wirtschaftsgut i.S.d. § 50i Abs. 1 Satz 1 EStG. Auch können die Wirtschaftsgüter der originär gewerblich tätigen Unterpersonengesellschaft nicht der Oberpersonengesellschaft für Zwecke des § 50i Abs. 1 Satz 1 EStG zugerechnet werden. Denn nach Auffassung der Literatur[898] entfaltet die gewerblich tätige Unterpersonengesellschaft für Zwecke des § 50i EStG eine Abschirmwirkung. Eine Anwendung von § 50i Abs. 1 Satz 1 EStG kommt somit nur für Wirtschaftsgüter oder Anteile i.S.d. § 17 EStG in Betracht, die vor dem 29.06.2013 steuerneutral in das Betriebsvermögen der Oberpersonengesellschaft überführt oder übertragen worden sind.

Bei der Fallgruppe 2) ist § 15 Abs. 3 EStG auf Ebene der Unterpersonengesellschaft erfüllt. Wenn im Betriebsvermögen dieser Unterpersonengesellschaft Wirtschaftsgüter oder Anteile i.S.v. § 17 EStG enthalten sind, die vor dem 29.06.2013 steuerneutral in das Betriebsvermögen eingebracht wurden und nicht der Betriebsstätte der gewerblich tätigen Obergesellschaft zugerechnet werden können, ist § 50i Abs. 1 Satz 1 EStG auf Ebene der Untergesellschaft anwendbar.[899] Ein durch die Unterpersonengesellschaft erzielter Veräußerungs- oder Entnahmegewinn unterliegt über das Transparenzprinzip[900] gem. § 1 Abs. 4 i.V.m. § 49 Abs. 1 Nr. 2 Buchst. a) i.V.m. § 50i Abs. 1 Satz 1 EStG der beschränkten

---

898 Vgl. **Liekenbrock,** in: Flick/Wassermeyer/Baumhoff et al. (Hrsg.), Außensteuerrecht, § 50i EStG, Rn. 71.

899 Sollten die Wirtschaftsgüter und Anteile i.S.d. § 17 EStG der gewerblich tätigen Oberpersonengesellschaft zugeordnet werden können, so hat Deutschland nach Art. 7 OECD-MA das Besteuerungsrecht, so dass es der Anwendung des § 50i Abs. 1 Satz 1 EStG nicht bedarf; vgl. **Liekenbrock,** in: Flick/Wassermeyer/Baumhoff et al. (Hrsg.), Außensteuerrecht, § 50i EStG, Rn. 66; **Schnittker/Haselmann,** in: Wassermeyer/Richter/Schnittker, Personengesellschaften im IStR, 2015, Kapitel 14, Rn. 14.25.

900 Vgl. BFH, Urteil vom 03.07.1995, GrS 1/93, BStBl. II 1995, S. 617, Tz. 52 ff.; **Wacker,** in: Schmidt, EStG, 2018, § 15 EStG, Rn. 163 m.w.N.

Steuerpflicht des im DBA-Ausland ansässigen Mitunternehmers der gewerblich tätigen Oberpersonengesellschaft. Die Finanzverwaltung möchte § 50i Abs. 1 Satz 1 EStG auch auf die Veräußerung der Mitunternehmeranteile an der nach § 15 Abs. 3 EStG steuerpflichtigen Unterpersonengesellschaft anwenden.[901] Zudem ist anzunehmen, dass die Finanzverwaltung auch die Veräußerung der Mitunternehmeranteile an der gewerblich tätigen Obergesellschaft unter § 50i Abs. 1 Satz 1 EStG subsumieren wird. Die Möglichkeit einer solchen Subsumtion gibt der Wortlaut der Norm jedoch nicht her. Denn hier wird explizit auf die Veräußerung oder Entnahme der Wirtschaftsgüter und Anteile i.S.d. § 17 EStG aus dem Betriebsvermögen der nach § 15 Abs. 3 EStG steuerpflichtigen (Unter-) Personengesellschaft abgestellt. Eine solche Veräußerung oder Entnahme ist nicht gegeben, wenn die Mitunternehmeranteile an der gewerblich tätigen Oberpersonengesellschaft veräußert werden. Dies gilt unabhängig davon, dass die von § 50i Abs. 1 Satz 1 EStG betroffenen Wirtschaftsgüter und Anteile i.S.d. § 17 EStG mittelbar übertragen werden.[902] Insofern schirmt die gewerblich tätige Personengesellschaft auch in diesem Fall ab.

Bei Vorliegen der Fallgruppe 3) ist § 50i Abs. 1 Satz 1 EStG sowohl auf Ebene der Oberpersonengesellschaft als auch auf Ebene der Unterpersonengesellschaft anwendbar, da es sich beiderseits um Personengesellschaften i.S.d. § 15 Abs. 3 EStG handelt.[903] Eine Veräußerung der von § 50i Abs. 1 Satz 1 EStG betroffenen Wirtschaftsgüter oder Anteile i.S.d. § 17 EStG führt zu einer Besteuerung nach § 1 Abs. 4 i.V.m. § 49 Abs. 1 Nr. 2 Buchst. a) i.V.m. § 50i Abs. 1 Satz 1 EStG. Auch die nach § 50i Abs. 1 Satz 1 EStG steuerpflichtigen Veräußerungs- und Entnahmegewinne durch die Unterpersonengesellschaft werden über das Transparenzprinzip[904] dem im DBA-Ausland ansässigen Mitunternehmer der ebenfalls gewerblich infizierten/geprägten Oberpersonengesellschaft zugerechnet. Auch hier beabsichtigt die Finanzverwaltung die Anwendung von § 50i Abs. 1 Satz 1 EStG auf die Veräußerung der Mitunternehmeranteile an der nach § 15 Abs. 3 EStG steuerpflichtigen Ober- oder Unterpersonengesellschaft.[905]

901 Vgl. BMF, Schreiben vom 26.09.2014, BStBl. I 2014, S. 1258.

902 Vgl. **Liekenbrock,** in: Flick/Wassermeyer/Baumhoff et al. (Hrsg.), Außensteuerrecht, § 50i EStG, Rn. 72.

903 Vgl. **Liekenbrock,** in: Flick/Wassermeyer/Baumhoff et al. (Hrsg.), Außensteuerrecht, § 50i EStG, Rn. 72.1.

904 Vgl. BFH, Urteil vom 03.07.1995, GrS 1/93, BStBl. II 1995, S. 617, Tz. 52 ff.; **Wacker,** in: Schmidt, EStG, 2018, § 15 EStG, Rn. 163 m.w.N.

905 Vgl. BMF, Schreiben vom 26.09.2014, BStBl. I 2014, S. 1258, Tz. 2.3.3.

(c) Atypisch stille Gesellschaften

Die atypisch stille Gesellschaft stellt eine Mitunternehmerschaft dar, wenn der Gesellschaftsvertrag von §§ 230 ff. HGB derart abweicht, dass der Stille Mitunternehmerinitiative und Miunternehmerrisiko entfaltet.[906] Inhaber des Handelsgeschäfts, an denen die atypisch stille Gesellschaft anknüpft, können eine natürliche Person, eine OHG, eine KG (GmbH & Co. KG) oder eine Kapitalgesellschaft sein.[907] Bei der Beteiligung am Handelsgeschäft einer natürlicher Person oder einer OHG kann § 50i Abs. 1 Satz 1 EStG mangels Erfüllung von § 15 Abs. 3 EStG nicht zur Anwendung kommen. Bei Vorliegen einer atypisch stillen Beteiligung an einer GmbH & Co. KG stellt sich die Frage von § 50i Abs. 1 Satz 1 EStG schon auf Ebene der GmbH & Co. KG und ist somit im Falle der Einschlägigkeit auch auf Ebene der atypisch stillen Gesellschaft anzuwenden. Sofern eine atypisch stille Beteiligung an einer Kapitalgesellschaft vorliegt, ist § 50i Abs. 1 Satz 1 EStG dann nicht anwendbar, wenn die Kapitalgesellschaft nach § 15 Abs. 2 EStG originär gewerblich tätig ist.[908] Hingegen steht die Anwendung von § 50i Abs. 1 Satz 1 EStG im Raum, wenn die Kapitalgesellschaft eine vermögensverwaltende Tätigkeit ausübt. Denn in einem solchen Fall ist die atypisch stille Beteiligung nach der Rechtsprechung des BFH[909] zur Prägewirkung von Innengesellschaften als gewerblich geprägt i.S.d. § 15 Abs. 3 Nr. 2 EStG anzusehen.[910] Zwar fasst die Finanzverwaltung atypisch stille Beteiligungen unter Art. 7 OECD-MA und geht damit abkommensrechtlich von einer Gewerblichkeit aus.[911] Nach meiner Auffassung ist die Frage, ob eine atypisch stille Beteiligung unter § 15 Abs. 3 EStG und damit unter § 50i Abs. 1 Satz 1 EStG fällt, im Gegensatz zur Frage der Ansässigkeit,[912] ausschließlich nach nationalem Recht zu klären. Durch die Veröffentlichung des BFH-Urteils zur Prägewirkung bei Innengesellschaften

---

906 Vgl. BFH, Urteil vom 06.07.1995, IV R 79/94, BStBl. II 1996, S. 269, Tz. 19.

907 Vgl. **Wacker,** in: Schmidt, EStG, 2018, § 15 EStG, Rn. 354.

908 Vgl. **Liekenbrock,** in: Flick/Wassermeyer/Baumhoff et al. (Hrsg.), Außensteuerrecht, § 50i EStG, Rn. 74.

909 Vgl. BFH, Urteil vom 15.10.1998, IV R 18/98, BStBl. II 1999, S. 286, Tz. 15 ff.

910 Vgl. **Liekenbrock,** in: Flick/Wassermeyer/Baumhoff et al. (Hrsg.), Außensteuerrecht, § 50i EStG, Rn. 69.

911 Vgl. BMF, Schreiben vom 26.09.2014, BStBl. I 2014, S. 1258, Tz. 2.2.1.2. BMF, Schreiben vom 28.12.1999, DStR 2000, S. 245, Tz. 1.

912 Der Wortlaut von § 50i Abs. 1 Satz 1 EStG stellt bei § 15 Abs. 3 EStG ausdrücklich auf die nationale Regelung ab, während bei der Frage der Ansässigkeit ausdrücklich von einer Ansässigkeit im abkommensrechtlichen Sinne gesprochen wird.

wendet die Finanzverwaltung diese Rechtsprechung auch an, so dass die Frage der Anwendbarkeit von § 50i Abs. 1 Satz 1 EStG auf atypisch stille Gesellschaften davon abhängt, ob die Kapitalgesellschaft vermögensverwaltend oder originär gewerblich tätig ist.[913]

(d) Zebragesellschaften

Bei vermögensverwaltenden Personengesellschaften, an denen gewerblich tätige natürliche Personen oder Kapitalgesellschaften beteiligt sind, liegt weder eine gewerbliche Infektion nach § 15 Abs. 3 Nr. 1 EStG noch eine gewerbliche Prägung nach § 15 Abs. 3 Nr. 2 EStG vor.[914] Demnach besteht auch kein Raum für eine Anwendung von § 50i Abs. 1 Satz 1 EStG.[915] Auch besteht keine Gefahr des Verlustes des Besteuerungsrechts, da eine Zebragesellschaft nach ständiger Auffassung der Finanzverwaltung keine abkommensrechtliche Betriebsstätte im Inland begründet und ihr aus diesem Grund in der Vergangenheit auch keine Wirtschaftsgüter zugeordnet werden konnten, an denen das Besteuerungsrecht hätte verloren gehen können.[916]

(e) Einschlägiger Zeitpunkt des Gewerblichkeitsstatus

Für die Frage des Vorliegens einer Gewerblichkeit i.S.d. § 15 Abs. 3 EStG sollte für Zwecke des § 50i Abs. 1 Satz 1 EStG ausschließlich auf den Zeitpunkt der Übertragung oder Überführung der Wirtschaftsgüter oder Anteile i.S.d. § 17 EStG abzustellen sein.[917] Auch wenn dies zu einem Verlust des Besteuerungsrechts führt, dürfte es demnach unschädlich sein, wenn sich eine im Zeitpunkt der Übertragung oder Überführung ausschließlich originär gewerblich tätige Personengesellschaft zu einem späteren Zeitpunkt – also nach Übertragung oder Überführung von Wirtschaftsgütern oder Anteilen i.S.d. § 17 EStG – in eine

913 A.A. **Liekenbrock,** in: Flick/Wassermeyer/Baumhoff et al. (Hrsg.), Außensteuerrecht, § 50i EStG, Rn. 74, welcher die abkommensrechtliche Behandlung auf § 50i Abs. 1 Satz 1 EStG durchschlagen lassen will.

914 Vgl. **Wacker,** in: Schmidt, EStG, 2018, § 15 EStG, Rn. 201.

915 Vgl. **Liekenbrock,** IStR 2013, S. 692; **Liekenbrock,** in: Flick/Wassermeyer/Baumhoff et al. (Hrsg.), Außensteuerrecht, § 50i EStG, Rn. 75; **Bäuml,** in: Frotscher/Geurts (Hrsg.), EStG, § 50i EStG, Rn. 57; **Bodden,** in: Korn, EStG, § 50i EStG, Rn. 36.

916 Vgl. BMF, Schreiben vom 26.09.2014, BStBl. I 2014, S. 1258, Tz. 4.1.2.

917 Vgl. **Liekenbrock,** in: Flick/Wassermeyer/Baumhoff et al. (Hrsg.), Außensteuerrecht, § 50i EStG, Rn. 76; **Schnittker/Haselmann,** in: Wassermeyer/Richter/Schnittker, Personengesellschaften im IStR, 2015, Kapitel 14, Rn. 14.29; **Bilitewski/Schifferdecker,** Ubg 2013, S. 565; **Bodden,** in: Korn, EStG, § 50i EStG, Rn. 37; **Bodden,** DStR 2015, S. 152; **Bron,** DStR 2014, S. 1851.

Personengesellschaft i.S.d. § 15 Abs. 3 EStG umqualifiziert.[918] In diesem Zusammenhang stellt sich jedoch die Frage, ob die von § 50i Abs. 1 Satz 1 EStG betroffenen Wirtschaftsgüter oder Anteile i.S.d. § 17 EStG nicht schon immer einer von der originär gewerblichen Tätigkeit der Personengesellschaft getrennten Vermögensverwaltung zuzuweisen waren, so dass eine unter § 50i Abs. 1 Satz 1 EStG zu subsumierende gewerbliche Infektion i.S.d. § 15 Abs. 3 Nr. 1 EStG vorlag.[919] Sicher ausgeschlossen werden kann die Anwendung von § 50i Abs. 1 Satz 1 EStG damit nur bei einer ausschließlich gewerblichen Tätigkeit, welche bspw. dann vorliegt, wenn ein Betrieb in eine neu gegründete gewerblich geprägte Personengesellschaft nach § 24 UmwStG eingebracht worden ist, und die Personengesellschaft im Anschluss ausschließlich originär gewerblich tätig ist.[920] Problematisch ist auch, wie der Nachweis vom Steuerpflichtigen erbracht werden kann, dass es sich zum Zeitpunkt der Übertragung nicht um eine Gesellschaft i.S.d. § 15 Abs. 3 EStG gehandelt hat. Denn der Gewerblichkeitsstatus der Personengesellschaft im Zeitpunkt der Übertragung oder Überführung wird regelmäßig nicht festgestellt.[921] Insofern besteht die Gefahr, dass die Finanzverwaltung bei mangelndem Nachweis der originären gewerblichen Tätigkeit im Übertragungs- oder Überführungszeitpunkt grundsätzlich von einer Personengesellschaft i.S.d. § 15 Abs. 3 EStG ausgehen wird. Zudem werden steuerneutrale Überführungen oder Übertragungen in familiengeführten Konzernen regelmäßig durchgeführt, so dass für jeden dieser Sachverhalte in der Historie der Gesellschaft der Gewerblichkeitsstatus im Nachgang zu klären ist, um die Frage der Anwendung von § 50i Abs. 1 Satz 1 EStG zu beantworten. Dies stellt einen immensen Aufwand dar und ist in der Praxis schlichtweg nicht händelbar. Um diese Problematik zu entschärfen, wäre es möglich, die Frage des Gewerblichkeitsstatus der jeweiligen Personengesellschaft zum 29.06.2013 (Tag der Gesetzesverkündung des AmtshilfeRLUmsG) zu klären. So würde die Finanzverwaltung einerseits das Ziel erreichen, die Besteuerung stiller Reserven für Altfälle sicherzustellen. Andererseits würden die Steuerpflichtigen damit Rechtssicherheit für die Vergangenheit

---

918 Vgl. **Bilitewski/Schifferdecker,** Ubg 2013, S. 565; **Liekenbrock,** in: Flick/Wassermeyer/Baumhoff et al. (Hrsg.), Außensteuerrecht, § 50i EStG, Rn. 67, Fn. 1; **Liekenbrock,** IStR 2013, S. 692; **Bron,** DStR 2014, S. 1851; **Kudert/Kahlenberg/Mroz,** ISR 2013, S. 369.

919 Vgl. **Schnittker/Haselmann,** in: Wassermeyer/Richter/Schnittker, Personengesellschaften im IStR, 2015, Kapitel 14, Rn. 14.24.

920 Vgl. **Köhler,** ISR 2014, S. 321 f.; **Schnittker/Haselmann,** in: Wassermeyer/Richter/Schnittker, Personengesellschaften im IStR, 2015, Kapitel 14, Rn. 14.24.

921 Vgl. **Liekenbrock,** DStR 2015, S. 1535, Fn. 2.

erlangen und müssten nicht die gesamte Historie der Personengesellschaft aufarbeiten. Zudem wäre der Nachweis zum 29.06.2013 wohl mit vertretbarem Aufwand möglich.

Unter der Voraussetzung, dass ein steuerneutraler Vermögenstransfer vor dem 29.06.2013 erfolgt ist, sollte auch der unter dem Begriff des „Strukturwandels“ vollzogene Wechsel von einer Personengesellschaft i.S.d. § 15 Abs. 3 EStG in eine Personengesellschaft i.S.d. § 15 Abs. 1 Nr. 2, 15 Abs. 2 EStG vor dem 01.01.2014 unschädlich möglich sein.[922] Unabhängig davon sollte nach meiner Auffassung § 50i Abs. 1 Satz 1 EStG dennoch im Fall der Veräußerung oder Entnahme zur Anwendung kommen, da für das Vorliegen der Frage von nach § 50i Abs. 1 Satz 1 EStG verstrickten Wirtschaftsgütern auf den Zeitpunkt der Übertragung oder Überführung abzustellen ist. Eine entsprechende § 50i-EStG-Entstrickung bei einem späteren Strukturwandel sieht die Vorschrift nicht vor, obwohl das Besteuerungsrecht bei Vorliegen einer abkommensrechtlichen Betriebsstätte gesichert sein kann.[923] Voraussetzung ist hierfür jedoch, dass die nach § 50i EStG verstrickten Wirtschaftsgüter und Anteile der im Inland belegenen abkommensrechtlichen Betriebsstätte zuzuordnen sind. Ist dies nicht der Fall, so hat der Ansässigkeitsstaat regelmäßig das Besteuerungsrecht.[924] Insofern besteht aus fiskalischer Sicht durchaus eine Berechtigung, die Veräußerungs- oder Entnahmegewinne im Rahmen von § 50i Abs. 1 Satz 1 EStG zu sichern.[925] Jedoch sollte die Sicherung des Besteuerungsrechts nach meiner Auffassung auf die bis zum Entstrickungszeitpunkt bzw. bis zum 31.12.2016 entstandenen stillen Reserven begrenzt werden.

(2) Wirtschaftsgüter des Betriebsvermögens oder Anteile i.S. des § 17 EStG

§ 50i Abs. 1 Satz 1 EStG umfasst einerseits sämtliche Wirtschaftsgüter des Betriebsvermögens.[926] Hierunter sind nach allgemeinen Grundsätzen alle

---

922 Vgl. **Liekenbrock,** in: Flick/Wassermeyer/Baumhoff et al. (Hrsg.), Außensteuerrecht, § 50i EStG, Rn. 76; **Bäuml,** in: Frotscher/Geurts (Hrsg.), EStG, § 50i EStG, Rn. 60.

923 Vgl. **Roderburg/Richter,** IStR 2015, S. 229.

924 Vgl. **Liekenbrock,** in: Flick/Wassermeyer/Baumhoff et al. (Hrsg.), Außensteuerrecht, § 50i EStG, Rn. 76.

925 Vgl. auch **Schnittker/Haselmann,** in: Wassermeyer/Richter/Schnittker, Personengesellschaften im IStR, 2015, Kapitel 14, Rn. 14.30; A.A. **Liekenbrock,** in: Flick/Wassermeyer/Baumhoff et al. (Hrsg.), Außensteuerrecht, § 50i EStG, Rn. 71; **Bodden,** in: Korn, EStG, § 50i EStG, Rn. 50.

926 Unter dem Betriebsvermögen der Personengesellschaft ist sowohl das Gesamthandsvermögen als auch das Sonderbetriebsvermögen eines Gesellschafters zu fassen;

selbständig bewertbaren Sachen, Rechte und sonstigen Vorteile zu verstehen, die dem Betrieb des Steuerpflichtigen zugeordnet oder gewidmet wurden und dazu geeignet sind, dem Betrieb zu dienen.[927] Andererseits werden vom Privatvermögen nur Anteile i.S.d. § 17 EStG erfasst. Insofern können andere Wirtschaftsgüter des Privatvermögens (z.B. Fonds-/Aktiendepot, Kunstwerke, etc.) steuerfrei entstrickt werden.[928] Eine Besonderheit gilt bei unmittelbar gehaltenem Grundvermögen oder bei gehaltenen Anteilen an Gesellschaften, deren Betriebsvermögen überwiegend aus Grundvermögen besteht. Hier wird das Besteuerungsrecht nach dem Belegenheitsprinzip (Art. 6, Art. 13 Abs. 1, Abs. 4 OECD-MA) regelmäßig Deutschland zugesprochen. Die Gefahr des Verlustes des Besteuerungsrechts besteht insofern grundsätzlich nicht.[929]

Nach aktueller Gesetzeslage liegen Anteile i.S.v. § 17 EStG vor, wenn der Gesellschafter an einer in- oder ausländischen Kapitalgesellschaft innerhalb der letzten fünf Jahre unmittelbar oder mittelbar zu mindestens 1 % beteiligt war und die Anteile im Privatvermögen gehalten hat.[930] Im Hinblick auf die Anwendung von § 50i Abs. 1 Satz 1 EStG sollte die Betrachtung des Fünfjahreszeitraums mit der Übertragung der Anteile in das Betriebsvermögen der Personengesellschaft beendet werden.[931] Für die Beantwortung der Frage des Vorliegens eines Anteils i.S.d. § 17 EStG besteht das Problem, dass die Mindestbeteiligungsquote in den letzten Jahrzehnten stetig angepasst wurde (25 % bis zum 31.12.1998; 10 % bis zum 31.12.2001 und 1 % seit dem 01.01.2002). Sofern man konsequenterweise auch hier auf den Übertragungszeitpunkt abstellt, kommt man je nach Übertragungszeitpunkt zu unterschiedlichen Ergebnissen, ob ein Anteil i.S.d. § 17 EStG vorliegt oder nicht.[932] Eine einheitliche Behandlung wäre jedoch auch nicht zu

---

vgl. **Pohl,** IStR 2013, S. 700; **Levedag,** GmbHR 2013, S. 252; **Prinz,** DB 2013, S. 1379; **Rehfeld,** in: Herrmann/Heuer/Raupach, EStG/KStG, § 50i EStG, Rn. 16.

927 Vgl. **Rehfeld,** in: Herrmann/Heuer/Raupach, EStG/KStG, § 50i EStG, Rn. 16.

928 Vgl. **Pohl,** in: Blümich, EStG/KStG/GewStG, § 50i EStG, Rn. 19; **Pohl,** IStR 2013, S. 700; **Bron,** DStR 2014, S. 1851; **Bodden,** in: Korn, EStG, § 50i EStG, Rn. 34.

929 Vgl. zu Beispielen **Neumann-Tomm,** in: Lademann, EStG, § 50i EStG, Rn. 87.

930 Somit sind vom sachlichen Anwendungsbereich der Norm auch Anteile an einer Komplementär-GmbH erfasst, bei denen der Kommanditist auch Gesellschafter der Komplementär-GmbH ist. Denn die GmbH-Anteile werden eine juristische Sekunde nach Gründung der GmbH & Co. KG vom Privatvermögen in das SBV II des Kommanditisten überführt; vgl. **Heinlein/Euchner,** BB 2016, S. 796 f.

931 Vgl. **Liekenbrock,** in: Flick/Wassermeyer/Baumhoff et al. (Hrsg.), Außensteuerrecht, § 50i EStG, Rn. 62.

932 Vgl. **Schnittker/Haselmann,** in: Wassermeyer/Richter/Schnittker, Personengesellschaften im IStR, 2015, Kapitel 14, Rn. 14.23.

erreichen, wenn auf den Veräußerungs- oder Entnahmezeitpunkt abzustellen wäre, da bspw. eine Herabsetzung der Mindestbeteiligungsquote auf 0,5 % dann in bislang nicht erfassten Fällen zu einer Steuerverstrickung nach § 50i Abs. 1 Satz 1 EStG führen würde. Aus Gründen der Rechtssicherheit und des Vertrauensschutzes sollte auf die im Einlagejahr geltende Rechtslage abzustellen sein, so dass zukünftige Gesetzesänderungen keine Auswirkungen haben sollten.[933] Sofern es im konkreten Fall lediglich um die Vermeidung der Wegzugsbesteuerung ging, ist diese Frage jedoch irrelevant, da die Wegzugsbesteuerung nach § 6 AStG ihre Rechtsfolge ebenfalls an einen Anteil i.S.d. § 17 EStG anknüpft. Relevant könnte diese Frage jedoch in Schenkungs- und Erbschaftsfällen erlangen. Denn die Schenkung bzw. Vererbung von Personengesellschaftsanteilen war im Vergleich zu Kapitalgesellschaftsanteilen in früheren Zeiten regelmäßig erbschaft- und. schenkungssteuerrechtlich günstiger.[934]

Die Finanzverwaltung sieht auch für im Privatvermögen gehaltene alteinbringungsgeborene Anteile nach § 21 UmwStG 1995 den Anwendungsbereich von § 50i Abs. 1 Satz 1 EStG als eröffnet an.[935] Zunächst ist festzustellen, dass der Wortlaut der Vorschrift eine Einbeziehung von Anteilen nach § 21 UmwStG 1995 nicht vorsieht.[936] Auch wenn die Anteile i.S.d. § 21 UmwStG 1995 regelmäßig die Voraussetzungen von § 17 EStG erfüllen werden, sieht der BFH in ständiger Rechtsprechung eine Subsidiarätit von § 17 EStG gegenüber § 21 UmwStG 1995.[937] Damit gelten hinsichtlich einer möglichen Nachversteuerung die Vorschriften des § 27 Abs. 3 Nr. 3 UmwStG i.V.m. § 21 Abs. 2 UmwStG 1995. Insofern werden die alteinbringungsgeborenen Anteile nach der hier vertretenen Auffassung nicht von § 50i Abs. 1 Satz 1 erfasst.[938] Jedoch besteht aus

933 Hierfür spricht auch, dass § 50i Abs. 1 Satz 1 EStG nur Anteile erfasst, die vor dem 29.06.2013 in das Betriebsvermögen der Personengesellschaft überführt/übertragen wurden. Damit sollte dieses Datum auch die zeitliche Grenze für die Rechtslage markieren, nach der zu prüfen ist, ob Anteile i.S.d. § 17 EStG vorliegen.

934 Vgl. **Liekenbrock,** IStR 2013, S. 693.

935 Vgl. BMF, Schreiben vom 26.09.2014, BStBl. I 2014, S. 1258, Tz. 2.3.3.

936 So auch **Gosch,** in: Kirchhof (Hrsg.), EStG, 2017, § 50i EStG, Rn. 14.

937 Vgl. BFH, Urteil vom 10.11.1992, VIII R 40/89, BStBl. II 1994, S. 222, Tz. 13, 18; BFH, Urteil vom 17.10.2001, I R 111/10, BFH/NV 2002, S. 628, Tz. 10; BFH, Urteil vom 24.06.2008, IX R 58/05, BStBl. II 2008, S. 872, Tz. 14.

938 Vgl. **Häck,** IStR 2015, S. 273, Fn. 49; **Gosch,** in: Kirchhof (Hrsg.), EStG, 2017, § 50i EStG, Rn. 14; **Liekenbrock,** in: Flick/Wassermeyer/Baumhoff et al. (Hrsg.), Außensteuerrecht, § 50i EStG, Rn. 63; **Bron,** DStR 2014, S. 1851; **Loschelder,** in: Schmidt, EStG, 2018, § 50i EStG, Rn. 6; **Rehfeld,** in: Herrmann/Heuer/Raupach, EStG/KStG, § 50i EStG, Rn. 16; **Crezelius,** JbFfSt 2014/2015, 2014, S. 489; **Bodden,** in: Korn, EStG, § 50i EStG, Rn. 34.

Überführung Rechtsvorgänge, in denen ein Wirtschaftsgut einem anderen (Sonder-)Betriebsvermögen desselben Steuerpflichtigen zugeordnet wird. Es findet demnach kein Rechtsträgerwechsel statt.[950] Insofern kann § 50i Abs. 1 Satz 1 EStG bspw. auch zur Anwendung gelangen, wenn der Steuerpflichtige Wirtschaftsgüter an die Personengesellschaft vermietet und damit SBV I entsteht.[951]

§ 50i Abs. 1 Satz 1 EStG verlangt die Übertragung oder Überführung „in" das steuerliche Betriebsvermögen der Personengesellschaft. Dieses umfasst sowohl das Gesamthandsvermögen als auch das Sonderbetriebsvermögen.[952] Ob den Wirtschaftsgütern oder Anteilen ein substantieller Wert beizumessen ist, ist nicht entscheidend.[953] Mit Liekenbrock[954] ist davon auszugehen, dass Vermögensumschichtungen innerhalb des steuerlichen Betriebsvermögens einer Personengesellschaft nicht von § 50i Abs. 1 Satz 1 EStG erfasst sind, da der Tatbestand voraussetzt, dass die Überführung oder Übertragung „in" das steuerliche Betriebsvermögen erfolgt. Insofern dürfen die Wirtschaftsgüter und Anteile i.S.d. § 17 EStG vor der Übertragung oder Überführung nicht bereits als Betriebsvermögen der Personengesellschaft qualifizieren. Ebenfalls sind Wirtschaftsgüter und Anteile i.S.d. § 17 EStG nicht von § 50i Abs. 1 Satz 1 EStG erfasst, wenn es an einer Überführung oder Übertragung mangelt. Dies ist bspw. dann der Fall, wenn die Anteile (etwa im Rahmen einer Ausgliederung zur Neugründung nach § 123 Abs. 3 Nr. 2 UmwG) originär in der Hand der Personengesellschaft entstanden sind.[955]

Weitere Tatbestandsvoraussetzung ist, dass die Besteuerung der stillen Reserven der übertragenen Wirtschaftsgüter oder Anteile i.S.d. § 17 EStG im Zeitpunkt der Übertragung oder Überführung unterblieben ist.[956] Welcher Grund

---

950 Zur begrifflichen Unterscheidung der Übertragung von der Überführung vgl. BFH, Urteil vom 21.06.2012, IV R 1/08, BFH/NV 2012, S. 1536, Tz. 27 f.

951 Vgl. ebenso **Pohl,** in: Blümich, EStG/KStG/GewStG, § 50i EStG, Rn. 20; a.A. **Salzmann,** IWB 2013, S. 411, welcher eine Überführung ohne Rechtsträgerwechsel nur bei einer gewerblichen Prägung einer bisher vermögensverwaltenden Personengesellschaft als möglich erachtet.

952 Z.B. BFH, Urteil vom 10.11.1992, VIII R 40/89, BStBl. II 1994, S. 222.

953 Vgl. **Liekenbrock,** DStR 2016, S. 2611.

954 Vgl. **Liekenbrock,** in: Flick/Wassermeyer/Baumhoff et al. (Hrsg.), Außensteuerrecht, § 50i EStG, Rn. 78.

955 Vgl. **Salzmann,** IWB 2013, S. 411; **Pohl,** in: Blümich, EStG/KStG/GewStG, § 50i EStG, Rn. 20.

956 Trotz Erfüllung der sachlichen Tatbestandsvoraussetzungen läuft § 50i Abs. 1 Satz 1 EStG bei Anteilen an einer Komplementär-GmbH, bei denen der Kommanditist gleichzeitig Gesellschafter der Komplementär-GmbH ist, mangels Vorliegen stiller Reserven regelmäßig leer; **Heinlein/Euchner,** BB 2016, S. 796 f.

hierfür einschlägig ist, ist irrelevant.[957] In Betracht kommen rechtliche und tatsächliche Gründe.[958] Zum einen kann dies darauf zurückzuführen sein, dass kein Realisationsakt vorliegt (bspw. die verdeckte Einlage eines Wirtschaftsguts in das Gesamthandsvermögen ohne Gewährung von Gesellschaftsrechten). Zum anderen besteht die Möglichkeit, dass ein Realisationsakt steuerneutral behandelt wird (bspw. die Einlage eine Wirtschaftsguts in das Gesamthandsvermögen gegen Gewährung von Gesellschaftsrechten gem. § 6 Abs. 5 Satz 3 Nr. 1 EStG). Darüber hinaus besteht die Möglichkeit, dass die Besteuerung stiller Reserven seitens der Finanzverwaltung versäumt wurde.[959] Unabhängig davon, welcher Grund dafür vorliegt, dass die stillen Reserven nicht besteuert wurden, ist § 50i Abs. 1 Satz 1 EStG anwendbar.[960] Sollten jedoch Sperrfristverletzungen vorliegen, welche zu einer rückwirkenden Versteuerung der stillen Reserven führen, so hat eine Besteuerung stattgefunden und § 50i Abs. 1 Satz 1 EStG ist nicht anwendbar.[961] Für die Anwendung von § 50i Abs. 1 Satz 1 EStG ist es jedoch nicht erforderlich, dass im Zeitpunkt der Übertragung oder Überführung bereits ein DBA-Ausländer an der Personengesellschaft beteiligt war.[962]

Weiterhin setzt § 50i Abs. 1 Satz 1 EStG voraus, dass die stillen Reserven der Wirtschaftsgüter oder Anteile i.S.d. § 17 EStG im Zeitpunkt der Übertragung oder Überführung nicht besteuert wurden. In diesem Zusammenhang stellt sich die Frage, ob § 50i Abs. 1 Satz 1 EStG eine vollständige Nichtbesteuerung der stillen Reserven voraussetzt oder ob auch eine anteilige Nichtbesteuerung der stillen Reserven für die Anwendung der Vorschrift ausreicht. Nach Auffassung der Finanzverwaltung ist der Ansatz von Zwischenwerten und damit die lediglich anteilige Aufdeckung stiller Reserven ausreichend, um § 50i Abs. 1 Satz 1 EStG zur Anwendung zu bringen.[963] Nach überzeugender Auffassung der Literatur[964]

957 Vgl. **Loschelder,** in: Schmidt, EStG, 2018, § 50i EStG, Rn. 6; **Gosch,** in: Kirchhof (Hrsg.), EStG, 2017, § 50i EStG, Rn. 16; **Bodden,** in: Korn, EStG, § 50i EStG, Rn. 38.

958 Vgl. **Pohl,** IStR 2013, S. 701; **Pohl,** in: Blümich, EStG/KStG/GewStG, § 50i EStG, Rn. 23; **Bäuml,** in: Frotscher/Geurts (Hrsg.), EStG, § 50i EStG, Rn. 42.

959 Vgl. **Pohl,** IStR 2013, S. 701.

960 Vgl. **Liekenbrock,** in: Flick/Wassermeyer/Baumhoff et al. (Hrsg.), Außensteuerrecht, § 50i EStG, Rn. 89.

961 Vgl. **Pohl,** in: Blümich, EStG/KStG/GewStG, § 50i EStG, Rn. 23.

962 Vgl. **Liekenbrock,** in: Flick/Wassermeyer/Baumhoff et al. (Hrsg.), Außensteuerrecht, § 50i EStG, Rn. 58, 77.1.

963 Vgl. BMF, Schreiben vom 26.09.2014, BStBl. I 2014, S. 1258, Tz. 2.3.3.2.

964 Vgl. **Gosch,** in: Kirchhof (Hrsg.), EStG, 2017, § 50i EStG, Rn. 16; **Liekenbrock,** in: Flick/Wassermeyer/Baumhoff et al. (Hrsg.), Außensteuerrecht, § 50i EStG, Rn. 90; **Bodden,** in: Korn, EStG, § 50i EStG, Rn. 33; wohl auch **Pohl,** in: Blümich, EStG/KStG/

stellt der Wortlaut der Vorschrift jedoch auf die vollständige Nichtbesteuerung der stillen Reserven ab, da „eine" Besteuerung der stillen Reserven im Zeitpunkt der Übertragung oder Überführung unterblieben sein muss. Der unbestimmte Artikel „eine" ist nach meiner Auffassung so zu verstehen, dass „jegliche" Besteuerung stiller Reserven unterblieben ist. Insofern bedarf es zweierlei. Zum einen müssen stille Reserven vorhanden sein.[965] Zum anderen bedarf es für die Anwendung der Vorschrift eines Buchwertansatzes. Darüber hinaus stellt auch die aus einer etwaigen Verlustverrechnung resultierende Abmilderung bzw. Neutralisierung der Besteuerung keine Nichtbesteuerung dar, da zunächst ein Veräußerungsgewinn ermittelt wird, welcher aber aufgrund der Verlustverrechnung nicht bzw. nur anteilig zu einer Besteuerung führt.[966]

Die von § 50i Abs. 1 Satz 1 EStG erfassten Übertragungsvorgänge betreffen die verdeckte Privateinlage,[967] die unentgeltliche Übertragung oder die Übertragung gegen Gewährung von Gesellschaftsrechten nach § 6 Abs. 5 Satz 3 Nr. 1 und 2 EStG[968] sowie die Umwandlungsvorgänge nach § 3 Abs. 2 UmwStG (Verschmelzung einer Kapitalgesellschaft auf eine Personengesellschaft), §§ 3 Abs. 2, 16 UmwStG (Aufspaltung einer Kapitalgesellschaft, Abspaltung von einer Kapitalgesellschaft auf eine Personengesellschaft) oder § 24 Abs. 2 UmwStG (Verschmelzung von Personengesellschaften, Ausgliederung aus Körperschaften oder Personengesellschaften auf die Personengesellschaft).[969] Nach Auffassung der Finanzverwaltung stellt auch die Aufnahme eines neuen Gesellschafters in die Personengesellschaft i.S.d. § 15

GewStG, § 50i EStG, Rn. 24; **Pohl,** IStR 2013, S. 701; **Bodden,** in: Korn, EStG, § 50i EStG, Rn. 38; a.A. **Bäuml,** in: Frotscher/Geurts (Hrsg.), EStG, § 50i EStG, Rn. 41.

965 Vgl. **Heinlein/Euchner,** BB 2016, S. 797, **Bodden,** in: Korn, EStG, § 50i EStG, Rn. 42.1.

966 Vgl. **Liekenbrock,** in: Flick/Wassermeyer/Baumhoff et al. (Hrsg.), Außensteuerrecht, § 50i EStG, Rn. 90.

967 Nach Auffassung der Finanzverwaltung kann die unentgeltliche Übertragung eines Wirtschaftsguts auf eine betriebliche Personengesellschaft (verdeckte Einlage) angenommen werden, wenn ausschließlich ein gesamthänderisch gebundenes Rücklagenkonto erhöht oder handelsrechtlich ein Ertrag gebucht und dieser Ertrag außerbilanziell als Einlage neutralisiert wird, vgl. BMF, Schreiben vom 11.07.2011, BStBl. I 2011, S. 713. Nach § 6 Abs. 1 Nr. 5 Buchst. b) EStG sind die verdeckt eingelegten Anteile mit den (historischen) Anschaffungskosten zu bewerten.

968 Eine Erfassung von § 6 Abs. 5 Satz 3 Nr. 3 EStG kommt nicht in Betracht, da es hierbei an einer Übertragung in das Betriebsvermögen der Personengesellschaft fehlt; vgl. **Schnittker/Haselmann,** in: Wassermeyer/Richter/Schnittker, Personengesellschaften im IStR, 2015, Kapitel 14, Rn. 14.33, Fn. 1.

969 Vgl. **Schnittker/Haselmann,** in: Wassermeyer/Richter/Schnittker, Personengesellschaften im IStR, 2015, Kapitel 14, Rn. 14.33 m.w.N.

Abs. 3 EStG eine Einbringung nach § 24 UmwStG im Wege der Einzelrechtsnachfolge dar. Denn auch die Altgesellschafter bringen ihre Mitunternehmeranteile an der „alten" Personengesellschaft in einen um den neuen Gesellschafter erweiterte „neue" Personengesellschaft ein.[970] Insofern dürfte § 50i Abs. 1 Satz 1 EStG auch in solchen Fällen anzuwenden sein.[971]

All diesen Fällen gemeinsam ist der Ansatz von Buchwerten bzw. Anschaffungskosten im Zeitpunkt der Übertragung, so dass § 50i Abs. 1 Satz 1 EStG anwendbar ist. Darüber hinaus sind auch die zu Buchwerten erfolgende Realteilung einer Unter-Personengesellschaft nach § 16 Abs. 3 Satz 2 EStG sowie die ebenfalls steuerneutral zu vollziehende Anwachsung des Betriebsvermögens einer Unterpersonengesellschaft auf die Oberpersonengesellschaft nach § 738 BGB von der Vorschrift erfasst.[972] Keine Übertragung i.S.v. § 50i Abs. 1 Satz 1 EStG liegt vor, wenn die Personengesellschaft Wirtschaftsgüter oder Anteile i.S.d. § 17 EStG erwirbt.[973] Auch fehlt es in diesem Zusammenhang am Tatbestandsmerkmal der Nichtbesteuerung, da die stillen Reserven durch den Veräußerer versteuert werden.

Unter den Begriff der Überführung i.S.v. § 50i Abs. 1 Satz 1 EStG sind insbesondere die Fälle des § 6 Abs. 5 Satz 2 EStG zu fassen, welche sich sowohl auf die steuerneutrale Überführung von Betriebsvermögen eines Steuerpflichtigen in dessen Sonderbetriebsvermögen bei einer Mitunternehmerschaft als auch auf die steuerneutrale Überführung von Wirtschaftsgütern zwischen verschiedenen Sonderbetriebsvermögen desselben Steuerpflichtigen bei verschiedenen Mitunternehmerschaften erstrecken.[974] Als Überführungsvorgang könnte auch die gewerbliche Prägung einer bislang vermögensverwaltenden Personengesellschaft qualifizieren.[975] Die h.M. sieht zudem auch bei der in das

---

970 Vgl. BMF, Schreiben vom 11.11.2011, BStBl. I 2011, S. 1314, Tz. 1.47.

971 Vgl. **Schnittker/Haselmann,** in: Wassermeyer/Richter/Schnittker, Personengesellschaften im IStR, 2015, Kapitel 14, Rn. 14.35.

972 Zur steuerneutralen Realteilung einer Unterpersonengesellschaft vgl. **Bauschatz,** FR 2004, S. 573; **Wacker,** in: Schmidt, EStG, 2018, § 16 EStG, Rn. 544 ff. Zur steuerneutralen Anwachsung vgl. BMF, Schreiben vom 11.11.2011, BStBl. I 2011, S. 1314, Tz. 01.47; **Patt,** in: Dötsch/Patt/Pung/Möhlenbrock, UmwStG, 2012, § 24 UmwStG, Rn. 14.

973 Vgl. **Pohl,** in: Blümich, EStG/KStG/GewStG, § 50i EStG, Rn. 20; **Liekenbrock,** IStR 2013, S. 694; **Salzmann,** IWB 2013, S. 411; **Bron,** DStR 2014, S. 1851.

974 Vgl. **Liekenbrock,** IStR 2013, S. 700.

975 So **Salzmann,** IWB 2013, S. 411.

Sonderbetriebsvermögen vollzogenen Privateinlage eine Überführung i.S.d. § 50i Abs. 1 Satz 1 EStG.[976]

Nach der Ergänzung von § 50i Abs. 1 Satz 1 EStG i.d.F. des AmtshilfeRLUmsG durch die Einführung von § 50i Abs. 1 Satz 2 EStG im Rahmen des KroatienAnpG fällt auch die Einbringung zu Buchwerten nach § 20 UmwStG unter die Vorschrift. Inwiefern der Formwechsel einer originär gewerblich tätigen Unterpersonengesellschaft in eine Kapitalgesellschaft eine Übertragung oder Überführung darstellt, ist fraglich. Nach dem Formwechsel ist die Beteiligung an der Kapitalgesellschaft mangels abkommensrechtlicher Betriebsstätte in Deutschland dem im DBA-Ausland ansässigen Mitunternehmer zuzuordnen. Damit führt der Formwechsel zu einem Verlust des Besteuerungsrecht Deutschlands. Dennoch erfasst der eindeutige Wortlaut der Norm einen solchen Fall nicht,[977] so dass § 50i Abs. 1 Satz 1 EStG nach meiner Auffassung nicht anwendbar ist.

Beim Formwechsel einer vermögensverwaltend tätigen Kapitalgesellschaft in eine gewerblich geprägte Personengesellschaft stellt sich ebenfalls die Frage der Anwendung von § 50i Abs. 1 Satz 1 EStG. Denn nach zivilrechtlichen Grundsätzen liegt kein neues Vermögen vor, da ein Formwechsel lediglich einen Wechsel des Rechtskleides darstellt.[978] Nach dem Zivilrecht zu urteilen, kommt es somit nicht zu einer Anwendung von § 50i Abs. 1 Satz 1 EStG.[979] Umwandlungssteuerrechtlich wird hingegen nach § 9 i.V.m. § 3 ff. UmwStG ein Vermögensübergang fingiert,[980] was für die Anwendung von § 50i Abs. 1 Satz 1 EStG sprechen könnte.[981] Nach der hier vertretenen Auffassung führt ein Formwechsel von einer vermögensverwaltend tätigen Kapitalgesellschaft in eine gewerblich

---

976 Vgl. **Prinz,** DB 2013, S. 1380; **Töben,** IStR 2013, S. 685; **Pohl,** in: Blümich, EStG/KStG/GewStG, § 50i EStG, Rn. 20; **von Brocke/Rottenmoser,** SteuK 2013, S. 422; **Mitschke,** FR 2013, S. 698; BMF, Schreiben vom 26.09.2014, BStBl. I 2014, S. 1258, Tz. 2.3.3.2; **Liekenbrock,** IStR 2013, S. 694.

977 Vgl. **Liekenbrock,** in: Flick/Wassermeyer/Baumhoff et al. (Hrsg.), Außensteuerrecht, § 50i EStG, Rn. 82.

978 Z.B. **Birkemeier,** in: Rödder/Herlinghaus/van Lishaut, UmwStG, 2013, § 3, Rn. 51.

979 Vgl. auch **Gosch,** in: Kirchhof (Hrsg.), EStG, 2017, § 50i EStG, Rn. 16; **Bron,** DStR 2014, S. 1851; **Liekenbrock,** IStR 2013, S. 695; **Lang/Benz,** StBJb 2014/2015, 2015, S. 193; **Rehfeld,** in: Herrmann/Heuer/Raupach, EStG/KStG, § 50i EStG, Rn. 16; **Bodden,** in: Korn, EStG, § 50i EStG, Rn. 35 welche das Zivilrecht für § 50i Abs. 1 Satz 1 EStG als einschlägig erachten.

980 Z.B. **Birkemeier,** in: Rödder/Herlinghaus/van Lishaut, UmwStG, 2013, § 9, Rn. 2.

981 Vgl. für den Hinweis auch **Liekenbrock,** in: Flick/Wassermeyer/Baumhoff et al. (Hrsg.), Außensteuerrecht, § 50i EStG, Rn. 83; **Schnittker/Haselmann,** in: Wassermeyer/Richter/Schnittker, Personengesellschaften im IStR, 2015, Kapitel 14, Rn. 14.34.

geprägte Personengesellschaft weder zu einer Übertragung noch zu einer Überführung, da zum einen kein Rechtsträgerwechsel erfolgt und zum anderen keine Zuordnung zu einem anderen Betriebsvermögen vorgenommen wird.[982]

Sofern Wirtschaftsgüter aus einem ausländischen Stammhaus in eine inländische Betriebsstätte überführt werden, stellt sich die Frage, ob diese gem. § 6 Abs. 1 Buchst. 5a EStG mit dem gemeinen Wert anzusetzende fiktive Einlage nach § 4 Abs. 1 Satz 8 Halbs. 2 EStG einen Überführungsvorgang nach § 50i Abs. 1 Satz 1 EStG darstellt.[983] BFH und Finanzverwaltung gehen unabhängig von § 50i Abs. 1 Satz 1 EStG von einer Überführung aus.[984] Auch wenn der Gesetzeswortlaut nicht darauf abstellt, dass lediglich im Inland steuerverhaftete Wirtschaftsgüter und Anteile i.S. des § 17 EStG von § 50i Abs. 1 Satz 1 EStG erfasst sind, spricht der Gesetzeszweck eindeutig für eine solche Auslegung. Insofern sollte die fiktive Einlage nach § 4 Abs. 1 Satz 8 Halbs. 2 EStG keine Überführung i.S.d. § 50i Abs. 1 Satz 1 EStG darstellen.[985] Hierfür spricht auch, dass § 50i Abs. 1 Satz 1 EStG verlangt, dass die Wirtschaftsgüter und Anteile i.S. des § 17 EStG „in" das Betriebsvermögen der Personengesellschaft überführt werden. Bei der fiktiven Einlage i.S.d. § 4 Abs. 1 Satz 8 Halbs. 2 EStG waren die Wirtschaftsgüter und Anteile i.S.d. § 17 EStG aber bereits vor der Überführung Betriebsvermögen der Personengesellschaft, so dass eine Anwendung von § 50i Abs. 1 Satz 1 EStG ausscheidet. Gleiches gilt, wenn der bislang im DBA-Ausland ansässige Mitunternehmer ins Inland oder in einen Nicht-DBA-Staat verzieht.[986] Zu guter letzt spricht gegen die Anwendung von § 50i Abs. 1 Satz 1 EStG bei Vorliegen einer fiktiven Einlage, dass eine Versteuerung der stillen Reserven im überführenden Staat im Zeitpunkt der Überführung regelmäßig erfolgt, so dass es an einer steuerneutralen Überführung fehlt.[987]

---

982 Vgl. **Rehfeld,** in: Herrmann/Heuer/Raupach, EStG/KStG, § 50i EStG, Rn. 16; **Bodden,** in: Korn, EStG, § 50i EStG, Rn. 35; **Liekenbrock,** in: Flick/Wassermeyer/Baumhoff et al. (Hrsg.), Außensteuerrecht, § 50i EStG, Rn. 83.

983 Bejahend **Gosch,** in: Kirchhof (Hrsg.), EStG, 2017, § 50i EStG, Rn. 16; zweifelnd **Liekenbrock,** IStR 2013, S. 694 f.

984 Vgl. BFH, Urteil vom 16.07.1969, I 266/65, BStBl. II 1970, S. 175; BFH, Urteil vom 17.07.2008, I R 77/06, BStBl. II 2009, S. 464.

985 Vgl. **Liekenbrock,** in: Flick/Wassermeyer/Baumhoff et al. (Hrsg.), Außensteuerrecht, § 50i EStG, Rn. 84.

986 Vgl. **Liekenbrock,** in: Flick/Wassermeyer/Baumhoff et al. (Hrsg.), Außensteuerrecht, § 50i EStG, Rn. 84.

987 Vgl. **Rehfeld,** in: Herrmann/Heuer/Raupach, EStG/KStG, § 50i EStG, Rn. 16; **Liekenbrock,** IStR 2013, S. 694; **Bäuml,** in: Frotscher/Geurts (Hrsg.), EStG, § 50i EStG, Rn. 45.

Auch die Übertragung eines Mitunternehmeranteils im Wege der vorweggenommenen Erbfolge (§ 6 Abs. 3 EStG) stellt keine Übertragung oder Überführung i.S.d. § 50i Abs. 1 Satz 1 EStG dar, da ein Mitunternehmeranteil nicht als Wirtschaftsgut qualifiziert und durch die Anwendung von § 6 Abs. 3 EStG auch keine Wirtschaftsgüter in das Betriebsvermögen der Personengesellschaft übertragen oder überführt werden. Das Betriebsvermögen der Personengesellschaft bleibt demnach von der vorweggenommenen Erbfolge unberührt.[988] Sollten in das Betriebsvermögen der Personengesellschaft jedoch Wirtschaftsgüter oder Anteile i.S.d. § 17 EStG vor der vorweggenommenen Erbfolge steuerneutral übertragen worden sein, so bleiben diese beim Übernehmer nach § 50i Abs. 1 Satz 1 EStG steuerverhaftet.[989]

Mangels Wirtschaftsguteigenschaft ist auch die nach § 24 UmwStG mögliche Einbringung eines Mitunternehmeranteils zu Buchwerten nicht von § 50i Abs. 1 Satz 1 EStG erfasst.[990] Davon unabhängig ist jedoch die Frage zu beantworten, ob das Betriebsvermögen der Personengesellschaft nach § 50i Abs. 1 Satz 1 EStG steuerverhaftet ist, deren Anteile eingebracht wurden.[991] Auch führt die Einbringung eines Gewerbebetriebs nach § 24 UmwStG nicht zu einer Übertragung oder Überführung i.S.d. § 50i Abs. 1 Satz 1 EStG, da die Personengesellschaft i.S.d. § 15 Abs. 3 EStG ihre fiktive Gewerblichkeit nach der Einbringung gegen eine originäre Gewerblichkeit tauscht, bei der das deutsche Besteuerungsrecht gesichert ist. Zudem stellt § 50i Abs. 1 Satz 1 EStG nicht auf die Übertragung und Überführung von Sachgesamtheiten, sondern auf einzelne Wirtschaftsgüter und Anteile i.S.d. § 17 EStG ab, so dass die Einbringung eines Gewerbebetriebes auch aus diesem Grund nicht unter die Regelung fallen sollte.[992]

---

988 Vgl. **Gosch,** in: Kirchhof (Hrsg.), EStG, 2017, § 50i EStG, Rn. 16; **Liekenbrock,** IStR 2013, S. 695

989 Vgl. **Liekenbrock,** in: Flick/Wassermeyer/Baumhoff et al. (Hrsg.), Außensteuerrecht, § 50i EStG, Rn. 85.

990 Vgl. **Gosch,** in: Kirchhof (Hrsg.), EStG, 2017, § 50i EStG, Rn. 16; **Liekenbrock,** IStR 2013, S. 695; **Salzmann,** IWB 2013, S. 411.

991 Vgl. **Liekenbrock,** in: Flick/Wassermeyer/Baumhoff et al. (Hrsg.), Außensteuerrecht, § 50i EStG, Rn. 86.

992 Vgl. **Liekenbrock,** in: Flick/Wassermeyer/Baumhoff et al. (Hrsg.), Außensteuerrecht, § 50i EStG, Rn. 89.

(4) Ausschluss oder Beschränkung des Besteuerungsrechts Deutschlands vor dem 01.01.2017

Mit dem Anti-BEPS-Umsetzungsgesetz I[993] hat der Gesetzgeber die sachlichen Tatbestandsvoraussetzungen in § 50i Abs. 1 Satz 1 Nr. 3 EStG dahingehend erweitert, dass es für die Anwendung der Norm notwendig ist, dass das Besteuerungsrecht Deutschlands hinsichtlich der Besteuerung des Gewinns aus der Veräußerung oder Entnahme der steuerverhafteten Wirtschaftsgüter oder Anteile ungeachtet der Anwendung von § 50i Abs. 1 EStG vor dem 01.01.2017 ausgeschlossen oder beschränkt wurde (sog. „hypothetische Entstrickung"[994]). Sofern der Ausschluss oder die Beschränkung des Besteuerungsrechts ab dem 01.01.2017 eintritt, kommen die allgemeinen Entstrickungsregelungen zum Tragen.

Die Beurteilung, ob ohne Anwendung des § 50i Abs. 1 EStG ein Ausschluss oder eine Beschränkung des deutschen Besteuerungsrechts vor dem 01.01.2017 vorliegt, hat nach allgemeinen Enstrickungsgrundsätzen zu erfolgen.[995] Der Entstrickungsbegriff ist im deutschen Steuerrecht nicht legaldefiniert. Der Begriff wird regelmäßig[996] zur Beschreibung von Sachverhalten verwandt, durch die die mit den Wirtschaftsgütern in Zusammenhang stehenden stillen Reserven dem deutschen Besteuerungsrecht[997] ganz (Ausschluss) oder teilweise (Beschränkung) entzogen werden, ohne dass ein die Gewinnrealisierung auslösender Leistungsaustausch vorliegt.[998] Von einem Ausschluss des deutschen Besteuerungsrechts ist auszugehen, wenn bspw. ein nach nationalem Steuerrecht steuerpflichtiger Sachverhalt im Rahmen eines DBA von der Besteuerung freigestellt wird. Eine Beschränkung des Besteuerungsrechts liegt bspw. vor, wenn ein nach

993 Vgl. Anti-BEPS-Umsetzungsgesetz I, Gesetz vom 20.12.2016, BGBl. I 2016, S. 3000 ff.

994 Vgl. **Liekenbrock,** ISR 2017, S. 178.

995 Vgl. **Liekenbrock,** in: Flick/Wassermeyer/Baumhoff et al. (Hrsg.), Außensteuerrecht, § 50i EStG, Rn. 90.2.

996 Vgl. BFH, Urteil vom 10.02.1972, I R 205/66, BStBl. II 1972, S. 455; BFH, Urteil vom 29.01.1975, I R 135/70, BStBl. II 1975, S. 553; BFH, Urteil vom 29.10.1981, IV R 138/78, BStBl. II 1982, S. 381; BFH, Urteil vom 13.11.1990, VIII R 152/86, BStBl. II 1991, S. 94.

997 Vgl. **Pohl,** in: Blümich, EStG/KStG/GewStG, § 50i EStG, Rn. 25a.

998 Vgl. Bundestag, vom, 25.09.2006, BT-Drs. 16/2710, Gesetzentwurf SEStEG, S. 26; **Thiel,** StKRep 1968, S. 278; **Schaumburg,** in: Schaumburg, Internationales, 2017, Kapitel 6 Einkommensteuer, Rn. 6.372; **Prinz,** GmbHR 2012, S. 195; **Prinz,** GmbHR 2007, S. 967; **Dörfler/Adrian/Oblau,** RIW 2007, S. 267 f.; **Rödder/Schumacher,** DStR 2006, S. 1482.

nationalem Steuerrecht steuerpflichtiger Sachverhalt durch ein DBA auf ein anteiliges Quellenbesteuerungsrecht reduziert wird.[999]

Nach der neu gefassten Tatbestandsvoraussetzung macht es keinen Unterschied, ob das deutsche Besteuerungsrecht vollständig oder anteilig ausgeschlossen oder beschränkt wurde. D.h., dass jeder noch so kleine kapitalmäßige Anteil eines im DBA-Ausland ansässigen Gesellschafters einer Personengesellschaft i.S.d. § 15 Abs. 3 EStG zu einer § 50i EStG-Infizierung führt.[1000] Ebenfalls ist der Wert der übertragenen Wirtschaftsgüter oder Anteile i.S.d. § 17 EStG nicht von Bedeutung.[1001]

Im Falle einer durch einen im DBA-Ausland ansässigen Gesellschafter verwirklichten § 50i-Struktur bleiben die betroffenen Wirtschaftsgüter und Anteile i.S.d. § 17 EStG in Deutschland steuerverhaftet und können damit auch über den 31.12.2016 hinaus keinen allgemeinen Entstrickungstatbestand verwirklichen.[1002] Fraglich ist, was passiert, wenn sich der im DBA-Ausland ansässige Steuerpflichtige, welcher an einer § 50i-Gesellschaft beteiligt ist, dazu entschließt, nach Deutschland zurückzukehren. Dem Wortlaut folgend, wird nach § 50i Abs. 1 Satz 1 Nr. 3 EStG nur gefordert, dass ein Auschluss oder eine Beschränkung des Besteuerungsrechts ohne Anwendung von § 50i Abs. 1 EStG vorliegt. Insofern erfolgt eine zeitpunktbezogene Prüfung. Damit ist § 50i Abs. 1 EStG auch in Fällen der Rückkehr zur unbeschränkten Steuerpflicht weiterhin anzuwenden. Als Beispiel hierfür sind zu nennen, dass Steuerpflichtige regelmäßig für einige Jahre im Ausland studieren oder arbeiten und anschließend nach Deutschland zurückkehren. Damit wirkt der Entstrickungsschutz in solchen Fällen auch über den 31.12.2016 hinaus. Interessant ist in diesem Zusammenhang die Frage, ob bei einem erneuten Wegzug § 50i Abs. 1 EStG anwendbar bleibt, und es damit auf die Veräußerung der Wirtschaftsgüter oder Anteile i.S.d. § 17 EStG ankommt, oder ob die allgemeinen Entstrickungsregelungen anzuwenden sind. Nach überzeugender Auffassung von Liekenbrock[1003] gibt der Wortlaut nicht her, dass einmal infizierte Wirtschaftsgüter oder Anteile i.S.d.

---

999 Vgl. **Liekenbrock,** in: Flick/Wassermeyer/Baumhoff et al. (Hrsg.), Außensteuerrecht, § 50i EStG, Rn. 90.2; **Neumann-Tomm,** in: Lademann, EStG, § 50i EStG, Rn. 85.

1000 Vgl. **Liekenbrock,** DStR 2016, S. 2611; **Bodden,** in: Korn, EStG, § 50i EStG, Rn. 52.3.

1001 Vgl. **Liekenbrock,** in: Flick/Wassermeyer/Baumhoff et al. (Hrsg.), Außensteuerrecht, § 50i EStG, Rn. 90.2.

1002 Vgl. **Liekenbrock,** in: Flick/Wassermeyer/Baumhoff et al. (Hrsg.), Außensteuerrecht, § 50i EStG, Rn. 90.3.

1003 Vgl. **Liekenbrock,** in: Flick/Wassermeyer/Baumhoff et al. (Hrsg.), Außensteuerrecht, § 50i EStG, Rn. 90.4; **Liekenbrock,** DStR 2017, S. 180.

§ 17 EStG diese Infektion ohne Verkauf oder Entnahme wieder ablegen können. Insofern spricht viel dafür, dass § 50i Abs. 1 EStG in solchen Fällen auch über den 31.12.2016 hinaus anwendbar ist.[1004]

(5) Veräußerung oder Entnahme der Wirtschaftsgüter oder Anteile i.S.d. § 17 EStG ab dem 30.06.2013

Ein Veräußerungsvorgang ist nach Auffassung des BFH eine entgeltliche Übertragung zwischen zwei Rechtsträgern.[1005] Hierunter sind auch tauschähnliche Vorgänge zu fassen, soweit ein entgeltliches Rechtsgeschäft vorliegt.[1006] Nach § 17 Abs. 1 Satz 2 EStG ist auch die verdeckte Einlage von Anteilen nach § 17 EStG in eine Kapitalgesellschaft als Veräußerung zu behandeln.[1007] Ebenso gelten die Auflösung einer Kapitalgesellschaft, die Kapitalherabsetzung, wenn das Kapital zurückgezahlt wird, und die Ausschüttung oder Zurückzahlung von Beträgen aus dem steuerlichen Einlagenkonto nach § 17 Abs. 4 Satz 1 EStG als Veräußerung.[1008] Die Finanzverwaltung qualifiziert alle Umstrukturierungen i.S.d. UmwStG als einer Veräußerung gleiche Realisiationsvorgänge.[1009] Da § 50i Abs. 1 Satz 1 EStG auf einen Veräußerungsvorgang abzielt, ist nach Auffassung der Finanzverwaltung auch die Umwandlung oder Einbringung der Mitunternehmeranteile von der Vorschrift erfasst.[1010] Aufgrund dessen, dass § 50i Abs. 2 EStG erst ab dem 01.01.2014 gilt, konnten Einbringungen bis zum 31.12.2013 aber dennoch zum Buchwert erfolgen.

Ob § 50i Abs. 1 Satz 1 EStG auch auf die Veräußerung eines Mitunternehmeranteils anwendbar ist, ist fraglich.[1011] Nach dem Wortlaut ist ein solcher Veräußerungsvorgang nicht erfasst. Dafür spricht jedoch, dass nach dem bei

---

1004 Vgl. ebenso **Neumann-Tomm,** in: Lademann, EStG, § 50i EStG, Rn. 88/3.

1005 Vgl. BFH, Urteil vom 17.09.2003, I R 97/02, BStBl. II 2004, S. 686, Tz. 8 f.

1006 Vgl. **Eckstein,** in: Herrmann/Heuer/Raupach, EStG/KStG, § 6 EStG, Rn. 1711; BMF, Schreiben vom 26.09.2014, BStBl. I 2014, S. 1258, Tz. 2.3.3.3; **Liekenbrock,** IStR 2013, S. 695; **Bodden,** in: Korn, EStG, § 50i EStG, Rn. 48.1.

1007 Vgl. **Liekenbrock,** in: Flick/Wassermeyer/Baumhoff et al. (Hrsg.), Außensteuerrecht, § 50i EStG, Rn. 91.

1008 Vgl. **Rehfeld,** in: Herrmann/Heuer/Raupach, EStG/KStG, § 50i EStG, Rn. 16; **Liekenbrock,** in: Flick/Wassermeyer/Baumhoff et al. (Hrsg.), Außensteuerrecht, § 50i EStG, Rn. 91.

1009 Vgl. BMF, Schreiben vom 11.11.2011, BStBl. I 2011, S. 1314, Tz. 00.02 f.; mit kritischen Anmerkungen hierzu vgl. **Hageböke,** Ubg 2011, S. 689; **Stangl,** in: Rödder/Herlinghaus/van Lishaut, UmwStG, 2013, § 22 UmwStG, Rn. 49 ff.

1010 Vgl. BMF, Schreiben vom 26.09.2014, BStBl. I 2014, S. 1258, Tz. 2.3.3.3.

1011 Vgl. hierzu im Detail **Liekenbrock,** IStR 2013, S. 695 f.

Personengesellschaften geltenden Transparenzprinzip die Veräußerung des Mitunternehmeranteils eine anteilige Veräußerung der Wirtschaftsgüter darstellt.[1012] Zudem wird die Veräußerung eines Mitunternehmeranteils auch nach der Gesetzesbegründung[1013] zum JStG 2013 von § 50i Abs. 1 Satz 1 EStG erfasst. Andererseits wird Personengesellschaften hinsichtlich der Qualifikation und der Ermittlung der Einkünfte eine Teilrechtsfähigkeit zugesprochen, welche gegen eine anteilige Einbeziehung der Wirtschaftsgüter bei Veräußerung eines Mitunternehmeranteils spricht.[1014] Für die Akzeptanz der Teilrechtsfähigkeit im Rahmen von § 50i Abs. 1 Satz 1 EStG spricht auch, dass die mit der Teilrechtsfähigkeit einhergehende Einkünfteermittlung auf Ebene der Personengesellschaft die Anwendung von § 50i Abs. 1 Satz 1 EStG auf Ebene der Personengesellschaft selbst erfordert. Damit wäre der Verkauf eines Mitunternehmeranteils nicht von § 50i Abs. 1 Satz 1 EStG erfasst, soweit das Sonderbetriebsvermögen kein nach § 50i EStG steuerverhaftetes Betriebsvermögen enthält.[1015] Die letztgenannte Auffassung kann daher überzeugen. Insofern unterliegt die Veräußerung des Mitunternehmeranteils nicht der Anwendung von § 50i Abs. 1 Satz 1 EStG. Ebenfalls stellt die Übertragung eines Mitunternehmeranteils im Rahmen der vorweggenommenen Erbfolge (§ 6 Abs. 3 EStG) keine Veräußerung i.S.d. § 50i Abs. 1 Satz 1 EStG dar.[1016]

1012 Vgl. BFH, Urteil vom 06.05.2010, IV R 52/08, BStBl. II 2011, S. 261. BFH, Urteil vom 12.12.1996, IV R 77/93, BStBl. II 1998, S. 180; so auch **Pohl,** in: Blümich, EStG/KStG/GewStG, § 50i EStG, Rn. 29; **Schnittker/Haselmann,** in: Wassermeyer/Richter/Schnittker, Personengesellschaften im IStR, 2015, Kapitel 14, Rn. 14.39; **Bäuml,** in: Frotscher/Geurts (Hrsg.), EStG, § 50i EStG, Rn. 38; **Rehfeld,** in: Herrmann/Heuer/Raupach, EStG/KStG, § 50i EStG, Rn. 16; a.A. **Liekenbrock,** in: Flick/Wassermeyer/Baumhoff et al. (Hrsg.), Außensteuerrecht, § 50i EStG, Rn. 82.

1013 Vgl. Bundestag, Drs. vom 10.04.2013, BT-Drs. 17/13033, S. 73.

1014 Vgl. BFH, Urteil vom 25.06.1984, GrS 4/82, BStBl. II 1984, S. 751, Tz. 133 ff.; BFH, Urteil vom 03.07.1995, GrS 1/93, BStBl. II 1995, S. 617, Tz. 49 ff.

1015 Vgl. **Gosch,** in: Kirchhof (Hrsg.), EStG, 2017, § 50i EStG, Rn. 14, 17; **Liekenbrock,** in: Flick/Wassermeyer/Baumhoff et al. (Hrsg.), Außensteuerrecht, § 50i EStG, Rn. 92; a.A. **Loschelder,** in: Schmidt, EStG, 2018, § 50i EStG, Rn. 7; **Hruschka,** IStR 2014, S. 787; **Rehfeld,** in: Herrmann/Heuer/Raupach, EStG/KStG, § 50i EStG, Rn. 16; **Pohl,** IStR 2013, S. 701, **Bäuml,** in: Frotscher/Geurts (Hrsg.), EStG, § 50i EStG, Rn. 38, welche das Transparenzprinzip durchschlagen lassen wollen.

1016 Zur Frage der Steuerverhaftung nach § 50i Abs. 1 EStG nach vorweggenommener Erbfolge i.S.d. § 6 Abs. 3 EStG vgl. **Liekenbrock,** in: Flick/Wassermeyer/Baumhoff et al. (Hrsg.), Außensteuerrecht, § 50i EStG, Rn. 90.3, 92.

Die Entnahme ist in § 4 Abs. 1 Satz 2 EStG legaldefiniert. Diese Legaldefinition ist auch für § 50i Abs. 1 Satz 1 EStG anzuwenden.[1017] Hierunter fallen die durch den Steuerpfichtigen im laufenden Wirtschaftsjahr getätigten Entnahmen von Wirtschaftsgütern für sich, seinen Haushalt oder andere betriebsfremde Zwecke. Auch fällt hierunter die Betriebsaufgabe i.S.d. § 16 Abs. 3 Satz 1 EStG, da hierdurch eine vollständige Entnahme aller Wirtschaftsgüter verwirklicht wird.[1018] Darüber hinaus regelt § 4 Abs. 1 Satz 3 EStG eine sog. „fiktive Entnahme", nach der der Ausschluss oder die Beschränkung des deutschen Besteuerungsrechts des Veräußerungs- oder Nutzungsgewinns einer Entnahme i.S.d. § 4 Abs. 1 Satz 2 EStG gleich stehen.[1019] Für den Fall der Überführung eines Wirtschaftsguts von einer deutschen Personengesellschaft in eine ausländische Betriebsstätte dürfte es sich bei der fiktiven Entnahme i.S.d. § 4 Abs. 1 Satz 3 EStG auch um eine Entnahme i.S.d. § 50i Abs. 1 Satz 1 EStG handeln.[1020] Im Falle eines Wegzugs eines unbeschränkt Steuerpflichtigen in einen DBA-Staat bestehen trotz Anwendbarkeit von § 4 Abs. 1 Satz 3 EStG Zweifel an der Anwendung von § 50i Abs. 1 Satz 1 EStG.[1021] Denn durch § 50i Abs. 1 Satz 1 EStG wird das Besteuerungsrecht Deutschlands am Veräußerungsgewinn und den laufenden Einkünften auch nach dem Wegzug gesichert. Insofern verdrängt § 50i Abs. 1 Satz 1 EStG i.d.F. des Anti-BEPS-Umsetzungsgesetzes I die allgemeine Entstrickungsfiktion des § 4 Abs. 1 Satz 3 EStG,[1022] ohne jedoch ein lex-specialis-Verhältnis zu entfalten.[1023]

1017 Vgl. **Liekenbrock,** IStR 2013, S. 696; **Bodden,** in: Korn, EStG, § 50i EStG, Rn. 48.2; **Pohl,** in: Blümich, EStG/KStG/GewStG, § 50i EStG, Rn. 28.

1018 Vgl. **Liekenbrock,** in: Flick/Wassermeyer/Baumhoff et al. (Hrsg.), Außensteuerrecht, § 50i EStG, Rn. 91.

1019 Die Bewertung der Entnahme erfolgt gem. § 6 Abs. 1 Nr. 4 Satz 1 EStG grundsätzlich zum Teilwert. Soweit die Voraussetzungen des § 6 Abs. 5 EStG erfüllt sind, erfolgt die Bewertung davon abweichend zwingend zum Buchwert.

1020 Vgl. **Rehfeld,** in: Herrmann/Heuer/Raupach, EStG/KStG, § 50i EStG, Rn. 16.

1021 Vgl. bspw. **Loschelder,** in: Schmidt, EStG, 2018, § 4 EStG, Rn. 331; **Loose/Wittkowski,** IStR 2011, S. 68.

1022 Vgl. **Liekenbrock,** in: Flick/Wassermeyer/Baumhoff et al. (Hrsg.), Außensteuerrecht, § 50i EStG, Rn. 49; **Rehfeld,** in: Herrmann/Heuer/Raupach, EStG/KStG, § 50i EStG, Rn. 7; a.A. **Schnittker/Haselmann,** in: Wassermeyer/Richter/Schnittker, Personengesellschaften im IStR, 2015, Kapitel 14, Rn. 14.17 f.; **Bron,** DStR 2014, S. 1851; **Pohl,** IStR 2013, S. 701; **Pohl,** in: Blümich, EStG/KStG/GewStG, § 50i EStG, Rn. 15.

1023 Vgl. **Schnittker/Haselmann,** in: Wassermeyer/Richter/Schnittker, Personengesellschaften im IStR, 2015, Kapitel 14, Rn. 14.18 m.w.N.

§ 50i Abs. 1 Satz 1 EStG stellt auf die Veräußerungs- oder Entnahmegewinnbesteuerung „dieser Wirtschaftsgüter oder Anteile“ ab. Insofern bedarf es einer Identität zwischen den steuerneutral übertragenen oder überführten Wirtschaftsgütern oder Anteilen i.S. des § 17 EStG sowie den veräußerten oder entnommenen Wirtschaftsgütern oder Anteilen i.S.d. § 17 EStG.[1024] Eine solche Identität ist bspw. fraglich, wenn steuerneutral übertragene oder überführte Anteile i.S.d. § 17 EStG im Anschluss Gegenstand eines Anteilstauschs i.S.d. § 22 UmwStG waren, welcher vor dem 29.06.2013 erfolgte.[1025] Denn zum Zeitpunkt des Anteilstauschs waren die steuerneutral übertragenen Anteile i.S. des § 17 EStG noch nicht nach § 50i Abs. 1 Satz 1 EStG steuerverhaftet, so dass auch für die erhaltenen Anteile insofern nichts anderes gelten kann.[1026] Hiervon abweichend besteht eine Steuerverhaftung in Fällen in denen die Anteile i.S.d. § 17 EStG im Rahmen einer Verschmelzung von Kapitalgesellschaften untergegangen sind und damit § 13 Abs. 2 Satz 2 UmwStG für die erhaltenen Anteile zur Anwendung kommt. Eine unmittelbar aus § 50i EStG resultierende Steuerverhaftung ergibt sich im Falle von Einbringungen nach § 20 UmwStG. Denn nach § 50i Abs. 1 Satz 2 EStG unterliegen auch die erhaltenen Anteile der Veräußerungs- und Entnahmegewinnbesteuerung.[1027]

Für die Anwendung von § 50i Abs. 1 Satz 1 EStG ist es tatbestandlich erforderlich, dass die Veräußerung oder Entnahme nach dem 29.06.2013 erfolgt.[1028] Hierfür ist nach dem Realisationsprinzip der Zeitpunkt maßgeblich, in dem die Gegenleistung als quasi sicher anzusehen ist. Zu diesem Zeitpunkt erfolgt auch der Übergang des wirtschaftlichen Eigentums.[1029] Für Entnahmen i.S.d. § 4 Abs. 1 Satz 2 EStG ist der Zeitpunkt der Entnahmehandlung (aufgrund ausdrücklicher Erklärung oder andauernder außerbetrieblicher Nutzung) maßgeblich.[1030] Hinsichtlich des Zeitpunkts stellt die Finanzverwaltung bei Veräußerungsvorgängen

---

1024 Vgl. **van Lishaut/Hannig,** FR 2016, S. 56.

1025 Vgl. **Liekenbrock,** in: Flick/Wassermeyer/Baumhoff et al. (Hrsg.), Außensteuerrecht, § 50i EStG, Rn. 93.1.

1026 Etwas anderes kann nur dann gelten, wenn der 29.06.2013 in den Rückwirkungszeitraum des Anteilstauschs fällt; vgl. **Liekenbrock,** in: Flick/Wassermeyer/Baumhoff et al. (Hrsg.), Außensteuerrecht, § 50i EStG, Rn. 93.1.

1027 Vgl. **van Lishaut/Hannig,** FR 2016, S. 57.

1028 Vgl. **Bodden,** in: Korn, EStG, § 50i EStG, Rn. 48 f.

1029 Vgl. BMF, Schreiben vom 26.09.2014, BStBl. I 2014, S. 1258, Tz. 2.3.3.3; **Haase/Steierberg,** IWB 2014, S. 7.

1030 Vgl. R. 4.3 Abs. 3 EStR.

stets auf den Übergang des wirtschaftlichen Eigentums ab und bei Einbringungen und Umwandlungen auf den steuerlichen Übertragungsstichtag.[1031]

(6) Veräußerung oder Entnahme vor dem 30.06.2013

Eine Anwendung von § 50i EStG scheidet nach § 52 Abs. 48 Satz 1 EStG aus, wenn die Veräußerung oder Entnahme der Wirtschaftsgüter oder Anteile i.S.d. § 17 EStG vor dem 30.06.2013 erfolgte.[1032] In diesem Zusammenhang ist zu klären, ob nach der BFH-Rechtsprechung für die Wirtschaftsgüter oder Anteile i.S.d. § 17 EStG vor der Veräußerung oder der Entnahme ein Besteuerungsrecht Deutschlands bestanden hat. Alternativ könnte die Bundesrepublik Deutschland das Besteuerungsrecht auch durch eine zuvor vollzogene Entstrickung verloren haben. Soweit eine Entstrickung vorliegt, konnte § 50i EStG diese aufgrund der zeitlichen Anwendbarkeit der Vorschrift nicht verhindern. Für den Veräußerungs- oder Entnahmegewinn besteht zudem auch kein deutsches Besteuerungsrecht mehr. Grundsätzlich sind folgende Fallgruppen zu unterscheiden:[1033]

Soweit sowohl der Veranlagungszeitraum der Entstrickung als auch der Veranlagungszeitraum der Veräußerung oder Entnahme bestandskräftig sind, ist davon auszugehen, dass die Finanzverwaltung aufgrund ihrer damaligen (fehlerhaften) Rechtsauffassung eine Entstrickungsbesteuerung im Zeitpunkt des Wegzugs nicht vorgenommen hat.[1034] Dafür dürfte sie nach ihrer damaligen (fehlerhaften) Rechtsauffassung aber die Veräußerung oder Entnahme der Wirtschaftsgüter oder Anteile i.S.d. § 17 EStG einer Besteuerung zugeführt haben.[1035]

Soweit der die Entstrickung betreffende Veranlagungszeitraum bestandskräftig ist und der die Veräußerung oder Entnahme betreffende Veranlagungszeitraum noch offen ist, erfolgte im Zeitpunkt des Wegzugs eine Entstrickung, welche nach damaliger (fehlerhafter) Rechtsauffassung der Finanzverwaltung

1031 Vgl. BMF, Schreiben vom 26.09.2014, BStBl. I 2014, S. 1258, Tz. 2.3.3.3.

1032 Vgl. **Bodden,** in: Korn, EStG, § 50i EStG, Rn. 14, 49; **Rehfeld,** in: Herrmann/Heuer/Raupach, EStG/KStG, § 50i EStG, Rn. 3; **Loschelder,** in: Schmidt, EStG, 2018, § 50i EStG, Rn. 8; **Schnittker/Haselmann,** in: Wassermeyer/Richter/Schnittker, Personengesellschaften im IStR, 2015, Kapitel 14, Rn. 14.14; so auch BMF, Schreiben vom 26.09.2014, BStBl. I 2014, S. 1258, Tz. 2.3.3.7.

1033 Vgl. **Liekenbrock,** in: Flick/Wassermeyer/Baumhoff et al. (Hrsg.), Außensteuerrecht, § 50i EStG, Rn. 95.

1034 Vgl. BMF, Schreiben vom 16.04.2010, BStBl. I 2010, S. 354, Tz. 2.2.1.

1035 Vgl. **Liekenbrock,** in: Flick/Wassermeyer/Baumhoff et al. (Hrsg.), Außensteuerrecht, § 50i EStG, Rn. 96.

aber nicht besteuert wurde.[1036] Die Entstrickung führt zu einem Ausscheiden der Wirtschaftsgüter oder Anteile i.S.d. § 17 EStG aus der deutschen Besteuerungshoheit, so dass eine nachgelagerte Veräußerung oder Entnahme einer deutschen Besteuerung entzogen ist. In solchen Fällen ist die steuerfreie Entstrickung durch den deutschen Fiskus hinzunehmen.[1037]

Wenn sowohl der Veranlagungszeitraum der Entstrickung als auch der Veranlagungszeitraum der Veräußerung oder Entnahme nicht bestandskräftig sind, ist davon auszugehen, dass die Finanzverwaltung eine durch den Wegzug begründete fiktive Entnahme i.S.d. § 4 Abs. 1 Satz 3 EStG annehmen und diese auch besteuern wird. Dies würde zwar der BFH-Rechtsprechung und der heutigen Auffassung der Finanzverwaltung entsprechen, zur damaligen (fehlerhaften) Rechtsauffassung der Finanzverwaltung stände diese Vorgehensweise jedoch im Widerspruch.[1038] Aus Gründen des Vertrauensschutzes i.S.d. § 176 Abs. 2 AO sollte daher eine nachträgliche Entstrickungsbesteuerung nicht vorgenommen werden können.[1039] Aufgrund des Ausscheidens der Wirtschaftsgüter aus der Besteuerungshoheit besteht auch keine Möglichkeit der Besteuerung der Veräußerungs- oder Entnahmegewinne.[1040]

2. *Rechtsfolgen*

Unmittelbar aus dem Gesetzeswortlaut des § 50i Abs. 1 Satz 1 EStG lässt sich die Rechtsfolge ableiten, dass Veräußerungs- oder Entnahmegewinne der nach § 50i EStG steuerverhafteten Wirtschaftsgüter der Besteuerung zu unterwerfen sind.[1041] Auf die DBA-rechtliche Zuordnung des Besteuerungsrechts kommt es nach h.M. der Literatur nicht an, da § 50i Abs. 1 Satz 1 EStG das betreffende DBA dem Grunde nach außer Kraft setzt.[1042] Soweit die sachlichen Tatbestandsvoraussetzungen von

---

1036 Vgl. BMF, Schreiben vom 16.04.2010, BStBl. I 2010, S. 354, Tz. 2.2.1.

1037 Vgl. **Liekenbrock,** in: Flick/Wassermeyer/Baumhoff et al. (Hrsg.), Außensteuerrecht, § 50i EStG, Rn. 97.

1038 Vgl. BMF, Schreiben vom 16.04.2010, BStBl. I 2010, S. 354, Tz. 2.2.1.

1039 Vgl. **Liekenbrock,** in: Flick/Wassermeyer/Baumhoff et al. (Hrsg.), Außensteuerrecht, § 50i EStG, Rn. 98; **Schnittker/Haselmann,** in: Wassermeyer/Richter/Schnittker, Personengesellschaften im IStR, 2015, Kapitel 14, Rn. 14.14.

1040 Vgl. BMF, Schreiben vom 26.09.2014, BStBl. I 2014, S. 1258, Tz. 2.3.3.7.

1041 Vgl. **Loschelder,** in: Schmidt, EStG, 2018, § 50i EStG, Rn. 7; **Liekenbrock,** in: Flick/Wassermeyer/Baumhoff et al. (Hrsg.), Außensteuerrecht, § 50i EStG, Rn. 99.

1042 Vgl. **Schnittker/Haselmann,** in: Wassermeyer/Richter/Schnittker, Personengesellschaften im IStR, 2015, Kapitel 14, Rn. 14.43; **Loschelder,** in: Schmidt, EStG, 2018, § 50i EStG, Rn. 7; **Rehfeld,** in: Herrmann/Heuer/Raupach, EStG/KStG, § 50i EStG,

§ 50i Abs. 1 Satz 1 EStG vorliegen, verdrängt er mangels Ausschlusses oder der Beschränkung des Besteuerungsrechts eine Entstrickung i.S.d. §§ 4 Abs. 1 Satz 3 EStG, 12 Abs. 1 KStG.[1043] Diese Sperrwirkung tritt unabhängig davon ein, wann der Wegzug des Steuerpflichtigen ins DBA-Ausland erfolgt. Sie gilt damit für alle noch nicht bestandskräftigen Jahre.[1044] Die Sperrwirkung ist jedoch i.R.d. Einführung des Anti-BEPS-Umsetzungsgesetzes I auf Entstrickungsvorgänge bis 31.12.2016 (24 Uhr) beschränkt worden. Soweit eine Entstrickung nach diesem Zeitpunkt eintritt, sind die allgemeinen Entstrickungsregelungen (§ 4 Abs. 1 Satz 3, 4 EStG, § 12 Abs. 1 KStG) anwendbar. Ein lex-specialis-Verhältnis liegt aber nicht vor, da § 50i Abs. 1 Satz 1 EStG mit der steuerneutralen Überführung oder Übertragung von Wirtschaftsgütern und Anteilen i.S.d. § 17 EStG und §§ 4 Abs. 1 Satz 3 EStG, 12 Abs. 1 KStG mit dem Verlust/der Beschränkung des deutschen Besteuerungsrechts an unterschiedliche Tatbestandsvoraussetzungen anknüpfen und somit die Voraussetzung für ein lex-specialis-Verhältnis nicht erfüllt ist.[1045]

Voraussetzung für die abkommensbrechende Besteuerung des Veräußerungs- oder Entnahmegewinns ist, dass Einkünfte eines beschränkt Steuerpflichtigen nach § 49 Abs. 1 Nr. 2 Buchst. a) EStG i.V.m. § 15 EStG bzw. § 16 Abs. 1 Nr. 1 EStG vorliegen.[1046] Soweit diese Voraussetzung erfüllt ist, vollzieht sich die Gewinnermittlung bei der Veräußerung von Kapitalgesellschaftsanteilen nach § 17 Abs. 2 Satz 1 f. EStG.[1047] In diesem Zusammenhang ist bei natürlichen Personen als Anteilseignern das Teileinkünfteverfahren (§ 3 Nr. 40 Buchst. a), § 3c Abs. 2 EStG) und bei Kapitalgesellschaften § 8b KStG anzuwenden.[1048]

Rn. 17; **Bäuml,** in: Frotscher/Geurts (Hrsg.), EStG, § 50i EStG, Rn. 34; **Pohl,** IStR 2013, S. 701; a.A. **Gosch,** in: Kirchhof (Hrsg.), EStG, 2017, § 50i EStG, Rn. 10.

1043 Vgl. **Liekenbrock,** in: Flick/Wassermeyer/Baumhoff et al. (Hrsg.), Außensteuerrecht, § 50i EStG, Rn. 49; **Rehfeld,** in: Herrmann/Heuer/Raupach, EStG/KStG, § 50i EStG, Rn. 7; a.A. **Schnittker/Haselmann,** in: Wassermeyer/Richter/Schnittker, Personengesellschaften im IStR, 2015, Kapitel 14, Rn. 14.17 f.; **Bron,** DStR 2014, S. 1851; **Pohl,** IStR 2013, S. 701; **Pohl,** in: Blümich, EStG/KStG/GewStG, § 50i EStG, Rn. 15.

1044 Vgl. **Liekenbrock,** in: Flick/Wassermeyer/Baumhoff et al. (Hrsg.), Außensteuerrecht, § 50i EStG, Rn. 12.

1045 Vgl. **Schnittker/Haselmann,** in: Wassermeyer/Richter/Schnittker, Personengesellschaften im IStR, 2015, Kapitel 14, Rn. 14.18 m.w.N.

1046 Vgl. **Pohl,** in: Blümich, EStG/KStG/GewStG, § 50i EStG, Rn. 32; **Pohl,** IStR 2013, S. 702; **Kudert/Kahlenberg/Mroz,** ISR 2013, S. 371; **Liekenbrock,** IStR 2013, S. 697; **Rehfeld,** in: Herrmann/Heuer/Raupach, EStG/KStG, § 50i EStG, Rn. 17.

1047 Vgl. **Rehfeld,** in: Herrmann/Heuer/Raupach, EStG/KStG, § 50i EStG, Rn. 17.

1048 Vgl. **Liekenbrock,** in: Flick/Wassermeyer/Baumhoff et al. (Hrsg.), Außensteuerrecht, § 50i EStG, Rn. 100.

die Einbringung von Betriebsvermögen in eine Personengesellschaft nach § 24 UmwStG.[1074]

(b) Doppel- oder mehrstöckige Personengesellschaftsstrukturen

Nach dem Wortlaut von § 50i Abs. 1 Satz 2 EStG kann einbringende Person nur die Personengesellschaft selbst sein. Demnach kommt die Vorschrift nicht zur Anwendung, wenn die Mitunternehmeranteile der betreffenden Personengesellschaft durch die Gesellschafter nach § 20 UmwStG eingebracht werden.[1075] Eine Ausnahme besteht nur dann, wenn der einbringende Gesellschafter selbst wiederum eine Personengesellschaft ist, welche Mitunternehmeranteile einbringt.[1076] Die damit in Zusammenhang stehende steuerrechtliche Streitfrage, ob die Personengesellschaft, der Teilrechtssubjektivität folgend, als Rechtsträger i.S.d. § 20 UmwStG fungieren kann, oder aber, dem Transparenzprinzip folgend, eine solche Eigenschaft nur dem Gesellschafter der Personengesellschaft als Steuersubjekt zukommt,[1077] kann hier aufgrund der zivilrechtlichen Betrachtung durch § 50i Abs. 1 Satz 2 EStG vernachlässigt werden.[1078]

Vor diesem Hintergrund werden folgende Vorgänge bei doppel- oder mehrstöckigen Personengesellschaftsstrukturen durch § 50i Abs. 1 Satz 2 EStG erfasst:

- Verschmelzung einer Tochter-Personengesellschaft auf eine Kapitalgesellschaft;[1079]
- Auf- oder Abspaltung einer Tochter-Personengesellschaft auf eine Kapitalgesellschaft;[1080]

1074 A.A. wohl **Gosch,** in: Kirchhof (Hrsg.), EStG, 2017, § 50i EStG, Rn. 18.

1075 Vgl. **Neumann-Tomm,** in: Lademann, EStG, § 50i EStG, Rn. 128.

1076 Vgl. **Liekenbrock,** in: Flick/Wassermeyer/Baumhoff et al. (Hrsg.), Außensteuerrecht, § 50i EStG, Rn. 106.1.

1077 Bei Fortbestehen der Personengesellschaft nach der Einbringung ist diese nach Auffassung der Finanzverwaltung als übertragender Rechtsträger i.S.d. § 20 UmwStG zu qualifizieren; vgl. BMF, Schreiben vom 11.11.2011, BStBl. I 2011, S. 1314, Tz. 20.03.

1078 Vgl. **Liekenbrock,** in: Flick/Wassermeyer/Baumhoff et al. (Hrsg.), Außensteuerrecht, § 50i EStG, Rn. 106. Für eine Behandlung von Personengesellschaften als Rechtsträger i.R.v. § 50i Abs. 1 EStG sich ebenfalls aussprechend **Gosch,** in: Kirchhof (Hrsg.), EStG, 2017, § 50i EStG, Rn. 3; **Neumann-Tomm,** in: Lademann, EStG, § 50i EStG, Rn. 128.

1079 Vgl. **Liekenbrock,** in: Flick/Wassermeyer/Baumhoff et al. (Hrsg.), Außensteuerrecht, § 50i EStG, Rn. 106.1.

1080 Vgl. **Neumann-Tomm,** in: Lademann, EStG, § 50i EStG, Rn. 128/1; **Liekenbrock,** in: Flick/Wassermeyer/Baumhoff et al. (Hrsg.), Außensteuerrecht, § 50i EStG, Rn. 106.1.

- Formwechsel einer Tochter-Personengesellschaft in eine Kapitalgesellschaft.[1081]

Weder explizit erfasst mangels Erwähnung im Wortlaut noch implizit erfasst mangels vollumfänglichem Verweis wird hingegen die Einbringung von Mitunternehmeranteilen an einer Tochter-Personengesellschaft in eine Personengesellschaft nach § 24 UmwStG.[1082]

(c) Einbringungsgegenstand

Als Einbringungsgegenstände qualifizieren Betriebe, Teilbetriebe und Mitunternehmeranteile, für welche der Einbringende nach § 20 Abs. 1 UmwStG Anteile an der übernehmenden Körperschaft erhält. Bei Einbringungen von Mitunternehmeranteilen kommt es nicht darauf an, ob es sich um originär gewerblich tätige Personengesellschaften nach § 15 Abs. 2 EStG oder um fiktiv gewerblich tätige Personengesellschaften nach § 15 Abs. 3 EStG handelt. Auch ist mit der h.M. davon auszugehen, dass die Einbringung eines Teils eines Mitunternehmeranteils einen Einbringungsvorgang nach § 20 UmwStG darstellt,[1083] so dass § 50i Abs. 1 Satz 2 EStG zur Anwendung kommt.[1084]

(d) Gewährung neuer Anteile

Nach dem Wortlaut von § 50i Abs. 1 Satz 2 EStG ist die Gewährung neuer Anteile durch die aufnehmende Körperschaft an die übertragende Personengesellschaft erforderlich. Gewährt die Körperschaft keine neuen Anteile, wie bspw. im Falle einer sog. „einfachen Anwachsung",[1085] so ist sowohl § 50i Abs. 1 Satz 2 EStG als auch § 20 UmwStG nicht eröffnet.[1086] Für die Anwendung von § 50i Abs. 1 Satz 2 EStG ist es nicht erforderlich, dass die Einbringung auf eine im Inland ansässige Kapitalgesellschaft erfolgt.[1087] Jedoch muss die Kapitalgesellschaft den Buchwertansatz zu

---

1081 Vgl. **Neumann-Tomm,** in: Lademann, EStG, § 50i EStG, Rn. 128/2; **Gosch,** in: Kirchhof (Hrsg.), EStG, 2017, § 50i EStG, Rn. 18; **Loschelder**, in Schmidt, EStG, 2018, § 50i EStG, Rn. 9; **Köhler,** ISR 2014, S. 319; **Rödder/Kuhr/Heimig,** Ubg 2014, S. 483 f.; **Lang/Benz,** StBJb 2014/2015, 2015, S. 195; a.A. **Bron,** DStR 2014, S. 1851.

1082 A.A. wohl **Gosch,** in: Kirchhof (Hrsg.), EStG, 2017, § 50i EStG, Rn. 18; **Loschelder,** in: Schmidt, EStG, 2018, § 50i EStG, Rn. 9.

1083 Vgl. **Herlinghaus,** in: Rödder/Herlinghaus/van Lishaut, UmwStG, 2013, § 20 UmwStG, Rn. 111, Fn. 5.

1084 Vgl. **Liekenbrock,** in: Flick/Wassermeyer/Baumhoff et al. (Hrsg.), Außensteuerrecht, § 50i EStG, Rn. 106.2.

1085 Vgl. **Rödder/Kuhr/Heimig,** Ubg 2014, S. 483, Fn. 34.

1086 Vgl. **Neumann-Tomm,** in: Lademann, EStG, § 50i EStG, Rn. 129.

1087 Vgl. **Kudert/Kahlenberg/Mroz,** ISR 2014, S. 260.

Recht gewählt haben. Sofern das Besteuerungsrecht hinsichtlich des eingebrachten Betriebsvermögens ausgeschlossen oder beschränkt wird, hat nach § 20 Abs. 2 Satz 2 Nr. 3 UmwStG ein Ansatz zu gemeinen Werten zu erfolgen, so dass kein Fall von § 50i Abs. 1 Satz 2 EStG vorliegt.[1088] Da für die Buchwerteinbringung nach § 20 UmwStG und damit auch für die Anwendung von § 50i Abs. 1 Satz 2 EStG ein Besteuerungsrecht Deutschlands erforderlich ist, fällt auch nicht die Einbringung von ausländischem Betriebsvermögen unter § 50i Abs. 1 Satz 2 EStG, an welchem eben kein Besteuerungsrecht besteht.[1089]

(e) Einbringungszeitpunkt

Nach dem Gesetzeswortlaut muss die Einbringung vor dem 29.06.2013 vollzogen worden sein. Als Einbringungszeitpunkt ist mit der h.M. der Literatur auf den steuerlichen Einbringungszeitpunkt nach § 20 Abs. 5, 6 UmwStG abzustellen,[1090] so dass auch ein steuerlicher Rückbezug möglich ist.[1091]

(2) Gewerblichkeitsstatus vor und nach Einbringung

(a) Gewerblichkeitsstatus vor Einbringung

Fraglich ist, ob § 50i Abs. 1 Satz 2 EStG einen Wechsel von einer originär gewerblich tätigen Personengesellschaft vor der Einbringung hin zu einer fiktiv gewerblichen Personengesellschaft nach der Einbringung erfordert.[1092] Der Gesetzeswortlaut erfordert, dass die Personengesellschaft vor der Einbringung nach § 20 UmwStG eine Tätigkeit i.S.d. § 15 Abs. 1 Satz 1 Nr. 1 EStG ausgeübt oder aber gewerbliche Einkünfte i.S.d. § 15 Abs. 1 Satz 1 Nr. 2 EStG bezogen hat. Grundsätzlich bezieht sich § 15 Abs. 1 Satz 1 Nr. 1 EStG auf Einzelunternehmen.[1093] Warum der Gesetzgeber in § 50i Abs. 1 Satz 2 EStG bei der Einbringung durch Personengesellschaften auf § 15 Abs. 1 Satz 1 Nr. 1 EStG verweist, ist daher unklar. Jedoch ist dieser fehlerhafte Verweis unschädlich, da § 50i Abs. 1 Satz 2 EStG auf die Tätigkeit i.S.d. § 15 Abs. 1 Satz 1 Nr. 1 EStG abstellt und nicht auf die Rechtsform. § 15 Abs. 1 Satz 1 Nr. 1 EStG definiert Einkünfte aus Gewerbebetrieb als Einkünfte aus einem gewerblichen Unternehmen, so

---

1088 Vgl. **Neumann-Tomm,** in: Lademann, EStG, § 50i EStG, Rn. 129.

1089 So aber **Kudert/Kahlenberg/Mroz,** ISR 2014, S. 260; **Bodden,** DB 2014, S. 2372.

1090 Vgl. BMF, Schreiben vom 26.09.2014, BStBl. I 2014, S. 1258, Tz. 2.3.3.2; **Bodden,** DStR 2015, S. 154; **Neumann-Tomm,** in: Lademann, EStG, § 50i EStG, Rn. 130; **Bodden,** in: Korn, EStG, § 50i EStG, Rn. 47; **Haase/Steierberg,** IWB 2014, S. 7.

1091 Vgl. **Liekenbrock,** in: Flick/Wassermeyer/Baumhoff et al. (Hrsg.), Außensteuerrecht, § 50i EStG, Rn. 110.1.

1092 Vgl. **Neumann-Tomm,** in: Lademann, EStG, § 50i EStG, Rn. 131.

1093 Vgl. **Rätke,** in: Herrmann/Heuer/Raupach, EStG/KStG, § 15 EStG, Rn. 80.

dass die Personengesellschaft vor Einbringung nach § 50i Abs. 1 Satz 2 EStG als gewerbliches Unternehmen zu qualifizieren sein muss. Die Prüfung, ob ein gewerbliches Unternehmen vorliegt, erfolgt nach den Kriterien von § 15 Abs. 2 EStG. In diesem Zusammenhang stellt sich die Frage, warum der Gesetzgeber dann noch einen Verweis auf § 15 Abs. 1 Satz 1 Nr. 2 EStG manifestiert hat. Nach Auffassung von Neumann-Tomm[1094] sind ausschließlich originär gewerblich tätige Personengesellschaften unter § 50i Abs. 1 Satz 2 EStG zu subsumieren, so dass dieser Verweis nur noch der Einbeziehung der Wirtschaftsgüter des Sonderbetriebsvermögens dient. Der Auffassung von Liekenbrock[1095] folgend ist dies aber unzutreffend, denn auch § 15 Abs. 3 Nr. 1 Alt. 2 EStG fingiert eine Gewerblichkeit, wenn die Personengesellschaft gewerbliche Einkünfte i.S.d. § 15 Abs. 1 Satz 1 Nr. 2 EStG bezieht. Insofern haben beide Vorschriften den gleichen Wortlaut und es ist davon auszugehen, dass auch gewerblich infizierte Personengesellschaften i.S.d. § 15 Abs. 3 Nr. 1 Alt. 2 EStG von § 50i Abs. 1 Satz 2 EStG erfasst sind.

(b) Gewerblichkeitsstatus nach Einbringung

Als weiteres Tatbestandsmerkmal erfordert § 50i Abs. 1 Satz 2 EStG, dass nach Einbringung gem. § 20 UmwStG die Personengesellschaft als fiktiv gewerblich tätige Personengesellschaft i.S.d. § 15 Abs. 3 EStG fortbesteht. Der Fortbestand der Gesellschaft ist gesichert, soweit sie nicht untergeht oder im Handelsregister gelöscht wird.[1096] Ein Untergang läge bspw. im Rahmen einer (einfachen oder erweiterten) Anwachsung vor. Des Weiteren muss die Gesellschaft nach erfolgter Einbringung zwingend gewerbliche Einkünfte aus § 15 Abs. 3 EStG erzielen. Im Falle von § 15 Abs. 3 Nr. 1 Alt. 2 EStG dürfte dies unproblematisch sein, da die Gesellschaft vor und nach Einbringung nicht originär gewerblich tätig war bzw. ist.[1097] Probleme ergeben sich jedoch, sofern es sich nach Einbringung um eine geschäftsleitende Holding handelt, da diese weiterhin originär gewerblich tätig ist, so dass § 50i Abs. 1 Satz 2 EStG nicht zur Anwendung kommt.[1098]

1094 Vgl. **Neumann-Tomm,** in: Lademann, EStG, § 50i EStG, Rn. 134.

1095 Vgl. **Liekenbrock,** in: Flick/Wassermeyer/Baumhoff et al. (Hrsg.), Außensteuerrecht, § 50i EStG, Rn. 112.

1096 Siehe auch **Neumann-Tomm,** in: Lademann, EStG, § 50i EStG, Rn. 135.

1097 Vgl. **Liekenbrock,** in: Flick/Wassermeyer/Baumhoff et al. (Hrsg.), Außensteuerrecht, § 50i EStG, Rn. 112.

1098 Vgl. **Bodden,** DB 2014, S. 2372; **Kudert/Kahlenberg/Mroz,** ISR 2014, S. 260; **Roderburg/Richter,** IStR 2015, S. 230.

(3) Ausschluss oder Beschränkung des Besteuerungsrechts im Einbringungszeitpunkt oder vor dem 01.01.2017

Im Einklang mit § 50i Abs. 1 Satz 1 EStG hat der Gesetzgeber mit dem Anti-BEPS-Umsetzungsgesetz I[1099] auch die sachlichen Tatbestandsvoraussetzungen in § 50i Abs. 1 Satz 2 Nr. 3 EStG erweitert, so dass es für die Anwendung der Norm notwendig ist, dass das Besteuerungsrecht Deutschlands hinsichtlich der Besteuerung des Gewinns aus der Veräußerung oder Entnahme der neuen Anteile ungeachtet der Anwendung von § 50i Abs. 1 EStG bereits im Einbringungszeitpunkt oder vor dem 01.01.2017 ausgeschlossen oder beschränkt wurde.[1100] Auch im Einbringungsfall ist es unerheblich, ob das deutsche Besteuerungsrecht vollständig oder anteilig ausgeschlossen oder beschränkt wurde. Demnach führt auch hier jeder noch so kleine kapitalmäßige Anteil eines im DBA-Ausland ansässigen Gesellschafters einer Personengesellschaft i.S.d. § 15 Abs. 3 EStG zu einer § 50i EStG-Infizierung.[1101]

Die Beurteilung, ob ohne Anwendung des § 50i Abs. 1 EStG ein Ausschluss oder eine Beschränkung des deutschen Besteuerungsrechts vor dem 01.01.2017 vorliegt hat nach allgemeinen Entstrickungsgrundsätzen zu erfolgen.[1102] Insofern bedarf es des Ausschlusses oder Beschränkung des deutschen Besteuerungsrechts. Ein Ausschluss des deutschen Besteuerungsrechts hat im Zeitpunkt der Hingabe der neu gewährten Anteile bestanden, da Art. 13 Abs. 5 OECD-MA das Besteuerungsrecht aus der Veräußerung oder Entnahme der Anteile dem neuen Ansässigkeitsstaat zuweist. Sollten zum Zeitpunkt der Einbringung ausschließlich im Inland ansässige Gesellschafter oder im Nicht-DBA-Ausland ansässige Gesellschafter an der Personengesellschaft beteiligt gewesen sein, muss der Ausschluss des Besteuerungsrechts an den neu gewährten Anteilen bis zum 31.12.2016 (24 Uhr) erfolgen, um § 50i Abs. 1 Satz 2 EStG zur Anwendung zu bringen.[1103] Für den Fall der Rückkehr in die unbeschränkte Steuerpflicht ist im Rahmen von § 50i Abs. 1 Satz 2 EStG ebenso wie bei § 50i Abs. 1 Satz 1 EStG davon auszugehen, dass die Wirtschaftsgüter oder Anteile i.S.d. § 17 EStG

1099 Vgl. Anti-BEPS-Umsetzungsgesetz I, Gesetz vom 20.12.2016, BGBl. I 2016, S. 3000 ff.

1100 Vgl. **Liekenbrock,** in: Flick/Wassermeyer/Baumhoff et al. (Hrsg.), Außensteuerrecht, § 50i EStG, Rn. 112.1.

1101 Vgl. **Liekenbrock,** DStR 2016, S. 2611.

1102 Vgl. **Liekenbrock,** in: Flick/Wassermeyer/Baumhoff et al. (Hrsg.), Außensteuerrecht, § 50i EStG, Rn. 112.2.

1103 Vgl. **Liekenbrock,** in: Flick/Wassermeyer/Baumhoff et al. (Hrsg.), Außensteuerrecht, § 50i EStG, Rn. 112.2.

mangels gesetzlicher Regelung weiterhin nach § 50i Abs. 1 EStG steuerverstrickt sind.[1104]

Dem Wortlaut folgend wird nach § 50i Abs. 1 Satz 1 Nr. 3 EStG nur gefordert, dass ein Ausschluss oder eine Beschränkung des Besteuerungsrechts ohne Anwendung von § 50i Abs. 1 EStG vorliegt. Insofern erfolgt eine zeitpunktbezogene Prüfung. Damit ist § 50i Abs. 1 EStG auch in Fällen der Rückkehr zur unbeschränkten Steuerpflicht weiterhin anzuwenden. Als Beispiel hierfür sind zu nennen, dass Steuerpflichtige regelmäßig für einige Jahre im Ausland studieren oder arbeiten und anschließend nach Deutschland zurückkehren. Damit wirkt der Entstrickungsschutz in solchen Fällen auch über den 31.12.2016 hinaus. Interessant ist in diesem Zusammenhang die Frage, ob bei einem erneuten Wegzug § 50i Abs. 1 EStG anwendbar bleibt und es damit auf die Veräußerung der Wirtschaftsgüter oder Anteile i.S.d. § 17 EStG ankommt, oder ob die allgemeinen Entstrickungsregelungen anzuwenden sind. Nach überzeugender Auffassung von Liekenbrock[1105] gibt der Wortlaut nicht her, dass einmal infizierte Wirtschaftsgüter oder Anteile i.S.d. § 17 EStG diese Infektion ohne Verkauf oder Entnahme wieder ablegen können. Insofern spricht viel dafür, dass § 50i Abs. 1 EStG in solchen Fällen auch über den 31.12.2016 hinaus anwendbar ist.

2. *Rechtsfolgen*

Einerseits wird auf Rechtsfolgenseite im Rahmen des AmtshilfeRLUmsG die vorhandene Regelungslücke geschlossen, indem die Einbringung nach § 20 UmwStG als Überführung oder Übertragung i.S.v. § 50i Abs. 1 Satz 1 EStG fingiert wird.[1106] Andererseits werden die an der übernehmenden Körperschaft neu erhaltenen Anteile als Anteile i.S.d. § 17 EStG definiert, welche damit – wenn auch nicht notwendig – unter § 50i Abs. 1 Satz 1 EStG fallen.[1107]

1104 **Liekenbrock,** in: Flick/Wassermeyer/Baumhoff et al. (Hrsg.), Außensteuerrecht, § 50i EStG, Rn. 112.3.

1105 Vgl. **Liekenbrock,** in: Flick/Wassermeyer/Baumhoff et al. (Hrsg.), Außensteuerrecht, § 50i EStG, Rn. 90.4.

1106 Vgl. **Neumann-Tomm,** in: Lademann, EStG, § 50i EStG, Rn. 136; **Liekenbrock,** in: Flick/Wassermeyer/Baumhoff et al. (Hrsg.), Außensteuerrecht, § 50i EStG, Rn. 113.

1107 Vgl. **Neumann-Tomm,** in: Lademann, EStG, § 50i EStG, Rn. 136 mit dem zutreffenden Hinweis, dass die erhaltenen Anteile in jedem Fall Wirtschaftsgüter des Betriebsvermögens und somit steuerverhaftet gewesen wären.

§ 50i Abs. 1 Satz 3 EStG.[1127] Denn ab diesem Zeitpunkt liegt keine Personengesellschaft mehr i.S.d. § 50i Abs. 1 Satz 1 oder 2 EStG vor.[1128] Dasselbe gilt im Falle eines sog. „Strukturwandels" von einer fiktiv gewerblichen Personengesellschaft hin zu einer gewerblich tätigen Personengesellschaft.[1129]

(2) Laufende Einkünfte aus der Beteiligung an der Personengesellschaft i.S.d. § 50i Abs. 1 Satz 1 EStG

Im deutschen Ertragsteuerrecht wird der Personengesellschaft eine steuerrechtliche Teilrechtsfähigkeit zugeschrieben mit der Folge, dass sie als Steuersubjekt ihren eigenen Gewinn gem. § 4 ff. EStG zu ermitteln hat, welcher dann im Anschluss den jeweiligen Mitunternehmern als Einkünfteerzielungssubjekt zuzurechnen ist und bei diesen der Besteuerung unterliegt.[1130] Da § 50i Abs. 1 Satz 3 EStG auf „die" laufenden Einkünfte aus „der" Beteiligung „der" Personengesellschaft abstellt, sind sämtliche auf Ebene der Personengesellschaft ermittelten laufenden Einkünfte miteinzubeziehen. Demnach kommt es für die Anwendung von § 50i Abs. 1 Satz 3 EStG nicht darauf an, dass die laufenden Einkünfte aus den nach § 50i EStG steuerinfizierten Wirtschaftsgütern oder Anteilen i.S.d. § 17 EStG resultieren,[1131] auch wenn eine Beschränkung hierauf geboten wäre.

1127 Vgl. BMF, Schreiben vom 26.09.2014, BStBl. I 2014, S. 1258, Tz. 2.3.3.5; **Neumann-Tomm,** in: Lademann, EStG, § 50i EStG, Rn. 157; **Rehfeld,** in: Herrmann/Heuer/Raupach, EStG/KStG, § 50i EStG, Rn. 21; **Loschelder,** in: Schmidt, EStG, 2018, § 50i EStG, Rn. 10; **Liekenbrock,** in: Flick/Wassermeyer/Baumhoff et al. (Hrsg.), Außensteuerrecht, § 50i EStG, Rn. 123. Nach **Lüdicke,** FR 2015, S. 132 besteht jedoch das Risiko, dass die laufenden Einkünfte selbst nach Ausscheiden der von § 50i EStG erfassten Wirtschaftsgüter und Anteile weiterhin durch den Treaty-Override erfasst sind.

1128 Vgl. **Liekenbrock,** in: Flick/Wassermeyer/Baumhoff et al. (Hrsg.), Außensteuerrecht, § 50i EStG, Rn. 123.

1129 Vgl. **Liekenbrock,** IStR 2013, S. 698; **Bodden,** DStR 2015, S. 155.

1130 Vgl. z.B. BFH, Urteil vom 25.06.1984, GrS 4/82, BStBl. II 1984, S. 751, Tz. 133 ff.; BFH, Urteil vom 03.07.1995, GrS 1/93, BStBl. II 1995, S. 617, Tz. 49 ff.

1131 Vgl. **Loschelder,** in: Schmidt, EStG, 2018, § 50i EStG, Rn. 10; **Neumann-Tomm,** in: Lademann, EStG, § 50i EStG, Rn. 154; **Schnittker/Haselmann,** in: Wassermeyer/Richter/Schnittker, Personengesellschaften im IStR, 2015, Kapitel 14, Rn. 14.50; **Gosch,** in: Kirchhof (Hrsg.), EStG, 2017, § 50i EStG, Rn. 15; **Bäuml,** in: Frotscher/Geurts (Hrsg.), EStG, § 50i EStG, Rn. 63 f.; **Bodden,** in: Korn, EStG, § 50i EStG, Rn. 59; **Töben,** IStR 2013, S. 686; **Liekenbrock,** IStR 2013, S. 698; **Liekenbrock,** in: Flick/Wassermeyer/Baumhoff et al. (Hrsg.), Außensteuerrecht, § 50i EStG, Rn. 118; **Kudert/Kahlenberg/Mroz,** ISR 2013, S. 371.

Auch erfolgt in § 50i Abs. 1 Satz 3 EStG keine Beschränkung dahingehend, dass nur die laufenden Einkünfte des den § 50i Abs. 1 Satz 1 EStG auslösenden Mitunternehmers besteuert werden. Denn es sind „die" laufenden Einkünfte aus „der" Beteiligung an „der" Personengesellschaft § 50i Abs. 1 Satz 3 EStG zu unterwerfen. Insofern kommt die Vorschrift für alle laufenden Einkünfte der Personengesellschaft zur Anwendung, und zwar unabhängig davon, ob der jeweilige Mitunternehmer § 50i Abs. 1 Satz 1 EStG selbst ausgelöst hat (fremdbestimmte Steuerwirkung). Mit gleicher Begründung ist § 50i Abs. 1 Satz 3 EStG auch unabhängig davon anzuwenden, ob der Mitunternehmer im DBA-Ausland ansässig ist oder nicht.[1132]

Eine Beteiligung an einer Personengesellschaft bedarf einer vermögensmäßigen Beteiligung in Form von Gesellschaftsrechten, welche eine Beteiligung am Gewinn oder Verlust der Gesellschaft vermitteln. Demnach sind vom Grundsatz her die durch § 15 Abs. 1 Nr. 2 Satz 1 Halbs. 1 EStG vermittelten Gewinn- und Verlustanteile erfasst. Daneben sind aber auch weitere Beteiligungsformen – unabhängig vom Vorliegen einer Gesellschafterstellung – unter die Regelung zu subsumieren, wenn sie zu einer Mitunternehmerstellung i.S.d. § 15 Abs. 1 Nr. 2 EStG führen (etwa die atypisch stille Unterbeteiligung)[1133].[1134]

Die Finanzverwaltung möchte auch Sondervergütungen i.S.d. § 15 Abs. 1 Nr. 2 Halbsatz 2 EStG an einen im DBA-Ausland[1135] ansässigen Mitunternehmer unter § 50i Abs. 1 Satz 3 EStG fassen.[1136] Hiergegen spricht jedoch der Wortlaut von § 50i Abs. 1 Satz 3 EStG, denn Sondervergütungen stellen keine laufenden Einkünfte dar, welche aus der Beteiligung an einer Personengesellschaft resultieren.[1137] Vielmehr sind sie Ausfluss schuldrechtlicher Verträge oder gesellschaftsrechtlicher Abreden.[1138] Auch das Abkommensrecht sieht keine Zuordnung der Sondervergütungen zu den Unternehmensgewinnen vor, sondern ordnet sie

1132 A.A. **Liekenbrock,** in: Flick/Wassermeyer/Baumhoff et al. (Hrsg.), Außensteuerrecht, § 50i EStG, Rn. 118, 124.

1133 Vgl. hierzu BFH, Urteil vom 19.04.2007, IV R 70/04, BStBl. II 2007, S. 868; **Wacker,** in: Schmidt, EStG, 2018, § 15 EStG, Rn. 365 ff.; H 15.8 Abs. 2 EStH.

1134 Vgl. **Liekenbrock,** in: Flick/Wassermeyer/Baumhoff et al. (Hrsg.), Außensteuerrecht, § 50i EStG, Rn. 120.

1135 Aus § 50i Abs. 1 Satz 3 EStG ergibt sich keine Einschränkung auf im DBA-Ausland ansässige Mitunternehmer. Insofern erfolgt die Anwendung seitens der Finanzverwaltung entgegen dem Gesetzeswortlaut.

1136 Vgl. BMF, Schreiben vom 26.09.2014, BStBl. I 2014, S. 1258, Tz. 2.3.3.5.

1137 Für die Analyse der Entscheidungswirkungen wird die Auffassung der Finanzverwaltung zugrunde gelegt, da diese die Sondervergütungen unter § 50i Abs. 1 Satz 3 EStG subsumiert.

1138 Vgl. **Wacker,** in: Schmidt, EStG, 2018, § 15 EStG, Rn. 560.

den spezielleren Verteilungsnormen zu.[1139] Demnach ist davon auszugehen, dass der Gesetzgeber Sondervergütungen nicht unter § 50i Abs. 1 Satz 3 EStG fassen wollte.[1140] Insofern besteht auch kein Konkurrenzverhältnis zwischen § 50d Abs. 10 Satz 3 EStG und § 50i Abs. 1 Satz 3 EStG.[1141] Zudem ist darauf hinzuweisen, dass gewerblich geprägte Personengesellschaften i.S.d. § 15 Abs. 3 Nr. 2 EStG gem. § 50d Abs. 10 Satz 7 Nr. 1 EStG nicht unter § 50d Abs. 10 EStG fallen, da durch sie keine Unternehmensgewinne i.S.d. OECD-MA vermittelt werden.[1142]

2. Rechtsfolge

Rechtsfolge von § 50i Abs. 1 Satz 3 EStG ist die vollumfängliche Besteuerung der laufenden Einkünfte aus der Beteiligung an der Personengesellschaft, unabhängig davon, ob der Mitunternehmer im DBA-Ausland ansässig ist und ob die laufenden Einkünfte aus den von § 50i Abs. 1 Satz 1 EStG infizierten Wirtschaftsgütern stammen. Zudem bleiben diese laufenden Einkünfte auch nach einem Entstrickungstatbestand nach § 50i Abs. 1 Satz 3 EStG steuerverhaftet.[1143]

Auch § 50i Abs. 1 Satz 3 EStG zielt auf die Einkünfte als Saldogröße ab, so dass sowohl positive als auch negative Einkünfte gem. § 2 Abs. 2 EStG zu berücksichtigen sind. Wenn es sich bei den laufenden Einkünften um Dividenden aus Kapitalgesellschaften handelt, sind §§ 3 Nr. 40, 3c Abs. 2 EStG bei natürlichen Personen als Anteilseigner bzw. § 8b Abs. 1, 5 KStG bei Körperschaften als Anteilseigner zu beachten. Da es sich bei § 50i Abs. 1 Satz 3 i.V.m. § 50i Abs. 1 Satz 1 EStG um einen Treaty-Override handelt, werden die abkommensrechtlichen Regelungen durch nationales Recht überschrieben, so dass im Ergebnis § 49 Abs. 1 Nr. 2 Buchst. a) EStG bei beschränkter Steuerpflicht und § 15 EStG bei unbeschränkter Steuerpflicht zur Anwendung kommen. Damit wird

---

1139 Vgl. BFH, Urteil vom 27.02.1991, I R 15/89, BStBl. II 1991, S. 444; BFH, Urteil vom 17.10.2007, I R 5/06, BStBl. II 2009, S. 356. A.A. BMF, Schreiben vom 26.09.2014, BStBl. I 2014, S. 1258, Tz. 5.1.1.

1140 Vgl. **Liekenbrock,** IStR 2013, S. 698; **Liekenbrock,** in: Flick/Wassermeyer/Baumhoff et al. (Hrsg.), Außensteuerrecht, § 50i EStG, Rn. 121; **Bäuml,** in: Frotscher/Geurts (Hrsg.), EStG, § 50i EStG, Rn. 67. A.A. **Kahlenberg,** Ubg 2014, S. 236; **Rehfeld,** in: Herrmann/Heuer/Raupach, EStG/KStG, § 50i EStG, Rn. 20; **Bodden,** in: Korn, EStG, § 50i EStG, Rn. 60; **Neumann-Tomm,** in: Lademann, EStG, § 50i EStG, Rn. 151; a.A. **Gosch,** in: Kirchhof (Hrsg.), EStG, 2017, § 50i EStG, Rn. 15.

1141 So aber **Bodden,** in: Korn, EStG, § 50i EStG, Rn. 60, welcher davon ausgeht, dass § 50i Abs. 1 Satz 3 EStG auf Sondervergütungen Anwendung findet.

1142 Gleichlautend BMF, Schreiben vom 26.09.2014, BStBl. I 2014, S. 1258, Tz. 5.1.1.

1143 Vgl. **Liekenbrock,** DStR 2016, S. 2611.

das abkommensrechtliche Quellenbesteuerungsrecht Deutschlands durch ein vollumfängliches Besteuerungsrecht hinsichtlich laufender Einkünfte wie z.B. Dividenden- und Zinserträge ersetzt.[1144] Des Weiteren besteht keine Möglichkeit einer Entlastung nach § 50d Abs. 1, Abs. 2 EStG.[1145] Insofern droht eine Doppelbesteuerung, da der (neue) Ansässigkeitsstaat des Mitunternehmers sich regelmäßig auf das Abkommensrecht berufen und sein Besteuerungsrecht durchsetzen wird. Auch wird die Möglichkeit einer Anrechnung oder Abzugsfähigkeit der deutschen Steuer im ausländischen Staat nicht möglch sein, da die Steuererhebung Deutschlands via § 50i Abs. 1 Satz 3 EStG abkommenswidrig erfolgt.[1146] Diese Doppelbesteuerung lässt sich aufgrund ihrer abkommenswidrigen Ursache auch nicht im Rahmen eines Verständigungsverfahren beseitigen.[1147]

Eine Ausnahme hiervon besteht gem. § 50 Abs. 3 EStG i.V.m. § 34c EStG bei einem im DBA-Ausland ansässigen Mitunternehmer,[1148] wenn

1) die Personengesellschaft ausländische Einkünfte generiert, welche ihr nach nationalem Steuerrecht zuzurechnen sind,
2) eine Besteuerung der Einkünfte im ausländischen Staat erfolgt
3) und der beschränkt steuerpflichtige Mitunternehmer der Personengesellschaft im ausländischen Staat nicht in einem ähnlichen Umfang wie ein unbeschränkt Steuerpflichtiger zu einer Steuer vom Einkommen herangezogen wird.

Zu einer Entlastung kommt es im Ergebnis nur dann, soweit die Personengesellschaft Drittstaateneinkünfte erzielt. Eine Entlastung inländischer Einkünfte sowie der Einkünfte im Ansässigkeitsstaat ist hingegen nicht vorgesehen.[1149] Unabhängig davon kann die Sicherung des Besteuerungsrechts an den laufenden Einkünften – dem Abkommensrecht entsprechend – lediglich bis zum Zeitpunkt

1144 Vgl. **Neumann-Tomm,** in: Lademann, EStG, § 50i EStG, Rn. 145.

1145 Vgl. BMF, Schreiben vom 26.09.2014, BStBl. I 2014, S. 1258, Tz. 2.3.3.

1146 Vgl. **Liekenbrock,** in: Flick/Wassermeyer/Baumhoff et al. (Hrsg.), Außensteuerrecht, § 50i EStG, Rn. 124.

1147 Vgl. auch **Haendel,** IStR 2017, S. 439. A.A.. BMF, Schreiben vom 26.09.2014, BStBl. I 2014, S. 1258, Tz. 2.3.3.6. Die Finanzverwaltung geht jedoch davon aus, dass eine Doppelbesteuerung nicht entsteht, wenn der ausländische Staat das Besteuerungsrecht Deutschlands ausdrücklich anerkannt oder bestätigt hat.

1148 Vgl. **Kudert/Kahlenberg/Mroz,** ISR 2013, S. 370.

1149 Vgl. **Liekenbrock,** in: Flick/Wassermeyer/Baumhoff et al. (Hrsg.), Außensteuerrecht, § 50i EStG, Rn. 124.1.

eines etwaigen Entstrickungstatbestands bzw. bis zu einem bestimmten Stichtag gerechtfertigt werden. Zur Herstellung eines ausgeglichenen Verhältnisses wäre es, ebenso wie bei der Besteuerung der stillen Reserven, geboten, das Besteuerungsrecht des Gesetzgebers auf die laufenden Einkünfte bis zum Entstrickungszeitpunkt (bei Entstrickung vor dem 31.12.2016, 24 Uhr) bzw. auf die laufenden Einkünfte bis zum 31.12.2016 zu beschränken.[1150]

Des Weiteren kann es bei der Sicherung des Besteuerungsrechts nur um das Besteuerungsrecht an den steuerneutral transferierten Wirtschaftsgütern und Anteilen i.S.d. § 17 EStG und den damit in Zusammenhang stehenden laufenden Einkünften gehen.[1151] Eine darüber hinausgehende Sicherung des Besteuerungsrechts kann nicht gerechtfertigt werden.[1152] Hierfür spricht auch die Gesetzesbegründung zum JStG 2013, welche auf die „Einkünfte aus den überführten Wirtschaftsgütern oder Anteilen"[1153] verweist. Insofern ist auch diesbezüglich eine entsprechende Gesetzesänderung angezeigt.

Auch ist nachvollziehbar, dass das Besteuerungsrecht hinsichtlich der laufenden Einkünfte im Einklang mit § 50i Abs. 1 Satz 1 EStG nur für im DBA-Ausland ansässige Mitunternehmer gesichert werden soll. Um diese nachvollziehbare Beschränkung zu erreichen, bedarf es jedoch einer Einschränkung des Wortlauts des § 50i Abs. 1 Satz 3 EStG bzw. alternativ einer Tatbestandsverknüpfung zu § 50i Abs. 1 Satz 1 EStG, wie sie für den Begriff der „Personengesellschaft" vorliegt.

Die Finanzverwaltung möchte zudem die mit den nach § 50i Abs. 1 Satz 1 EStG steuerverhafteten Wirtschaftsgütern und Anteilen in Zusammenhang stehenden nachträglichen Betriebseinnahmen und -ausgaben der Besteuerung nach § 50i Abs. 1 Satz 3 EStG unterwerfen.[1154] Diese Auffassung ist abzulehnen. Denn die Möglichkeit der Anwendung endet, nachdem das letzte Wirtschaftsgut bzw. der letzte Anteil i.S.v. § 50i Abs. 1 Satz 1 EStG veräußert oder entnommen worden ist. Ab diesem Zeitpunkt liegt keine Personengesellschaft i.S.d. § 50i

---

1150 Vgl. ähnlich auch **Liekenbrock,** DStR 2016, S. 2610 f.

1151 Vgl. auch **Liekenbrock,** IStR 2013, S. 698; **Pohl,** IStR 2013, S. 702; **Bodden,** DB 2014, S. 2372; **Bodden,** DStR 2015, S. 156; **Rehfeld,** in: Herrmann/Heuer/Raupach, EStG/KStG, § 50i EStG, Rn. 21.

1152 Vgl. **Neumann-Tomm,** in: Lademann, EStG, § 50i EStG, Rn. 154/1; **Liekenbrock,** IStR 2013, S. 698; **Pohl,** IStR 2013, S. 702; **Rehfeld,** in: Herrmann/Heuer/Raupach, EStG/KStG, § 50i EStG, Rn. 21; a.A. **Bäuml,** in: Frotscher/Geurts (Hrsg.), EStG, § 50i EStG, Rn. 64.

1153 Bundesrat, Drs. vom 01.03.2013, BR-Drs. 139/13 B, S. 142.

1154 Vgl. BMF, Schreiben vom 26.09.2014, BStBl. I 2014, S. 1258, Tz. 2.3.3.5.

Abs. 1 Satz 1 EStG mehr vor, so dass nachträgliche Betriebseinnahmen und -ausgaben auch nicht mehr im Rahmen der laufenden Einkünfte i.S.d. § 50i Abs. 1 Satz 3 EStG berücksichtigt werden können.[1155]

IV. Besteuerung von Besitzunternehmen im Rahmen einer Betriebsaufspaltung

1. *Tatbestände*

a. *Persönlicher Anwendungsbereich*

Nach § 50i Abs. 1 Satz 4 EStG gelten die Sätze 1 und 3 sinngemäß für den „Steuerpflichtigen", wenn er die Voraussetzungen einer Betriebsaufspaltung erfüllt. Damit deckt sich der persönliche Anwendungsbereich von § 50i Abs. 1 Satz 4 EStG grundsätzlich mit § 50i Abs. 1 Sätze 1 bis 3 EStG, so dass sowohl im DBA-Ausland ansässige natürliche Personen als auch Körperschaften von der Norm erfasst sein sollten.[1156]

b. *Zeitlicher Anwendungsbereich*

Da § 50i Abs. 1 Satz 4 EStG auf die Sätze 1 bis 3 EStG verweist, sind für Besitzpersonengesellschaften dieselben zeitlichen Anwendungsregelungen anzuwenden, welche auch für die nach § 50i Abs. 1 Sätze 1 und 3 EStG erfassten Personengesellschaften i.S.d. § 15 Abs. 3 EStG Anwendung finden.[1157] Demnach setzt die Anwendung von § 50i Abs. 1 Satz 4 EStG i.d.F. des Anti-BEPS-Umsetzungsgesetzes I voraus, dass Wirtschaftsgüter und Anteile i.S.d. § 17 EStG vor dem 29.06.2013 in das Betriebsvermögen eines Besitzunternehmens i.S.d. § 50i Abs. 1 Satz 4 EStG steuerneutral übertragen oder überführt worden sind. Des Weiteren müssen die Wirtschaftsgüter gem. § 52 Abs. 48 Satz 3 EStG ab dem 31.12.2013 verkauft oder entnommen werden.

1155 Vgl. **Liekenbrock,** in: Flick/Wassermeyer/Baumhoff et al. (Hrsg.), Außensteuerrecht, § 50i EStG, Rn. 125.

1156 Vgl. **Liekenbrock,** in: Flick/Wassermeyer/Baumhoff et al. (Hrsg.), Außensteuerrecht, § 50i EStG, Rn. 126.

1157 Vgl. **Loschelder,** in: Schmidt, EStG, 2018, § 50i EStG, Rn. 11; **Bäuml,** in: Frotscher/Geurts (Hrsg.), EStG, § 50i EStG, Rn. 73; **Neumann-Tomm,** in: Lademann, EStG, § 50i EStG, Rn. 167; **Liekenbrock,** in: Flick/Wassermeyer/Baumhoff et al. (Hrsg.), Außensteuerrecht, § 50i EStG, Rn. 127; **Schulze zur Wiesche,** BB 2013, S. 2467.

Auf Besitzeinzelunternehmen findet § 50i Abs. 1 Satz 4 EStG erst seit Einführung des KroatienAnpG Anwendung.[1158] Die Anwendung von § 50i Abs. 1 Satz 4 EStG ist für Besitzeinzelunternehmen ab dem Veranlagungszeitraum 2014 vorgesehen.[1159] Für Veräußerungs- und Entnahmevorgänge i.S.d. § 50i Abs. 1 Satz 1 EStG resultiert dies aus der im Rahmen des ZKAnpG geänderten Fassung[1160] des § 52 Abs. 48 Satz 3 EStG. Hiernach findet § 50i Abs. 1 Satz 4 EStG in der am 31.07.2014 in Kraft getretenen Fassung (KroatienAnpG)[1161] erstmalig Anwendung für Veräußerungen oder Entnahmen, welche nach dem 31.12.2013 vollzogen werden. Mangels spezieller zeitlicher Anwendungsregelung[1162] für laufende Einkünfte des Besitzeinzelunternehmens kommt die allgemeine Anwendungsregelung des § 52 Abs. 1 EStG i.d.F. des KroatienAnpG zur Anwendung mit der Folge, dass die laufenden Einkünfte des Veranlagungszeitraums 2014 erstmalig einer Besteuerung unterliegen.[1163]

c. Sachlicher Anwendungsbereich

(1) Einkünfte aus Gewerbebetrieb durch Betriebsaufspaltung

Gem. § 50i Abs. 1 Satz 4 EStG gelten „die Sätze 1 und 3 [.] sinngemäß, wenn Wirtschaftsgüter vor dem 29. Juni 2013 Betriebsvermögen eines Einzelunternehmens oder einer Personengesellschaft geworden sind, die deswegen Einkünfte

---

1158 Vgl. **Kudert/Kahlenberg/Mroz,** ISR 2014, S. 260 f.; **Bodden,** DB 2014, S. 2373; a.A. **Schulze zur Wiesche,** BB 2013, S. 2467.

1159 Vgl. BMF, Schreiben vom 26.09.2014, BStBl. I 2014, S. 1258, Tz. 2.3.3.9.

1160 Die im Rahmen von § 50i Abs. 1 Satz 4 EStG erlassene zeitliche Anwendungsregel des § 52 Abs. 48 Satz 3 EStG i.d.F. des KroatienAnpG für Besitzeinzelunternehmen stellte auf den 30.07.2014 ab, obwohl das KroatienAnpG erst am 31.07.2014 mit der Verkündung im BGBl. I in Kraft trat, so dass § 50i Abs. 1 Satz 4 i.d.F. des KroatienAnpG zum 30.07.2014 noch nicht existierte. Insofern lief die zeitliche Anwendungsregel zunächst leer; vgl. kritisch hierzu **Hechtner,** NWB 2014, S. 2611. Diesen Fehler hat der Gesetzgeber i.R.d. ZKAnpG, Gesetz vom 22.12.2014, BGBl. I 2014, S. 2417 behoben; vgl. hierzu auch **Bodden,** DB 2014, S. 2373 f.; **Bodden,** in: Korn, EStG, § 50i EStG, Rn. 18; zweifelnd **Kudert/Kahlenberg/Mroz,** ISR 2014, S. 260.

1161 KroatienAnpG, Gesetz vom 25.07.2014, BGBl. I 2014, S. 1266.

1162 Eine Anwendung von § 52 Abs. 48 Satz 2 EStG scheidet aus, da hier explizit auf laufende Einkünfte aus der Beteiligung an einer Personengesellschaft abgestellt wird. Daran ändert auch die tatbestandliche Verknüpfung von § 50i Abs. 4 EStG mit § 50i Abs. 1 Satz 1 und 3 EStG nichts, da der Wortlaut hier eindeutig ist; vgl. diesbezüglich auch **Liekenbrock,** in: Flick/Wassermeyer/Baumhoff et al. (Hrsg.), Außensteuerrecht, § 50i EStG, Rn. 128, Fn. 6.

1163 Vgl. gleichlautend **Kudert/Kahlenberg/Mroz,** ISR 2014, S. 265.

aus Gewerbebetrieb erzielen, weil der Steuerpflichtige sowohl im überlassenen Betrieb als auch im nutzenden Betrieb allein oder zusammen mit anderen Gesellschaftern einen einheitlichen geschäftlichen Betätigungswillen durchsetzen kann und dem nutzenden Betrieb eine wesentliche Betriebsgrundlage zur Nutzung überlässt". Damit hat der Gesetzgeber die beiden von der Rechtsprechung entwickelten Tatbestandsvoraussetzungen (personelle und sachliche Verflechtung) einer Betriebsaufspaltung erstmalig in den Gesetzestext aufgenommen.[1164] Daher hat sich die Auslegung der beiden in § 50i Abs. 1 Satz 4 EStG genannten Tatbestandsvoraussetzung nach den allgemeinen Grundsätzen[1165] zur Betriebsaufspaltung zu richten.[1166]

Eine Betriebsaufspaltung fällt dann unter den sachlichen Anwendungsbereich des § 50i Abs. 1 Satz 4 EStG, wenn die Voraussetzungen der personellen[1167] und sachlichen[1168] Verflechtung vor dem 29.06.2013 erfüllt wurden. In diesem Fall werden alle[1169] vom Besitzunternehmen erzielten Einkünfte,[1170] unabhängig von der tatsächlichen Einkunftsart, als Einkünfte aus Gewerbebetrieb i.S.d. § 15

1164 Vgl. **Prinz,** DB 2013, S. 1381; **Bodden,** in: Korn, EStG, § 50i EStG, Rn. 69; **Neumann-Tomm,** in: Lademann, EStG, § 50i EStG, Rn. 171; **Pohl,** in: Blümich, EStG/KStG/GewStG, § 50i EStG, Rn. 21; **Gosch,** in: Kirchhof (Hrsg.), EStG, 2017, § 50i EStG, Rn. 11.

1165 Vgl. **Pohl,** IStR 2013, S. 700.

1166 Vgl. zu den allgemeinen Grundsätzen im Detail **Liekenbrock,** in: Flick/Wassermeyer/Baumhoff et al. (Hrsg.), Außensteuerrecht, § 50i EStG, Rn. 130.

1167 Eine sachliche Verflechtung liegt vor, wenn der Betriebsgesellschaft vom Besitzunternehmen materielle oder immaterielle Wirtschaftsgüter überlassen werden, die als wesentliche Betriebsgrundlage zu qualifizieren sind; vgl. BFH, Urteil vom 24.08.1989, IV R 135/86, BStBl. II 1989, S. 1014; BFH, Urteil vom 06.11.1991, XI R 12/87, BStBl. II 1992, S. 415.

1168 Voraussetzung für eine personelle Verflechtung ist, dass ein einheitlicher geschäftlicher Betätigungswille der hinter dem Besitz- und Betriebsunternehmen stehenden Personen gegeben ist. Ein solcher wird angenommen, wenn dieselbe Person/Personengruppe an Besitz- und Betriebsunternehmen mehrheitlich beteiligt ist (Stimmrechte), so dass der Wille der das Besitzunternehmen beherrschenden Personen auch im Betriebsunternehmen durchgesetzt werden kann; BFH, Urteil vom 08.11.1971, GrS 2/71, BStBl. II 1972, S. 63.

1169 Vgl. BFH, Urteil vom 13.11.1997, IV R 67/96, BStBl. II 1998, S. 254; BFH, Urteil vom 24.11.1998, VIII R 61/97, BStBl. II 1999, S. 483; BMF, Schreiben vom 28.04.1998, BStBl. I 1998, S. 583, Tz. 2.

1170 Dies gilt auch für die Mitunternehmer, welche nicht an der Betriebsgesellschaft beteiligt sind; vgl. BFH, Urteil vom 02.08.1972, IV 87/65, BStBl. II 1972, S. 796; BFH, Urteil vom 13.11.1997, IV R 67/96, BStBl. II 1998, S. 254.

Abs. 1 Nr. 1, Abs. 2 EStG qualifiziert.[1171] Hierunter fallen auch von der Betriebsgesellschaft vorgenommene Ausschüttungen an das Besitzunternehmen.[1172]

Im Steuerrecht findet sich keine Definition des Begriffs des Einzelunternehmens.[1173] Jedoch lässt er sich aus der BFH-Rechtsprechung herleiten.[1174] Danach handelt es sich bei einem Einzelunternehmen um eine natürliche Person, welche durch ihre Tätigkeit Unternehmerinitiative entfaltet und Unternehmerrisiko trägt.[1175] Demnach sind die in § 15 Abs. 1 Satz 1 Nr. 1 EStG kodifizierten Maßstäbe zu beachten.[1176] Auf die im Handelsrecht kodifizierte Kaufmannseigenschaft gem. § 1 HGB kommt es demnach nicht an,[1177] sondern auf die nach ertragsteuerrechtlichen Grundsätzen erfolgte (Um-)Qualifikation von Einkünften aus Vermietung und Verpachtung einer natürlichen Person in Einkünfte aus Gewerbebetrieb.[1178]

§ 50i Abs. 1 Satz 4 EStG stellt ausdrücklich auf Personengesellschaften und Einzelunternehmern ab. Betriebsaufspaltungen können jedoch ebenfalls durch andere Gemeinschaften (Erbengemeinschaft, Grundbesitzgemeinschaft) begründet werden. Insofern stellt sich die Frage, ob § 50i Abs. 1 Satz 4 EStG auch solche Gemeinschaften erfasst. Zivilrechtlich stellen die genannten Gemeinschaften keine Personengesellschaften dar, so dass die Norm nach ihrem Wortlaut nicht zur Anwendung gelangt.[1179] Bei Grundbesitzgemeinschaften unterstellt der BFH jedoch die Gründung einer „Quasi-Willensbildungs-GbR" bzw. einer „Besitz-GbR" durch die Bruchteilseigentümer, welcher die jeweiligen Bruchteile des überlassenen Grundbesitzes als SBV I der Mitunternehmer (Bruchteilseigentümer) zuzurechnen sind.[1180] Auch sind Erbengemeinschaften,

1171 Vgl. bspw. BFH, Urteil vom 08.11.1971, GrS 2/71, BStBl. II 1972, S. 63; BFH, Urteil vom 12.11.1985, VIII R 342/82, BStBl. II 1986, S. 299.

1172 Vgl. BFH, Urteil vom 14.09.1999, III R 47/98, BStBl. II 2000, S. 255.

1173 Vgl. **Neumann-Tomm,** in: Lademann, EStG, § 50i EStG, Rn. 168; **Bodden,** in: Korn, EStG, § 50i EStG, Rn. 68.1.

1174 Vgl. BFH, Urteil vom 04.11.2004, III R 21/02, BStBl. II 2005, S. 168 m.w.N.

1175 Vgl. **Bodden,** DB 2014, S. 2373; **Bodden,** in: Korn, EStG, § 50i EStG, Rn. 68.1 m.w.N.

1176 Vgl. **Kudert/Kahlenberg/Mroz,** ISR 2014, S. 260.

1177 Vgl. **Liekenbrock,** in: Flick/Wassermeyer/Baumhoff et al. (Hrsg.), Außensteuerrecht, § 50i EStG, Rn. 132.

1178 Vgl. diesbezüglich **Kudert/Kahlenberg/Mroz,** ISR 2014, S. 260 f.; **Gosch,** in: Kirchhof (Hrsg.), EStG, 2017, § 50i EStG, Rn. 12.

1179 Vgl. **Liekenbrock,** in: Flick/Wassermeyer/Baumhoff et al. (Hrsg.), Außensteuerrecht, § 50i EStG, Rn. 132.1.

1180 Vgl. BFH, Urteil vom 18.08.2005, IV R 59/04, BStBl. II 2005, S. 830; BMF, Schreiben vom 07.12.2006, BStBl. I 2006, S. 766; **Bodden,** in: Korn, EStG, § 50i EStG, Rn. 68.2.

welche, aus welchen Gründen auch immer, gewerbliche Einkünfte erzielen, als Mitunternehmerschaft i.S.d. § 15 Abs. 1 Nr. 2 EStG zu behandeln, so dass zur Besitz-Personengesellschaft kein Unterschied besteht.[1181] Aus diesen Gründen sollten sowohl Grundstücks- als auch Erbengemeinschaften unter § 50i Abs. 1 Satz 4 EStG zu subsumieren sein.[1182]

Auf Kapitalgesellschaften als Besitzunternehmen findet § 50i Abs. 1 Satz 4 EStG nach dem klaren Wortlaut unmittelbar keine Anwendung. Hierfür spricht auch, dass eine Kapitalgesellschaft nicht, wie von § 50i Abs. 1 Satz 4 EStG verlangt („deswegen"), alleine durch die Begründung der Betriebsaufspaltung, sondern bereits aufgrund der Rechtsform gewerblich tätig ist. Eine mittelbare Anwendung ist jedoch möglich, wenn eine im DBA-Ausland ansässige Kapitalgesellschaft an einer Besitz-Personengesellschaft beteiligt ist.[1183]

(2) Wirtschaftsgüter werden Betriebsvermögen eines Besitzunternehmens einer Betriebsaufspaltung vor dem 29.06.2013

Für die Anwendung von § 50i Abs. 1 Satz 4 EStG wird vorausgesetzt, dass im Falle von Besitzpersonengsellschaften keine Veräußerung oder Entnahme vor dem 30.06.2013 (§ 52 Abs. 59d Satz 1 EStG i.d.F. des AmtshilfeRLUmsG) erfolgte. Bei Besitzeinzelunternehmen wird vorausgesetzt, dass keine Veräußerung oder Entnahme vor dem 01.01.2014 erfolgte (§ 52 Abs. 48 Satz 3 EStG). Bei den zur Nutzung überlassenen Wirtschaftsgütern handelt es sich um notwendiges[1184] (Sonder-)Betriebsvermögen des Besitzunternehmens.[1185]

Umstritten ist die Frage, ob § 50i Abs. 1 Satz 4 EStG – wie § 50i Abs. 1 Satz 1 EStG – einen steuerneutralen Transfer der Wirtschaftsgüter der Besitz-Personengesellschaft bzw. des Besitzeinzelunternehmens in das (Sonder-)Betriebsvermögen des Besitzunternehmens fordert. Hierfür könnte sprechen, dass der in § 50i Abs. 1 Satz 4 EStG vorhandene Verweis auf die „Sätze 1 und 3"

1181 Vgl. BMF, Schreiben vom 14.03.2006, BStBl. I 2006, S. 253, Tz. 1.

1182 Vgl. **Lang/Benz,** StBJb 2014/2015, 2015, S. 200.

1183 Vgl. **Liekenbrock,** in: Flick/Wassermeyer/Baumhoff et al. (Hrsg.), Außensteuerrecht, § 50i EStG, Rn. 132.2.

1184 Dies gilt auch dann, wenn nicht alle Gesellschafter der Besitzpersonengesellschaft an der Betriebsgesellschaft beteiligt sind; vgl. OFD Frankfurt, Verordnung vom 10.05.2012, FR 2012, S. 976, Tz. 3.3.1.

1185 Vgl. BFH, Urteil vom 12.02.1992, XI R 18/90, BStBl. II 1992, S. 723; BFH, Urteil vom 14.09.1999, III R 47/98, BStBl. II 2000, S. 255; BFH, Urteil vom 25.11.2004, IV R 7/03, BStBl. II 2005, S. 354; **Wacker,** in: Schmidt, EStG, 2018, § 15 EStG, Rn. 873 f.

einen Rechtsgrundverweis darstellen könnte,[1186] so dass die Tatbestandsvoraussetzungen von § 50i Abs. 1 Satz 1 EStG zu erfüllen wären.[1187] Hiergegen wird eingewandt, dass der Wortlaut von § 50i Abs. 1 Satz 4 EStG nur verlangt, dass die „Wirtschaftsgüter vor dem 29. Juni 2013 Betriebsvermögen [...] geworden sind".[1188] Soweit die Veräußerung oder Entnahme von Betriebsvermögen eines Besitzunternehmens besteuert wurde, besteht keine Rechtfertigung für eine Besteuerung nach § 50i Abs. 1 Satz 4 EStG.[1189] Jedoch gab es zahlreiche Möglichkeiten einer steuerneutralen Übertragung oder Überführung im Rahmen der Begründung einer Betriebsaufspaltung,[1190] so dass auch die in § 50i Abs. 1 Satz 1 EStG geforderte Tatbestandsvoraussetzung des steuerneutralen Transfers der Wirtschaftsgüter regelmäßig erfüllt sein sollte.[1191]

Fraglich ist zudem, ob der Gesetzgeber sowohl Fälle der „echten" als auch der „unechten Betriebsaufspaltung" in den Regelungsbereich von § 50i Abs. 1 Satz 4 EStG miteinbeziehen wollte. Im Rahmen einer sog. „echten Betriebsaufspaltung"[1192] wird ein bereits existierendes gewerbliches Unternehmen in ein Besitz- und ein Betriebsunternehmen aufgeteilt. Umgekehrt lagen bei einer sog. „unechten Betriebsaufspaltung" die Voraussetzungen für eine Betriebsaufspaltung bereits zum Zeitpunkt der Begründung des Besitzunternehmens vor.[1193] Nach dem Wortlaut von § 50i Abs. 1 Satz 4 EStG kommt eine Anwendung sowohl für Fälle der „echten" als auch der „unechten Betriebsaufspaltung" in

---

1186 Vgl. **Rehfeld,** in: Herrmann/Heuer/Raupach, EStG/KStG, § 50i EStG, Rn. 26; **Loschelder,** in: Schmidt, EStG, 2018, § 50i EStG, Rn. 11; **Bodden,** in: Korn, EStG, § 50i EStG, Rn. 68; **Neumann-Tomm,** in: Lademann, EStG, § 50i EStG, Rn. 170.

1187 So **Schulze zur Wiesche,** BB 2013, S. 2467; **Loschelder,** in: Schmidt, EStG, 2018, § 50i EStG, Rn. 11; **Bodden,** DB 2014, S. 2373; **Gosch,** in: Kirchhof (Hrsg.), EStG, 2017, § 50i EStG, Rn. 11a; **Bodden,** in: Korn, EStG, § 50i EStG, Rn. 68; **Lang/Benz,** StBJb 2014/2015, 2015, S. 200.

1188 Vgl. **Neumann-Tomm,** in: Lademann, EStG, § 50i EStG, Rn. 166; **Bodden,** DB 2014, S. 2373; **Loschelder,** in: Schmidt, EStG, 2018, § 50i EStG, Rn. 11; BMF, Schreiben vom 26.09.2014, BStBl. I 2014, S. 1258, Tz. 2.3.3.4.

1189 Vgl. **Bodden,** in: Korn, EStG, § 50i EStG, Rn. 68.3; **Loschelder,** in: Schmidt, EStG, 2018, § 50i EStG, Rn. 11; **Schulze zur Wiesche,** BB 2013, S. 2467; wohl auch BMF, Schreiben vom 26.09.2014, BStBl. I 2014, S. 1258, Tz. 2.3.3.2.

1190 Vgl. hierzu im Einzelnen OFD Frankfurt, Verordnung vom 10.05.2012, FR 2012, S. 976, Tz. 3.5; BMF, Schreiben vom 22.01.1985, BStBl. I 1985, S. 97.

1191 Vgl. **Liekenbrock,** in: Flick/Wassermeyer/Baumhoff et al. (Hrsg.), Außensteuerrecht, § 50i EStG, Rn. 134.

1192 Vgl. BFH, Urteil vom 08.11.1971, GrS 2/71, BStBl. II 1972, S. 63, Tz. 17.

1193 Vgl. BFH, Urteil vom 24.06.1969, I 201/64, BStBl. II 1970, S. 17.

Betracht, da lediglich vorausgesetzt wird, dass die überlassenen Wirtschaftsgüter Betriebsvermögen geworden sind.[1194]

2. Rechtsfolgen

a. Entstrickungsvermeidung

Die Begründung einer Betriebsaufspaltung vor dem 29.06.2013 mit anschließendem Ansässigkeitswechsel des Besitzeinzelunternehmers oder eines Gesellschafters der Besitzpersonengesellschaft in einen anderen DBA-Staat führt nach aktueller Gesetzeslage nicht zu einer Entstrickung, da durch § 50i Abs. 1 Satz 4 EStG das Besteuerungsrecht abkommensüberschreibend, vollumfassend und rückwirkend gesichert wird. Ohne die Einführung von § 50i Abs. 1 Satz 4 EStG wäre das Besteuerungsrecht verlorengegangen, da durch die Tätigkeit des Besitzunternehmens keine Unternehmenseinkünfte i.S.d. Art. 7 Abs. 1 OECD-MA vermittelt werden und die ausschließliche Überlassung von Wirtschaftsgütern, welche wesentliche Betriebsgrundlagen darstellen, abkommensrechtlich auch keine Betriebsstätte i.S.d. Art. 5 OECD-MA begründen.[1195] Eine Sicherung des Besteuerungsrechts ist im Rahmen von Betriebsaufspaltungen insbesondere für die Anteile an der Betriebskapitalgesellschaft essentiell, da das Besteuerungsrecht für die Anteile ansonsten gem. Art. 10 Abs. 1, 13 Abs. 5 OECD-MA dem Ansässigkeitsstaat zusteht. Davon abweichend bestand für unbewegliches Vermögen[1196] keine Notwendigkeit, das Besteuerungsrecht über einen Treaty-Override zu sichern. Denn in diesem Fall steht gem. Art. 6 Abs. 1, Art. 13 Abs. 1 OECD-MA regelmäßig dem Belegenheitsstaat und damit Deutschland das Besteuerungsrecht zu.[1197]

Der Gesetzgeber möchte seit der Anpassung durch das KroatienAnpG § 50i Abs. 1 Satz 4 EStG auch auf Besitzeinzelunternehmen anwenden, da er wohl annimmt, dass in solchen Fällen eine Besteuerung der stillen Reserven in den Anteilen an der Betriebskapitalgesellschaft unterblieben ist.[1198] Jedoch stellt sich auch bereits vor der Anwendung von § 50i Abs. 1 Satz 4 EStG i.d.F. des

1194 Vgl. bspw. **Wacker,** in: Schmidt, EStG, 2018, § 15 EStG, Rn. 804.

1195 Vgl. BFH, Urteil vom 25.05.2011, I R 95/10, BStBl. II 2014, S. 760; FG Nürnberg, Urteil vom 28.09.2011, 3 K 959/2008, DStRE 2012, S. 1063.

1196 Dies betrifft vor allem Grundbesitz.

1197 Vgl. **Schulze zur Wiesche,** BB 2013, S. 2466; **Bodden,** in: Korn, EStG, § 50i EStG, Rn. 70.

1198 Vgl. **Liekenbrock,** in: Flick/Wassermeyer/Baumhoff et al. (Hrsg.), Außensteuerrecht, § 50i EStG, Rn. 137.

KroatienAnpG die Frage, warum in diesen Fällen eine Entstrickungsbesteuerung unterblieben ist.[1199] Denn nach rein innerdeutschen Grundsätzen wäre der Wegzug als Betriebsaufgabe i.S.d. § 16 Abs. 3 Satz 1, Abs. 3a EStG zu werten gewesen, da die reine Verpachtungstätigkeit alleine nicht ausreicht, um eine inländische Betriebsstätte zu begründen und das Vorliegen einer inländischen Betriebsstätte Voraussetzung für die Erzielung (fiktiver) gewerblicher Einkünfte i.S.d. § 49 Abs. 1 Nr. 2 Buchst. a) EStG ist.[1200] Auch dürfte es nicht ausreichen, wenn der Besitzeinzelunternehmer einen ständigen Vertreter bestellt hat, welcher ausschließlich die der Betriebskapitalgesellschaft verpachteten wesentlichen Betriebsgrundlagen verwaltet.[1201] Insofern ist zu vermuten, dass der Gesetzgeber das regelmäßige Versäumnis der Vornahme einer Entstrickungsbesteuerung seitens der Finanzverwaltung durch § 50i Abs. 1 Satz 4 EStG rückwirkend zu beheben versucht.[1202] Im Gegensatz zu Betriebseinzelunternehmen vermitteln Besitzpersonengesellschaften eine inländische Geschäftsleitungsbetriebsstätte, so dass das beschriebene Problem des Fehlens einer Betriebsstätte bei Besitzpersonengesellschaften nicht vorliegt.[1203]

b. Besteuerung der Veräußerungs- oder Entnahmegewinne von im DBA-Ausland ansässigen Mitunternehmern

Gem. § 50i Abs. 1 Satz 4 EStG ist Satz 1 sinngemäß anzuwenden, so dass Veräußerungen und Entnahmen nach dem 29.06.2013 für Besitzeinzelunternehmen und nach dem 31.12.2013 für Besitzpersonengesellschaften einer abkommensüberschreibenden Besteuerung in Deutschland unterworfen werden. Dabei ist zu beachten, dass die Beendigung einer Betriebsaufspaltung als Betriebsaufgabe i.S.d. § 16 Abs. 3 Satz 1 EStG gilt und damit einer Veräußerung gleichzustellen ist,[1204] so dass § 50i Abs. 1 Satz 4 EStG auch in diesem Fall zur Anwendung gelangt.[1205] Hinsichtlich der Gewerbesteuer kann auf die Ausführungen zur Anwendung von § 50i Abs. 1 Satz 1 EStG verwiesen werden.

1199 Vgl. **Kudert/Kahlenberg/Mroz,** ISR 2014, S. 261 f.

1200 Vgl. OFD Frankfurt, Verordnung vom 10.05.2012, FR 2012, S. 976, Tz. 7; **Söffing/Micker,** Betriebsaufspaltung, 2016, Rn. 677, 698.

1201 Vgl. **Söffing/Micker,** Betriebsaufspaltung, 2016, Rn. 686.

1202 So auch **Kudert/Kahlenberg/Mroz,** ISR 2014, S. 261 f.

1203 Vgl. KG Berlin, Urteil vom 16.04.2012, 25 W 39/12, ZIP 2012, S. 1668 m.w.N.

1204 Vgl. **Wacker,** in: Schmidt, EStG, 2018, § 16 EStG, Rn. 175.

1205 Vgl. **Liekenbrock,** in: Flick/Wassermeyer/Baumhoff et al. (Hrsg.), Außensteuerrecht, § 50i EStG, Rn. 138.

c. Besteuerung der laufenden Einkünfte aus Besitzunternehmen

Ebenfalls verweist § 50i Abs. 1 Satz 4 EStG auf Satz 3, so dass alle laufenden Einkünfte des Besitzunternehmens abkommensüberschreibend der Besteuerung in Deutschland unterworfen werden. Die abkommensüberschreibende Wirkung erstreckt sich jedoch nicht auf die Erträge aus der Vermietung und Verpachtung von unbeweglichem Vermögen (vor allem Grundbesitz), da Deutschland als Belegenheitsstaat die Besteuerung dieser Einkünfte auch aus Abkommenssicht regelmäßig zusteht (Art. 6 OECD-MA).[1206] Hinsichtlich der Gewerbesteuer wird auf die Ausführungen zu § 50i Abs. 1 Satz 3 EStG verwiesen.

C. Tatbestände, Rechtsfolgen und Würdigung von § 50i Abs. 2 EStG

I. Tatbestände

1. Persönlicher Anwendungsbereich

Mangels eigenem persönlichen Anwendungsbereich ist davon auszugehen, dass die Finanzverwaltung § 50i Abs. 2 EStG i.d.F. des Anti-BEPS-Umsetzungsgesetzes I weiterhin[1207] auch auf im Inland ansässige Steuerpflichtige anwenden will. Gestützt wird diese Auffassung auch von der Tatsache, dass § 50i Abs. 2 EStG i.d.F. des Anti-BEPS-Umsetzungsgesetzes I sich auch auf mitverstrickte Anteile i.S.d. § 22 Abs. 7 UmwStG bezieht.[1208] Nach h.M. der Literatur[1209] ist der Anwendungsbereich jedoch nur eröffnet, wenn der Steuerpflichtige, wie im persönlichen Anwendungsbereich des Abs. 1 gefordert, im DBA-Ausland ansässig ist.

1206 Vgl. **Liekenbrock,** in: Flick/Wassermeyer/Baumhoff et al. (Hrsg.), Außensteuerrecht, § 50i EStG, Rn. 139.

1207 Für eine Anwendung auch auf Inländer i.R.d. § 50i Abs. 2 EStG i.d.F. des KroatienAnpG vgl. **Hruschka,** DStR 2014, S. 2423; **Roderburg/Richter,** IStR 2015, S. 231; **Schnittker,** FR 2015, S. 136.

1208 Vgl. **Liekenbrock,** in: Flick/Wassermeyer/Baumhoff et al. (Hrsg.), Außensteuerrecht, § 50i EStG, Rn. 143, 166.

1209 Vgl. zur Fassung von § 50i Abs. 2 EStG i.d.F. des Anti-BEPS-Umsetzungsgesetzes I **Pohl,** in: Blümich, EStG/KStG/GewStG, § 50i EStG, Rn. 42; **Liekenbrock,** in: Flick/Wassermeyer/Baumhoff et al. (Hrsg.), Außensteuerrecht, § 50i EStG, Rn. 144; **Gosch,** in: Kirchhof (Hrsg.), EStG, 2017, § 50i EStG, Rn. 29; **Rehfeld,** in: Herrmann/Heuer/Raupach, EStG/KStG, § 50i EStG, Rn. 27; **Loschelder,** in: Schmidt, EStG, 2018, § 50i EStG, Rn. 5, 12; **Bodden,** in: Korn, EStG, § 50i EStG, Rn. 22.2, 27.2; **Adrian/Fey/Selzer,** StuB 2017, S. 97.

Eine Anwendung auf im Inland ansässige Steuerpflichtige scheidet damit aus.[1210] Für im Inland ansässige Steuerpflichtige ist dies damit zu begründen, dass ein über den persönlichen Anwendungsbereich des Abs. 1 hinausgehender Anwendungsbereich des Abs. 2 nicht nur die Vermeidung der Umgehung von Abs. 1 betreffen, sondern deutlich darüber hinausgehen würde. Des Weiteren bestünde die Notwendigkeit für eine solche Regelung auch nur in EU-/EWR-Fällen, da aus europarechtlichen Gründen in solchen Fällen ein Buch- oder Zwischenwertansatz nach § 20 Abs. 2 UmwStG möglich ist und damit zu einem Ausschluss oder einer Beschränkung des deutschen Besteuerungsrechts führt.[1211] Denn in Inlandsfällen ist die uneingeschränkte Steuerverhaftung der erhaltenen Anteile gegeben und in Drittlandsfällen ist der Buchwert- oder Zwischenwertansatz nicht möglich, da der Gewinn aus der Veräußerung der erhaltenen Anteile nicht der uneingeschränkten Besteuerung in Deutschland unterliegt (§ 1 Abs. 4 Nr. 2 Buchst. b) UmwStG). Dies gilt sowohl für Drittlandsstaaten, mit denen ein DBA abgeschlossen wurde, als auch für solche, bei denen kein DBA besteht. Insofern ist § 50i Abs. 2 EStG i.d.F. des Anti-BEPS-Umsetzungsgesetzes I in beiden Fällen nicht anwendbar.[1212]

2. *Zeitlicher Anwendungsbereich*

In zeitlicher Hinsicht sind die Regelungen des § 50i Abs. 2 EStG i.d.F. des Anti-BEPS-Umsetzungsgesetzes I gem. § 52 Abs. 48 Satz 4 EStG i.d.F. des Anti-BEPS-Umsetzungsgesetzes I „erstmals für Einbringungen anzuwenden, bei denen der Einbringungsvertrag nach dem 31.12.2013 geschlossen worden ist." Auf den ggf. vor dem 01.01.2014 liegenden steuerlichen Übertragungsstichtag i.S.d. § 20 Abs. 5, 6 UmwStG kommt es somit nicht an. Insofern stimmt der zeitliche Anwendungsbereich mit § 50i Abs. 2 EStG i.d.F. des KroatienAnpG überein. Im Unterschied zur Neuregelung wurde der Ansatz gemeiner Werte hierbei jedoch nicht davon abhängig gemacht, ob das Besteuerungsrecht an den neu gewährten Anteilen ausgeschlossen oder beschränkt ist.[1213] Bei der von der Finanzverwaltung vertretenen Auffassung der Anwendung auf Inlandsfälle war das für die Steuerpflichtigen nachteilig. Diese Nachteiligkeit wird durch die Neuregelung beseitigt.

1210 Zudem ist die Regelung nicht in Nicht-DBA-Fällen anzuwenden; vgl. **Liekenbrock,** DStR 2016, S. 2613.

1211 Vgl. **Bodden,** in: Korn, EStG, § 50i EStG, Rn. 76.

1212 Vgl. **Liekenbrock,** in: Flick/Wassermeyer/Baumhoff et al. (Hrsg.), Außensteuerrecht, § 50i EStG, Rn. 144.

1213 Vgl. **Liekenbrock,** in: Flick/Wassermeyer/Baumhoff et al. (Hrsg.), Außensteuerrecht, § 50i EStG, Rn. 145.

3. *Sachlicher Anwendungsbereich*

a. *Einbringung in eine Kapitalgesellschaft oder Genossenschaft*

Vorweggeschickt ist es für die Anwendung von § 20 UmwStG nach § 1 Abs. 4 Nr. 1 i.V.m. Abs. 2 Nr. 1 UmwStG grundsätzlich erforderlich, dass die aufnehmende Kapitalgesellschaft oder Genossenschaft nach dem Recht eines EU-/EWR-Staates gegründet wurde.[1214] Soweit diese Voraussetzung erfüllt ist, sind unter der Einbringung i.S.d. § 50i Abs. 2 EStG i.d.F. des Anti-BEPS-Umsetzungsgesetzes I folgende in § 1 Abs. 3 f. UmwStG genannten Vorgänge zu subsumieren, soweit sie die übrigen Voraussetzungen erfüllen:[1215]

- Verschmelzung, Aufspaltung und Abspaltung i.S.d. §§ 2 und 123 Abs. 1 und 2 UmwG von einer Personengesellschaft;
- Ausgliederung von Vermögensteilen einer Personengesellschaft/eines Besitzunternehmens i.S.d. § 123 Abs. 3 UmwG (Betrieb, Teilbetrieb, Mitunternehmeranteil);
- Formwechsel einer Personengesellschaft in eine Kapitalgesellschaft i.S.d. § 190 Abs. 1 UmwG;[1216]
- Einbringung von Betriebsvermögen (Betrieb, Teilbetrieb) der Personengesellschaft/des Besitzunternehmens durch Einzelrechtsnachfolge in eine Kapitalgesellschaft sowie die Einbringung des Mitunternehmeranteils an der Personengesellschaft in eine Kapitalgesellschaft im Rahmen der Einzelrechtsnachfolge.

Von § 50i Abs. 2 EStG i.d.F. des Anti-BEPS-Umsetzungsgesetzes I nicht erfasst ist hingegen der ebenfalls in § 1 Abs. 3 f. UmwStG geregelte Anteilstausch.[1217] Nach wie vor ebenfalls nicht erfasst sind Vorgänge i.S.d. §§ 11 ff, 15 ff. UmwStG.[1218]

1214 Vgl. **Liekenbrock,** in: Flick/Wassermeyer/Baumhoff et al. (Hrsg.), Außensteuerrecht, § 50i EStG, Rn. 147.

1215 Vgl. **Rehfeld,** in: Herrmann/Heuer/Raupach, EStG/KStG, § 50i EStG, Rn. 27; **Pohl,** in: Blümich, EStG/KStG/GewStG, § 50i EStG, Rn. 39; **Liekenbrock,** in: Flick/Wassermeyer/Baumhoff et al. (Hrsg.), Außensteuerrecht, § 50i EStG, Rn. 148.

1216 **Bodden** verneint hingegen die Anwendbarkeit von § 50i Abs. 2 EStG i.d.F. des Anti-BEPS-Umsetzungsgesetzes I für den Formwechsel; vgl. **Bodden,** in: Korn, EStG, § 50i EStG, Rn. 81.

1217 Vgl. **Gosch,** in: Kirchhof (Hrsg.), EStG, 2017, § 50i EStG, Rn. 28; **Pohl,** in: Blümich, EStG/KStG/GewStG, § 50i EStG, Rn. 40

1218 Vgl. **Gosch,** in: Kirchhof (Hrsg.), EStG, 2017, § 50i EStG, Rn. 28; **Liekenbrock,** in: Flick/Wassermeyer/Baumhoff et al. (Hrsg.), Außensteuerrecht, § 50i EStG, Rn. 156.

Für eine Einbringung zu Buch- oder Teilwerten i.S.d. § 20 Abs. 2 Satz 2 Halbsatz 1 UmwStG ist es nach § 20 Abs. 2 Satz 2 Halbsatz 2 Nr. 3 UmwStG erforderlich, dass das Besteuerungsrecht Deutschlands nicht ausgeschlossen oder beschränkt wird. Dies ist nur im Falle der Einbringung auf eine im Inland ansässige Kapitalgesellschaft der Fall. Bei Einbringung auf eine im EU-/EWR-Ausland ansässige Kapitalgesellschaft steht das Besteuerungsrecht mangels abkommensrechtlicher Begründung einer Betriebsstätte durch die gewerblich infizierte oder geprägte Personengesellschaft nach den einschlägigen Spezialartikeln (Art. 10 Abs. 4, 11 Abs. 4, 12 Abs. 3, 13 Abs. 2, 21 Abs. 2 OECD-MA) dem Ansässigkeitsstaat der Kapitalgesellschaft zu. Fraglich ist, ob das deutsche Besteuerungrecht in solchen Fällen durch § 50i Abs. 1 EStG gesichert werden kann. Hierfür wäre es erforderlich, dass die von § 50i Abs. 1 EStG betroffenen Wirtschaftsgüter und Anteile i.S.d. § 17 EStG auch nach der Einbringung § 50i-verhaftet sind. Dies sollte zumindest bei der Einbringung von Mitunternehmeranteilen der von § 50i Abs. 1 EStG betroffenen Personengesellschaft in eine im EU-/EWR-Ausland ansässige Kapitalgesellschaft der Fall sein.[1219] Hinsichtlich der im Rahmen der Einbringung neu gewährten Anteile existiert in § 22 UmwStG lediglich eine 7jährige Sperrfrist.[1220] Eine grundsätzliche Notwendigkeit der Steuerverhaftung der Anteile in Deutschland ist nicht vorgesehen. Eine solche wird aber nun ergänzend durch § 50i Abs. 2 EStG i.d.F. des Anti-BEPS-Umsetzungsgesetzes I gefordert.

Im Falle doppelstöckiger Personengesellschaften ist festzustellen, dass eine von § 50i Abs. 1 EStG betroffene Obergesellschaft die Untergesellschaft nicht infiziert. Für Zwecke der Anwendung von § 50i Abs. 1 EStG muss die Untergesellschaft selbst die Voraussetzungen erfüllen. Wenn Untergesellschaften diese Voraussetzungen nicht erfüllen, ist die Einbringung der Personengesellschaft oder der Mitunternehmeranteile an der Personengesellschaft zu Buch- oder Zwischenwerten nach § 20 Abs. 2 UmwStG möglich, da § 50i Abs. 2 EStG i.d.F. des Anti-BEPS-Umsetzungsgesetzes I mangels Erfüllung der Tatbestandsvoraussetzungen in § 50i Abs. 1 EStG nicht zur Anwendung kommt.[1221]

1219 Vgl. **Liekenbrock,** in: Flick/Wassermeyer/Baumhoff et al. (Hrsg.), Außensteuerrecht, § 50i EStG, Rn. 149 m.w.N.; **Pohl,** in: Blümich, EStG/KStG/GewStG, § 50i EStG, Rn. 40.

1220 Nach § 22 Abs. 2 Satz 1 UmwStG sind hiervon Fälle ausgenommen, in denen der Einbringende ein Körperschaftsteuersubjekt ist, für welches im Rahmen der Veräußerung § 8b Abs. 2 KStG anwendbar ist.

1221 Vgl. **Liekenbrock,** in: Flick/Wassermeyer/Baumhoff et al. (Hrsg.), Außensteuerrecht, § 50i EStG, Rn. 155.

b. Wirtschaftsgüter und Anteile i.S.d. § 50i Abs. 1 EStG als „inkriminiertes" Betriebsvermögen

Die Anwendung von § 50i Abs. 2 EStG und die damit verbundene zwingende Aufdeckung stiller Reserven ist einerseits nur auf Wirtschaftsgüter oder Anteile i.S.d. § 17 EStG anzuwenden, die die Voraussetzungen des § 50i Abs. 1 EStG erfüllen (sog. „inkriminiertes"[1222] Betriebsvermögen).[1223] Andererseits erfolgt ein zwingender Ansatz gemeiner Werte nur dann, „soweit" der Gewinn aus der Veräußerung der erhaltenen Anteile oder der mit diesen in Zusammenhang stehenden Anteile i.S.d. § 22 Abs. 7 UmwStG ausgeschlossen oder beschränkt ist.[1224] Dies ist bei im Inland ansässigen Steuerpflichtigen nicht der Fall, so dass § 50i Abs. 2 EStG i.d.F. des Anti-BEPS-Gesetzes nicht anzuwenden ist.[1225]

II. Rechtsfolgen

1. Beschränkung der Rechtsfolge auf das eingebrachte inkriminierte Vermögen

Der in § 50i Abs. 2 EStG i.d.F. des Anti-BEPS-Umsetzungsgesetzes I geforderte Ansatz gemeiner Werte für die inkriminierten Wirtschaftsgüter und Anteile i.S.d. § 17 EStG ist lex specialis zu den in § 20 Abs. 2 Satz 2 UmwStG vorgesehenen Buch- und Zwischenwertansätzen und schränkt damit das Bewertungswahlrecht der übernehmenden Kapitalgesellschaft ein.[1226] Die Höhe der Einschränkung des Wahlrechts ist zum einen auf die stillen Reserven des inkriminierten Betriebsvermögens beschränkt.[1227] Zum anderen erfolgt eine Einschränkung des

---

1222 Vgl. Bundestag, Drs. vom 29.06.2015, Protokoll-Nr. 18/46 zu BT-Drs. 18/4902, S. 30.

1223 Vgl. **Rehfeld,** in: Herrmann/Heuer/Raupach, EStG/KStG, § 50i EStG, Rn. 27; **Gosch,** in: Kirchhof (Hrsg.), EStG, 2017, § 50i EStG, Rn. 27; **Pohl,** in: Blümich, EStG/KStG/GewStG, § 50i EStG, Rn. 41; **Bodden,** in: Korn, EStG, § 50i EStG, Rn. 80; **Loschelder,** in: Schmidt, EStG, 2018, § 50i EStG, Rn. 12; **Liekenbrock,** in: Flick/Wassermeyer/Baumhoff et al. (Hrsg.), Außensteuerrecht, § 50i EStG, Rn. 157; **Liekenbrock,** DStR 2016, S. 2613.

1224 Vgl. **Bodden,** in: Korn, EStG, § 50i EStG, Rn. 86.

1225 Vgl. **Liekenbrock,** in: Flick/Wassermeyer/Baumhoff et al. (Hrsg.), Außensteuerrecht, § 50i EStG, Rn. 157; **Rehfeld,** in: Herrmann/Heuer/Raupach, EStG/KStG, § 50i EStG, Rn. 27; **Liekenbrock,** ISR 2017, S. 181; **Bodden,** in: Korn, EStG, § 50i EStG, Rn. 84, 86.

1226 Vgl. bspw. **Bodden,** in: Korn, EStG, § 50i EStG, Rn. 24.1.

1227 Vgl. **Loschelder,** in: Schmidt, EStG, 2018, § 50i EStG, Rn. 12; **Rehfeld,** in: Herrmann/Heuer/Raupach, EStG/KStG, § 50i EStG, Rn. 28; **Liekenbrock,** in: Flick/Wassermeyer/Baumhoff et al. (Hrsg.), Außensteuerrecht, § 50i EStG, Rn. 159; **Liekenbrock,**

Wahlrechts nur insoweit, wie der Gewinn aus den neu gewährten Anteilen oder hinsichtlich der mit diesen im Zusammenhang stehenden Anteilen i.S.d. § 22 Abs. 7 UmwStG ausgeschlossen oder beschränkt ist. Der von der Kapitalgesellschaft (zwingend) angesetzte Wert des eingebrachten Betriebsvermögens gilt über § 20 Abs. 3 UmwStG für den Einbringenden als Veräußerungspreis und Anschaffungskosten der Gesellschaftsanteile.[1228]

Die Rechtsfolgen von § 50i Abs. 2 EStG i.d.F. des Anti-BEPS-Umsetzungsgesetzes I sind nur für den einbringenden Mitunternehmer mit Sitz im DBA-Ausland zu ziehen. Hierfür hat zunächst eine anteilige Zurechnung des inkriminierten Betriebsvermögens der Personengesellschaft/des Besitzunternehmens zum einbringenden Gesellschafter zu erfolgen. Sodann sind die stillen Reserven anteilig in Höhe der Beteiligungsquote des einbringenden Mitunternehmers in einer positiven Ergänzungsbilanz für die aufnehmende Kapitalgesellschaft aufzudecken. Sofern der einbringende Gesellschafter inkriminiertes Sonderbetriebsvermögen besitzt, wird dieses in der Sonderbilanz der übernehmenden Kapitalgesellschaft mit dem gemeinen Wert angesetzt. Die Aufdeckung stiller Reserven des einbringenden Mitunternehmer ist nach § 20 Abs. 2 Satz 1 UmwStG als Einbringungsgewinn i.S.d. § 16 EStG zu versteuern. Hinsichtlich der Frage der Gewerbesteuerpflicht des Einbringungsgewinns wird auf die Ausführungen unter Teil V B.I.1.a verwiesen. Im Falle der Einbringung eines Betriebes oder Teilbetriebes durch die Personengesellschaft sind die neu gewährten Anteile zivilrechtlich im Gesamthandsvermögen der Personengesellschaft zu erfassen.[1229] Der (anteilige) Ansatz gemeiner Werte erfolgt unmittelbar auf Ebene der übernehmenden Kapitalgesellschaft entsprechend der Beteiligung im DBA-Ausland ansässiger Mitunternehmer sowie der Höhe des inkriminierten Betriebsvermögens.[1230]

Im Falle der Einbringung der inkriminierten Wirtschaftsgüter und Anteile i.S.d. § 17 EStG durch die Personengesellschaft/das Besitzunternehmen in die Kapitalgesellschaft endet die Steuerverhaftung nach § 50i EStG, da die Vorschrift

---

DStR 2016, S. 2613 f.; **Neumann-Tomm,** in: Lademann, EStG, § 50i EStG, Rn. 210; **Bodden,** in: Korn, EStG, § 50i EStG, Rn. 86. So auch schon die Beschlussempfehlung des Finanzausschusses des Bundestages, vgl. Bundestag, Drs. vom 30.11.2016, BT-Drs. 18/10506, S. 82.

1228 Vgl. **Liekenbrock,** in: Flick/Wassermeyer/Baumhoff et al. (Hrsg.), Außensteuerrecht, § 50i EStG, Rn. 159; **Neumann-Tomm,** in: Lademann, EStG, § 50i EStG, Rn. 211/1.

1229 Vgl. BMF, Schreiben vom 11.11.2011, BStBl. I 2011, S. 1314, Tz. 20.03.

1230 Vgl. **Liekenbrock,** in: Flick/Wassermeyer/Baumhoff et al. (Hrsg.), Außensteuerrecht, § 50i EStG, Rn. 160.

auf das Betriebsvermögen von Kapitalgesellschaften keine Anwendung findet.[1231] Im Falle der Einbringung eines Mitunternehmeranteils an einer nach § 50i Abs. 1 EStG steuerverhafteten Personengesellschaft/Besitzunternehmen endet die Steuerverhaftung nach § 50i Abs. 1 EStG in Höhe des eingebrachten Mitunternehmeranteils.[1232]

2. *Abhängigkeit der Rechtsfolge von Status und Umfang des Besteuerungsrechts an neu gewährten sowie mitverstrickten Anteilen*

Eine Anwendung von § 50i Abs. 2 EStG i.d.F. des Anti-BEPS-Umsetzungsgesetzes I greift nur insoweit, wie das Recht der Bundesrepublik Deutschland hinsichtlich der Besteuerung des Gewinns aus der Veräußerung der erhaltenen Anteile oder hinsichtlich der mit diesen in Zusammenhang stehenden Anteile i.S.d. § 22 Abs. 7 UmwStG ausgeschlossen oder beschränkt ist.[1233] Wie oben ausgeführt, liegt ein Ausschluss oder eine Beschränkung i.S.d. § 50i Abs. 2 EStG i.d.F. des Anti-BEPS-Umsetzungesetzes I ausschließlich bei im DBA-Ausland ansässigen Gesellschaftern vor. Im Nicht-DBA-Ausland und im Inland ansässige Steuerpflichtige werden von der Vorschrift hingegen nicht erfasst. Ebenfalls nicht erfasst sind Fälle, in denen die neu gewährten Anteile einer deutschen Betriebsstätte des im DBA-Ausland ansässigen Steuerpflichtigen zugeordnet werden können.[1234] Da Deutschland mit allen EU-/EWR-Staaten ein DBA abgeschlossen hat, kommt die Regelung jedoch bei Ansässigkeit in einem EU-/EWR-Staat zum Tragen. Dennoch hat der Gesetzgeber keine dem § 6 Abs. 5 AStG ähnliche Stundungsregelung vorgesehen.[1235] Zur daraus resultierenden europarechtlichen Problematik sei auf Teil V A.II.3 verwiesen.

Nach dem eindeutigen Wortlaut von § 50i Abs. 2 EStG i.d.F. des Anti-BEPS-Umsetzungsgesetzes I ist für den Ansatz der gemeinen Werte in den inkriminierten Wirtschaftsgütern und Anteilen i.S.d. § 17 EStG ausschließlich auf den Ausschluss oder die Beschränkung des deutschen Besteuerungsrechts

---

1231 Vgl. **Loschelder,** in: Schmidt, EStG, 2018, § 50i EStG, Rn. 12; **Liekenbrock,** in: Flick/Wassermeyer/Baumhoff et al. (Hrsg.), Außensteuerrecht, § 50i EStG, Rn. 161; **Neumann-Tomm,** in: Lademann, EStG, § 50i EStG, Rn. 213.

1232 Vgl. **Liekenbrock,** in: Flick/Wassermeyer/Baumhoff et al. (Hrsg.), Außensteuerrecht, § 50i EStG, Rn. 161.

1233 Vgl. statt vieler **Gosch,** in: Kirchhof (Hrsg.), EStG, 2017, § 50i EStG, Rn. 27.

1234 Vgl. **Liekenbrock,** in: Flick/Wassermeyer/Baumhoff et al. (Hrsg.), Außensteuerrecht, § 50i EStG, Rn. 164.

1235 Vgl. **Liekenbrock,** in: Flick/Wassermeyer/Baumhoff et al. (Hrsg.), Außensteuerrecht, § 50i EStG, Rn. 162.

hinsichtlich der Gewinne aus der Veräußerung der neu gewährten oder mitverstrickten Anteile abzustellen. Nicht als Ausschluss oder Beschränkung sind die in §§ 3 Nr. 40 EStG, 8b Abs. 2, 3 KStG gewährten Steuerbefreiungen sowie der Ausschluss der rückwirkenden Einbringungsgewinnbesteuerung nach Ablauf der 7jährigen Sperrfrist i.S.d. § 22 UmwStG zu werten.[1236] Dadurch, dass § 50i Abs. 2 EStG i.d.F. des Anti-BEPS-Umsetzungsgesetzes I auf die Veräußerung der neu gewährten bzw. mitverstrickten Anteile abstellt, müssen die laufenden Einkünfte nicht uneingeschränkt dem deutschen Besteuerungsrecht unterliegen.[1237] Dies ist bspw. im Rahmen sog. Immobilienkapitalgesellschaften der Fall, da das Besteuerungsrecht gem. Art. 10 OECD-MA dem Ansässigkeitsstaat, die Veräußerung aber, unter der Voraussetzung, dass der Wert der Gesellschaft zu mehr als 50% unmittelbar oder mittelbar auf unbeweglichem Vermögen beruht, gem. Art. 13 Abs. 4 OECD-MA dem Belegenheitsstaat und damit Deutschland zuzuordnen ist.[1238]

Das inkriminierte Betriebsvermögen ist nach § 50i Abs. 2 EStG i.d.F. des Anti-BEPS-Umsetzungsgesetzes I beim übernehmenden Rechtsträger nur soweit mit dem gemeinen Wert anzusetzen, wie das Besteuerungsrecht an den neu gewährten oder mitverstrecken Anteilen ausgeschlossen oder beschränkt ist. Das durch den übernehmenden Rechtsträger auszuübende Bewertungswahlrecht i.S.d. § 20 Abs. 2 UmwStG kann damit auch nur in entsprechender Höhe beschränkt werden.[1239] Ein Ausschluss oder eine Beschränkung liegt bspw. nicht vor, soweit im Inland ansässige Steuerpflichtige an einer von § 50i Abs. 1 EStG erfassten Personengesellschaft beteiligt sind, welche ihren Betrieb oder einen Teilbetrieb einbringt.[1240]

1236 Vgl. **Liekenbrock,** in: Flick/Wassermeyer/Baumhoff et al. (Hrsg.), Außensteuerrecht, § 50i EStG, Rn. 164.

1237 Vgl. **Jehl-Magnus,** NWB 2017, S. 185; **Neumann-Tomm,** in: Lademann, EStG, § 50i EStG, Rn. 207/2; **Liekenbrock,** DStR 2016, S. 2613; **Bodden,** in: Korn, EStG, § 50i EStG, Rn. 85.

1238 Vgl. **Liekenbrock,** in: Flick/Wassermeyer/Baumhoff et al. (Hrsg.), Außensteuerrecht, § 50i EStG, Rn. 163; **Liekenbrock,** DStR 2016, S. 2613.

1239 Vgl. **Loschelder,** in: Schmidt, EStG, 2018, § 50i EStG, Rn. 12; **Pohl,** in: Blümich, EStG/KStG/GewStG, § 50i EStG, Rn. 45; **Liekenbrock,** in: Flick/Wassermeyer/Baumhoff et al. (Hrsg.), Außensteuerrecht, § 50i EStG, Rn. 165; **Liekenbrock,** DStR 2016, S. 2614; **Neumann-Tomm,** in: Lademann, EStG, § 50i EStG, Rn. 211.

1240 Vgl. **Liekenbrock,** in: Flick/Wassermeyer/Baumhoff et al. (Hrsg.), Außensteuerrecht, § 50i EStG, Rn. 165.

Die uneingeschränkte Steuerverhaftung erstreckt sich auch auf Anteile i.S.d. § 22 Abs. 7 UmwStG.[1241] Hierbei handelt es sich um Fälle, in denen im Rahmen einer Sacheinlage der Wert der neu gewährten Anteile an dem übernehmenden Rechtsträger unter dem Wert des eingebrachten Betriebsvermögens liegt und hierdurch stille Reserven von den erhaltenen Anteilen auf andere Anteile (Altanteile des Einbringenden oder Anteile anderer Gesellschafter) verlagert werden.[1242] In diesen Fällen möchte der Gesetzgeber das Besteuerungsrecht der verlagerten stillen Reserven sichern, indem er die anderen Anteile (Altanteile des Einbringenden oder Anteile anderer Gesellschafter) einer Besteuerung unterzieht.[1243] Dabei kann es ausschließlich um die Vermeidung der steuerneutralen Übertragung stiller Reserven von im Inland ansässigen Gesellschaftern auf im DBA-Ausland ansässige Gesellschafter gehen. Denn die steuerneutrale Übertragung stiller Reserven eines im DBA-Ausland ansässigen Gesellschafters ist auch ohne Berücksichtigung von Anteilen i.S.d. § 22 Abs. 7 UmwStG nicht möglich. Damit ist, wie bereits oben erwähnt, zu vermuten, dass die Finanzverwaltung § 50i Abs. 2 UmwStG auch auf im Inland ansässige Steuerpflichtige anwenden will.[1244]

1241 Vgl. **Rehfeld,** in: Herrmann/Heuer/Raupach, EStG/KStG, § 50i EStG, Rn. 28.

1242 Vgl. **Stangl,** in: Rödder/Herlinghaus/van Lishaut, UmwStG, 2013, § 22 UmwStG, Rn. 207 ff.

1243 Vgl. **Liekenbrock,** DStR 2016, S. 2613.

1244 Vgl. **Liekenbrock,** in: Flick/Wassermeyer/Baumhoff et al. (Hrsg.), Außensteuerrecht, § 50i EStG, Rn. 166.

- Veräußerungsgewinn bei entgeltlicher Übertragung von mindestens 20% der Anteile an einer Kapitalgesellschaft (oder Genossenschaft) aus dem Privatvermögen in das Geschäftsvermögen einer anderen natürlichen oder juristischen Person, soweit unter Mitwirkung des Veräußerers innerhalb von fünf Jahren eine Ausschüttung nicht betriebsnotwendiger Substanz erfolgt, welche bereits im Verkaufszeitpunkt vorhanden und handelsrechtlich auch ausschüttungsfähig war (Art. 20a Abs. 1 Buchst. a) DBG).
- Veräußerungsgewinn bei entgeltlicher Übertragung von mindestens 5% der Anteile an einer Kapitalgesellschaft (oder Genossenschaft) aus dem Privatvermögen in das Geschäftsvermögen einer Personengesellschaft oder juristischen Person, an der der Veräußerer nach der Übertragung zu mindestens 50% beteiligt ist, soweit die erlangte Gegenleistung den Nennwert der übertragenen Anteile übersteigt (Art. 20a Abs. 1 Buchst. b) DBG).

Bei den Einkünften aus beweglichem Vermögen sind die notwendigen Kosten der Verwaltung des Vermögens durch Dritte sowie die weder rückforderbaren noch anrechenbaren ausländischen Quellensteuern abzugfähig.[1258]

c. Vereinigte Staaten

Nach Sec. 1001 IRC unterliegen Veräußerungsgewinne unbeschränkt steuerpflichtiger natürlicher Personen[1259] vom Grundsatz her der US-amerikanischen Steuerpflicht. Jedoch bestehen in folgenden Fällen gesetzliche Ausnahmen:[1260]

- Bei Veräußerungsvorgängen in Form von Umwandlungen, Fusionen oder Einbringung von Gesellschaftsanteilen durch Sachwerte erfolgt keine Aufdeckung der stillen Reserven und die Buchwerte werden vom Erwerber fortgeführt.[1261]
- Bei Ersatz von Wirtschaftsgütern, welche Produktions- oder Investitionszwecken dienen, unterliegt der sich aus der Veräußerung der zu ersetzenden Wirtschaftsgüter ergebende Gewinn nach Sec. 1031 IRC ebenfalls nicht der Besteuerung. Von der Regelung nicht erfasst sind bspw. Vorratsvermögen, Wertpapiere oder Gesellschaftsanteile.

1258 Vgl. **Kolb,** in: Förster/Mennel, Steuern, Schweiz, Rn. 166.

1259 Die unbeschränkte Steuerpflicht für Nicht-US-Bürger resultiert aus der Erfüllung des „permanent residence test“ oder des „substantial presence test“; vgl. § 7701 (b) IRC.

1260 Vgl. **Maywald/Miethe,** in: Förster/Mennel, Steuern, USA, Rn. 99.

1261 Dies gilt jedoch nicht für grenzüberschreitende Umstrukturierungen zwischen Deutschland und den USA im Wege der Einzel- und Gesamtrechtsnachfolge; vgl. **Brähler,** Umstrukturierungen, 2006, S. 371 ff.

- Ebenfalls stellen Schenkungs- und Erbschaftsfälle keine Veräußerung dar und sind somit von der Einkommensteuer befreit.

Soweit keine dieser Ausnahmen vorliegt, wird der Gewinn aus der Veräußerung der Wirtschaftsgüter (und damit auch der Gewinn aus der Veräußerung von Beteiligungen an Kapitalgesellschaften) der Besteuerung unterworfen. Der Veräußerungsgewinn ermittelt sich als Differenz zwischen Veräußerungspreis und dem Buchwert des veräußerten Wirtschaftsguts.[1262]

Wenn keine der Ausnahmen greift, stellt sich in einem nächsten Schritt die Frage, ob der Gewinn als laufender, ordentlicher Gewinn (ordinary gain) zu qualifizieren ist, so dass er wie reguläres Einkommen besteuert wird, oder ob er als Gewinn aus der Veräußerung von Unternehmensanteilen (capital gain) qualifiziert. Für die Frage, ob ein Gewinn als laufender, ordentlicher Gewinn oder aber als Gewinn aus der Veräußerung von Unternehmensanteilen zu bewerten ist, kommt es darauf an, ob ein Kapitalwirtschaftsgut (capital asset) veräußert wird. Ein Kapitalwirtschaftsgut stellt nach Sec. 1221 IRC (von einigen Ausnahmen abgesehen) jedes im Privatvermögen gehaltene materielle und immaterielle Wirtschaftsgut dar. Damit sind auch Beteiligungen an Kapitalgesellschaften von dieser Regelung erfasst.[1263]

d. Vereinigtes Königreich

Auch im Vereinigten Königreich ist für die Besteuerung danach zu unterscheiden, ob es sich um Veräußerungsgewinne handelt, die dem laufenden Geschäftsbetrieb zuzuordnen sind (gains), oder ob Veräußerungsgewinne vorliegen, welche aus der Veräußerung von Kapitalwirtschaftsgütern resultieren (capital gains).

Gewinne aus Verfügungen von Vermögensgegenständen einer in Großbritannien ansässigen natürlichen Person (ordinarily resident)[1264] unterliegen in

---

1262 Vgl. **Maywald/Miethe**, in: Förster/Mennel, Steuern, USA, Rn. 100.

1263 Vgl. **Maywald/Miethe**, in: Förster/Mennel, Steuern, USA, Rn. 102.

1264 Zu unterscheiden ist in diesem Zusammehang zwischen „residents“ und „ordinarily residents“. Nur ordinarily residents unterliegen der Capital Gains Tax. Sofern der Steuerpflichtige plant, nicht länger als drei Jahre in Großbritannien zu verweilen, ist er als resident einzustufen. In diesem Fall kommt die Capital Gains Tax auf Antrag nicht zur Anwendung. Stattdessen erfolgt eine Besteuerung nach der sog. „Remittance Basis“. Sollte der Steuerpflichtige jedoch einen über drei Jahre hinausgehenden Aufenthalt planen, so ist er als ordinarily resident einzustufen und der Besteuerung durch die Capital Gains Tax zu unterwerfen; vgl. **Kania/Raible,** Großbritannien, 2013, S. 90. Im Falle eines temporären Aufenthalts wird es wohl selten zu einer Veräußerung eines Mitunternehmeranteils kommen. Insofern wird für Zwecke der Arbeit von ordinarily residents und damit von einer Anwendung der Capital Gains Tax ausgegangen.

Buchst. b) DBA USA zu nennen. Die hieraus resultierende Besteuerung von sog. „dry income" lässt sich mangels Ausschluss des Besteuerungsrechts systematisch nicht rechtfertigen und führt damit zu einer aus betriebswirtschaftlichen Gesichtspunkten nicht notwendigen Belastung der Steuerpflichtigen.[1269] Denn bei nicht ausreichend zur Verfügung stehenden liquiden Mitteln wird der Steuerpflichtige gezwungen, die Begleichung der Steuerschuld entweder durch die Aufnahme eines Kredites[1270] oder aber durch die (teilweise) Veräußerung der Anteile zu erreichen.[1271] Beide Alternativen sind aus betriebswirtschaftlicher Sicht nicht sinnvoll. Im Falle einer Kreditaufnahme wird der Steuerpflichtige in seiner betriebswirtschaftlichen Entscheidungsfreiheit dahingehend eingeschränkt, dass er die finanzielle Belastung aus der ihm aufgezwungenen Kreditaufnahme zu tragen hat.[1272] Da die betreffenden Anteile in einem solchen Fall regelmäßig als Sicherheit dienen dürften, wäre er in Bezug auf die Entscheidung der Veräußerung der Anteile eingeschränkt.[1273] Auch in dem Fall, in dem die Veräußerung der Anteile der Begleichung der Steuerschuld dient, handelt es sich um eine dem Steuerpflichtigen aufgezwungene Entscheidung, welche seine betriebswirtschaftliche Entscheidungsfreiheit in nicht sinnvollem Maße einschränkt.[1274]

Zwar sehen § 6 Abs. 4, 5 AStG Stundungsmöglichkeiten für den Steuerpflichtigen vor, welche der tatsächlichen Steuerbelastung entgegenwirken. Dennoch besteht eine latente Steuerlast des Steuerpflichtigen, welche sich bspw. auf die Kreditwürdigkeit des Steuerpflichtigen negativ auswirken kann und damit trotz Stundung im Ergebnis eine wirtschaftliche Belastung darstellt.[1275]

Des Weiteren ist zu beachten, dass die nach § 6 Abs. 5 AStG zeitlich unbegrenzte Stundungsmöglichkeit für EU- bzw. EWR-Sachverhalte, nicht jedoch für Drittlandssachverhalte gilt. Bei Drittlandssachverhalten besteht nach § 6 Abs. 4 AStG eine Stundungsmöglichkeit für maximal fünf Jahre. Innerhalb dieses Zeitraums ist die im Entstrickungszeitpunkt festgesetzte Steuer in regelmäßigen Teilbeträgen zu entrichten. Damit erfolgt lediglich eine zeitliche Verlagerung der Besteuerung von sog. „dry income" in Drittlandsfällen und der

---

1269 Vgl. **Wassermeyer,** in: GS Krüger, 2006, S. 290.

1270 Vgl. **Krawitz/Kalbitzer,** in: FS Schaumburg, 2009, S. 846.

1271 Vgl. **Wassermeyer,** in: GS Krüger, 2006, S. 290; **Krawitz/Kalbitzer,** Übernahme, 2008, S. 163.

1272 Vgl. **Krawitz/Kalbitzer,** Übernahme, 2008, S. 163.

1273 Vgl. **Kalbitzer,** Wegzugsbesteuerung, 2011, S. 154.

1274 Vgl. **Krawitz/Kalbitzer,** in: FS Schaumburg, 2009, S. 846.

1275 Vgl. **Lausterer,** Wegzugsbesteuerung, 2007, S. 243.

damit verbundenen betriebswirtschaftlichen Probleme. Eine Vermeidung dieser Probleme wird damit jedoch nicht erreicht. Im Gegensatz zu EU-/EWR-Sachverhalten ist die Stundung darüber hinaus gem. § 6 Abs. 4 Satz 1 AStG nur gegen Sicherheitsleistung möglich, woraus ebenfalls betriebswirtschaftlich nachteilige Konsequenzen für den Steuerpflichtigen erwachsen können. Auch sieht § 6 Abs. 4 AStG – im Gegensatz zu § 6 Abs. 5 AStG – keine zinslose Stundung für den Steuerpflichtigen vor, so dass auch damit eine weitere wirtschaftliche Belastung des Steuerpflichtigen verbunden ist.[1276]

Unabhängig davon, dass § 6 Abs. 5 AStG die festgesetzte Steuer zeitlich unbefristet, zinslos und ohne Sicherheitsleistung stundet, resultiert hieraus dennoch dauerhaft eine wirtschaftliche Belastung für den Steuerpflichtigen.[1277] Darüber hinaus entstehen aufgrund der Wegzugsbesteuerung erhebliche Kosten für den Steuerpflichtigen im Rahmen der Steuerplanung, der Bewertung der Kapitalgesellschaftsanteile[1278] und der Erfüllung seiner Mitwirkungspflichten[1279] sowie für die Finanzverwaltung hinsichtlich der Überprüfung der Steuerbemessungsgrundlage und der sich anschließenden Steuererhebung. Damit stellt sich die Frage, ob die in diesem Zusammenhang anfallenden Kosten dem Grundsatz der Wirtschaftlichkeit des Besteuerungsverfahrens genügen.[1280]

Andererseits kann es durch die Anwendung von § 6 AStG zu wirtschaftlich belastenden Doppelbesteuerungssituationen kommen, wenn der neue Ansässigkeitsstaat des Steuerpflichtigen die deutsche Wegzugsbesteuerung im Rahmen einer etwaigen Veräußerungsgewinnbesteuerung nicht berücksichtigt.[1281] Im Rahmen dieser Arbeit ist festzustellen, dass die zu betrachtenden DBA mit der

---

1276 Vgl. **Kalbitzer,** Wegzugsbesteuerung, 2011, S. 155.

1277 Vgl. **Lausterer,** Wegzugsbesteuerung, 2007, S. 242.

1278 Soweit sich der in § 6 Abs. 1 Satz 4 AStG manifestierte gemeine Wert nicht entsprechend § 11 Abs. 1 BewG anhand von Börsenkursen ableiten lässt, muss er nach § 11 Abs. 2 BewG entweder aus Verkäufen unter fremden Dritten binnen den letzten Jahres abgeleitet oder aber im Rahmen einer Unternehmensbewertung ermittelt werden. Da es an vergleichbaren Veräußerungen unter fremden Dritten regelmäßig mangelt, stellt die Unternehmensbewertung den Regelfall dar, welche für den Steuerpflichtigen teils zu erheblichen Gutachter- und Beraterkosten führen kann; vgl. **Kalbitzer,** Wegzugsbesteuerung, 2011, S. 156 m.w.N.

1279 Von besonderer Bedeutung sind in diesem Zusammenhang die Mitteilgungspflichten nach § 6 Abs. 7 AStG; vgl. **Lausterer,** Wegzugsbesteuerung, 2007, S. 243.

1280 Vgl. **Rose, M.,** Steuersystem, 1991, S. 16; **Krawitz/Wagener,** Theorie, 1997, S. 155; **Kalbitzer,** Wegzugsbesteuerung, 2011, S. 156.

1281 Vgl. **Krawitz/Kalbitzer,** in: FS Schaumburg, 2009, S. 846.

Problematik der Wegzugsbesteuerung nach § 6 Abs. 1 AStG uneinheitlich umgehen.

Da das DBA Österreich auf die innerstaatliche Regelung verweist und somit nicht den Begriff der „wesentlichen Beteiligung" abkommensrechtlich definiert, kann eine Doppelbesteuerung vollumfänglich vermieden werden, wenn die 5jährige Mindestansässigkeit in Deutschland erfüllt wird. Anderenfalls droht jedoch eine Doppelbesteuerung, welche nur im Rahmen eines Verständigungsverfahrens beseitigt werden kann.

Im Gegensatz dazu nimmt das DBA Schweiz eine abkommensrechtliche Definition des Begriffes der „wesentlichen Beteiligung" vor. Nach Art. 13 Abs. 4 DBA Schweiz liegt eine wesentliche Beteiligung vor, wenn unmittelbar oder mittelbar mehr als 25% am Kapital der Gesellschaft gehalten werden. Damit weicht das DBA Schweiz vom Begriff der wesentlichen Beteiligung i.S.d. § 6 Abs. 1 Satz 1 AStG i.V.m. § 17 Abs. 1 Satz 1 AStG i.H.v. 1% ab. Insofern kann es in folgenden Fällen zu einer Doppelbesteuerung kommen, welche lediglich im Rahmen eines Verständigungsverfahrens beseitigt werden kann:

- bei entgeltlichen Anteilsübertragungen zwischen 20% und bis zu 25% der Anteile an einer Kapitalgesellschaft aus dem Privatvermögen in das Geschäftsvermögen einer anderen natürlichen oder juristischen Person, soweit unter Mitwirkung des Veräußerers innerhalb von fünf Jahren eine Ausschüttung nicht betriebsnotwendiger Substanz erfolgt, welche bereits im Verkaufszeitpunkt vorhanden und handelsrechtlich auch ausschüttungsfähig war (Art. 20a Abs. 1 Buchst. a) DBG).
- bei entgeltlichen Anteilsübertragungen zwischen 5% und bis zu 25% der Anteile an einer Kapitalgesellschaft aus dem Privatvermögen in das Geschäftsvermögen einer Personengsellschaft oder juristischen Person, an der der Veräußerer nach der Übertragung zu mindestens 50% beteiligt ist, soweit die erlangte Gegenleistung den Nennwert der übertragenen Anteile übersteigt (Art. 20a Abs. 1 Buchst. b) DBG).

Demgegenüber lässt sich im Rahmen des DBA USA die Doppelbesteuerung vollumfänglich vermeiden, da hier systemgerecht auf den Begriff des fiktiv veräußerten Vermögens nach dem Steuerrecht des den Wegzug hinnehmenden Staates abgestellt wird und eine Mindestansässigkeit nicht vorgesehen ist. Da das DBA Vereinigtes Königreich die deutsche Wegzugsbesteuerung nicht berücksichtigt und diese damit abkommensbrechend wirkt, ist ein Verständigungsverfahren nicht möglich.

II. Veräußerungs- und Entnahmegewinnbesteuerung nach § 50i EStG

1. Besteuerungsgrundlagen der betrachteten Zuzugsstaaten

a. Österreich

(1) Gewerblich tätige Personengesellschaften

Hinsichtlich der Besteuerung von gewerblich tätigen Personengesellschaft besteht zwischen Deutschland und Österreich inhaltlich Kongruenz.[1282] Auch ist das Vorliegen einer Mitunternehmerschaft an das Begriffspaar „Unternehmenswagnis" und „Unternehmerinitiative" geknüpft,[1283] so dass auch diesbezüglich kein Unterschied besteht. Das österreichische Einkommensteuerrecht behandelt Personengesellschaften als ertragsteuerlich transparent,[1284] so dass im Ergebnis die hinter der Personengesellschaft stehenden Gesellschafter als Mitunternehmer[1285] mit ihrem Gewinnanteil der Einkommensteuer zu unterwerfen sind.[1286] Die Personengesellschaft als solche fungiert demnach als Einkünfteermittlungsobjekt, ohne jedoch selbst Steuersubjekt zu sein. Grundlage der Einkünfteermittlung ist die sog. „Bilanzbündeltheorie", nach der jeder an der Personengesellschaft beteiligte Gesellschafter ein eigenes Unternehmen betreibt.[1287] Dies gilt nach § 23 Nr. 2 öEStG 1988 für gewerblich tätige[1288] Personengesellschaften, welche nicht als nebenbetrieblich[1289] anzusehen sind.

1282 Hinsichtlich der Unterschiede zum deutschen Einkommensteuerrecht vgl. **Jacobs,** Personengesellschaften, 2011, S. 56, Fn. 345 f.

1283 Vgl. **Schuchter-Mang,** in: Wassermeyer/Richter/Schnittker, Personengesellschaften im IStR, 2015, Kapitel 26, Rn. 26.23 m.w.N.

1284 Vgl.öEStR 1988, Rn. 5802 und 5831.

1285 Wie im deutschen Einkommensteuerrecht ist auch in Österreich die Entfaltung von Mitunternehmerinitiative als auch das Tragen von Mitunternehmerrisiko für die Mitunternehmereigenschaft notwendig; vgl. **Doralt,** EStG, 2017, § 23, Rn. 214 ff. m.w.N.; VwGH, Urteil vom 02.04.1982, 02.04.1982, 13/2641/80, ÖStZB 1983, S. 61; VwGH, Urteil vom 29.06.1995, 94/15/0103, ÖStZB 1996, S. 190; VwGH, Urteil vom 13.12.1995, 93/13/0253, ÖStZB 1996, S. 466; VwGH, Urteil vom 25.06.1997, 95/15/0192, VwSlg. 7188 F, 1997.

1286 Vgl. § 1 Abs. 2 i.V.m. § 23 öEStG 1988, § 1 Abs. 3 i.V.m. § 98 öEStG 1988.

1287 Vgl. **Schuchter-Mang,** in: Wassermeyer/Richter/Schnittker, Personengesellschaften im IStR, 2015, Kapitel 26, Rn. 26.21.

1288 Der Begriff der Gewerblichkeit im österreichischen Einkommensteuerrecht deckt sich weitestgehend mit dem in Deutschland verwendeten Begriff; vgl. **Jacobs,** Personengesellschaften, 2011, S. 56 m.w.N.

1289 Vgl. VwGH, Urteil vom 29.11.1993, 93/13/9150, ÖStZB 1995, S. 442; **Rief,** Kapitalverkehrsteuerrecht, 1995, S. 62; **Zorn,** Gewinnermittlung, 2001, S. 21.

Nach h.M.[1290] vollzieht sich die steuerliche Gewinnermittlung nach österreichischem Steuerrecht, ebenso wie im deutschen Steuerrecht, auf zwei Stufen. Wie im deutschen Steuerrecht auch, wird auf der ersten Stufe ein Betriebsvermögensvergleich (§ 4 Abs. 1, § 5 öEStG 1988 i.V.m. §§ 124 f. BAO) vorgenommen.[1291] Die persönlichen Verhältnisse der Mitunternehmer zur Personengesellschaft werden durch Sonder- und Ergänzungsbilanzen auf der zweiten Stufe abgebildet.[1292] Die sich aus dieser steuerlichen Gewinnermittlung ergebenden Einkünfte aus Gewerbebetrieb unterliegen beim Mitunternehmer den allgemeinen Vorschriften zur Einkommensbesteuerung.[1293]

(2) Vermögensverwaltende Personengesellschaften

Auch bei der ertragsteuerlichen Behandlung von vermögensverwaltenden Personengesellschaften besteht zwischen Deutschland und Österreich eine weitgehende Kongruenz. Eine Ausnahme besteht jedoch dahingehend, dass das österreichische Einkommensteuerrecht eine gewerbliche Prägung i.S.d. § 15 Abs. 3 Nr. 2 EStG nicht kennt, sondern ausschließlich die Tätigkeit der Personengesellschaft betrachtet.[1294] Die Einkünftequalifikation und -ermittlung bei vermögensverwaltenden Personengesellschaften erfolgt, ebenso wie bei gewerblich tätigen Personengesellschaften, auf der ersten Stufe auf Ebene der Personengesellschaft.[1295] Im Anschluss werden die Einkünfte den jeweiligen Mitunternehmern dann anteilig zugerechnet.[1296] Dies gilt nach Auffassung der

---

1290 Vgl. **Doralt,** EStG, 2017, § 23, Rn. 246 f.; **Zorn,** Gewinnermittlung, 2001, S. 21 ff. m.w.N.

1291 Vgl. **Schuchter-Mang,** in: Wassermeyer/Richter/Schnittker, Personengesellschaften im IStR, 2015, Kapitel 26, Rn. 26.26 f.

1292 Vgl. **Doralt,** EStG, 2017, § 23, Rn. 209; **Quantschnigg/Schuch,** Einkommensteuer-Handbuch, 1993, § 23, Rz. 18.3 m.w.N.; **Schuchter-Mang,** in: Wassermeyer/Richter/Schnittker, Personengesellschaften im IStR, 2015, Kapitel 26, Rn. 26.24; kritisch **Zorn,** Gewinnermittlung, 2001, S. 21.

1293 Ausnahmen existieren bspw. für nicht entnommene Gewinne (§§ 11a, 37 Abs. 1 öEStG 1988) oder bestimmte Auslandseinkünfte (§ 1 Abs. 1 VO zu § 48 BAO).

1294 Vgl. hierzu auch **Schuchter-Mang,** in: Wassermeyer/Richter/Schnittker, Personengesellschaften im IStR, 2015, Kapitel 26, Rn. 26.22.

1295 Vgl. **Reiner,** Einkünftefeststellung, 1994, S. 41, 99 ff. m.w.N.; **Zorn,** Besteuerung, 1992, S. 235 m.w.N.

1296 In der Literatur wird teilweise die Ansicht vertreten, dass eine Zurechnung eine Mitunternehmerstellung voraussetze; vgl. **Gröhs,** Nationalbericht Österreich, 1995, S. 78; **Ruppe,** Behandlung, 1982, S. 28.

h.M. analog zu § 23 Nr. 2 öEStG 1988 auch für nicht gewerblich tätige Personengesellschaften, obwohl es an einer gesetzlichen Regelung fehlt.[1297] Die persönlichen Verhältnisse des Mitunternehmers zu seiner vermögensverwaltenden Personengesellschaft sind, ebenso wie im deutschen Steuerrecht, subsidiär den nichtbetrieblichen Einkunftsarten zuzuordnen.[1298] Die aus einer vermögensverwaltenden Personengesellschaft resultierenden Einkünfte werden auf Ebene des Mitunternehmers der allgemeinen Einkommensbesteuerung unterworfen.[1299]

(3) Ausländische Personengesellschaften

Für die Frage, ob es sich bei einer ausländischen Gesellschaft um eine Personen- oder Kapitalgesellschaft handelt, ist ebenso wie im deutschen Steuerrecht ein individuell konkretisierender[1300] Rechtstypenvergleich durchzuführen.[1301] Als typische Merkmale für die Einordnung als Personengesellschaft gelten die engen persönlichen Beziehungen zwischen Gesellschafter und Gesellschaft.[1302]

Ist die betrachtete ausländische Gesellschaft nach dem Rechtstypenvegleich mit einer österreichischen Personengesellschaft vergleichbar, so ist sie nach österreichischem Steuerrecht als transparent zu behandeln mit der Konsequenz, dass die Ertragbesteuerung auf Ebene der Mitunternehmer nach Abhängigkeit der Tätigkeit der Gesellschaft (betriebliche Einkünfte oder nichtbetriebliche Einkünfte) erfolgt. Weist die betrachtete ausländische Gesellschaft nach dem Rechtstypenvergleich jedoch überwiegend kapitalistische Merkmale auf, so stellt sie ein eigenes Steuersubjekt dar, welches der Körperschaftsteuer unterliegt. Zu einer Besteuerung auf Ebene des Gesellschafters kommt es in diesem Falle erst

1297 Vgl. **Gröhs,** Nationalbericht Österreich, 1995, S. 77; **Reiner,** Einkünftefeststellung, 1994, S. 37 f., 103 ff.; **Ruppe,** Behandlung, 1982, S. 32 ff.

1298 Vgl. VwGH, Urteil vom 12.09.1989, 88/14/0137, ÖStZB 1990, S. 34; VwGH, Urteil vom 19.11.1990, 87/13/0072, ÖStZB 1991, S. 380; **Reiner,** Einkünftefeststellung, 1994, S. 101 f.; **Zorn,** Besteuerung, 1992, S. 236 f.

1299 Hinsichtlich der Endbesteuerung von Kapitalerträgen vgl. bspw. **Ruppe/Gallob,** IStR 1993, S. 164 ff.; **Wurmsdobler,** StuW 2003, S. 176 ff.

1300 Vgl. VwGH, Urteil vom 03.02.1987, 86/14/0128, ÖStZB 1987, S. 532; **Breyer,** Rechtsgebilde, 2001, S. 367 ff.

1301 Vgl. **Tichy,** Nationalbericht Österreich, , 1988, S. 291 ff.; **Gröhs,** Gewinnbesteuerung, 1986, S. 50 ff., 311 m.w.N.

1302 Dabei kommt es nicht primär auf die Frage der Rechtsfähigkeit der Gesellschaft an; vgl. **Breyer,** Rechtsgebilde, 2001, S. 371 ff.; **Gröhs,** Gewinnbesteuerung, 1986, S. 55, 311 f. m.w.N.

bei Ausschüttung. Darüber hinaus werden vertraglich vereinbarte Leistungen des Gesellschafters an seine Gesellschaft ertragsteuerlich anerkannt.[1303]

(4) Veräußerung von Mitunternehmeranteilen

Die Veräußerung von Mitunternehmeranteilen unterliegt in Österreich, unabhängig von einer Haltefrist, der Einkommensteuer.[1304] Dies gilt auch für mitveräußertes Sonderbetriebsvermögen des ausscheidenden Gesellschafters.[1305] Welche Einkünfte durch den Verkauf der Mitunternehmeranteile erzielt werden, entscheidet sich nach der Einkunftsart der Mitunternehmerschaft.[1306] Wird der Mitunternehmeranteil unentgeltlich übertragen, so liegt nach österreichischem Steuerrecht kein Realisationstatbestand vor.[1307] Der Veräußerungsgewinn ist gem. § 24 Abs. 2 öEStG 1988 „der Betrag, um den der Veräußerungserlös nach Abzug der Veräußerungskosten den Wert des Betriebsvermögens oder den Wert des Anteils am Betriebsvermögen übersteigt." Die Ermittlung des Veräußerungsgewinns hat für jeden Gesellschafter getrennt zu erfolgen. Der Veräußerungsgewinn stellt aber einen Teil der aus der Mitunternehmerschaft erzielten Einkünfte dar.[1308] Die Realisierung des Veräußerungsgewinns vollzieht sich im Zeitpunkt der Übertragung der Verfügungsmacht. Auf den Zeitpunkt des Verpflichtungsgeschäftes kommt es nach der Auffassung der österreichischen Finanzverwaltung[1309] nicht an.

b. Schweiz

(1) Gewerblich tätige Personengesellschaften

Auch nach schweizerischem Einkommensteuerrecht qualifiziert eine gewerblich tätige[1310] Personengesellschaft nicht als Steuersubjekt. Ebenso wie im deutschen

---

1303 Vgl. **Jacobs,** Personengesellschaften, 2011, S. 61.

1304 Vgl. **Kanduth-Kristen,** in: Jakom, öEStG, 2017, § 24, Rn. 25.

1305 Vgl. öEStR 1988, Rn. 5967.

1306 Vgl. § 21 Abs. 2 Z 3 öEStG 1988, § 22 Z 5 öEStG 1988, § 23 Z 3 öEStG 1988.

1307 Vgl. **Schuchter-Mang,** in: Wassermeyer/Richter/Schnittker, Personengesellschaften im IStR, 2015, Kapitel 26, Rn. 26.31.

1308 Nach § 24 öEStG 1988 sind für den Veräußerungsgewinn bestimmte Begünstigungen vorgesehen.

1309 Vgl. öEStR 1988, Rn. 6000.

1310 Die gewerbliche Tätigkeit bildet nach schweizerischem Recht einen Teilbereich der selbständigen Erwerbstätigkeit i.S.d. Art. 18 Abs. 1 DBG – zur prinzipiell der deutschen Rechtspraxis ähnlichen Begriffsbestimmung und Abgrenzung gegenüber der

und im österreichischem Einkommensteuerrecht wird der anteilige Gesellschaftsgewinn dem jeweiligen Gesellschafter zugerechnet und auf seiner Ebene als Einkommen der Einkommensbesteuerung unterworfen.[1311] Die Personengesellschaft dient daher ebenso wie im deutschen und österreichischem Steuerrecht ausschließlich der Einkommensermittlung,[1312] welche im Rahmen eines Betriebsvermögensvergleichs[1313] oder einer Einnahmenüberschussrechnung[1314] bestimmt wird.[1315] Im Unterschied zum deutschen und österreichischen Einkommensteuerrecht existieren Sondervergütungen jedoch nur bei Kollektiv- und Kommanditgesellschaften,[1316] nicht jedoch bei einfachen Gesellschaften.[1317] Die Sondervergütungen qualifizieren als originäre Einkünfte auf Ebene des Gesellschafters.[1318]

Bei in der Schweiz ansässigen unbeschränkt steuerpflichtigen natürlichen Personen[1319] werden die Einkünfte aus der Beteiligung an der gewerblich tätigen Personengesellschaft einer progressiven Welteinkommensbesteuerung mit der direkten Bundessteuer sowie den einschlägigen Kantonal- und Gemeindesteuern unterworfen.[1320] Ausgenommen hiervon sind Gewinne ausländischer Betriebsstätten, welche unter Anwendung eines Progressionsvorbehalts von der schweizerischen Besteuerung freigestellt werden.[1321]

Vermögensverwaltung u.a. am Beispiel des Grundstückshandels vgl. – vgl. **Blumenstein/Locher,** System, 2002, S. 176 f. m.w.N.

1311 Vgl. Art. 10 DBG.

1312 Vgl. **Locher,** in: Locher, DBG, 2001, Art. 10, Rn. 9 ff.; **Salvi,** Nationalbericht Schweiz, 1995, S. 518 f.

1313 Vgl. Art. 18 Abs. 3, Art. 58 DBG – die Bilanzierung unter Berücksichtigung des Maßgeblichkeitsprinzips dürfte die in der Praxis gebräuchlichste Methode der Gewinnermittlung darstellen.

1314 Vgl. Art. 125 Abs. 2 DGB.

1315 Vgl. zu Einzelheiten Art. 25, Art. 27 ff. DBG.

1316 Vgl. **Hamminger,** in: Debatin/Wassermeyer, Doppelbesteuerung, Art. 7 DBA Schweiz, Rn. 416.

1317 Vgl. **Salvi,** Nationalbericht Schweiz, 1995, S. 524.

1318 Vgl. **Jacobs,** Personengesellschaften, 2011, S. 62.

1319 Vgl. Art. 3 DGB.

1320 Zu den Kantonal- und Gemeindesteuern vgl. **Schweizer Steuerkonferenz,** Steuerinformation, 2017, S. 1 ff.

1321 Vgl. Art. 6 Abs. 1 DBG; vgl. hierzu auch **Burki,** in: Wassermeyer/Richter/Schnittker, Personengesellschaften im IStR, 2015, Kapitel 28, Rn. 28.44.

(2) Vermögensverwaltende Personengesellschaften

Die Einkünfteermittlung vollzieht sich auch bei vermögensverwaltenden Personengesellschaften auf Ebene der Personengesellschaft mit anschließender anteiliger Zurechnung und Einkommensbesteuerung der Einkünfte auf Ebene des jeweiligen Gesellschafters.[1322] Im Unterschied zu gewerblich tätigen Personengesllschaften erfolgt die Einkünfteermittlung jedoch im Rahmen einer Überschussrechnung.[1323] Ebenso wie bei einfachen Personengesellschaften finden Sondervergütungen bei vermögensverwaltenden Personengesellschaften keine Berücksichtigung.[1324] In der Schweiz ansässige unbeschränkt steuerpflichtige Gesellschafter erzielen mit ihren Einkünften aus vermögensverwaltenden Personengesellschaften (mit Ausnahme von Einkünften aus ausländischem Grundvermögen) Einkünfte aus beweglichem oder unbeweglichem Vermögen[1325]

(3) Ausländische Personengesellschaften

Bei ausländischen Personengesellschaften wird die steuerliche Behandlung mit jeweils unterschiedlichen Rechtsfolgen daran angeknüpft, ob ein Steuerinländer oder ein Steuerausländer an der Gesellschaft beteiligt ist.[1326] Wenn die ausländische Gesellschaft in ihren Merkmalen im Wesentlichen einer schweizerischen Personengesellschaft entspricht,[1327] erfolgt die Besteuerung eines unbeschränkt Steuerpflichtigen an dieser Gesellschaft entsprechend der Besteuerung der Beteiligung an einer schweizerischen Personengesellschaft. Entspricht die ausländische Gesellschaft nach ihren Merkmalen hingegen einer schweizerischen Körperschaft, so werden die Einkünfte der Gesellschaft aus schweizerischen Quellen der beschränkten Körperschaftsteuerpflicht unterworfen.[1328] Gewinnausschüttungen der Gesellschaft werden auf Ebene des Anteilseigners als Dividenden versteuert.[1329] Insofern entspricht die steuerliche Behandlung ausländischer Personengesellschaften der deutschen Vorgehensweise.

1322 Vgl. Art. 10 DBG.
1323 Vgl. hierzu Art. 32 DBG; siehe auch **Locher,** in: Locher, DBG, 2001, Art. 32, Rn. 1 ff.
1324 Vgl. **Jacobs,** Personengesellschaften, 2011, S. 63.
1325 Vgl. Art. 6 Abs. 1 DBG.
1326 Vgl. **Donati,** Schweiz, 2001, S. 12 ff. m.w.N.
1327 Vgl. **Salvi,** Nationalbericht Schweiz, 1995, S. 528 f.
1328 Vgl. Art. 51 Abs. 1 DBG.
1329 Vgl. **Jacobs,** Personengesellschaften, 2011, S. 64.

(4) Veräußerung von Mitunternehmeranteilen

Nach Art. 18 Abs. 1 DBG sind alle Einkünfte aus einem Handels-, Industrie-, Gewerbe-, Land- und Forstwirtschaftsbetrieb, aus einem freien Beruf sowie aus jeder anderen selbständigen Erwerbstätigkeit steuerbar. Dazu gehören nach Art. 18 Abs. 2 DBG auch die Kapitalgewinne aus Veräußerung, Verwertung oder buchmäßiger Aufwertung von Geschäftsvermögen. Demnach ist auch die Veräußerung eines Mitunternehmeranteils der schweizerischen Bundessteuer sowie der einschlägigen Kantonal- und Gemeindesteuern zu unterwerfen. Der Gewinn ermittelt sich dabei als Differenz aus dem Veräußerungserlös und dem steuerlichen Kapitalkonto.[1330]

c. Vereinigte Staaten

(1) Gewerblich tätige Personengesellschaften

(a) Überblick

Für Personengesellschaften besteht nach der US-amerikanischen Bundeseinkommensteuer[1331] ein Wahlrecht zwischen der Besteuerung nach dem Transparenzprinzip oder der Besteuerung nach dem Intransparenzprinzip, wenn zwei Bedingungen erfüllt sind:[1332] Zum einen besteht die Notwendigkeit eines Mindestmaßes an Eigenständigkeit der betreffenden Gesellschaft sowie der Ausschluss der Anwendung steuerlicher Spezialnormen (bspw. für verpflichtend intransparent zu besteuernde Publicly Traded Partnerships)[1333]. Zum anderen muss mit der Personengesellschaft ein risikobehaftetes Geschäft verbunden sein, dessen Gewinn die beteiligten Gesellschafter unter sich aufteilen.[1334] Insofern ist zu unterscheiden zwischen transparenter und intransparenter Besteuerung:

1330 Vgl. **Müller/Schreiber,** Umstrukturierungen, 2016, Rn. 163.

1331 Das Steuerrecht der Vereinigten Staaten ist entsprechend der förderalen Struktur der USA durch ein Nebeneinander von Bundes-, Staaten- und Gemeindesteuern gekennzeichnet – vgl. **Kroschel,** Federal Income Tax, 2000, S. 47 f. m.w.N.; **Möbus,** US-Limited Liability Company, 2001, S. 42 ff. m.w.N. Aus Vereinfachungsgründen erfolgt im Rahmen dieser Arbeit lediglich eine Betrachtung der US-Bundessteuer (Federal Income Tax).

1332 Vgl. Sec. 301.7701–1, Sec. 301.7701–2 Treas.Reg.

1333 Sec. 7704 IRC; eine PTP stellt eine Art Publikumsgesellschaft dar; vgl. **Boles,** US-Einkommensteuerrecht, 1993, S. 93 ff. m.w.N.; **Daniels,** Issues, 1991, S. 15 f. m.w.N.

1334 Vgl. Sec. 7701 (a) (2) IRC.

(c) Intransparente Besteuerung

Sofern die Personengesellschaft zur intransparenten Besteuerung optiert oder aber als Publicly Traded Partnerships verpflichtend der intransparenten Besteuerung unterliegt, ist sie selbst als Steuersubjekt der Besteuerung mit Körperschaftsteuer zu unterwerfen. Zur Vermeidung von Kaskadeneffekten werden im Rahmen der Einkünfteermittlung jedoch erhaltene Dividenden von Kapitalgesellschaften, an denen die Personengesellschaft beteiligt ist, i.H.v. 70% bis 100% freigestellt, wenn eine bestimmte Mindestbesitzzeit eingehalten wurde.[1351] Darüber hinaus werden dem Fremdvergleich genügende Sondervergütungen als abzugsfähige Betriebsausgaben anerkannt.[1352] Die Besteuerung der Einkünfte aus der Personengesellschaft auf Ebene der Gesellschafter erfolgt erst im Entnahmezeitpunkt. Bei unbeschränkt steuerpflichtigen Gesellschaftern werden die Einkünfte im Rahmen der Veranlagung der Einkommensteuer unterworfen. Insofern erfolgt eine Doppelbesteuerung der Gewinne der Personengesellschaft sowohl mit Körperschaft- als auch mit Einkommensteuer.

(2) Vermögensverwaltende Personengesellschaften

Die Frage, wann Tätigkeiten dem Bereich der Vermögensverwaltung zuzuordnen sind, lässt sich aufgrund der nur beispielhaften und daher nicht abschließenden Regelungen in den Treasure Regulations nur im Einzelfall klären.[1353] Grundsätzlich erwächst jedoch aus dem ausschließlichen gemeinschaftlichen Halten oder Verwalten von Vermögenswerten (wie Immobilien oder Beteiligungen) ohne Vorliegen eines Gesellschaftsvertrages keine Wahlberechtigung. Dies ändert sich, sobald über die Fruchtziehung hinaus Leistungen bspw. an den Mieter einer Immobilie in Form von Hausmeisterleistungen oder ähnlichem erbracht werden. In einem solchen Fall liegt eine Wirtschaftseinheit i.S.v. Sec. 301.7701-1 (a) Treas.Reg. vor, welche zu einer Wahlberechtigung führt.[1354] In diesem Fall

---

1351 Vgl. Sec. 243 ff. IRC. Zu weiteren Ausnahmen vgl. **Möbus,** US-Limited Liability Company, 2001, S. 87 m.w.N. Zur Vermeidung unerwünschter Steuergestaltungen, vor allem unter Ausnutzung von Qualifikationskonflikten existieren im US-Bundessteuerrecht verschiedene Abwehrregelungen, wie z.B. Sec. 1.894–1 (d) Treas.Reg.; vgl. hierzu **Postlewaite/Donaldson,** Taxation, 2003, S. 339 f.

1352 Vgl. Sec. 482 IRC; zu Einzelheiten einer möglichen Umqualifizierung insbesondere nach Sec. 163 (j) IRC (sog. „earning stripping rule") vgl. **Kroschel,** Federal Income Tax, 2000, S. 330 ff.

1353 Vgl. Sec. 301.7701- (a) (2) Treas.Reg.; **Small,** IStR 1996, S. 280.

1354 Vgl. **Zschiegner,** IWB 1997/11 Fach 8, USA, Gruppe 2, S. 887; **Boles,** US-Einkommensteuerrecht, 1993, S. 79 ff.

kann auf die Ausführungen zur gewerblich tätigen Personengesellschaft verwiesen werden. Sollte die Voraussetzung nicht vorliegen, so ist die vermögensverwaltende Personengesellschaft zwingend als transparent zu behandeln.[1355] Die Besteuerung vermögensverwaltender Tätigkeiten entspricht, mit Ausnahme der ggf. fehlenden Wahlberechtigung, der Besteuerung gewerblicher Tätigkeiten.[1356] Insofern wird auch hier auf diese Ausführungen verwiesen.

(3) Ausländische Personengesellschaften

Im Grunde gelten die für inländische Personengesellschaften dargelegten Regelungen auch für ausländische Personengesellschaften. Demnach ist bei ausländischen Personengesellschaften in einem ersten Schritt ebenso zu bestimmen, ob die Struktur und Tätigkeit der Gesellschaft eine Wahlrechtsausübung ermöglicht und ob und wie dieses Wahlrecht ausgeübt wurde. Fehlt es an einer Wahlrechtsausübung, so ist sie unter der Voraussetzung, dass ein unbeschränkt haftender Gesellschafter beteiligt ist,[1357] mit einer inländischen wahlberechtigten Personengesellschaft gleichzustellen und als transparent zu behandeln.[1358] Für die Besteuerung in diesem Fall kann auf die Ausführungen zu inländischen Personengesellschaften verwiesen werden.[1359]

Liegt hingegen eine wahlberechtigte ausländische Personengesellschaft vor, welche das Wahlrecht dahingehend ausübt, dass sie als Körperschaft behandelt werden soll, so ist die Personengesellschaft mit ihren US-amerikanischen Einkünften in den USA körperschaftsteuerpflichtig. Für die Frage wann bei ausländischen Personengesellschaften US-amerikanische Einkünfte vorliegen und ob diese FDAPI oder ECI darstellen kann auf die Regelungen für natürliche Personen verwiesen werden. Hinsichtlich der Wahlrechtsausübung ist zu beachten, dass das US-Bundessteuerrecht verschiedene Missbrauchsvermeidungsvorschriften

---

1355 Vgl. **Jacobs,** Personengesellschaften, 2011, S. 85.

1356 Ausnahmen betreffen z.B. die Nichtanwendbarkeit der o.g. Risk Rule i.S.d. Sec. 465 IRC auf bestimmte Grundstückgeschäfte; vgl. **Möbus,** US-Limited Liability Company, 2001, S. 321.

1357 Zu den sich daraus ergebenden Problemen im Falle der in Deutschland häufig gewählten Rechtsform der GmbH & Co. KG vgl. **Mittermaier,** in: Wassermeyer/Richter/Schnittker, Personengesellschaften im IStR, 2015, Kapitel 29, Rn. 29.20.

1358 Vgl. Sec. 301.7701–3 (b) (2) (i) (A) Treas.Reg.; vgl. hierzu **Postlewaite/Donaldson,** Taxation, 2003, S. 424 f.

1359 Zu Sonderfragen in Bezug auf Sondervergütungen vgl. **Mittermaier,** Verhältnis, 1999, S. 198 ff. m.w.N.

zur Vermeidung einer missbräuchlichen Gestaltung des Check-the-Box-Wahlrechts etabliert hat.[1360]

(4) Veräußerung von Mitunternehmeranteilen

Bei einem Mitunternehmeranteil handelt es sich nach US-amerikanischem Steuerrecht um ein Kapitalwirtschaftsgut (capital asset).[1361] Dies gilt für den Fall unbeschränkt Steuerpflichtiger (resident aliens) unabhängig davon, ob es sich bei der Personengesellschaft um eine inländische oder ausländische Personengesellschaft handelt.[1362] Der Gewinn oder Verlust aus der Veräußerung eines Mitunternehmeranteils ermittelt sich als Differenz aus dem Veräußerungserlös einerseits und dem nach steuerlichen Grundsätzen ermittelten Buchwert der Gesellschaftsanteile (outside basis) andererseits.[1363] Der Veräußerungserlös umfasst dabei gem. Sec. 1001 (b) IRC erhaltenes Bargeld, erhaltene Vermögenswerte zum Verkehrswert sowie nach Sec. 752 (d) IRC die Freistellung von Verbindlichkeiten. Der steuerliche Buchwert bestimmt sich nach Sec. 705 (a) IRC und ist für das laufende Steuerjahr bis zur Veräußerung hinsichtlich Einkommen, Gewinnen, Verlusten und Abzugsbeträgen des ausscheidenden Mitunternehmers anzupassen.

d. Vereinigtes Königreich

(1) Gewerblich tätige Personengesellschaften

Dem britischen Zivilrecht[1364] folgend weist das Ertragsteuerrecht im Vereinigten Königreich Personengesellschaften keine Steuersubjekteigenschaft zu, sondern behandelt diese als transparent.[1365] Unabhängig davon besteht auch für Personengesellschaften die Pflicht zur Abgabe einer eigenen Steuerklärungen, für welche der Gewinn der Personengesellschaft nach den Grundsätzen ordnungsmäßiger Buchhaltung zu ermitteln ist.[1366] Handelt es sich bei den Gesellschaftern

---

1360 Vgl. Sec. 1.701–2 Treas.Reg.; vgl. hierzu **Postlewaite/Donaldson,** Taxation, 2003, S. 427 ff.

1361 Vgl. Sec. 741 IRC.

1362 Vgl. **Mittermaier,** in: Wassermeyer/Richter/Schnittker, Personengesellschaften im IStR, 2015, Kapitel 29, Rn. 29.109.

1363 Vgl. **Mittermaier,** in: Wassermeyer/Richter/Schnittker, Personengesellschaften im IStR, 2015, Kapitel 29, Rn. 29.56.

1364 Vgl. **Clayson,** Nationalbericht Vereinigtes Königreich, 1995, S. 539 m.w.N.

1365 Vgl. Sec. 848 ITTOIA 2005.

1366 Vgl. Sec. 12 AA-AC TMA 1970 sowie Sec. 25 (1) ITTOIA; vgl. hierzu auch **Eberhartinger,** IStR 1997, S. 279 ff.

der Personengesellschaft ausschließlich um natürliche Personen, so muss die Ermittlung des Gewinns derjenigen eines Einzelunternehmers entsprechen.[1367] Zinsaufwendungen, welche in Zusammenhang mit dem Erwerb der Gesellschaftsanteile stehen, sind hierbei gewinnmindernd zu berücksichtigen.[1368] Darüber hinaus werden auch Sondervergütungen aus Vertragsbeziehungen mit Gesellschaftern zum Abzug zugelassen, sofern die Gesellschafter im Rahmen des Vertragsverhältnisses nicht als Gesellschafter auftreten. Sollte dies der Fall sein, so sind die Sondervergütungen beim Gesellschafter als originäre Einkünfte (z.B. „Property Income“) zu versteuern. Anderenfalls sind sie als Vorweggewinne der Personengesellschaft zu qualifizieren und versteuern.[1369]

Bei im Vereinigten Königreich ansässigen unbeschränkt steuerpflichtigen Gesellschaftern unterliegen die Einkünfte aus der Personengesellschaft (inkl. Sondervergütungen) der britischen Einkommensteuer.[1370]

(2) Vermögensverwaltende Personengesellschaften

Auch vermögensverwaltende Personengesellschaften werden im Vereinigten Königreich als transparent behandelt, so dass die Einkünftezurechnung und -versteuerung entsprechend der erzielten Einkunftsart auf Ebene der Gesellschafter erfolgt.[1371]

(3) Ausländische Personengesellschaften

Sofern die ausländische Personengesellschaft vom Typ her einer britischen Personengesellschaft entspricht, weicht die Besteuerung der unbeschränkt steuerpflichtigen Gesellschafter einer ausländischen Personengesellschaft nur marginal von derjenigen einer inländischen Personengesellschaft ab. Insofern kann auf die Ausführungen zu inländischen Personengesellschaften verwiesen werden.[1372]

(4) Veräußerung von Mitunternehmeranteilen

Bei Beteiligung an einer Personengesellschaft werden Verfügungen von Wirtschaftsgütern der Personengesellschaft, dem zivilrechtlich transparenten Gedanken von Personengesellschaften folgend, den hinter der Personengesellschaft

1367 Vgl. Sec. 849 ITTOIA 2005.
1368 Vgl. **Tomsett,** United Kingdom, 1996, S. 72.
1369 Vgl. **Clayson,** Nationalbericht Vereinigtes Königreich, 1995, S. 544 f.
1370 Vgl. hinsichtlich der Einkommensgrenzen Sec. 10 ITA 2007.
1371 Vgl. z.B. Sec. 972 ITA 2007.
1372 Vgl. **Clayson,** Nationalbericht Vereinigtes Königreich, 1995, S. 549 ff.

Art. 14 Abs. 1 DBA Vereinigtes Königreich). Eine Ausübung im Quellenstaat liegt vor, wenn

- der Vergütungsempfänger sich länger als 183 Tage innerhalb von 12 Monaten im Quellenstaat aufhält und
- die Zahlung der Vergütung von einem Arbeitgeber gezahlt wird, welcher im Quellenstaat ansässig ist und
- die Vergütung durch eine Betriebsstätte getragen wird, welche der Arbeitgeber im Quellenstaat begründet hat.

Da im Falle von gewerblich infizierten oder geprägten Personengesellschaften keine abkommensrechtliche Betriebsstätte vorliegt, welche die Vergütung trägt, kommt diese Regelung hier nicht zur Anwendung. Aus diesem Grunde verbleibt das Besteuerungsrecht in allen hier betrachteten Fällen beim Ansässigkeitsstaat und führt damit zum Ausschluss des deutschen Besteuerungsrechts i.S.d. § 15 Abs. 1 Nr. 2 Satz 1 EStG. Insofern kommt § 50i Abs. 1 Satz 3 EStG auch im Falle von Tätigkeitsvergütungen zur Anwendung und führt zu einer Doppelbesteuerung.

In allen anderen Fällen der Vergütungen für die Nutzung von oder das Recht auf bewegliche Vermögenswerte hat der jeweilige Ansässigkeitsstaat das Besteuerungsrecht (Art. 21 Abs. 1 DBA Österreich, Art. 21 DBA Schweiz, Art. 21 Abs. 1 DBA USA, Art. 21 Abs. 1 DBA Vereinigtes Königreich). Ein Besteuerungsrecht Deutschlands wäre nur möglich, wenn eine abkommensrechtliche Betriebsstätte begründet würde, welcher die beweglichen Vermögenswerte zuzuordnen wären. Da gewerblich infizierte und gewerblich geprägte Personengesellschaften eine abkommensrechtliche Betriebsstätte nicht begründen, scheidet diese Möglichkeit aus. Damit liegt das Besteuerungsrecht bei den hier betrachteten Zuzugsstaaten, so dass ein Ausschluss des deutschen Besteuerungsrechts vorliegt. § 50i Abs. 1 Satz 3 EStG kommt damit zur Anwendung, welcher zu einer Doppelbesteuerung führt.

Für die Veräußerung von Gesellschaftsanteilen weisen die hier einschlägigen DBA mangels abkommensrechtlicher deutscher Betriebsstätte das Besteuerungsrecht grundsätzlich dem jeweiligen Ansässigkeitsstaat zu (DBA Art. 13 Abs. 5 DBA Österreich, Art. 13 Abs. 3 DBA Schweiz, Art. 13 Abs. 5 DBA USA, Art. 13 Abs. 5 DBA Vereinigtes Königreich), so dass es grundsätzlich zu einer Doppelbesteuerung bei gleichzeitiger Anwendung von § 50i Abs. 1 Satz 1 EStG kommt. Die in Art. 13 Abs. 4 DBA Schweiz vorgesehene Regelung, nach der Deutschland das Besteuerungsrecht zuzuweisen ist, wenn die weggezogene natürliche Person im Laufe der fünf Jahre vor der Veräußerung der wesentlichen Beteiligung (unmittelbare oder mittelbare Beteiligung von mehr als 25%) in Deutschland ansässig war, kommt in solchen Fällen zur Anwendung[1383], da der Veräußerungsgewinn in der Schweiz als Ansässigkeitsstaat grundsätzlich nicht der Steuer unterliegt.[1384] Insofern besteht in diesen Fällen keine Notwendigkeit der Anwendung von § 50i Abs. 1 Satz 1 EStG mit der Folge der Vemeidung der Doppelbesteuerung. Davon ausgenommen sind jedoch folgende Beteiligungen:[1385]

- Veräußerungsgewinn bei entgeltlicher Übertragung von mindestens 20% der Anteile an einer Kapitalgesellschaft (oder Genossenschaft) aus dem Privatvermögen in das Geschäftsvermögen einer anderen natürlichen oder juristischen Person, soweit unter Mitwirkung des Veräußerers innerhalb von fünf Jahren eine Ausschüttung nicht betriebsnotwendiger Substanz erfolgt, welche bereits im Verkaufszeitpunkt vorhanden und handelsrechtlich auch ausschüttungsfähig war (Art. 20a Abs. 1 Buchst. a) DBG).
- Veräußerungsgewinn bei entgeltlicher Übertragung von mindestens 5% der Anteile an einer Kapitalgesellschaft (oder Genossenschaft) aus dem Privatvermögen in das Geschäftsvermögen einer Personengesellschaft oder juristischen Person, an der der Veräußerer nach der Übertragung zu mindestens 50% beteiligt ist, soweit die erlangte Gegenleistung den Nennwert der übertragenen Anteile übersteigt (Art. 20a Abs. 1 Buchst. b) DBG).

Insofern ist bei Vorliegen einer solchen Beteiligung bis zur Höhe von 25% eine Doppelbesteuerung gegeben, da einerseits das Besteuerungsrecht nach Art. 13 Abs. 1 DBA Schweiz der Schweiz zugewiesen wird und diese eine Besteuerung auch tatsächlich vornimmt und andererseits Deutschland sich das Besteuerungsrecht über § 50i Abs. 1 Satz 1 EStG sichert.

Für die Frage der Höhe der Doppelbesteuerung ist entscheidend, ob die deutsche Besteuerung anerkannt wird. Im Falle des DBA mit dem Vereinigten Königreich ist eine solche Regelung nicht vorgesehen. Die in den Doppelbesteuerungsabkommen mit Österreich (Art. 13 Abs. 6 DBA Österreich) und der Schweiz (Art. 13 Abs. 6 DBA Schweiz) vorgesehene Berücksichtigung der deutschen Wegzugsbesteuerung kommt nach m. A. nicht zur Anwendung, da im Zeitpunkt des Wegzugs keine Anteile i.S.d. § 17 EStG vorliegen. Auch im Falle des DBA USA lässt sich die Doppelbesteuerung nicht durch die Anwendung von Art. 13 Abs. 6 DBA USA vermeiden. Zwar stellt die Regelung auf „Vermögen“ ab,

1383 Vgl. zu den beiden Ausnahmefällen **Kolb,** in: Förster/Mennel, Steuern, Schweiz, Rn. 165.

1384 Vgl. **Kolb,** in: Förster/Mennel, Steuern, Schweiz, Rn. 120.

1385 Vgl. **Kolb,** in: Förster/Mennel, Steuern, Schweiz, Rn. 165.

so dass der Anwendungsbereich grundsätzlich auf sämtliche Entstrickungstatbestände erweitert wird. Jedoch wird zudem explizit auf den Wegzug der steuerpflichtigen Person abgestellt. Im Gegensatz hierzu macht § 50i Abs. 1 Satz 1 EStG die Besteuerung jedoch von der Veräußerung oder Entnahme des inkriminierten Betriebsvermögens abhängig. Insofern ist die Regelung nicht anwendbar und es bleibt bei der vollumfänglichen Doppelbesteuerung.

Es werden alle hier betrachteten Zuzugsstaaten (mit Ausnahme des Vorliegens eines Falles i.S.d. Art. 13 Abs. 4 DBA Schweiz) aufgrund der abkommensrechtlichen Regelungen die Besteuerung des gesamten Wertzuwachses von der Anschaffung bis hin zur Veräußerung/Entnahme vornehmen. Gleichzeitig erfolgt eine Besteuerung des gesamten Wertzuwachses in Deutschland nach § 50i Abs. 1 Satz 1 EStG. Damit liegt auch für den Fall der unmittelbaren oder mittelbaren Veräußerung/Entnahme von Anteilen an Gesellschaften eine Doppelbesteuerung vor.

Bei der Veräußerung von unbeweglichen Vermögenswerten (z.B. Grundstücken) wird das Besteuerungsrecht dem Belegenheitsstaat und damit Deutschland zugewiesen (Art. 13 Abs. 1 DBA Österreich, Art. 13 Abs. 1 DBA Schweiz, Art. 13 Abs. 1 DBA USA, Art. 13 Abs. 1 DBA Vereinigtes Königreich). Auch die Veräußerung von Aktien[1386] oder sonstigen Anteilen an Gesellschaften, deren Aktivvermögen überwiegend[1387] bzw. zu mehr als 50%[1388] aus unbeweglichem Vermögen (Immobiliengesellschaften) besteht, folgt dem Belegenheitsprinzip und führt damit zu einem deutschen Besteuerungsrecht (Art. 13 Abs. 2 DBA Österreich, Art. 13 Abs. 2 Buchst. b) DBA USA, Art. 13 Abs. 2 DBA Vereinigtes Königreich). Die DBA mit USA und dem Vereinigten Königreich erweitern dieses Besteuerungsrecht um Beteiligungen an Personengesesellschaften. Das DBA Schweiz sieht eine solche Regelung nicht vor, so dass die Veräußerungsgewinne in diesen Fällen nach Art. 13 Abs. 1 DBA Schweiz der Schweiz als Ansässigkeitsstaat zustehen. Damit liegt in den Fällen der unmittelbaren Veräußerung von unbeweglichen Vermögenswerten kein Ausschluss des deutschen Besteuerungsrechts vor. In Fällen der mittelbaren Veräußerung kommt es auf die Höhe des Aktivvermögens sowie auf den betrachteten Zuzugsstaat an. Soweit das Aktivvermögen der Gesellschaft oder Personengesellschaft überwiegend bzw. zu mehr als 50% aus unbeweglichem Vermögen besteht und es sich um die USA, das

1386 Ausgeschlossen sind nach Art. 13 Abs. 2 DBA Vereinigtes Königreich börsennotierte Aktien.

1387 So Art. 13 Abs. 2 DBA Österreich und Art. 13 Abs. 2 Buchst. b) DBA USA.

1388 So Art. 13 Abs. 2 DBA Vereinigtes Königreich.

Vereinigte Königreich oder Österreich als Zuzugsstaat handelt, ist keine Doppelbesteuerung gegeben und § 50i Abs. 1 Satz 1 EStG wird nicht angewandt. In allen anderen Fällen (Aktivvermögen ≤ 50% oder Schweiz als Ansässigkeitsstaat) kommt es aufgrund des Ausschlusses des deutschen Besteuerungsrechts zur Anwendung von § 50i Abs. 1 Satz 1 EStG und damit zu einer Doppelbesteuerung.

Die Besteuerung der Veräußerung von beweglichen Vermögenwerten wird nach dem DBA Österreich (Art. 13 Abs. 4) und dem DBA mit der Schweiz (Art. 13 Abs. 4) dem Staat zugewiesen, in dem sich der Ort der tatsächlichen Geschäftsleitung des Unternehmens befindet. Sollte sich also die tatsächliche Geschäftsführung im Ansässigkeitsstaat befinden, so wird das Besteuerungsrecht hinsichtlich der Veräußerung von beweglichen Vermögenswerten dem Ansässigkeitsstaat zugewiesen. In der Praxis sollte dies in den überwiegenden Fällen einschlägig sein, da gewerblich infizierte oder geprägte Personengesellschaften in Wegzugfällen ausschließlich zur Vermeidung der Entstrickungsbesteuerung i.S.d. § 4 Abs. 1 Satz 3, 4 EStG und der Wegzugsbesteuerung i.S.d. § 6 AStG gegründet wurden und die wesentlichen Entscheidungen der Geschäftsleitung damit regelmäßig im Ansässigkeitsstaat des Mitunternehmers erfolgen sollten. In den USA und im Vereinigten Königreich obliegt das Besteuerungsrecht der Veräußerung beweglicher Vermögenswerte dem Ansässigkeitsstaat (Art. 13 Abs. 5 DBA USA, Art. 13 Abs. 5 DBA Vereinigtes Königreich). Insofern ist auch im Falle der Veräußerung von beweglichen Vermögenwerten in den hier betrachteten Fällen von einem Ausschluss des deutschen Besteuerungsrechts auszugehen, so dass § 50i Abs. 1 Satz 1 EStG zur Anwendung kommt. Damit kommt es auch bei der Veräußerung von beweglichem Vermögen regelmäßig zu einer Doppelbesteuerung.

Auch wenn das DBA Schweiz das Besteuerungsrecht in den o.g. Fällen der Schweiz als Ansässigkeitsstaat zuweist, ist darüber hinaus Art. 4 Abs. 4 DBA Schweiz zu beachten. Hiernach wird das Besteuerungsrecht im Falle einer mindestens 5 Jahre andauernden unbeschränkten Steuerpflicht in Deutschland und einer nicht vorliegenden schweizerischen Staatsangehörigkeit das Besteuerungsrecht für einen Zeitraum von 5 Jahren nach der Aufgabe der unbeschränkten Steuerpflicht – neben der Schweiz – auch Deutschland zugewiesen. Die daraus resultierende Doppelbesteuerung hat Deutschland nach den nationalen Anrechnungsvorschriften (ausgenommen ist die Gewerbesteuer) in Übereinstimmung mit dem DBA Schweiz zu vermeiden. Damit besteht in solchen Fällen für die Anwendung von § 50i Abs. 1 EStG in den ersten 5 Jahren nach Wegzug kein Raum, da das Besteuerungsrecht bereits abkommensrechtlich gesichert ist.

b. Belastungswirkungen von § 50i Abs. 2 EStG

(1) Grundsätzliche Überlegungen

Eine Einbringung nach § 20 UmwStG ist nur möglich, wenn der einbringende Mitunternehmer in der EU oder im EWR ansässig ist (§ 1 Abs. 4 Nr. 2 Buchst. a) Doppelbuchst. bb) UmwStG) und die Einbringung sich auf eine in einem EU-/EWR-Staat gegründete Gesellschaft vollzieht, deren Sitz und Ort der Geschäftsleitung sich innerhalb des Hoheitsgebiets eines dieser Staaten befindet (§ 1 Abs. 4 Nr. 1 i.V.m. § 1 Abs. 2 Satz 1 Nr. 1 UmwStG). Ist der einbringende Mitunternehmer im Drittland ansässig, müssen die neu gewährten Anteile an der übernehmenden Kapitalgesellschaft uneingeschränkt in Deutschland steuerverhaftet sein (§ 1 Abs. 4 Nr. 2 Buchst. b) UmwStG), um eine Anwendung von § 20 UmwStG herbeiführen zu können. Eine Steuerverhaftung der Anteile bei ausschließlich im Drittland ansässigen Steuerpflichtigen scheidet aber mangels Ansässigkeit im Inland und mangels Vorliegen einer Betriebsstätte im Inland, welcher die Anteile abkommensrechtlich zugeordnet werden können, regelmäßig aus. Insofern besteht in solchen Fällen nur die Möglichkeit der Einbringung zu gemeinen Werten im Rahmen eines tauschähnlichen Vorgangs. Im Drittland (Schweiz, USA) wird die Einbringung dabei regelmäßig eine Veräußerung darstellen.

In EU-/EWR-Fällen ist § 20 UmwStG anwendbar, wenn die Einbringung in eine in einem EU-/EWR-Staat gegründete Gesellschaft erfolgt, deren Sitz und Ort der Geschäftsleitung sich innerhalb des Hoheitsgebiets eines dieser Staaten befindet (§ 1 Abs. 4 Nr. 1 i.V.m. § 1 Abs. 2 Satz 1 Nr. 1 UmwStG) und die einbringende natürliche Person ihren Wohnsitz oder gewöhnlichen Aufenthalt in einem EU-/EWR-Staat inne hat (§ 1 Abs. 4 Nr. 2 Buchst. a) Doppelbuchst. bb) UmwStG i.V.m. § 1 Abs. 2 Satz 1 Nr. 2 UmwStG). Aufgrund des gestalterischen Elements der Einbringung ist in der Praxis davon auszugehen, dass diese beiden Voraussetzungen in § 50i EStG-Fällen erfüllt sind. Auf das Recht Deutschlands, den Gewinn aus den erhaltenen Anteilen besteuern zu dürfen, kommt es in EU-/EWR-Fällen nicht an (§ 1 Abs. 4 Nr. 2 Buchst. b) UmwStG). Insofern besteht nach deutschem UmwStR für den Ansatz von Buch- und Zwischenwerten i.S.d. § 20 Abs. 2 UmwStG des übertragenen Betriebsvermögens keine Notwendigkeit der Steuerverhaftung der neu gewährten Anteile in EU-/EWR-Fällen. Im Gegensatz hierzu sieht § 50i Abs. 2 EStG i.d.F. des Anti-BEPS-Umsetzungsgesetzes I eine solche aber zumindest anteilig vor.

Nachfolgend soll daher für die Darstellung der Belastungswirkungen zwischen Drittlandsfällen und EU-/EWR-Fällen unterschieden werden.

(2) Belastungswirkungen

(a) Drittlandsfälle

Das Besteuerungsrecht für die Veräußerung von Anteilen wird nach dem Abkommensrecht grundsätzlich dem Ansässigkeitsstaat des Steuerpflichtigen und damit der Schweiz (Art. 13 Abs. 3 DBA Schweiz) bzw. den USA (Art. 13 Abs. 5 DBA USA) zugewiesen. Eine Sicherung des deutschen Besteuerungsrechts über § 50i Abs. 2 EStG i.d.F. des Anti-BEPS-Umsetzungsgesetz I ist nicht möglich, da das UmwStG gem. § 1 Abs. 4 UmwStG in Drittlandsfällen nicht anwendbar ist.[1389] Damit wird es im Falle von Einbringungen aus Drittländern nicht zu einer durch § 50i Abs. 2 EStG i.d.F. des Anti-BEPS-Umsetzungsgesetzes I verursachten Doppelbesteuerung kommen, da hier das abkommensrechtlich manifestierte Besteuerungsrecht der Ansässigkeitsstaaten zur Anwendung kommt. Deutschland hat in diesem Zusammenhang das eingebrachte Betriebsvermögen mit den Anschaffungskosten i.H.d. gemeinen Wertes anzusetzen. Die Sicherung des deutschen Besteuerungsrechts erfolgt jedoch über § 50i Abs. 1 Satz 1 EStG, da die Einbringung als Veräußerung im Rahmen eines tauschähnlichen Vorgangs gilt (§ 6 Abs. 6 EStG).[1390] Insofern liegt auch hier eine Doppelbesteuerung vor.

Bei der Einbringung von unbeweglichen Vermögenswerten (z.B. Grundstücken) gegen Gesellschaftsanteile wird das Besteuerungsrecht dem Belegenheitsstaat und damit Deutschland zugewiesen (Art. 13 Abs. 1 DBA Schweiz, Art. 13 Abs. 1 DBA USA). Auch die Einbringung von Aktien oder sonstigen Anteilen an Kapital- und Personengesellschaften, deren Aktivvermögen überwiegend aus unbeweglichem Vermögen (Immobiliengesellschaften) besteht, folgt im Falle des DBA USA dem Belegenheitsprinzip und führt damit zu einem deutschen Besteuerungsrecht (Art. 13 Abs. 2 Buchst. b) DBA USA). Das DBA Schweiz sieht eine solche Regelung nicht vor, so dass die Veräußerungsgewinne in diesen Fällen nach Art. 13 Abs. 1 DBA Schweiz der Schweiz als Ansässigkeitsstaat zustehen. Damit liegt in den Fällen der unmittelbaren Einbringung von unbeweglichen Vermögenswerten kein Ausschluss des deutschen Besteuerungsrechts vor und es kommt auch nur zu einer einmaligen steuerlichen Berücksichtigung in Deutschland, da § 50i Abs. 1 Satz 1 EStG nicht anwendbar ist. In Fällen der mittelbaren Einbringung kommt es auf die Höhe des Aktivvermögens sowie auf den betrachteten Zuzugsstaat an. Soweit das Aktivvermögen der Gesellschaft oder

1389 Vgl. hierzu auch **Liekenbrock,** in: Flick/Wassermeyer/Baumhoff et al. (Hrsg.), Außensteuerrecht, § 50i EStG, Rn. 144.

1390 Vgl. BMF, Schreiben vom 11.11.2011, BStBl. I 2011, S. 1314, Tz. 00.02.

Personengesellschaft überwiegend bzw. zu mehr als 50% aus unbeweglichem Vermögen besteht und es sich um die USA handelt, bleibt das Besteuerungsrecht Deutschlands mit gleichem Ergebnis wie bei unmittelbar gehaltenem unbeweglichem Vermögen erhalten. Im Fall der Ansässigkeit in der Schweiz kommt es jedoch abkommensrechtlich zu einem Ausschluss des deutschen Besteuerungsrechts. Die Sicherung des deutschen Besteuerungsrechts durch § 50i Abs. 2 EStG i.d.F. des Anti-BEPS-Umsetzungsgesetzes I gelingt jedoch nicht, da das UmwStG mangels Erfüllung der Voraussetzungen in § 1 Abs. 4 UmwStG nicht anwendbar ist. Deutschland hat somit die gemeinen Werte des eingebrachten Betriebsvermögens lediglich als Anschaffungskosten zu berücksichtigen. Die Sicherung des deutschen Besteuerungsrecht wird jedoch durch die Anwendung von § 50i Abs. 1 Satz 1 EStG erreicht, da die Einbringung als Veräußerung im Rahmen eines tauschähnlichen Vorgangs gilt (§ 6 Abs. 6 EStG).[1391] Damit liegt im Falle der Ansässigkeit in der Schweiz eine Doppelbesteuerung vor.

Bei der im Rahmen einer Einbringung erfolgten Veräußerung von beweglichen Vermögenwerten wird das Besteuerungsrecht nach dem DBA mit der Schweiz (Art. 13 Abs. 4) dem Staat zugewiesen, in dem sich der Ort der tatsächlichen Geschäftsleitung des Unternehmens befindet. Nach hier vertretener Auffassung sollte diese in der überwiegenden Anzahl der Fälle in der Schweiz als Ansässigkeitsstaat verortet sein. Damit kommt es hier zu einem Ausschluss des deutschen Besteuerungsrechts. Im Falle des DBA USA obliegt das Besteuerungsrecht der Veräußerung beweglicher Vermögenswerte dem Ansässigkeitsstaat (Art. 13 Abs. 5 DBA USA) und damit den USA. Insofern ist in beiden hier betrachteten Drittlandsfällen von einem Ausschluss des deutschen Besteuerungsrechts auszugehen. Eine Anwendung von § 50i Abs. 2 EStG scheidet jedoch aus, da das UmwStG mangels Erfüllung der Voraussetzungen in § 1 Abs. 4 UmwStG nicht anwendbar ist. Die gemeinen Werte des erworbenen Betriebsvermögens hat Deutschland als Anschaffungskosten zu berücksichtigen. Dennoch wird die Sicherung des deutschen Besteuerungsrechts über § 50i Abs. 1 Satz 1 EStG erreicht, da die Einbringung als Veräußerung im Rahmen eines tauschähnlichen Vorgangs anzusehen ist (§ 6 Abs. 6 EStG).[1392] Damit liegt bei allen hier betrachteten Zuzugsstaaten eine Doppelbesteuerung vor.

(b) EU-/EWR-Fälle

Auch in den hier betrachteten EU-Staaten (Österreich, Großbritannien) hat der Ansässigkeitsstaat nach abkommensrechtlichen Grundsätzen das

1391 Vgl. BMF, Schreiben vom 11.11.2011, BStBl. I 2011, S. 1314, Tz. 00.02.

1392 Vgl. BMF, Schreiben vom 11.11.2011, BStBl. I 2011, S. 1314, Tz. 00.02.

Besteuerungsrecht für die Veräußerung von Anteilen (Art. 13 Abs. 5 DBA Österreich, Art. 13 Abs. 5 DBA Vereinigtes Königreich). Die Sicherung des deutschen Besteuerungsrechts über § 50i Abs. 2 EStG i.d.F. des Anti-BEPS-Umsetzungsgesetz I ist möglich, da das UmwStG gem. § 1 Abs. 4 UmwStG in EU-/EWR-Fällen unter Einhaltung der o.g. Voraussetzungen anwendbar ist. Im Ergebnis wird im Falle der Einbringung der EU-/EWR-Ansässigkeitsstaat sein abkommensrechtlich manifestiertes Besteuerungsrecht anwenden, da er das Besteuerungsrecht am eingebrachten Betriebsvermögen durch die Einbringung verliert und eine Sicherstellung des Besteuerungsrechts aufgrund der Anwendung von § 50i Abs. 2 EStG auch nicht durch die Wertverknüpfung mit den erhaltenen Anteilen (§ 21 Abs. 2 UmwStG) erreicht wird. Gleichzeitig wird Deutschland eine Besteuerung nach § 50i Abs. 2 EStG i.d.F. des Anti-BEPS-Umsetzungsgesetzes I vornehmen, welche abkommensrechtlich nicht anerkannt wird.[1393] Damit wird es im Falle von Einbringungen in EU-/EWR-Fällen zu einer durch § 50i Abs. 2 EStG i.d.F. des Anti-BEPS-Umsetzungsgesetzes I verursachten Doppelbesteuerung kommen.

Die Einbringung von unbeweglichen Vermögenswerten (z.B. Grundstücken) gegen Gesellschaftsanteile führt auch in EU-/EWR-Fällen zu einem Besteuerungsrecht Deutschlands als Belegenheitsstaat (Art. 13 Abs. 1 DBA Österreich, Art. 13 Abs. 1 DBA Vereinigtes Königreich). Dies gilt auch für die Einbringung von Aktien[1394] oder sonstigen Anteilen an Gesellschaften, deren Aktivvermögen überwiegend[1395] bzw. zu mehr als 50%[1396] aus unbeweglichem Vermögen (Immobiliengesellschaften) besteht (Art. 13 Abs. 2 DBA Österreich, Art. 13 Abs. 2 DBA Vereinigtes Königreich). Damit liegt in den hier betrachteten EU-/EWR-Fällen der unmittelbaren und mittelbaren (unter der Voraussetzung der Erfüllung der 50%-Klausel) Veräußerung von unbeweglichen Vermögenswerten kein Ausschluss des deutschen Besteuerungsrechts vor und es kommt auch abkommensrechtlich nur zu einer einmaligen steuerlichen Berücksichtigung in Deutschland.

Die Sicherung des deutschen Besteuerungsrechts durch § 50i Abs. 2 EStG i.d.F. des Anti-BEPS-Umsetzungsgesetzes I ist damit überschießend und stellt für die Steuerpflichtigen eine nicht gerechtfertigte wirtschaftliche Belastung

1393 Eine Anerkennung ist im DBA Vereinigtes Königreich nicht vorgesehen. Art. 13 Abs. 6 DBA Österreich ist nicht anwendbar, da keine Anteile i.S.d. § 17 EStG vorliegen.

1394 Ausgeschlossen sind nach Art. 13 Abs. 2 DBA Vereinigtes Königreich börsennotierte Aktien.

1395 So Art. 13 Abs. 2 DBA Österreich.

1396 So Art. 13 Abs. 2 DBA Vereinigtes Königreich.

dar, welche sich mangels Ausschluss des Besteuerungsrechts systematisch nicht rechtfertigen lässt. Diese wirtschaftliche Belastung ist besonders brisant, da sie mangels Liquidität eine Besteuerung von sog. „dry income“ vornimmt und eine Stundungsmöglichkeit im Gegensatz zu § 6 Abs. 4, 5 AStG nicht vorgesehen ist. Damit wird der Steuerpflichtige gezwungen, die Steuerschuld entweder durch die Aufnahme eines Kredites oder aber durch die (teilweise) Veräußerung der Anteile zu begleichen. In beiden Fällen wäre der Steuerpflichtige in seiner betriebswirtschaftlichen Entscheidungsfreiheit eingeschränkt. Denn im Rahmen einer Kreditaufnahme hat der Steuerpflichtige die finanzielle Belastung aus der ihm aufgezwungenen Kreditaufnahme zu tragen, so dass die hier aufgewendeten liquiden Mittel nicht mehr anderweitig zur Verfügung stehen.[1397] Zudem ist in einem solchen Fall davon auszugehen, dass die betreffenden Anteile als Sicherheit dienen. Insofern wäre der Steuerpflichtige auch im Hinblick auf die Entscheidung der Veräußerung der Anteile eingeschränkt.[1398] Auch wenn der Steuerpflichtige seine Anteile (anteilig) zur Begleichung der Steuerschuld veräußert, liegt eine dem Steuerpflichtigen aufgezwungene Entscheidung vor, die die betriebswirtschaftliche Entscheidungsfreiheit des Steuerpflichtigen in nicht sinnvollem Maße einschränkt.[1399]

Die Besteuerung der Einbringung von beweglichen Vermögenswerten obliegt in den hier betrachteten EU-/EWR-Fällen (Österreich, Vereinigtes Königreich) dem Ansässigkeitsstaat (Art. 13 Abs. 5 DBA Österreich, Art. 13 Abs. 5 DBA Vereinigtes Königreich). Insofern wird der jeweilige Ansässigkeitsstaat sein abkommensrechtlich zugewiesenes Besteuerungsrecht regelmäßig durchsetzen. Da ein Ausschluss des deutschen Besteuerungsrechts an den neu gewährten Anteilen vorliegt, wird Deutschland sich das Besteuerungsrecht über § 50i Abs. 2 EStG i.d.F. des Anti-BEPS-Umsetzungsgesetzes I sichern. Damit liegt auch hier eine durch § 50i Abs. 2 EStG i.d.F. des Anti-BEPS-Umsetzungsgesetzes I verursachte Doppelbesteuerung vor.

(c) Wirtschaftlichkeit des Besteuerungsverfahrens

Über die dargestellten Belastungswirkungen hinaus entstehen dem Steuerpflichtigen durch § 50i Abs. 2 EStG i.d.F. des Anti-BEPS-Umsetzungsgesetzes I mangels Realisationstatbestand Kosten hinsichtlich der Bewertung des inkriminierten

---

1397 Vgl. diesbezüglich zur Wegzugsbesteuerung **Krawitz/Kalbitzer,** Übernahme, 2008, S. 163.

1398 Vgl. ebenfalls zur Wegzugsbesteuerung **Kalbitzer,** Wegzugsbesteuerung, 2011, S. 154.

1399 Zur Wegzugsbesteuerung siehe **Krawitz/Kalbitzer,** in: FS Schaumburg, 2009, S. 846.

Betriebsvermögen, der Erfüllung der Mitwirkungspflichten sowie etwaige Kosten aus der Steuerplanung zu einer Vermeidung unerwünschter steuerlicher Folgen aus § 50i Abs. 2 EStG i.d.F. des Anti-BEPS-Umsetzungsgesetzes I. Seitens der Finanzverwaltung entstehen Kosten aus der Überprüfung der Steuerbemessungsgrundlage und der sich anschließenden Steuererhebung. Im Ergebnis stellt sich damit die Frage, ob die in diesem Zusammenhang anfallenden Kosten dem Grundsatz der Wirtschaftlichkeit des Besteuerungsverfahrens genügen.[1400]

C. Entscheidungwirkungen

1. Aus Belastungswirkungen resultierende Verstöße

a. *Verstoß gegen den Grundsatz der Einmalbesteuerung und das Territorialitätsprinzip*

Erstens ist festzustellen, dass der deutsche Gesetzgeber das deutsche Besteuerungsrecht im Rahmen von § 50i Abs. 2 EStG i.d.F. des Anti-BEPS-Umsetzungsgesetzes I auch in Fällen durchsetzt, in denen das Besteuerungsrecht Deutschlands nicht verloren geht. Zu nennen sind hier die Fälle, in denen das Belegenheitsprinzip durchschlägt. Im Gegensatz dazu sieht § 50i Abs. 1 EStG systemgerecht eine Besteuerung in solchen Fällen nicht vor. Problematisch ist auch, dass die Durchsetzung des Besteuerungsrechts im Rahmen der Besteuerung von sog. „dry income" erfolgt. Verschärft wird diese Problematik dadurch, dass keine Stundungsmöglichkeiten, wie sie für die Wegzugsbesteuerung in § 6 Abs. 4, 5 AStG existieren, vorgesehen sind.[1401] Die damit aus § 50i Abs. 2 EStG i.d.F. des Anti-BEPS-Umsetzungsgesetzes I resultierende wirtschaftliche Belastung des Steuerpflichtigen stellt ein Umstrukturierungshindernis dar und ist damit nicht hinnehmbar. Auf die europarechtliche Problematik in EU-/EWR-Fällen wird hier noch einmal ausdrücklich hingewiesen. Jedoch kommt es wie im Rahmen der Belastungswirkungen von § 6 AStG aufgezeigt auch im Rahmen einer Stundung zu betriebswirtschaftlich unerwünschten Einschränkungen der Entscheidungsfreiheit der Steuerpflichtigen. Als Alternative zur Einführung einer Regelung i.S.d. § 6 Abs. 4, 5 AStG wäre auch eine Regelung ähnlich zu § 22 Abs. 3 UmwStG denkbar, welche ohne Befristung eingeführt werden könnte. Danach müsste der Steuerpflichtige bis bspw. zum 31.05. eines jeden Jahres nachweisen, dass er weiterhin im selben Umfang an der von § 50i

1400 Vgl. **Rose, M.**, Steuersystem, 1991, S. 16; **Krawitz/Wagener,** Theorie, 1997, S. 155.
1401 Vgl. **Liekenbrock,** in: Flick/Wassermeyer/Baumhoff et al. (Hrsg.), Außensteuerrecht, § 50i EStG, Rn. 162.

EStG betroffenen Mitunternehmerschaft beteiligt ist und die inkriminierten Wirtschaftsgüter und Anteile weiterhin dem Betriebsvemögen dieser Personengesellschaft zuzuordnen sind. Eine solche Regelung würde die Belastung damit an den Zufluss liquider Mittel knüpfen und würde die Steuerpflichtigen in ihrer Entscheidungsfreiheit nicht einschränken. So ließe sich einerseits das Ziel erreichen, die Sicherstellung des Besteuerungsrechts Deutschlands zu gewährleisten und andererseits der durch die Globalisierung geforderten erhöhten örtlichen Flexibilität Rechnung zu tragen.

Zweitens nimmt § 50i EStG im Unterschied zu § 6 AStG eine Besteuerung stiller Reserven vor, die nach dem Wegzug bzw. der Verlegung der Geschäftsleitung entstanden sind. Dies resultiert daraus, dass die Regelung nicht – wie in § 6 AStG – auf den Wegzug als solchen, sondern auf die Veräußerung oder Entnahme (Abs. 1) bzw. auf die Einbringung i.S.d. § 20 UmwStG (Abs. 2) des inkriminierten Betriebsvermögens abstellt. Im Unterschied zur Wegzugsbesteuerung kann diese Doppelbesteuerungssituation regelmäßig auch nicht durch Anwendung der einschlägigen DBA beseitigt werden. Denn die hier betrachteten DBA sind für eine solche Regelung nicht ausgelegt. Entweder stellen sie auf die deutsche Wezugsbesteuerung i.S.d. § 6 AStG und damit auf Anteile i.S.d. § 17 EStG ab, welche hier nicht vorliegen (Art. 13 Abs. 6 DBA Österreich, Art. 13 Abs. 5 DBA Schweiz), oder sie verweisen auf den Wegzug (i.S. einer Entstrickungsbesteuerung nach § 4 Abs. 1 Satz 3 EStG) als das die Doppelbesteuerung auslösende Tatbestandsmerkmal (Art. 13 Abs. 6 DBA USA), welches im Falle von § 50i Abs. 1 EStG (Veräußerung oder Entnahme) bzw. § 50i Abs. 2 EStG (Einbringung i.S.d. § 20 UmwStG) ebenfalls nicht vorliegt. Darüber hinaus werden über § 50i Abs. 1 Satz 3 EStG auch die nach dem Wegzug anfallenden laufenden Einkünfte einer Besteuerung in Deutschland unterzogen. Eine solche Regelung ist in § 6 AStG nicht vorgesehen. Eine Entlastung nach § 50d Abs. 1, Abs. 2 EStG ist nicht möglich. Darüber hinaus besteht sowohl für die deutsche Steuer auf die nach dem Wegzug entstandenen stillen Reserven als auch für die deutsche Steuer auf die nach dem Wegzug anfallenden laufenden Einkünfte keine Möglichkeit der Anrechnung oder des Abzugs der deutschen Steuer in den hier betrachteten Zuzugsstaaten, da die Steuererhebung Deutschlands abkommenswidrig erfolgt. Aus gleichem Grund ist auch ein Verständigungsvefahren nicht möglich. Sowohl die Besteuerung nach einem Wegzug entstandener stiller Reserven als auch die Besteuerung nach dem Wegzug anfallender laufender Einkünfte führt damit zu einem Belastungsungleichgewicht zwischen der Besteuerung nach § 6 AStG und der Besteuerung nach § 50i EStG und stellt damit einen eklatanten Verstoß gegen das Prinzip der Rechtsformneutralität in Form der Einmalbesteuerung sowie des Territorialitätsprinzips dar. Demnach wäre es geboten, das Besteuerungsrecht des Gesetzgebers auf die bis zum Entstrickungszeitpunkt (bei Entstrickung vor dem 31.12.2016, 24 Uhr) bzw. auf die bis zum 31.12.2016 angewachsenen stillen Reserven und laufenden Einkünfte zu beschränken.[1402]

b. Verstoß gegen das Prinzip der Einfachheit, Systemhaftigkeit und Transparenz der Besteuerung (Rechts- und Planungssicherheit)

Es lässt sich feststellen, dass die Norm einen hohen Grad an Unbestimmtheit aufweist, welche zahlreiche Zweifelsfragen bezüglich des persönlichen, sachlichen und zeitlichen Anwendungsbereiches von § 50i EStG offen lässt.[1403] Darüber hinaus stellen sich Fragen, ob die Norm gegen Verfassungsrecht und/oder Europarecht verstößt.[1404] Mit der Unbestimmtheit der Norm eng zusammen hängt deren Unbeständigkeit. Denn § 50i EStG wurde zweifach gesetzlich überarbeitet.[1405] Darüber hinaus wurden zwei BMF-Schreiben erlassen, die sich mit der Anwendung von § 50i EStG beschäftigen.[1406] Dennoch hat der Gesetzgeber es auch im jüngst vorliegenden Anti-BEPS-Umsetzungsgesetz I nicht geschafft, eine einfache, systemgerechte und transparente Besteuerung zu erreichen, da die Norm nach wie vor von Unbestimmtheit geprägt ist.[1407] Zudem schwebt über allem das Damoklesschwert der Zulässigkeit eines Treaty-Overrides im Falle der (überschießenden) Sicherung des Besteuerungssubstrats. Damit besteht im Ergebnis zum aktuellen Zeitpunkt keine für eine betriebswirtschaftliche Planung des Steuerpflichtigen notwendige Rechts- und Planungssicherheit. Dies ist umso ärgerlicher, da die Norm in ihrem Ursprung aus einem falschen Rechtsverständnis der Finanzverwaltung resultiert, für welches die Steuerpflichtigen jetzt überschießende Konsequenzen in Form von Doppelbesteuerungen zu tragen haben.

1402 Vgl. ähnlich auch **Liekenbrock,** DStR 2016, S. 2610 f.

1403 Vgl. hierzu Teil V B. und C.

1404 Vgl. diesbezüglich Teil V A.

1405 Durch KroatienAnpG, Gesetz vom 25.07.2014, BGBl. I 2014, S. 1266 ff. und Anti-BEPS-Umsetzungsgesetz I, Gesetz vom 20.12.2016, BGBl. I 2016, S. 3000 ff.

1406 Siehe BMF, Schreiben vom 26.09.2014, BStBl. I 2014, S. 1258 ff. und BMF, Schreiben vom 21.12.2015, BStBl. I 2016, S. 7 ff.

1407 Zu Beispielen diesbezüglich vgl. **Liekenbrock,** in: Flick/Wassermeyer/Baumhoff et al. (Hrsg.), Außensteuerrecht, § 50i EStG, Rn. 143 f.; **Liekenbrock,** DStR 2017, S. 180.

2. Entscheidungswirkungen

a. Grundsätzliche Annahme

Die aus § 50i EStG resultierenden drohenden steuerlichen Belastungs- und Liquiditätswirkungen werden die Steuerpflichtigen, wenn möglich, durch steuerplanerische und steuergestalterische Maßnahmen zu umgehen versuchen (Entscheidungswirkungen der Besteuerung).[1408] Auf mögliche Maßnahmen soll im Folgenden eingegangen werden.

b. Entscheidungswirkungen

(1) Gesellschafterebene

(a) Rückzug nach Deutschland

Nach hier vertretener Auffassung erfordern § 50i Abs. 1 und Abs. 2 EStG i.d.F. des Anti-BEPS-Umsetzungsgesetzes I eine Ansässigkeit im DBA-Ausland. Von der Vorschrift nicht erfasst sind demnach im Inland sowie im Nicht-DBA-Ausland ansässige Steuerpflichtige. Plant der Steuerpflichtige eine Umstrukturierung, so lässt sich diese zu Buch- und Zwischenwerten nur vollziehen, wenn der Steuerpflichtige seine abkommensrechtliche Ansässigkeit (Art. 4 Abs. 2 OECD-MA) durch einen Wohnsitz (§ 8 AO) oder gewöhnlichen Aufenthalt (§ 9 AO) im Inland begründet.[1409] Problematisch ist jedoch, dass die Steuerverstrickung gem. § 50i Abs. 1 EStG auch nach dem Rückzug mit Begründung des Besteuerungsrechts noch existent ist. Denn der Wortlaut von § 50i Abs. 1 Nr. 3 EStG i.d.F. des Anti-BEPS-Umsetzungsgesetzes I stellt für die Anwendung nur darauf ab, dass das Besteuerungsrecht der betreffenden Wirtschaftsgüter zu irgendeinem Zeitpunkt vor dem 01.01.2017 ausgeschlossen oder beschränkt war. Damit führt eine spätere Wiederbegründung des deutschen Besteuerungsrechts nicht dazu, dass § 50i Abs. 1 EStG nicht mehr anwendbar ist. Eine Abstreifung der Verstrickung ist nach hier vertretener Auffassung nur durch einen realisierenden Tatbestand i.S.v. § 50i Abs. 1 oder Abs. 2 EStG möglich. Insofern besteht im Falle des geplanten Wegzugs eines Mitunternehmers einer Personengesellschaft immer die Notwendigkeit zur Überprüfung, ob die Voraussetzungen von § 50i Abs. 1 EStG zu irgendeinem Zeipunkt vorgelegen haben. Ist dies der Fall, so ist § 50i EStG auch über den 01.01.2017 hinaus anwendbar mit der Folge der Doppelbesteuerung. Sollte dies nicht der Fall sein, so erfolgt für den wegziehenden

---

1408 Vgl. **Schneider,** Steuerlast, 2002, S. 19.

1409 Vgl. **Heurung/Schmidt/Berhorst,** GmbHR 2016, S. 1012.

Mitunternehmer eine Entstrickungsbesteuerung i.S.d. § 4 Abs. 1 Satz 3 EStG und eine Doppelbesteuerung kann hinsichtlich der stillen Reserven und laufenden Einkünfte ab dem Wegzug vermieden werden.[1410] Insofern ist davon auszugehen, dass im Falle des Vorliegens einer von § 50i EStG betroffenen Gesellschaften selbst bei nunmehr vollständiger steuerlicher Verhaftung im Inland, ein Wegzug zwecks Vermeidung der aus § 50i EStG resultierenden Folgen nicht vollzogen wird. Damit wird die persönliche Entscheidungsfreiheit der Steuerpflichtigen durch die Steuergesetzgebung in erheblichem Maße eingeschränkt, welche nach meiner Auffassung in EU-/EWR-Fällen auch einen Eingriff in die Niederlassungsfreiheit i.S.d. Art. 49 AEUV darstellt.

(b) Einbringung in originär tätige Personengesellschaft i.S.d. § 15 Abs. 1 Nr. 1, Abs. 2 EStG

Eine Vermeidung der Anwendung von § 50i EStG kann auch erreicht werden, indem der Mitunternehmeranteil an der von § 50i EStG betroffenen Personengesellschaft nach § 24 UmwStG steuerneutral in eine originär tätige Personengesellschaft i.S.d. § 15 Abs. 1 Nr. 1, Abs. 2 EStG eingebracht wird. In einem solchen Fall schirmt die originäre Tätigkeit der Obergesellschaft vor den Rechtsfolgen von § 50i EStG betreffend der Untergesellschaft ab, wenn durch die Tätigkeit der Obergesellschaft eine Betriebsstätte begründet wird und die Wirtschaftsgüter der von § 50i EStG betroffenen Personengesellschaft (Untergesellschaft) dieser Betriebsstätte abkommensrechtlich zuzuordnen sind.[1411] Auch die Steuerverstrickung der inkriminierten Wirtschaftsgüter und Anteile i.S.d. § 17 EStG kann durch die Einbringung der Mitunternehmeranteile nach § 24 UmwStG gelöst werden, da es sich bei der Einbringung um einen zu Buchwerten vollzogenen Veräußerungsvorgang i.S.d. § 50i Abs. 1 EStG handelt.[1412] Damit ist § 50i Abs. 1 EStG nach der Einbringung nicht mehr anwendbar und es besteht unter den o.g. Voraussetzungen Entstrickungsschutz bei einem erneuten Wegzug.

1410 Vgl. **Liekenbrock,** DStR 2017, S. 180; **Liekenbrock,** in: Flick/Wassermeyer/Baumhoff et al. (Hrsg.), Außensteuerrecht, § 50i EStG, Rn. 90.4.

1411 Vgl. **Liekenbrock,** DStR 2017, S. 183.

1412 Vgl. BMF, Schreiben vom 26.09.2014, BStBl. I 2014, S. 1258, Tz. 2.3.3.3.

(2) Gesellschaftsebene

(a) Strukturwandel

Die offenkundigste Lösung zur Vermeidung der Rechtsfolgen von § 50i EStG ist der Strukturwandel von einer gewerblich infizierten bzw. geprägten Personengesellschaft i.S.d. § 15 Abs. 3 Nr. 1, 2 EStG hin zu einer originär gewerblich tätigen Personengesellschaft i.S.d. § 15 Abs. 1 Nr. 1, Abs. 2 EStG. Bei Vorliegen einer ausschließlichen originären gewerblichen Tätigkeit ist § 50i EStG nicht anwendbar. Problematisch ist jedoch, dass auch eine originär gewerblich tätige Personengesellschaft meistens einen gewissen Umfang vermögensverwaltender Tätigkeiten aufweist, so dass sich die Frage stellt, ob die Anwendung von § 15 Abs. 3 Nr. 1 Alt. 1 EStG ausgeschlossen werden kann.[1413] Sofern es sich nach Strukturwandel um eine grundsätzlich originär gewerblich tätige Personengesellschaft handelt, welche teilweise eine vermögensverwaltende Tätigkeit ausübt, liegt eine (teilweise) Tätigkeit nach § 15 Abs. 3 Nr. 1 Alt. 1 EStG vor und § 50i Abs. 1 Satz 1 EStG ist weiterhin anwendbar.[1414] Sofern jedoch die gewerblichen und nicht gewerblichen Tätigkeiten nach sachlichen und wirtschaftlichen Bezugspunkten untrennbar miteinander verbunden sind, liegt eine sog. „einheitlich zu betrachtende Gesamtbetätigung“ vor, welche die Bestimmung der prägenden Tätigkeit erfordert.[1415] Entweder liegt dann einheitlich eine gewerbliche Tätigkeit i.S.d. § 15 Abs. 2 EStG oder einheitlich eine vermögensverwaltende Tätigkeit i.S.d. § 14 Satz 3 AO vor. § 15 Abs. 3 Nr. 1 Alt. 1 EStG sowie in Folge § 50i Abs. 1 Satz 1 EStG kommen somit nicht zur Anwendung.[1416] Eine Aufteilung der Tätigkeiten ist für die Zwecke der Anwendung von § 50i EStG demnach nicht erforderlich.[1417] Weitere Voraussetzung für die Vermeidung der Anwendung von § 50i EStG ist, dass die originär tätige Personengesellschaft eine abkommensrechtliche Betriebsstätte begründet und das inkriminierte Betriebsvermögen dieser Betriebsstätte nach abkommensrechtlichen Grundsätzen zuzuordnen ist.

1413 Vgl. **Heurung/Schmidt/Berhorst,** GmbHR 2016, S. 1012.

1414 Vgl. **Bilitewski/Schifferdecker,** Ubg 2013, S. 565; **Liekenbrock,** in: Flick/Wassermeyer/Baumhoff et al. (Hrsg.), Außensteuerrecht, § 50i EStG, Rn. 68; **Schnittker/Haselmann,** in: Wassermeyer/Richter/Schnittker, Personengesellschaften im IStR, 2015, Kapitel 14, Rn. 14.24, Fn. 8, welche sich für die Anwendbarkeit einer Bagatellgrenze i.H.v. 1,25 % aussprechen.

1415 Vgl. BFH, Urteil vom 24.04.1997, IV R 60/95, BStBl. II 1997, S. 567.

1416 Vgl. **Liekenbrock,** in: Flick/Wassermeyer/Baumhoff et al. (Hrsg.), Außensteuerrecht, § 50i EStG, Rn. 68, Fn. 2; **Heurung/Schmidt/Berhorst,** GmbHR 2016, S. 1012.

1417 Eine Aufteilung ist jedoch für abkommensrechtliche Zwecke vorzunehmen; vgl. BMF, Schreiben vom 26.09.2014, BStBl. I 2014, S. 1258, Tz. 2.2.1.

Dieses Erfordernis lässt sich durch Einrichtung einer geschäftsleitenden Holding erreichen.[1418] Jedoch ist auch hier zu konstatieren, dass die Verstrickung nach § 50i EStG auch nach erfolgtem Strukturwandel weiterhin besteht. Das daraus resultierende Doppelbesteuerungsrisiko bei einem weiteren Wegzug ist also weiterhin gegeben und der Steuerpflichtige in seiner Entscheidungsfreiheit eingeschränkt, soweit die Begründung einer abkommensrechtlichen Betriebsstätte und/oder die abkommensrechtliche Zuordnung des inkriminierten Betriebsvermögens zu dieser Betriebsstätte fraglich ist.

(b) Übertragung/Überführung in originär tätige Personengesellschaft i.S.d. § 15 Abs. 1 Nr. 1, Abs. 2 EStG

Auf Gesellschaftsebene besteht zur Vermeidung der Rechtsfolgen von § 50i EStG die Möglichkeit, dass das inkriminierte Betriebsvermögen in eine sonstige originär gewerblich tätige Personengesellschaft i.S.d. § 15 Abs. 1 Nr. 2, Abs. 2 EStG, an der der Steuerpflichtige als Mitunternehmer beteiligt ist, gem. § 6 Abs. 5 Satz 2, Satz 3 Nr. 2 und 3 EStG steuerneutral überführt oder übertragen wird. Ebenfalls besteht die Möglichkeit, eine steuerneutrale Überführung im Rahmen einer Realteilung i.S.d. § 16 Abs. 3 Satz 2 ff. EStG zu erreichen.[1419] Voraussetzung ist in beiden Fällen, dass die Besteuerung stiller Reserven sichergestellt ist. Insofern bedarf es einer abkommensrechtlichen Betriebsstätte in Deutschland sowie der Zuordnung der Wirtschaftsgüter zu dieser Betriebsstätte. Weitere Voraussetzung ist, dass das inkriminierte Betriebsvermögen in der Einkommensteuersphäre verbleibt. Eine steuerneutrale Übertragung auf Körperschaften ist daher nicht möglich (§ 6 Abs. 5 Satz 5 EStG, § 16 Abs. 3 Satz 4 EStG). Jedoch lösen auch Überführungen und unentgeltliche Übertragungen mangels Realisationstatbestand i.S.d. § 50i Abs. 1 EStG nicht das Problem, dass die Verstrickung nach § 50i Abs. 1 EStG auch nach erfolgter Überführung/unentgeltlicher Übertragung weiterhin besteht. Eine Lösung der Verstrickung des inkriminierten Betriebsvermögens kann nur durch Übertragung gegen Gewährung von Gesellschaftsrechten gem. § 6 Abs. 5 Satz 3 Nr. 1 und 2 EStG erreicht werden. Bei Überführungen und unententgeltlichen Übertragungen des inkriminierten Betriebsvermögens ist das Doppelbesteuerungsrisiko bei einem weiteren Wegzug demnach weiterhin gegeben, was zur Beschränkung der Entscheidungsfreiheit des Steuerpflichtigen führt.

1418 Vgl. **Liekenbrock,** DStR 2017, S. 182.
1419 Vgl. **Heurung/Schmidt/Berhorst,** GmbHR 2016, S. 1012.

(c) Anteilstausch

Wenn es sich beim inkriminierten Betriebsvermögen um Anteile an einer Kapitalgesellschaft handelt, welche die Mehrheit der Stimmrechte an der Kapitalgesellschaft vermittelt, so besteht die Möglichkeit, die steuerliche Verhaftung nach § 50i EStG durch Vollziehung eines sog. qualifizierten Anteilstauschs i.S.d. § 21 UmwStG steuerneutral zu beenden.[1420] Denn von § 50i Abs. 2 EStG i.d.F. des Anti-BEPS-Umsetzungsgesetzes I ist der qualifizierte Anteilstausch nicht erfasst. Voraussetzung für die Steuerneutralität ist, dass die erhaltenen Anteile bspw. durch Zuordnung zu einer abkommensrechtlichen Betriebsstätte in Deutschland steuerverhaftet sind (Ansässigkeit im Drittland)[1421] oder der Gesellschafter der übernehmenden Gesellschaft in einem EU-/EWR-Staat ansässig ist (§ 21 Abs. 2 Satz 3 Nr. 2 UmwStG).[1422] Die Lösung der § 50i EStG-Verstrickung resultiert daraus, dass der qualifizierte Anteilstausch eine Veräußerung – auch i.S.v. § 50i Abs. 1 Satz 1 EStG – darstellt,[1423] welche jedoch zu Buchwerten und damit ohne Aufdeckung der stillen Reserven erfolgt. Eine Übertragung der Steuerverstrickung auf die neu erhaltenen Anteile ist ausgeschlossen, da die Anteile nach dem 28.06.2013 gewährt wurden. Im Ergebnis besteht damit nach dem qualifizierten Anteilstausch i.S.v. § 21 UmwStG auch wieder die Möglichkeit, Umstrukturierungen i.S.v. § 20 UmwStG (bspw. Formwechsel der Personengesellchaft) vornehmen zu können,[1424] wenn die Voraussetzung der Steuerverhaftung der erhaltenen Anteile in Deutschland (§ 1 Abs. 4 Nr. 2 Buchst. b) UmwStG) oder die Ansässigkeitsvoraussetzung in einem EU-/EWR-Staat (§ 1 Abs. 4 Nr. 2 Buchst. a) Doppelbuchst. bb) UmwStG) erfüllt ist. Auch besteht unter den o.g. Voraussetzungen Entstrickungsschutz, so dass ein erneuter Wegzug möglich ist.

1420 Vgl. **Liekenbrock,** DStR 2015, S. 1535 ff.; **Liekenbrock,** DStR 2017, S. 183; **Heurung/Schmidt/Berhorst,** GmbHR 2016, S. 1013 f.

1421 Vgl. **Liekenbrock,** DStR 2017, S. 183.

1422 Vgl. **Heurung/Schmidt/Berhorst,** GmbHR 2016, S. 1013.

1423 Vgl. BMF, Schreiben vom 11.11.2011, BStBl. I 2011, S. 1314, Tz. 00.02.

1424 Vgl. **Liekenbrock,** DStR 2017, S. 183.

Teil VII Schlussbetrachtung

Ausgangspunkt der Arbeit war die Feststellung, dass die Steuergesetzgebung als Politikmaßnahme das Auswanderungsgeschehen nachhaltig beeinflusst. Insofern sollte die Motivation der Steuerpflichtigen im Rahmen der Steuergesetzgebung im Allgemeinen und bei § 50i EStG im Speziellen Berücksichtigung finden. In diesem Zusammenhang stellte sich insbesondere die Frage nach der Entscheidungsneutralität der Besteuerung sowie der Rechts- und Planungssicherheit für die von § 50i EStG betroffenen Steuerpflichtigen. Gegenstand der Untersuchung war demnach die deutsche Ertragsbesteuerung von (im Ausland ansässigen) Gesellschaftern deutscher Personengesellschaften vor dem Hintergrund von § 50i EStG. Die Untersuchung umfasste dabei die außerordentlichen Einkünfte aus Veräußerungs- oder Entnahmetatbeständen, die periodischen Einkünfte aus laufender Geschäftstätigkeit sowie Fragen der Besteuerung aus Umstrukturierungssachverhalten.

Im Hinblick auf die Entscheidungsneutralität erlangt § 50i EStG Relevanz bezüglich der Rechtsformneutralität. Dabei ist festzustellen, dass der Gesetzgeber die zu Beginn der Arbeit geforderte Berücksichtigung der Intention der Auswanderung von Steuerpflichtigen nicht entsprechend gesetzlich umgesetzt hat. Vielmehr geht es ihm alleine um die (überschießende) Sicherung des Besteuerungssubstrats. Dies wird dadurch deutlich, dass der deutsche Gesetzgeber das deutsche Besteuerungsrecht auch in Fällen durchsetzt, in denen das Besteuerungsrecht Deutschlands gar nicht verloren geht. Die alleinige Intention des Gesetzgebers, eine (überschießende) Sicherung des Besteuerungsrechts zu erreichen, wird auch durch die Besteuerung von sog. „dry income" ohne entsprechende Verankerung einer gesetzlichen Stundungsmöglichkeit oder einer Regelung entsprechend § 22 Abs. 3 UmwStG deutlich. Zudem erfolgt eine abkommenswidrige Besteuerung von stillen Reserven und laufenden Einkünften, die nach dem Wegzug entstehen. Die hieraus resultierende Doppelbesteuerung stellt einen Verstoß gegen den Grundsatz der Einmalbesteuerung sowie das Territorialitätsprinzip dar. Auch diesbezüglich widerspricht die fehlende Stundungsmöglichkeit bzw. Regelung nach § 22 Abs. 3 UmwStG und die daraus resultierende Doppelbesteuerung dem Postulat der Rechtsformneutralität und ist damit nicht hinnehmbar.

Darüber hinaus existieren bezüglich § 50i EStG zahlreiche verfassungs-, abkommens- und europarechtliche Verstöße und Eingriffe. Zu nennen sind vor allen Dingen Rückwirkungsverstöße, Verstöße gegen die Eigentumsgarantie i.S.d. § 14 GG, Verstöße gegen formelles und materielles Abkommensrecht, Eingriffe in die Niederlassungsfreiheit i.S.d. Art. 49 AEUV und die Kapitalverkehrsfreiheit i.S.d. Art. 63 AEUV sowie Verstöße gegen die FRL.

Aber auch aus betriebswirtschaftlicher Sicht ist die Vorschrift kritisch zu hinterfragen. Denn durch die Regelung werden die Steuerpflichtigen im Rahmen ihrer unternehmerischen Entscheidungsfreiheit eingeschränkt. Zu nennen ist hier bspw. die durch eine Veräußerung, Entnahme oder Einbringung i.S.d. § 20 UmwStG verursachte Doppelbesteuerung, welche die Entscheidungsalternativen der Steuerpflichtigen konterkariert. Darüber hinaus werden Steuerpflichtige in ihren Entscheidungsalternativen durch die nach Rückzug verhinderte Möglichkeit eines erneuten Wegzugs im Falle einer Verstrickung von § 50i EStG beschränkt. Denn eine steuerneutrale Abstreifung der Verstrickung lässt sich nur im Falle von Realisationstatbeständen i.S.d. § 50i Abs. 1 EStG vollziehen. Anderenfalls bleibt das inkriminierte Betriebsvermögen weiterhin steuerverstrickt und verhindert insofern den erneuten Wegzug. Darüber hinaus resultieren aus § 50i Abs. 2 EStG i.d.F. des Anti-BEPS-Umsetzungsgesetzes I wirtschaftliche Belastungen des Steuerpflichtigen, welche aus der Bewertung des inkriminierten Betriebsvermögens und der Erfüllung der Mitwirkungspflichtigen resultieren und damit die Wirtschaftlichkeit des Besteuerungsverfahrens in Frage stellen.

Neben den hier dargestellten rechtlichen und betriebswirtschaftlichen Einwänden existieren zahlreiche Auslegungs- und Anwendungsfragen aufgrund der teils unklar formulierten Tatbestandsvoraussetzungen und Rechtsfolgen. Daraus resultiert eine mangelnde Rechts- und Planungssicherheit für die Steuerpflichtigen, welche einen Verstoß gegen das Prinzip der Einfachheit, Systemhaftigkeit und die Transparenz der Besteuerung darstellt. Auch dies ist vor dem Hintergrund der zweifachen gesetzlichen Überarbeitung von § 50i ESG ein für die Steuerpflichtigen unhaltbarer Zustand.

Mit der Arbeit konnte gezeigt werden, dass das Ziel der Berücksichtigung der Auswanderungsmotivation im Rahmen von § 50i EStG nicht umgesetzt wurde. Vielmehr steht die Vorschrift der durch die Globalisierung verursachten Internationalisierung des Gesellschafterkreises entgegen und erschwert die Steuerplanung für die Steuerpflichtigen in erheblichem Maße. Im Ergebnis bleibt damit festzuhalten, dass das gesetzgeberisch verfolgte Ziel der ausschließlichen Sicherstellung des deutschen Besteuerungsrechts auch nach zweifacher Überarbeitung deutlich überschießend geregelt wurde. Insofern bleibt der Gesetzgeber weiterhin gefordert.

Im Ergebnis wären folgende gesetzgeberische Maßnahmen geboten:

1. Beschränkung des Besteuerungsrechts auf die Fälle, in denen das Besteuerungsrecht tatsächlich verloren geht;
2. Beschränkung des Besteuerungsrechts auf die bis zum Entstrickungszeitpunkt (bei Entstrickung vor dem 31.12.2016, 24 Uhr) bzw. auf die bis zum 31.12.2016 angewachsenen stillen Reserven und laufenden Einkünfte;
3. Berücksichtigung der Intention der Auswanderung von Steuerpflichtigen durch Einführung einer Regelung i.S.d. § 22 Abs. 3 UmwStG oder einer Stundungsmöglichkeit entsprechend § 6 Abs. 4, 5 AStG.

Anhang

1. Wortlaut von § 50i EStG i.d.F. von Art. 2 Nr. 1 Buchst. c des AmtshilfeRLUmsG

„[1]*Sind Wirtschaftsgüter des Betriebsvermögens oder sind Anteile im Sinne des § 17 vor dem 29. Juni 2013 in das Betriebsvermögen einer Personengesellschaft im Sinne des § 15 Absatz 3 übertragen oder überführt worden, und ist eine Besteuerung der stillen Reserven im Zeitpunkt der Übertragung oder Überführung unterblieben, so ist der Gewinn, den ein Steuerpflichtiger, der im Sinne eines Abkommens zur Vermeidung der Doppelbesteuerung im anderen Vertragsstaat ansässig ist, aus der späteren Veräußerung oder Entnahme dieser Wirtschaftsgüter oder Anteile erzielt, ungeachtet entgegenstehender Bestimmungen des Abkommens zur Vermeidung der Doppelbesteuerung zu versteuern.* [2]*Auch die laufenden Einkünfte aus der Beteiligung an der Personengesellschaft, auf die die in Satz 1 genannten Wirtschaftsgüter oder Anteile übertragen oder überführt wurden, sind ungeachtet entgegenstehender Bestimmungen des Abkommens zur Vermeidung der Doppelbesteuerung zu versteuern.* [3]*Die Sätze 1 und 2 gelten sinngemäß, wenn Wirtschaftsgüter vor dem 29. Juni 2013 Betriebsvermögen einer Personengesellschaft geworden sind, die deswegen Einkünfte aus Gewerbebetrieb erzielt, weil der Steuerpflichtige sowohl im überlassenden Betrieb als auch im nutzenden Betrieb allein oder zusammen mit anderen Gesellschaftern einen einheitlichen geschäftlichen Betätigungswillen durchsetzen kann und dem nutzenden Betrieb eine wesentliche Betriebsgrundlage zur Nutzung überlässt.*“

2. Wortlaut von § 50i EStG i.d.F. von Art. 2 Nr. 33 des KroatienAnpG

„*(1)* [1]*Sind Wirtschaftsgüter des Betriebsvermögens oder sind Anteile im Sinne des § 17 vor dem 29. Juni 2013 in das Betriebsvermögen einer Personengesellschaft im Sinne des § 15 Absatz 3 übertragen oder überführt worden, und ist eine Besteuerung der stillen Reserven im Zeitpunkt der Übertragung oder Überführung unterblieben, so ist der Gewinn, den ein Steuerpflichtiger, der im Sinne eines Abkommens zur Vermeidung der Doppelbesteuerung im anderen Vertragsstaat ansässig ist, aus der späteren Veräußerung oder Entnahme dieser Wirtschaftsgüter oder Anteile erzielt, ungeachtet entgegenstehender Bestimmungen des Abkommens zur Vermeidung der Doppelbesteuerung zu versteuern.* [2]*Als Übertragung oder Überführung von Anteilen im Sinne des § 17 in das Betriebsvermögen einer Personengesellschaft gilt auch die Gewährung neuer Anteile an eine Personengesellschaft, die bisher auch eine Tätigkeit im Sinne des § 15 Absatz 1 Satz 1 Nummer 1 ausgeübt hat oder gewerbliche Einkünfte im Sinne des 15 Absatz 1 Satz 1 Nummer 2 bezogen hat, im Rahmen der Einbringung eines Betriebs oder Teilbetriebs oder eines Mitunternehmeranteils dieser Personengesellschaft in eine Körperschaft nach § 20 des Umwandlungssteuergesetzes, wenn der Einbringungszeitpunkt vor dem 29. Juni 2013 liegt und die Personengesellschaft nach der Einbringung als Personengesellschaft im Sinne des § 15 Absatz 3 fortbesteht. [3]Auch die laufenden Einkünfte aus der Beteiligung an der Personengesellschaft, auf die die in Satz 1 genannten Wirtschaftsgüter oder Anteile übertragen oder überführt oder der im Sinne des Satzes 2 neue Anteile gewährt wurden, sind ungeachtet entgegenstehender Bestimmungen des Abkommens zur Vermeidung der Doppelbesteuerung zu versteuern. [4]Die Sätze 1 und 3 gelten sinngemäß, wenn Wirtschaftsgüter vor dem 29. Juni 2013 Betriebsvermögen eines Einzelunternehmens oder einer Personengesellschaft geworden sind, die deswegen Einkünfte aus Gewerbebetrieb erzielen, weil der Steuerpflichtige sowohl im überlassenden Betrieb als auch im nutzenden Betrieb allein oder zusammen mit anderen Gesellschaftern einen einheitlichen geschäftlichen Betätigungswillen durchsetzen kann und dem nutzenden Betrieb eine wesentliche Betriebsgrundlage zur Nutzung überlässt.*

(2) [1]Im Rahmen von Umwandlungen und Einbringungen im Sinne des § 1 des Umwandlungssteuergesetzes sind Sachgesamtheiten, die Wirtschaftsgüter und Anteile im Sinne des Absatzes 1 enthalten, abweichend von den Bestimmungen des Umwandlungssteuergesetzes, stets mit dem gemeinen Wert anzusetzen. [2]Ungeachtet des § 6 Absatz 3 und 5 gilt Satz 1 für die Überführung oder Übertragung

1. *der Wirtschaftsgüter und Anteile im Sinne des Absatzes 1 aus dem Gesamthandsvermögen der Personengesellschaft im Sinne des Absatzes 1 oder aus dem Sonderbetriebsvermögen eines Mitunternehmers dieser Personengesellschaft oder*
2. *eines Mitunternehmeranteils an dieser Personengesellschaft*

   entsprechend. [3]Werden die Wirtschaftsgüter oder Anteile im Sinne des Absatzes 1 von der Personengesellschaft für eine Betätigung im Sinne des § 15 Absatz 2 genutzt (Strukturwandel), gilt Satz 1 entsprechend. [4]Absatz 1 Satz 4 bleibt unberührt.“

3. Wortlaut von § 50i Abs. 1 Satz 1 und 2 EStG sowie § 50i Abs. 2 EStG i.d.F. von Art. 7 Nr. 4 des Anti-BEPS-Umsetzungsgesetzes I

„(1) [1]Sind Wirtschaftsgüter des Betriebsvermögens oder sind Anteile im Sinne des § 17

1. *vor dem 29. Juni 2013 in das Betriebsvermögen einer Personengesellschaft im Sinne des § 15 Absatz 3 übertragen oder überführt worden,*
2. *ist eine Besteuerung der stillen Reserven im Zeitpunkt der Übertragung oder Überführung unterblieben, und*
3. *ist das Recht der Bundesrepublik Deutschland hinsichtlich der Besteuerung des Gewinns aus der Veräußerung oder Entnahme dieser Wirtschaftsgüter oder Anteile ungeachtet der Anwendung dieses Absatzes vor dem 1. Januar 2017 ausgeschlossen oder beschränkt worden,*

so ist der Gewinn, den ein Steuerpflichtiger, der im Sinne eines Abkommens zur Vermeidung der Doppelbesteuerung im anderen Vertragsstaat ansässig ist, aus der späteren Veräußerung oder Entnahme dieser Wirtschaftsgüter oder Anteile erzielt, ungeachtet entgegenstehender Bestimmungen des Abkommens zur Vermeidung der Doppelbesteuerung zu versteuern. [2]Als Übertragung oder Überführung von Anteilen im Sinne des § 17 in das Betriebsvermögen einer Personengesellschaft gilt auch die Gewährung neuer Anteile an eine Personengesellschaft, die bisher auch eine Tätigkeit im Sinne des § 15 Absatz 1 Satz 1 Nummer 1 ausgeübt hat oder gewerbliche Einkünfte im Sinne des § 15 Absatz 1 Satz 1 Nummer 2 bezogen hat, im Rahmen der Einbringung eines Betriebs oder Teilbetriebs oder eines Mitunternehmeranteils dieser Personengesellschaft in eine Körperschaft nach § 20 des Umwandlungssteuergesetzes, wenn

1. *der Einbringungszeitpunkt vor dem 29. Juni 2013 liegt,*
2. *die Personengesellschaft nach der Einbringung als Personengesellschaft im Sinne des § 15 Absatz 3 fortbesteht und*
3. *das Recht der Bundesrepublik Deutschland hinsichtlich der Besteuerung des Gewinns aus der Veräußerung oder Entnahme der neuen Anteile ungeachtet der Anwendung dieses Absatzes bereits im Einbringungszeitpunkt ausgeschlossen oder beschränkt ist oder vor dem 1. Januar 2017 ausgeschlossen oder beschränkt worden ist.*

(2) Bei Einbringung nach § 20 des Umwandlungssteuergesetzes sind die Wirtschaftsgüter und Anteile im Sinne des Absatzes 1 abweichend von § 20 Absatz 2 Satz 2 des Umwandlungssteuergesetzes stets mit dem gemeinen Wert anzusetzen,

soweit das Recht der Bundesrepublik Deutschland hinsichtlich der Besteuerung des Gewinns aus der Veräußerung der erhaltenen Anteile oder hinsichtlich der mit diesen im Zusammenhang stehenden Anteile im Sinne des § 22 Absatz 7 des Umwandlungssteuergesetzes ausgeschlossen oder beschränkt ist.“

Quellenverzeichnis

I. Nationale Quellen

Gesetze

Abgabenordnung (AO) i.d.F. vom 01.10.2002, BGBl. I 2002, S. 3866, ber. I 2003 S. 61, zuletzt geändert durch Art. 6 des Gesetzes v. 18.07.2017, BGBl. I 2017, S. 2745.

Aktiengesetz (AktG) i.d.F. vom 06.09.1965, BGBl. I 1965, S. 1089, zuletzt geändert durch Art. 9 des Gesetzes v. 17.07.2017, BGBl. I 2017, S. 2446.

Bewertungsgesetz (BewG) i.d.F. vom 01.02.1991, BGBl. I 2013, S. 230, zuletzt geändert durch Art. 2 des Gesetzes vom 04.11.2016, BGBl. I 2016, S. 2464.

Einkommensteuergesetz (EStG) i.d.F. vom 08.10.2009, BGBl. I 2009, S. 3366, 3682, zuletzt geändert durch Art. 9 des Gesetzes v. 14.08.2007, BGBl. I 2017, S. 3214.

Gesetz betreffend die Gesellschaften mit beschränkter Haftung (GmbHG) in der im BGBl. III, Gliederungsnummer 4123-1, veröffentlichten bereinigten Fassung, zuletzt geändert durch Art. 10 des Gesetzes vom 17.07.2017, BGBl. I 2017, S. 2446.

Gesetz über die Besteuerung bei Auslandsbeziehungen (AStG) i.d.F. vom 08.09.1972, BGBl. I 1972, S. 1713, zuletzt geändert durch Art. 5 des Gesetzes v. 27.06.2017, BGBl. I 2017, S. 2074.

Gesetz über die Zwangsversteigerung und die Zwangsverwaltung (ZVG) in der im BGBl. III, Gliederungsnummer 310–14, veröffentlichten bereinigten Fassung, zuletzt geändert durch Art. 9 des Gesetzes vom 24.05.2016, BGBl. I 2016, S. 1217.

Gesetz über steuerliche Begleitmaßnahmen zur Einführung der Europäischen Gesellschaft und zur Änderung weiterer steuerlicher Vorschriften (SEStEG) vom 07.12.2006, BGBl. I 2006, S. 2782, zuletzt geändert durch BGBl. I 2007, S. 68.

Gesetz zur Anpassung der Abgabenordnung an den Zollkodex der Union und zur Änderung weiterer steuerlicher Vorschriften (ZKAnpG) vom 22.12.2014, BGBl. I 2014, S. 2417.

Gesetz zur Anpassung des nationalen Steuerrechts an den Beitritt Kroatiens zur EU und zur Änderung weiterer steuerlicher Vorschriften (KroatienAnpG) vom 25.07.2014, BGBl. I 2014, S. 1266.

Gesetz zur Umsetzung der Amtshilferichtlinie sowie zur Änderung steuerlicher Vorschriften (AmtshilfeRLUmsG) i.d.F. vom 26.06.2013, BGBl. I 2013, S. 1809.

Gesetz zur Umsetzung der Änderungen der EU-Amtshilferichtlinie und von weiteren Maßnahmen gegen Gewinnkürzungen und -verlagerungen (Anti-BEPS-Umsetzungsgesetz I) vom 20.12.2016, BGBl. I 2016, S. 3000.

Gewerbesteuergesetz i.d.F. vom 15.10.2002, BGBl. I 2002, S. 4167, zuletzt geändert durch Art. 4 des Gesetzes vom 27.06.2017, BGBl. I 2017, S. 2074.

Grundgesetz für die Bundesrepublik Deutschland (GG) i.d.F. vom 23.05.1948, BGBl. I 2012, S. 1, zuletzt geändert durch Art. 1 des Gesetzes v. 13.07.2017, BGBl. I 2017, S. 2347.

Handelsgesetzbuch (HGB) in der im BGBl. III, Gliederungsnummer 4100-1, veröffentlichten bereinigten Fassung, zuletzt geändert durch Art. 11 Absatz 28 des Gesetzes vom 18.07.2017, BGBl. I 2017, S. 2745.

Jahressteuergesetz 2010 (JStG 2010) vom 08.12.2010, BGBl. I 2010, S. 1768.

Körperschaftsteuergesetz (KStG) i.d.F. vom 15.10.2002, BGBl. I 2002, S. 4144, zuletzt geändert durch Art. 5 des Gesetzes v. 18.07.2017, BGBl. I 2017, S. 2730.

Steueränderungsgesetz 2015 (StÄndG 2015) vom 02.11.2015, BGBl. I 2015, S. 1834.

Steuerentlastungsgesetz 1999/2000/2002 (SteuerEntlG 1999/2000/2002) vom 24.03.1999, BGBl. I 1999, S. 402.

Umwandlungsgesetz (UmwG) i.d.F. vom 28.10. 1994, BGBl. I S. 3210; 1995 I S. 428, zuletzt geändert durch Art. 5 des Gesetzes vom 17.07.2017, BGBl. I 2017, S. 2434.

Umwandlungssteuergesetz (UmwStG 1995) i.d.F. vom 15.10.2002, BGBl. I 2002, S. 4133; ber. 2003 I S. 738, zuletzt geändert durch Art. 3 des Gesetzes vom 16.05.2003, BGBl. I 2003, S. 660.

Umwandlungssteuergesetz (UmwStG) vom 07.12.2006, BGBl. I 2006, S. 2782, 2791, zuletzt geändert durch Art. 6 des Gesetzes vom 02.11.2015, BGBl. I 2015, S. 1834.

Zivilprozessordnung (ZPO) i.d.F. vom 5.12.2005, BGBl. I 2005, S. 3202; 2006 I S. 431; 2007 I S. 1781, zuletzt geändert durch Art. 11 Absatz 15 des Gesetzes vom 18.07.2017, BGBl. I 2017, S. 2745.

Richtlinien

Einkommensteuer-Richtlinien 2012 (EStR 2012) Allgemeine Verwaltungsvorschrift zur Anwendung des Einkommensteuerrchts vom 16.12.2005, BStBl.

I 2005 Sondernummer I in der Fassung der EstÄR 2012 vom 25.03.2013, BStBl. I 2012, S. 276.

Gewerbesteuer-Richtlinien 2009 (GewStR 2009) Allgemeine Verwaltungsvorschriften zur Anwendung des Gewerbesteuerrechts vom 28.04.2010, BStBl. I 2010 Sondernummer 1, S. 2.

BMF-Schreiben

BMF, Schreiben vom 22.01.1985: Einbringung eines Betriebsvermögens in eine Betriebs-Kapitalgesellschaft ohne Gewinnrealisierung, BStBl. I 1985, S. 97.

BMF, Schreiben vom 12.02.1990: Überführung von Wirtschaftsgütern in eine ausländische Betriebsstätte, deren Einkünfte durch ein Doppelbesteuerungsabkommen freigestellt sind, und ihre Rückführung ins Inland, BStBl. I 1990, S. 72.

BMF, Schreiben vom 03.06.1992: Überführung von Wirtschaftsgütern in eine ausländische Betriebsstätte, DStR 1992, S. 948.

BMF, Schreiben vom 28.04.1998: 1. Sonderbetriebsvermögen bei Vermietung an eine Schwester-Personengesellschaft; Anwendung der BFH-Urteile vom 16. Juni 1994 (BStBl 1996 II S. 82), vom 22. November 1994 (BStBl 1996 II S. 93) und vom 26. November 1996 (BStBl 1998 II S. 328)2. Verhältnis des § 15 Abs. 1 Nr. 2 EStG zur mitunternehmerischen Betriebsaufspaltung; Anwendung des BFH-Urteils vom 23. April 1996 – VIII R 13/95 – (BStBl 1998 II S. 325), BStBl. I 1998, S. 583.

BMF, Schreiben vom 24.12.1999: Grundsätze der Verwaltung für die Prüfung der Aufteilung der Einkünfte bei Betriebsstätten international tätiger Unternehmen (Betriebsstätten-Verwaltungsgrundsätze), BStBl. I 1999, S. 1076.

BMF-Schreiben, vom, 24.12.1999b: Grundsätze der Verwaltung für die Prüfung der Aufteilung der Einkünfte bei Betriebsstätten international tätiger Unternehmen (Betriebsstätten-Verwaltungsgrundsätze), BStBl. I 1999, S. 1054.

BMF, Schreiben vom 28.12.1999: Steuerliche Behandlung von Gewinnanteilen aus atypischen stillen Beteiligungen nach den Doppelbesteuerungsabkommen, DStR 2000, S. 245.

BMF, Schreiben vom 19.03.2004: Steuerliche Einordnung der nach dem Recht der Bundesstaaten der USA gegründeten Limited Liability Company, BStBl. I 2004, S. 411.

BMF, Schreiben vom 14.03.2006: Ertragsteuerliche Behandlung der Erbengemeinschaft und ihrer Auseinandersetzung, BStBl. I 2006, S. 253.

BMF, Schreiben vom 07.12.2006: Unentgeltliche Übertragung von Mitunternehmeranteilen mit Sonderbetriebsvermögen gemäß dem BMF-Schreiben Entstehen einer mitunternehmerischen Betriebsaufspaltung; Neufassung der

Tzn. 22 und 23 des BMF-Schreibens vom 3. März 2005 (BStBl. 2005 I S. 458), BStBl. I 2006, S. 766.

BMF, Schreiben vom 16.04.2010: Anwendung der Doppelbesteuerungsabkommen (DBA) auf Personengesellschaften, BStBl. I 2010, S. 354.

BMF, Schreiben vom 11.07.2011: Behandlung der Einbringung zum Privatvermögen gehörender Wirtschaftsgüter in das betriebliche Gesamthandvermögen einer Personengesellschaft, BStBl. I 2011, S. 713.

BMF, Schreiben vom 11.11.2011: Anwendung des Umwandlungssteuergesetzes i.d.F. des Gesetzes über steuerliche Begleitmaßnahmen zur Einführung der Europäischen Gesellschaft und zur Änderung weiterer steuerrechtlicher Vorschriften (SEStEG), BStBl. I 2011, S. 1314.

BMF, Schreiben vom 26.09.2014: Anwendung der Doppelbesteuerungsabkommen (DBA) auf Personengesellschaften, BStBl. I 2014, S. 1258.

BMF, Schreiben vom 21.12.2015: Anwendung des § 50i Absatz 2 EStG i. d. F. des Gesetzes zur Anpassung des nationalen Steuerrechts an den Beitritt Kroatiens zur EU und zur Änderung weiterer steuerlicher Vorschriften vom 25. Juli 2014 (BGBl. I S. 1266), BStBl. I 2016, S. 7.

BMF, Schreiben vom 05.01.2017: Neufassung des § 50i EStG durch das Gesetz zur Umsetzung der Änderungen der EU-Amtshilferichtlinie und von weiteren Maßnahmen gegen Gewinnkürzungen und -verlagerungen vom 20. Dezember 2016 (BGBl. I S. 3000); Aufhebung des BMF-Schreibens vom 21. Dezember 2015 (BStBl 2016 I S. 7), BStBl. I 2017, S. 32.

BMF, Schreiben vom 17.01.2018: Stand der Doppelbesteuerungsabkommen und anderer Abkommen im Steuerbereich sowie der Abkommensverhandlungen am 1. Januar 2018, BStBl. I 2018, S. 239.

Verfügungen der Oberfinanzdirektionen

OFD Düsseldorf, Verfügung vom 29.09.1952, DB 1952, S. 998.

OFD Frankfurt, Verfügung vom 10.05.2012, FR 2012, S. 976.

OFD Rheinland/OFD Münster, Verfügung vom 15.11.2007, GmbHR 2008, S. 112.

Drucksachen

Bundesrat, Drs. vom 25.05.2012: Entwurf eines Jahressteuergesetzes 2013, BR-Drs. 302/12.

Bundesrat, Drs. vom 25.10.2012: Gesetzesbeschluss des Deutschen Bundestages – Jahressteuergesetz 2013, BR-Drs. 632/12.

Bundesrat, Drs. vom 13.11.2012: Empfehlungen der Ausschüsse zu Punkt ... der 903. Sitzung des Bundesrates am 23. November 2012, BR-Drs. 632/1/12.

Bundesrat, Drs. vom 13.11.2012: Empfehlungen des Finanzausschusses des Bundesrates zur Anrufung des Vermittlungsausschusses vom 13.11.2012, BR-Drs. 632/1/12.

Bundesrat, Drs. vom 17.01.2013: Beschluss des Deutschen Bundestages – Entwurf eines Jahressteuergesetzes 2013, BR-Drs. 33/13.

Bundesrat, Drs. vom 22.02.2013: Gesetzesantrag der Länder Rheinland-Pfalz, Hamburg, Nordrhein-Westfalen Entwurf eines Jahressteuergesetzes 2013, BR-Drs. 139/13.

Bundesrat, Drs. vom 01.03.2013: Gesetzentwurf des Bundesrates – Entwurf eines Jahressteuergesetzes 2013, BR-Drs. 139/13 B.

Bundesrat, Drs. vom 22.03.2013: Anrufung des Vermittlungsausschusses durch den Bundesrat – Gesetz zur Umsetzung der Amtshilferichtlinie sowie zurÄnderung steuerlicher Vorschriften (Amtshilferichtlinie-Umsetzungsgesetz – AmtshilfeRLUmsG), BR-Drs. 157/13 B.

Bundesrat, Drs. vom 06.06.2013: Beschluss des Deutschen Bundestages – Gesetz zur Umsetzung der Amtshilferichtlinie sowie zur Änderung steuerlicher VorschriftenUmsetzungsgesetz – AmtshilfeRLUmsG), BR-Drs. 477/13.

Bundesrat, Drs. vom 03.07.2014: Gesetzesbeschluss des Deutschen Bundestages – Gesetz zur Anpassung des nationalen Steuerrechts an den Beitritt Kroatiens zur EU und zur Änderung weiterer steuerlicher Vorschriften, BR-Drs. 291/14.

Bundesrat, Drs. vom 11.07.2014: Gesetz zur Anpassung des nationalen Steuerrechts an den Beitritt Kroatiens zur EU und zur Änderung weiterer steuerlicher Vorschriften, BR-Drs. 291/14 (B).

Bundesrat, Drs. vom 09.09.2016: Empfehlungen des Finanzausschusses des Bundesrates zum Entwurf eines Gesetzes zur Umsetzung der Änderungen der EU-Amtshilferichtlinie und von weiteren Maßnahmen gegen Gewinnkürzungen und -verlagerungen, BR-Drs. 406/1/16.

Bundesrat, Drs. vom 23.09.2016: Stellungnahme des Bundesrates zum Entwurf eines Gesetzes zur Umsetzung der Änderungen der EU-Amtshilferichtlinie und von weiteren Maßnahmen gegen Gewinnkürzungen und -verlagerungen, BR-Drs. 406/16 (B).

Bundestag, Drs. vom 08.11.2001: Bericht des Finanzausschusses (7. Ausschuss) zu dem Gesetzentwurf der Bundesregierung – Drucksachen 14/6882, 14/7084 – Entwurf eines Gesetzes zur Fortentwicklung des Unternehmensteuerrechts(Unternehmensteuerfortentwicklungsgesetz – UntStFG), BT-Drs. 14/7344.

Bundestag, Drs. vom 25.09.2006: Entwurf eines Gesetzes über steuerliche Begleitmaßnahmen zur Einführung der Europäischen Gesellschaft und zur Änderung weiterer steuerrechtlicher Vorschriften (SEStEG), BT-Drs. 16/2710.

Bundestag, Drs. vom 05.09.2012: Stellungnahme des Bundesreates und Gegenäußerung der Bundesregierung – Entwurf eines Jahressteuergesetzes 2013 – Drucksache 17/10000 -, BT-Drs. 17/10604.

Bundestag, Drs. vom 19.02.2013: Gesetzentwurf der Fraktionen der CDU/CSU und FDP- Entwurf eines Gesetzes zur Umsetzung der Amtshilferichtlinie sowie zur Änderung steuerlicher Vorschriften (Amtshilferichtlinie-Umsetzungsgesetz – AmtshilfeRLUmsG), BT-Drs. 17/12375.

Bundestag, Drs. vom 10.04.2013: Gesetzentwurf des Bundesrates – Entwurf eines Jahresteuergesetzes 2013, BT-Drs. 17/13033.

Bundestag, Drs. vom 05.06.2013: Beschlussempfehlung des Vermittlungsausschusses zu dem Gesetz zur Umsetzung der Amtshilferichtlinie sowie zur Änderung steuerlicher Vorschriften (Amtshilferichtlinie-Umsetzungsgesetz – AmtshilfeRLUmsG) – Drucksachen 17/12375, 17/12532, 17/12533, 17/12925 –, BT-Drs. 17/13722.

Bundestag, Drs. vom 18.06.2014: Unterrichtung durch die Bundesregierung – Entwurf eines Gesetzes zur Anpassung des nationalen Steuerrechts an den Beitritt Kroatiens zur EU und zur Änderung weiterer steuerlicher Vorschriften– Drucksache 18/1529 – Stellungnahme des Bundesrates und Gegenäußerung der Bundesregierung, BT-Drs. 18/1776.

Bundestag, Drs. vom 23.06.2014: Gesetzentwurf der Bundesregierung – Entwurf eines Gesetzes zur Anpassung des nationalen Steuerrechts an den Beitritt Kroatiens zur EU und zur Änderung weiterer steuerlicher Vorschriften, BT-Drs. 18/1529.

Bundestag, Drs. vom 23.06.2014: Wortprotokoll der 12. Sitzung Finanzausschuss – Entwurf eines Gesetzes zur Anpassung des nationalen Steuerrechts an den Beitritt Kroatiens zur EU und zur Änderung weiterer steuerlicher Vorschriften BT-Drs. 18/1529, 18/1576, Protokoll Nr. 18/12 zu BT.

Bundestag, Drs. vom 02.07.2014: Beschlussempfehlung und Bericht des Finanzausschusses (7. Ausschuss) zu dem Gesetzentwurf der Bundesregierung – Drucksachen 18/1529, 18/1776 – Entwurf eines Gesetzes zur Anpassung des nationalen Steuerrechts an den Beitritt Kroatiens zur EU und zur Änderung weiterer steuerlicher Vorschriften, BT-Drs. 18/1995.

Bundestag, Drs. vom 24.11.2014: Entwurf eines Gesetzes zur Anpassung derAbgabenordnung an den Zollkodex der Union undzur Änderung weiterer steuerlicher Vorschriften – BT-Drucksachen 18/3017; 18/3158, Protokoll Nr. 18/26 zu BT.

Bundestag, Drs. vom 29.06.2015: Wortprotokoll der 46. Sitzung Finanzausschuss – Entwurf eines Gesetzes zur Umsetzung der Protokollerklärung zum Gesetz zur Anpassung der Abgabenordnung an den Zollkodex der Union und zur Änderung weiterer steuerlicher Vorschriften Entwurf eines Gesetzes zur Umsetzung der Protokollerklärung zum Gesetz zur Anpassung der Abgabenordnung an den Zollkodex der Union und zur Änderung weiterer steuerlicher Vorschriften BT-Drs. 18/4902, Protokoll-Nr. 18/46 zu BT-Drs. 18/4902.

Bundestag, Drs. vom 23.09.2015: Beschlussempfehlung und Bericht des Finanzausschusses (7. Ausschuss) zu dem Gesetzentwurf der Bundesregierung– Drucksache 18/4902 –, BT-Drs. 18/6094.

Bundestag, Drs. vom 12.10.2016: Entwurf eines Gesetzes zur Umsetzung der Änderungen der EU-Amtshilferichtlinie und von weiteren Maßnahmen gegen Gewinnkürzungen und -verlagerungen -Drucksache 18/9536-, BT-Drs. 18/9956.

Bundestag, Drs. vom 30.11.2016: Beschlussempfehlung und Bericht des Finanzausschusses (7. Ausschuss) zu dem Gesetzentwurf der Bundesregierung – Drucksachen 18/9536, 18/9956, 18/10102 Nr. 17 -, BT-Drs. 18/10506.

II. Europäische Quellen

Europäisches Primärrecht

Vertrag über die Arbeitsweise der Europäischen Union vom 09.05.2008, ABl. EU Nr. C 115, S. 47, zuletzt geändert durch Art. 2 ÄndBeschl. 2012/419/EU vom 11.07.2012, ABl. EU Nr. L 204, S. 131.

Europäisches Sekundärrecht

Verordnungen

Verordnung (EG) Nr. 2157/2001 des Rates vom 08.10.2001 über das Statut der Europäischen Gesellschaft (SE), ABl. Nr. L 294, S. 1, zuletzt geändert durch Art. 1 Abs. 1 Buchst. c) ÄndVO (EU) 517/2013 vom 13.05.2013, ABl. EU Nr. L 158, S. 1.

Richtlinien

Richtlinie 2009/133/EG des Rates vom 19.10.2009 über das gemeinsame Steuersystem für Fusionen, Spaltungen, Abspaltungen, die Einbringung von Unternehmensteilen und den Austausch von Anteilen, die Gesellschaften verschiedener Mitgliedstaaten betreffen, sowie für die Verlegung des Sitzes einer Europäischen Gesellschaft oder einer Europäischen Genossenschaft von einem Mitgliedstaat in einen anderen Mitgliedstaat (FRL), ABl. EU Nr. L310 S. 34, zuletzt geändert durch Art. 1 ÄndRL 2013/13/EU vom 28.05.2013, ABl. EU Nr. L 141, S. 30.

Richtlinie 2010/24/EU des Rates vom 16. März 2010 über die Amtshilfe bei der Beitreibung von Forderungen in Bezug auf bestimmte Steuern, Abgaben und sonstige Maßnahmen, ABl. EU Nr. L 84 vom 31. März 2010, S. 1.

III. Abkommensrechtliche Quellen

Musterabkommen

OECD-Musterabkommen 2014 zur Vermeidung der Doppelbesteuerung auf dem Gebiet der Steuern vom Einkommen und Vermögen (OECD-MA 2014). Stand: Juli 2014.

Doppelbesteuerungsabkommen

DBA-Österreich: Abkommen zwischen der Republik Österreich und der Bundesrepublik Deutschland zur Vermeidung der Doppelbesteuerung auf dem Gebiet der Steuern vom Einkommen und vom Vermögen vom 24.08.2000, BGBl. II 2002, S. 734.

DBA-Schweiz: Abkommen zwischen der Bundesrepublik Deutschland und der schweizerischen Eidgenossenschaft zur Vermeidung der Doppelbesteuerung auf dem Gebiete der Steuern vom Einkommen und vom Vermögen vom 11.08.1971, BGBl. II 1972, S. 1021.

DBA-USA: Abkommen zwischen der Bundesrepublik Deutschland und den Vereinigten Staaten von Amerika zur Vermeidung der Doppelbesteuerung und zur Verhinderung der Steuerverkürzung auf dem Gebiet der Steuern vom Einkommen und vom Vermögen einiger anderer Steuern vom 29.08.1989, BGBl. II 1992, S. 235.

DBA-Vereinigtes Königreich: Abkommen zwischen der Bundesrepublik Deutschland und dem Vereinigten Königreich Grossbritannien und Nordirland zur Vermeidung der Doppelbesteuerung und zur Verhinderung der Steuerverkürzung auf dem Gebiet der Steuern vom Einkommen und vom Vermögen vom 30.03.2010, BGBl. II 2011, S. 536.

Sonstige Quellen

Stellungnahme der Bundessteuerberaterkammer (BStBK) vom 14.10.2016: Stellungnahme zu dem Gesetzentwurf der Bundesregierung „Entwurf eines Gesetzes zur Umsetzung der Änderungen der EU-Amtshilferichtlinie und von weiterenMaßnahmen gegen Gewinnkürzungen und -verlagerungen" (BT-Drs. 18/9536).

Wiener Übereinkommen v. 23.05.1969 über das Recht der Verträge (WÜRV), BGBl. II 1985, S. 926.

IV. Ausländische Quellen

Gesetze

Bundesgesetz betreffend allgemeine Bestimmungen und das Verfahren für die von den Abgabenbehörden des Bundes verwalteten Abgaben (Bundesabgabenordnung – BAO) vom 28.06.1961, BGBl. Nr. 194/1961 (Österreich).

Bundesgesetz über die Besteuerung des Einkommens natürlicher Personen (EStG 1988) vom 07.07.1988, BGBl. Nr. 400/1988, zuletzt geändert durch Gesetz vom 08.01.2018, BGBl. I Nr. 4/2018 (Österreich).

Bundesgesetz über die direkte Bundessteuer (DBG) vom 14.12.1990, AS 1991, S. 1184, zuletz geändert durch Bundesgesetz vom 30.09.2016, AS 2017, S. 6839 (Schweiz).

Bundesgesetz zur Umsetzung der Richtlinie 2010/24/EU über die Amtshilfe bei der Beitreibung von Forderungen in Bezug auf bestimmte Steuern, Abgaben und sonstige Maßnahmen (EU-Vollstreckungsamtshilfegesetz) vom 07.12.2011, BGBl. I Nr. 112/2011 (Österreich).

Internal Revenue Code (IRC): Title 26 des United States Code; zuletzt geändert durch 2012 Edition and Supplement IV vom 06.01.2017 (Vereinigte Staaten).

Income Tax Act (ITA) vom 20.03.2007, zuletzt geändert durch "The Risk Transformation (Tax) Regulations 2017" vom 29.11.2017 (Vereinigtes Königreich).

Income Tax Trading and Other Income Act (ITTOIA) vom 24.03.2005, zuletzt geändert durch Adoption and Children (Scotland) Act 2007 vom 15.01.2007 (Vereinigtes Königreich).

Taxation of Chargeable Gains Act (TCGA) vom 06.03.1992, zuletzt geändert durch "The Scotland Act 2016 (Onshore Petroleum) (Consequential Amendments) Regulations 2018" vom 19.01.2018 (Vereinigtes Königreich).

Taxes Management Act (TMA) vom 12.03.1970, zuletzt geändert durch "The Help-to-Save Accounts Regulations 2018" vom 24.01.2018 (Vereinigtes Königreich).

Richtlinien

Einkommensteuer-Richlinien 2000 der Republik Österreich (öEStR 1988) vom 22.03.2015, in der Fassung vom 25.08.2015 (Österreich).

Treasury Regulations (Treas. Reg.) betreffend Title 26 des United States Code vom 01.04.2012 (Vereinigte Staaten).

HM Treasury [zit.: Policy paper, 2016]: Policy paper – Tax and tax credit rates and thresholds for 2017–18, https://www.gov.uk/government/publications/tax-and-tax-credit-rates-and-thresholds-for-2017-18/tax-and-tax-credit-rates-and-thresholds-for-2017-18#fn:5, Stand: 20.10.2017 (Vereinigtes Königreich).

Rechtsprechungsverzeichnis

I. Europäischer Gerichtshof (EuGH)

Datum	Aktenzeichen	Fundstelle
30.11.1995	C-55/94	Slg. 1995, S. I-4186
17.07.1997	C-28/95	Slg. 1997, S. I-4161
12.05.1998	C-336/96	Slg. 1998, S. I-2793
09.03.1999	C-212/97	Slg. 1999, S. I-1459
06.06.2000	C-35/98	Slg. 2000, S. I-4113
16.05.2000	C-87/99	FR 2000, S. 673
07.09.2004	C-319/02	Slg. 2004, S. I-7477
08.09.2005	C-512/03	Slg. 2005, S. I-7705
13.12.2005	C-446/03	Slg. 2005, S. I-10837
12.09.2006	C-196–04	DB 2006, S. 2045.
14.09.2006	C-386/04	Slg. 2006, S. I-8203
29.03.2007	C-347/04	Slg. 2007, S. I-2647
06.12.2007	C-298/05	Slg. 2007, S. I-10451
17.01.2008	C-256/06	Slg. 2008, S. I-123
15.05.2008	C-414/06	Slg. 2008, S. I-3601
11.09.2008	C-11/07	Slg. 2008, S. I-6845
19.11.2009	C-540/07	Slg. 2008, S. I-10983
10.11.2011	C-126/10	Slg. 2011, S. I-10923
30.06.2011	C-262/09	Slg. 2011, S. I-5669
29.11.2011	C-371/10	Slg. 2011, S. I-12273
29.11.2011	C-591/13	ECLI: EU: C:2015:230
19.09.2012	C-540/11	ECLI: EU: C:2012:581
13.11.2012	C-35/11	IStR 2012, S. 924
23.01.2014	C-164/12	ECLI: EU: C:2014:20
21.05.2015	C-657/13	ECLI: EU: C:2015:331
21.12.2016	C-503/14	ECLI: EU: C:2016:979

II. Bundesverfassungsgericht (BVerfG)

Datum	Aktenzeichen	Fundstelle
20.07.1954	1 BvR 459/52 1 BvR 484/52 1 BvR 548/52 1 BvR 555/52 1 BvR 623/52 1 BvR 651/52 1 BvR 748/52 1 BvR 783/52 1 BvR 801/52 1 BvR 5/53 1 BvR 9/53 1 BvR 96/53 1 BvR 114/54	BVerfGE 4, S. 7
17.01.1957	1 BvL 4/54	BVerfGE 6, S. 55
26.03.1957	2 BvG 1/55	BVerfGE 6, S. 309
24.07.1957	1 BvL 23/52	BVerfGE 70, S. 89
14.04.1959	1 BvL 23/57, 1 BvL 34/57	BVerfGE 9, S. 237
29.07.1959	1 BvR 394/58	BVerfGE 10, S. 89
31.05.1960	2 BvL 4/59	BVerfGE 110, S. 139
10.10.1961	2 BvL 1/59	BVerfGE 132, S. 153
19.12.1961	2 BvR 1/60	BVerfGE 13, S. 274
19.12.1961	2 BvL 6/59	BVerfGE 13, S. 261
19.12.1961	2 BvR 2/60	BVerfGE 13, S. 279
24.07.1962	2 BvL 15/61 2 BvL 16/61	BVerfGE 14, S. 221
07.07.1964	2 BvL 22/63 2 BvL 23/63	BVerfGE 18, S. 135
31.03.1965	2 BvL 17/63	BVerfGE 18, S. 429
01.06.1965	2 BvR 616/63	BVerfGE 19, S. 76
24.09.1965	1 BvR 228/65	BVerfGE 19, S. 119
07.05.1968	1 BvR 420/64	BVerfGE 23, S. 242
14.05.1968	2 BvR 544/63	BVerfGE 23, S. 288
09.07.1969	2 BvL 20/65	BVerfGE 26, S. 302
02.10.1969	1 BvL 12/68	BVerfGE 27, S. 58

07.10.1969	2 BvL 3/66 2 BvR 701/64	BVerfGE 27, S. 111
23.03.1971	1 BvL 9/69	BVerfGE 30, S. 355
09.02.1972	1 BvL 16/69	BVerfGE 32, S. 333
23.03.1972	2 BvL 17/69	BVerfGE 30, S. 392
25.06.1974	2 BvF 2/73 2 BvF 3/73	BVerfGE 37, S. 363
17.07.1974	1 BvR 51/69 1 BvR 160/69 1 BvR 285/69 1 BvL 16/72 1 BvL 18/72 1 BvL 26/72	BVerfGE 38, S. 61
12.10.1976	1 BvR 2328/73	BVerfGE 43, S. 1
23.11.1976	1 BvR 150/75	BVerfGE 43, S. 108
11.10.1977	1 BvR 343/73 1 BvR 83/74 1 BvR 183/75 1 BvR 428/75	BVerfGE 47, S. 1
17.01.1979	1 BvR 446/77 1 BvR 1174/77	BVerfGE 50, S. 177
07.10.1980	1 BvL 50, 89/79 1 BvR 240/79	BVerfGE 55, S. 72
03.11.1982	1 BvR 620/78 1 BvR 1335/78 1 BvR 1104/79 1 BvR 363/80	BVerfGE 61, S. 319
08.03.1983	2 BvL 27/81	BVerfGE 63, S. 312
22.03.1983	2 BvR 475/78	BVerfGE 63, S. 343
22.02.1984	1 BvL 10/80	BVerfGE 66, S. 214
17.10.1984	1 BvR 527/80 1 BvR 528/81 1 BvR 441/82	BVerfGE 68, S. 143
28.11.1984	1 BvR 1157/82	BVerfGE 68, S. 287
03.07.1985	1 BvL 55/81	BVerfGE 70, S. 210

14.05.1986	2 BvL 2/83	BVerfGE 72, S. 200
31.05.1988	1 BvR 520/83	BVerfGE 78, S. 214
31.05.1988	1 BVL 22/85	BVerfGE 78, S. 232
29.05.1990	1 BvL 20/84 1 BvL 26/84 1 BvL 4/86	BVerfGE 82, S. 60
09.01.1991	1 BvR 929/89	BVerfGE 83, S. 201
27.06.1991	2 BvR 1493/89	BVerfGE 84, S. 239
08.10.1991	1 BvL 50/86	BVerfGE 84, S. 348
10.11.1991	2 BvR 2861/93	BVerfGE 101, S. 151
25.05.1993	1 BvR 1509/91 1 BvR 1648/91	BVerfGE 88, S. 384
08.06.1993	1 BvL 20/85	BVerfGE 89, S. 15
22.06.1995	2 BvL 37/91	BVerfGE 93, S. 121
22.06.1995	2 BvR 552/91	BVerfGE 93, S. 165
10.04.1997	2 BvL 77/92	BVerfGE 96, S. 1
03.12.1997	2 BvR 882/97	BVerfGE 97, S. 67
08.04.1998	1 BvR 1680/93 1 BvR 183/94 1 BvR 1580/94	BVerfGE 98, S. 17
30.09.1998	2 BvR 1818/91	BVerfGE 99, S. 88
11.11.1998	2 BvL 10/95	BVerfGE 99, S. 280
17.11.1998	1 BvL 10/98	BStBl. II 1999, S. 509
16.02.2000	1 BvR 242/91 1 BvR 315/99	BVerfGE 102, S. 1
05.02.2002	2 BvR 305/93 2 BvR 348/93	BVerfGE 105, S. 17
06.03.2002	2 BvL 17/99	BVerfGE 105, S. 73
04.10.2002	2 BvR 400/98 2 BvR 1735/00	BVerfGE 107, S. 27
09.03.2004	2 BvL 17/02	BVerfGE 110, S. 94
14.10.2004	2 BvR 1481/04	BVerfGE 111, S. 307
16.03.2005	2 BvL 7/00	BVerfGE 112, S. 268
18.01.2006	2 BvR 2194/99	BVerfGE 115, S. 97
21.08.2006	2 BvL 2/99	BVerfGE 116, S. 164
03.07.2007	2 BvE 2/07	BVerfGE 118, S. 244

10.01.2008	2 BvR 294/06	DStR 2008, S. 197
30.07.2008	1 BvR 3262/07 1 BvR 402/08 1 BvR 906/08	BVerfGE 121, S. 317
09.12.2008	2 BvL 1/07 2 BvL 2/07 2 BvL 1/08 2 BvL 2/08	BVerfGE 122, S. 210
18.02.2009	1 BvR 3076/08	BVerfGE 122, S. 374
07.07.2009	1 BvR 1164/07	BVerfGE 124, S. 199
09.02.2010	2 BvR 1178/07	NJW 2010, S. 2419
06.07.2010	2 BvL 13/09	BVerfGE 126, S. 268
07.07.2010	2 BvL 14/02 2 BvL 2/04 2 BvL 13/05	BVerfGE 127, S. 1
07.07.2010	2 BvR 748/05 2 BvR 753/05 2 BvR 1738/05	BVerfGE 127, S. 61
07.07.2010	2 BvL 1/03 2 BvL 57/06 2 BvL 58/06	BVerfGE 127, S. 31
04.05.2011	2 BvR 2333/08 2 BvR 2365/09 2 BvR 571/10 2 BvR 740/10 2 BvR 1152/10	BVerfGE 128, S. 326
10.10.2012	1 BvL 6/07	BVerfGE 132, S. 302
17.12.2013	1 BvL 5/08	BVerfGE 135, S. 1
15.12.2015	2 BvL 1/12	DStR 2016, S. 359

III. Bundesfinanzhof (BFH)

Datum	Aktenzeichen	Fundstelle
24.06.1969	I 201/64	BStBl. II 1970, S. 17
16.07.1969	I 266/65	BStBl. II 1970, S. 175
03.12.1969	II 162/65	BStBl. II, S. 279
28.04.1971	I R 55/66	BStBl. II 1971, S. 630
08.11.1971	GrS 2/71	BStBl. II 1972, S. 63
10.02.1972	I R 205/66	BStBl. II 1972, S. 455
02.08.1972	IV 87/65	BStBl. II 1972, S. 796
29.01.1975	I R 135/70	BStBl. II 1975, S. 553
16.12.1975	VIII R 3/74	BStBl. II 1976, S. 246
13.10.1976	I R 261/70	BStBl. II 1977, S. 76
10.07.1980	IV R 136/77	BStBl. II 1981, S. 84
29.10.1981	IV R 138/78	BStBl. II 1982, S. 381
25.06.1984	GrS 4/82	BStBl. II 1984, S. 751
12.11.1985	VIII R 342/82	BStBl. II 1986, S. 299
09.07.1986	I R 218/82	BStBl. II 1987, S. 14
24.08.1989	IV R 135/86	BStBl. II 1989, S. 1014
13.11.1990	VIII R 152/86	BStBl. II 1991, S. 94
27.02.1991	I R 15/89	BStBl. II 1991, S. 444
06.11.1991	XI R 12/87	BStBl. II 1992, S. 415
12.02.1992	XI R 18/90	BStBl. II 1992, S. 723
10.11.1992	VIII R 40/89	BStBl. II 1994, S. 222
13.07.1994	I R 120/93	BStBl. II 1995, S. 129
03.07.1995	GrS 1/93	BStBl. II 1995, S. 617
06.07.1995	IV R 79/94	BStBl. II 1996, S. 269
12.12.1996	IV R 77/93	BStBl. II 1998, S. 180
24.04.1997	IV R 60/95	BStBl. II 1997, S. 567
15.10.1997	I R 22/96	BStBl. II 1998, S. 168
13.11.1997	IV R 67/96	BStBl. II 1998, S. 254
15.10.1998	IV R 18/98	BStBl. II 1999, S. 286
24.11.1998	VIII R 61/97	BStBl. II 1999, S. 483
14.09.1999	III R 47/98	BStBl. II 2000, S. 255
17.10.2001	I R 111/10	BFH/NV 2002, S. 628
07.08.2002	I R 10/01	BStBl. II 2002, S. 848
30.04.2003	I R 102/01	BStBl. II 2004, S. 804
17.09.2003	I R 97/02	BStBl. II 2004, S. 686

20.11.2003	IV R 5/02	BStBl. II 2004, S. 464
04.11.2004	III R 21/02	BStBl. II 2005, S. 168
25.11.2004	IV R 7/03	BStBl. II 2005, S. 354
18.08.2005	IV R 59/04	BStBl. II 2005, S. 830
14.02.2006	VIII B 107/04	BStBl. II 2006, S. 523
19.04.2007	IV R 70/04	BStBl. II 2007, S. 868
17.10.2007	I R 5/06	BStBl. II 2009, S. 356
24.06.2008	IX R 58/05	BStBl. II 2008, S. 872
17.07.2008	I R 77/06	BStBl. II 2009, S. 464
19.08.2008	IX R 71/07	BStBl. II 2009, S. 13
23.09.2008	I B 92/08	BStBl. II 2009, S. 524
28.10.2009	I R 99/08	BFHE 227, S. 83
07.04.2010	I R 96/08	BStBl. II 2011, S. 467
28.04.2010	I R 81/09	BStBl. II 2014, S. 754
06.05.2010,	IV R 52/08	BStBl. II 2011, S. 261
19.05.2010	I B 191/09	BStBl. II 2011, S. 156
09.12.2010	I R 49/09	BStBl. II 2011, S. 482
25.05.2011	I R 95/10	BStBl. II 2014, S. 760
24.08.2011	I R 46/10	BStBl. II 2014, S. 764
10.01.2012	I R 66/09	BFH-NV 2012, S. 1056
19.04.2012	VI R 74/10	BStBl. II 2012, S. 577
21.06.2012	IV R 1/08	BFH/NV 2012, S. 1536
29.08.2012	I R 7/12	BStBl. II 2013, S. 89
29.08.2012	VIII B 45/12	BStBl. II 2012, S. 839
11.12.2013	I R 4/13	BStBl. II 2014, S. 791
20.08.2014	I R 86/13	BStBl. II 2015, S. 18
30.09.2015	I B 66/15	BFH-NV 2015, S. 1708
25.05.2016	I R 64/13	BFH/NV 2016, S. 1512

IV. Reichsfinanzhof (RFH)

Datum	**Aktenzeichen**	**Fundstelle**
21.10.1936	VI A 473/35	RStBl. 1937, S. 424
14.12.1937	I 250/37	RStBl. 1938, S. 67

V. Finanzgerichte (FG)

Gericht	Datum	Aktenzeichen	Fundstelle
FG Hamburg	12.06.2003	VI 6/01	EFG 2003, S. 548
FG Nürnberg	28.09.2011	3 K 959/2008	DStRE 2012, S. 1063
FG Hamburg	15.04.2015	2 K 66/14	EFG 2015, S. 1404
FG Baden-Württemberg	14.06.2017	2 K 2413/15	EFG 2018, S. 18

VI. Kammergerichte (KG)

Gericht	Datum	Aktenzeichen	Fundstelle
KG Berlin	16.04.2012	25 W 39/12	ZIP 2012, S. 1668

VII. Verwaltungsgerichtshof Österreich (VwGH)

Datum	Aktenzeichen	Fundstelle
29.06.1995	94/15/0103	ÖStZB 1996, S. 190
02.04.1982	13/2641/80	ÖStZB 1983, S. 61
03.02.1987	86/14/0128	ÖStZB 1987, S. 532
12.09.1989	88/14/0137	ÖStZB 1990, S. 34.
19.11.1990	87/13/0072	ÖStZB 1991, S. 380
29.11.1993	93/13/9150	ÖStZB 1995, S. 442
13.12.1995	93/13/0253	ÖStZB 1996, S. 466
25.06.1997	95/15/0192	VwSlg. 7188 F

Literaturverzeichnis

Adrian, G./Fey, J./Selzer, C. [zit.: StuB 2017]: BEPS-Umsetzungsgesetz 1, in: StuB 2017, S. 94-99.

Adrian, G./Franz, O. [zit.: BB 2013]: Änderungen der Unternehmensbesteuerung durch das Amtshilferichtlinie-Umsetzungsgesetz, in: BB 2013, S. 1879-1890.

Altheim, M. [zit.: IStR 1993]: Beratung der mittelständischen Wirtschaft bei Beteiligungen, Fusionen und Spaltungen im Binnenmarkt, in: IStR 1993, S. 406-413.

Altmann, A., in: Förster, J./Mennel, A., (Hrsg.) [zit.: Steuern]: Steuern in Europa, Amerika und Asien, Herne, Stand: 04/2017, Großbritannien.

Arbeitsgemeinschaft der Fachanwälte für Steuerrecht e.V.: Jahrbuch der Fachanwälte für Steuerrecht 2007/2008 [zit.: JbFfSt 2007/2008, 2007], herausgegeben im Auftrag der Arbeitsgemeinschaft der Fachanwälte für Steuerrecht e.V. von Grundmann, K., Herne 2007.

Arbeitsgemeinschaft der Fachanwälte für Steuerrecht e.V.: Jahrbuch der Fachanwälte für Steuerrecht 2014/2015 [zit.: JbFfSt 2014/2015, 2014], herausgegeben im Auftrag der Arbeitsgemeinschaft der Fachanwälte für Steuerrecht e.V. von Drüen, K.-D. Herne 2014.

Arndt, H.-W./Schumacher, A. [zit.: NJW 1998]: Echte Fortschritte bei der unechten Rückwirkung?, in: NJW 1998, S. 1538-1539.

Bach, S. [zit.: StuW 1991]: Die Perspektiven des Leistungsfähigkeitsprinzips im gegenwärtigen Steuerrecht, in: StuW 1991, S. 116-135.

Baumhoff, H./Dücker, R./ Köhler, S. (Hrsg.) [zit.: FS Krawitz, 2010]: Besteuerung, Rechnungslegung und Prüfung der Unternehmen, Festschrift für Professor Dr. Norbert Krawitz, 1. Auflage, Wiesbaden 2010.

Bäuml, S., in: Frotscher, G./Geurts, M., (Hrsg.) [zit.: EStG]: Einkommensteuergesetz, EStG Kommentar, Freiburg, Stand: 08/2015, § 50i EStG.

Bauschatz, P. [zit.: FR 2004]: Realteilung mitunternehmerischer Besitzgesellschaften, in: FR 2004, S. 571-575.

Beinert, S./Benecke, A. [zit.: FR 2010]: Internationale Aspekte der Umstrukturierung von Unternehmen, in: FR 2010, S. 1009-1023.

Benecke, A./Schnitger, A. [zit.: IStR 2006]: Neuregelung des UmwStG und der Entstrickungsnormen durch das SEStEG, in: IStR 2006, S. 765-779.

Benecke, A./Staats, W., in: Dötsch, E./Pung, A./Möhlenbrock, R., (Hrsg.) [zit.: KStG]: Die Körperschaftsteuer, Kommentar zum

Körperschaftsteuergesetz, Umwandlungssteuergesetz und zu den einkommensteuerrechtlichen Vorschriften der Anteilseignerbesteuerung, Stuttgart, Stand: 06/2017, § 12.

Benz, S./Böhmer, J. [zit.: DStR 2016]: Das BMF-Schreiben zu § 50i Abs. 2 EStG, in: DStR 2016, S. 145-153.

Bertl, R. (Hrsg.) [zit.: Personengesellschaft, 2001]: Die Personengesellschaft in Handels- und Steuerrecht, Wien 2001.

Bilitewski, A./Schifferdecker, M. [zit.: Ubg 2013]: Aktuelle Entwicklungen im Bereich der Wegzugsbesteuerung natürlicher Personen in Drittstaaten, in: Ubg 2013, S. 559-566.

Birk, D. [zit.: Leistungsfähigkeitsprinzip, 1983]: Das Leistungsfähigkeitsprinzip als Maßstab der Steuernormen, Ein Beitrag zu den Grundfragen des Verhältnisses Steuerrecht und Verfassungsrecht, Band Nr. 13, Steuerwissenschaft, Köln 1983.

Birk, D. [zit.: StuW 2000]: Das Leistungsfähigkeitsprinzip in der Unternehmenssteuerreform, in: StuW 2000, S. 328-336.

Birk, D. [zit.: StuW 2004]: Das Gebot des gleichmäßigen Steuervollzugs und dessen Sanktionierung, in: StuW 2004, S. 277-282.

Birk, D./ Dünnweber, I. (Hrsg.) [zit.: Handbuch, 1995]: Handbuch des europäischen Steuer- und Abgabenrechts, Herne 1995.

Birkemeier, K., in: Rödder, T./Herlinghaus, A./van Lishaut, I. [zit.: UmwStG, 2013]: Umwandlungssteuergesetz, Kommentar, 2. Auflage, Köln 2013, § 3.

Birkemeier, K., in: Rödder, T./Herlinghaus, A./van Lishaut, I. [zit.: UmwStG, 2013]: Umwand-lungssteuergesetz, Kommentar, 2. Auflage, Köln 2013, § 9.

Blöchle, D., in: Strahl, M. [zit.: Ertragsteuern, 2009]: Ertragsteuern, Problemfelder der steuerlichen Beratung: Problemanalysen, Problemlösungen, Gestaltungen, Bonn 2009, Wohnsitzverlagerung ins Ausland.

Blöchle, D. [zit.: IStR 2009]: Anwendungsbereich für die Entstrickungsregelung des § 4 Abs. 1 Satz 3 EStG nach Aufgabe der „finalen Entnahmelehre“ beim Wegzug von Personengesellschaftern, in: IStR 2009, S. 645-651.

Blumenberg, J./ Schäfer, K. P. (Hrsg.) [zit.: SEStEG, 2007]: Das SEStEG, Steuer- und gesellschaftsrechtliche Erläuterungen und Gestaltungshinweise, München 2007.

Blumenstein, E./Locher, P. [zit.: System, 2002]: System des schweizerischen Steuerrechts, 6., neu bearb. Auflage, Zürich 2002.

Blumers, W. [zit.: DB 2007]: Zur möglichen Holdingfunktion einer ausländischen Tochter-Personengesellschaft, in: DB 2007, S. 312-314.

Blümich, W. (Hrsg.) [zit.: Blümich, EStG/KStG/GewStG]: Einkommensteuergesetz, Körperschaftsteuergesetz, Gewerbesteuergesetz, Kommentar, München, Stand: 01/2018.

Bodden, G., in: Korn, K. [zit.: EStG]: Einkommensteuergesetz, Kommentar, Bonn, Stand: 07/2017, § 50i EStG.

Bodden, G. [zit.: DB 2014]: Die Neuregelungen des § 50i EStG durch das StÄndAnpG-Kroatien, in: DB 2014, S. 2371-2376.

Bodden, G. [zit.: DStR 2015]: § 50i EStG – Eine Bestandsaufnahme, in: DStR 2015, S. 150-158.

Bodden, G. [zit.: KÖSDI 2015]: Familienpersonengesellschaften im Spannungsfeld zwischen § 50i EStG und § 4 Abs. 1 Satz 3 EStG, in: KÖSDI 2015, S. 19249-19259.

Bodden, G. [zit.: DStR 2016]: Steuergerechtigkeit im Billigkeitsverfahren nach § 163 AO, in: DStR 2016, S. 1714-1723.

Bogenschütz, E. [zit.: Fusionsrichtlinie, 1997]: Verletzung materiellen Rechts durch nicht richtlinienkonforme Transformation der Fusionsrichtlinie?, in: Burmester, G./ Endres, D.: Aussensteuerrecht, Doppelbesteuerungsabkommen und EU-Recht im Spannungsverhältnis, Festschrift für Helmut Debatin zum 70. Geburtstag, München 1997.

Böhmer, J./Wegener, C. [zit.: Ubg 2015]: Zum Verhältnis der Verstrickung zu sonstigen Vor-schriften des nationalen Rechts, in: Ubg 2015, S. 69-75.

Bohn, A. [zit.: Zinsschranke, 2009]: Zinsschranke und Alternativmodelle zur Beschränkung des steuerlichen Zinsabzugs, Wiesbaden 2009.

Boles, E. [zit.: US-Einkommensteuerrecht, 1993]: Gesellschaften im US-Einkommensteuerrecht, 16, Münchener Schriften zum internationalen Steuerrecht, München 1993.

Bösing, S./Feriz, S. [zit.: Ubg 2013]: Grenzüberschreitende Entstrickung: Ein probates Mittel zur Wahrung des deutschen Besteuerungsrechts, in: Ubg 2013, S. 636-641.

Brähler, G. [zit.: Umstrukturierungen, 2006]: Steuerlich optimale Gestaltung von grenzüberschreitenden Umstrukturierungen, 1. Auflage, Wiesbaden 2006.

Brandenberg, H. B. [zit.: BB 2008]: Aktuelle Entwicklungen im internationalen Steuerrecht, in: BB 2008, S. 864-875.

Brandenberg, H. B. [zit.: DB 2016 Heft 12]: Mehr Mut zur Auslegung, in: DB 2016 Heft 12, S. M5.

Breyer, C. [zit.: Rechtsgebilde, 2001]: Die Einkommen- oder Körperschaftsteuerpflicht ausländischer Rechtsgebilde, Wien 2001.

Broemel, K./Endert, V. [zit.: BBK 2013]: Überführung von Wirtschaftsgütern in ausländische Betriebsstätten, in: BBK 2013, S. 208-217.

Bron, J. F. [zit.: IStR 2012]: Zum Risiko der Entstrickung durch den Abschluss bzw. die Revision von DBA- Überlegungen zu Outbound-Investitionen unter besonderer Berücksichtigung von Art. 13 Abs. 4 OECD-MA, § 6 AStG sowie von Umstrukturierungen, in: IStR 2012, S. 904-909.

Bron, J. F. [zit.: DStR 2014]: Der neugefasste § 50i EStG und seine Gefahren – mit Kanonen auf Spatzen zu schießen, in: DStR 2014, S. 1849-1855.

Burki, N. H., in: Wassermeyer, F./Richter, S./Schnittker, H. [zit.: Personengesellschaften im IStR, 2015]: Personengesellschaften im Internationalen Steuerrecht, 2. Auflage, Köln 2015, Kapitel 28.

Burmester, G./Endres, D./ Debatin, H. (Hrsg.) [zit.: FS Debatin, 1997]: Aussensteuerrecht, Doppelbesteuerungsabkommen und EU-Recht im Spannungsverhältnis, Festschrift für Helmut Debatin zum 70. Geburtstag, München 1997.

Busse, C. [zit.: Steuerentstrickungstatbestand, 2009]: Die Besteuerung der stillen Reserven durch einen allgemeinen Steuerentstrickungstatbestand, Band Nr. 20, 1. Auflage, Lohmar 2009.

Büttgen-Pöhland, D. [zit.: Holdinggesellschaften, 2004]: Deutsche Holdinggesellschaften als steuerpolitisches Gestaltungsinstrument in internationalen Konzernen unter Berücksichtung der Änderungen des Unternehmenssteuerrechts bis zum Steuervergünstigungsabbaugesetz 2003, Siegen 2004.

Carle, T. [zit.: KÖSDI 2007]: Entstrickung im Ertragsteuerrecht, in: KÖSDI 2007, S. 15401-15406.

Clayson, M. [zit.: Nationalbericht Vereinigtes Königreich, 1995]: Nationalbericht Vereinigtes Königreich, in: IFA: Internationale Einkommensteuerprobleme bei Personengesellschaften, Rotterdam 1995.

Costede, J. [zit.: StuW 1996]: Gewinn und Gewinnrealisierung im Einkommensteuerrecht, in: StuW 1996, S. 19-25.

Crezelius, G. [zit.: DStJG 22, 1999]: Verhältnis der Erbschaftsteuer zur Einkommen- und Körperschaftsteuer, in: Deutsche Steuerjuristische Gesellschaft e.V.: Steuern auf Erbschaft und Vermögen, Bd. Nr. 22, herausgegeben im Auftrag der deutschen Steuerjuristischen Gesellschaft, Köln 1999.

Crezelius, G. [zit.: JbFfSt 2014/2015, 2014]: 2. Pers.Ges als "Gestaltungsschutz" vor Wegzügen: § 50i EStG im Lichte des neuen BMF-Schreibens, in: Arbeitsgemeinschaft der Fachanwälte für Steuerrecht e.V., herausgegeben im Auftrag der Arbeitsgemeinschaft der Fachanwälte für Steuerrecht e.V. von Drüen, K.-D., Herne 2014.

Daniels, A. H. [zit.: Issues, 1991]: Issues in international partnership taxation, with special reference to the United States, Germany and the Netherlands, Deventer/Boston 1991.

Dauber, D. [zit.: Realisationsprinzip, 2003]: Das Realisationsprinzip als Grundprinzip der steuerrechtlichen Gewinnermittlung, Frankfurt am Main 2003.

Dautzenberg, N., in: Haritz, D./Menner, S. [zit: UmwStG, 2015]: Umwandlungssteuergesetz, Kommentar, 4. Auflage, München 2015, Einf. C.

Debatin, H. [zit.: BB 1991]: Unternehmensorganisationsstrukturen im gemeinsamen Markt aus steuerlicher Sicht, in: BB 1991, S. 947-955.

Debatin, H./Wassermeyer, F./Korn, R./ Dietz, G. (Hrsg.) [zit.: Debatin/Wassermeyer, Doppelbesteuerung]: Doppelbesteuerung, Kommentar zu allen deutschen Doppelbesteuerungsabkommen, München, Stand: 01/2018.

Deutsche Steuerjuristische Gesellschaft e.V. [zit.: DStJG]: Gewinnrealisierung im Steuerrecht, Theorie und Praxis der Gewinnverwirklichung durch Umsatzakt und durch Steuerentstrickung, Bd. Nr. 4, herausgegeben im Auftrag der deutschen Steuerjuristischen Gesellschaft e.V. von Ruppe, H. G., Köln 1981.

Deutsche Steuerjuristische Gesellschaft e.V. [zit.: DStJG]: Grenzen der Rechtsfortbildung durch Rechtsprechung und Verwaltungsvorschriften im Steuerrecht, Bd. Nr. 5, herausgegeben im Auftrag der deutschen Steuerjuristischen Gesellschaft e.V. von Tipke, K., Köln 1982.

Deutsche Steuerjuristische Gesellschaft e.V. [zit.: DStJG]: Besteuerung der GmbH und ihrer Gesellschafter, Grundfragen des Körperschaftsteuerrechts, Bd. Nr. 20, herausgegeben im Auftrag der deutschen Steuerjuristischen Gesellschaft e.V. von Widmann, S., Köln 1997.

Deutsche Steuerjuristische Gesellschaft e.V. [zit.: DStJG]: Steuern auf Erbschaft und Vermögen, Bd. Nr. 22, herausgegeben im Auftrag der deutschen Steuerjuristischen Gesellschaft e.V. von Birk, D., Köln 1999.

Deutsche Steuerjuristische Gesellschaft e.V. [zit.: DStJG]: Europa- und verfassungsrechtliche Grenzen der Unternehmensbesteuerung, Bd. Nr. 23, herausgegeben im Auftrag der deutschen Steuerjuristischen Gesellschaft e.V. von Pelka, J., Köln 2000.

Deutsche Steuerjuristische Gesellschaft e.V. [zit.: DStJG]: Besteuerung von Einkommen, Bd. Nr. 24, herausgegeben im Auftrag der deutschen Steuerjuristischen Gesellschaft e.V. von Ebling, I, Köln 2001.

Deutsche Steuerjuristische Gesellschaft e.V. [zit.: DStJG]: Vertrauensschutz im Steuerrecht, Bd. Nr. 27, herausgegeben im Auftrag der deutschen Steuerjuristischen Gesellschaft e.V. von Pezzer, H.-J., Köln 2004.

Englisch, J. [zit.: StuW 2003]: Eigentumsschonende Ertragsbesteuerung, in: StuW 2003, S. 237-248.

Englisch, J. [zit.: Dividendenbesteuerung, 2005]: Dividendenbesteuerung, Europa- und verfassungsrechtliche Vorgaben im Vergleich der Körperschaftssteuersysteme Deutschlands und Spaniens, Köln 2005.

Erle, B./Sauter, T. (Hrsg.) [zit.: Erle/Sauter, KStG, 2010]: Körperschaftsteuergesetz, Die Besteuerung der Kapitalgesellschaft und ihrer Anteilseigner, 3. Auflage, Heidelberg 2010.

Ernst & Young – Wissenschaftlicher Beirat Steuern [zit.: DB 2010]: Die Systematik der sog. Entstrickungsbesteuerung, in: DB 2010, S. 1776.

Ernst & Young – Wissenschaftlicher Beirat Steuern [zit.: DB 2015 Heft 46]: Kein Verlass auf den Erlass, in: DB 2015 Heft 46, S. M5.

Ettinger, J./Beuchert, T. [zit.: IWB 2014]: Wegzugsbesteuerung im Lichte des § 50i EStG, in: IWB 2014, S. 680-688.

Fachinstitut der Steuerberater e.V.: Steuerberater-Jahrbuch 2013/2014 [zit.: StBJb 2013/2014, 2015], herausgegeben im Auftrag des Fachinstituts der Steuerberater e.V. von Günkel, M./ Rödder, T., Köln 2014.

Fachinstitut der Steuerberater e.V.: Steuerberater-Jahrbuch 2014/2015 [zit.: StBJb 2014/2015, 2015], herausgegeben im Auftrag des Fachinstituts der Steuerberater e.V. von Günkel, M./ Rödder, T., Köln 2015.

Fehling, D., in: Schaumburg, H./Englisch, J., (Hrsg.) [zit.: Europäisches Steuerrecht, 2015]: Europäisches Steuerrecht, 1. Auflage, Köln 2015, Kapitel 17 Fusionsrichtlinie.

Fischer, L./Kleineidam, H.-J./Warneke, P. [zit.: Steuerlehre, 2005]: Internationale betriebswirtschaftliche Steuerlehre, 5. Auflage, Berlin 2005.

Fischer, L./Schneeloch, D./Sigloch, J. [zit.: DStR 1980]: Betriebswirtschaftliche Steuerlehre und Steuerberatung – Gedanken zum 60jährigen „Jubiläum" der Betriebswirtschaftlichen Steuerlehre, in: DStR 1980, S. 699-705.

Fischer, P. [zit.: FR 2004]: Mobilität und (Steuer-)Gerechtigkeit in Europa, in: FR 2004, S. 630-638.

Fischer, P. [zit.: FR 2005]: Europa macht mobil – bleibt der Verfassungsstaat auf der Strecke?, in: FR 2005, S. 457-468.

Flick, H./Wassermeyer, F./Baumhoff, H./ Schönfeld, J. (Hrsg.) [zit.: Flick/ Wassermeyer/Baumhoff, Außensteuerrecht]: Außensteuerrecht Kommentar, Außensteuergesetz, Außensteuerrechtliche Vorschriften des Einkommensteuergesetzes und des Körperschaftsteuergesetzes, Köln, Stand: 10/2017.

Förster, J./Mennel, A. (Hrsg.) [Förster/Mennel, Steuern]: Steuern in Europa, Amerika und Asien, Herne, Stand: 11/2017.

Förster, J./Schollmeier, A. [zit.: Harmonisierung, 1995]: Harmonisierung der Unternehmensbesteuerung, in: Birk, D./ Dünnweber, I.: Handbuch des europäischen Steuer- und Abgabenrechts, Herne 1995.

Forsthoff, U. [zit.: IStR 2006]: Treaty Override und Europarecht, in: IStR 2006, S. 509-512.

Friauf, K.-H. [zit.: BB 1972]: Gesetzesankündigung und rückwirkende Gesetzgebung im Steuer- und Wirtschaftsrecht, in: BB 1972, S. 669-678.

Frotscher, G., in: Frotscher, G./Drüen, K.-D., (Hrsg.) [zit.: KStG]: Kommentar zum Körperschaft-, Gewerbe- und Umwandlungssteuergesetz, Freiburg, Stand: 09/2014, § 12 KStG.

Frotscher, G./Drüen, K.-D. (Hrsg.) [zit.: Frotscher/Maas, KStG/GewStG/UmwStG]: Kommentar zum Körperschaft-, Gewerbe- und Umwandlungssteuergesetz, Freiburg, Stand: 01/2018.

Frotscher, G./Geurts, M. (Hrsg.) [zit.: Frotscher, EStG]: Einkommensteuergesetz, EStG Kommentar, Freiburg, Stand: 02/2018.

Gebhardt, R. [zit.: Ubg 2012]: Grundlegendes zum Phänomen Tax Treaty Overriding im deutschen internationalen Steuerrecht, in: Ubg 2012, S. 585-597.

Gocke, R./Gosch, D./ Lang, M. (Hrsg.) [zit.: FS Wassermeyer, 2005]: Körperschaftsteuer, Internationales Steuerrecht, Doppelbesteuerung, Festschrift für Franz Wassermeyer zum 65. Geburtstag, München 2005.

Goebel, S./Boller, T./Ungemach, M. [zit.: IStR 2008]: Die Zuordnung von Beteiligungen zum Betriebsvermögen im nationalen und internationalen Kontext, in: IStR 2008, S. 643-651.

Gosch, D. (Hrsg.) [zit.: Gosch, AO]: Abgabenordnung, Finanzgerichtsordnung, Bonn, Stand: 02/2018.

Gosch, D., in: Kirchhof, P., (Hrsg.) [zit.: EStG, 2015]: Einkommensteuergesetz, Kommentar, 14. Auflage, Köln 2015, § 50i EStG.

Gosch, D., in: Kirchhof, P., (Hrsg.) [zit.: EStG, 2017]: Einkommensteuergesetz, Kommentar, 16. Auflage, Köln 2017, § 50i EStG.

Gosch, D. [zit.: BFH-PR 2008]: Keine Steuerentstrickung bei Übertragung eines Einzelwirtschaftsguts in eine ausländische Betriebsstätte, in: BFH-PR 2008, S. 499-501.

Gosch, D. [zit.: IStR 2008]: Über das Treaty Overriding – Bestandsaufnahme – Verfassungsrecht – Europarecht, in: IStR 2008, S. 413-421.

Gosch, D. [zit.: BFH-PR 2010]: Besteuerungsrecht für Abfindungszahlungen an einen in Belgien wohnenden, aber im Inland tätigen und dort unbeschränkt steuerpflichtigen Arbeitnehmer, in: BFH-PR 2010, S. 37-39.

Gosch, D. [zit.: IWB 2012]: Über Entstrickungen, in: IWB 2012, S. 779-789.

Gosch, D. [zit.: DB 2016 Heft 15]: Treaty overriding ist willkommen!, in: DB 2016 Heft 15, S. M5.

Gosch, D./Bauschatz, P. [zit.: Gosch, KStG, 2015]: Körperschaftsteuergesetz, Kommentar, 3. Auflage, München 2015.

Graw, C., in: Rödder, T./Herlinghaus, A./van Lishaut, I., (Hrsg.) [zit.: UmwStG, 2013]: Umwandlungssteuergesetz, Kommentar, 2. Auflage, Köln 2013, § 1.

Gröhs, B. [zit.: Gewinnbesteuerung, 1986]: Die Gewinnbesteuerung der Personengesellschaften im internationalen Steuerrecht Österreichs, Band Nr. 23, Schriften zum österreichischen Abgabenrecht, Wien 1986.

Gröhs, B. [zit.: Nationalbericht Österreich, 1995]: Nationalbericht Österreich, in: IFA: Internationale Einkommensteuerprobleme bei Personengesellschaften, Rotterdam 1995.

Grotherr, S./Abele, S. [zit. Grotherr/Abele, Steuerplanung, 2011]: Handbuch der internationalen Steuerplanung, 3. Auflage, Herne 2011.

Gruber, U., in: Krüger, W./Rauscher, T., (Hrsg.) [zit.: ZPO, 2016]: Münchener Kommentar zur Zivilprozessordnung, Mit Gerichtsverfassungsgesetz und Nebengesetzen, München 2015, § 803.

Gsödl, M. [zit.: Entstrickungstatbestände, 2011]: Entstrickungstatbestände des Einkommen- und Körperschaftsteuergesetzes, Eine Analyse unter dem Aspekt der Gerechtigkeit, Frankfurt am Main 2011.

Haarmann, W. [zit.: BB 2015]: Steuerrecht 2014/2015 – eine Anamnese, in: BB 2015, S. 22-32.

Haarmann, W./ Hemmelrath, A. (Hrsg.) [zit.: Doppelbesteuerungsabkommen, 2004]: Auslegung und Anwendung von Doppelbesteuerungsabkommen, 1. Auflage, Köln 2004.

Haase, F., in: Haase, F./Becker, K., (Hrsg.) [zit.: AStG, 2016]: Außensteuergesetz, Doppelbesteuerungsabkommen, 3. Auflage, Heidelberg/Hamburg 2016, Einl. MA.

Haase, F. [zit.: IStR 2004]: Neuere Überlegungen zur sogenannten Schlussbesteuerung im Rahmen grenzüberschreitender Sitzverlegungen, in: IStR 2004, S. 232-236.

Haase, F. [zit.: IStR 2015]: Forderungen an die künftige Steuerpolitik im deutschen internationalen Steuerrecht, in: IStR 2015, S. 313-319.

Haase, F./Becker, K. (Hrsg.) [zit.: Haase, AStG, 2016]: Außensteuergesetz, Doppelbesteuerungsabkommen, 3. Auflage, Heidelberg/Hamburg 2016.

Haase, F./Steierberg, D. [zit.: IWB 2014]: Personengesellschaften im internationalen Kontext, in: IWB 2014, S. 4-12.

Häck, N. [zit.: IStR 2015]: Wegzugsbesteuerung bei Vererbung und Schenkung von Kapitalgesellschaftsanteilen im steuerlichen Privat- und Betriebsvermögen, in: IStR 2015, S. 267-274.

Haendel, R. [zit.: IStR 2017]: Treaty Override – verfassungsrechtlich zulässig, aber im Einzelfall nicht anwendbar?, in: IStR 2017, S. 436-442.

Hageböke, J. [zit.: Ubg 2011]: Sind alle Umwandlungen "Veräußerungen"? – Kritische Anmerkungen zur neuen Ausgangsthese der Finanzverwaltung im UmwStAE, in: Ubg 2011, S. 689-704.

Hahn, H. [zit.: IStR 2011]: Treaty Overriding sine ira et studio, in: IStR 2011, S. 863-870.

Hamminger, A., in: Debatin, H./Wassermeyer, F./Korn, R./Dietz, G., (Hrsg.) [zit.: Doppelbesteuerung]: Doppelbesteuerung, Kommentar zu allen deutschen Doppelbesteuerungsabkommen, München, Stand: 01/2013, Art. 7 DBA Schweiz.

Haritz, D./Menner, S. (Hrsg.) [zit.: Haritz/Menner, UmwStG, 2015]: Umwandlungssteuergesetz, Kommentar, 4. Auflage, München 2015.

Hechtner, F. [zit.: NWB 2014]: Steuerpolitischer Endspurt des Gesetzgebers: Selbstanzeige und JStG, in: NWB 2014, S. 3872-3877.

Heinicke, W., in: Schmidt, L. [zit.: EStG, 2018]: Einkommensteuergesetz, Kommentar, 37. Auflage, München 2018, § 4g EStG.

Heinlein, M./Euchner, A. [zit.: BB 2016]: Das Anwendungsschreiben zu § 50i Abs. 2 EStG – zugleich das Ende der faktischen Umstrukturierungs- und Nachfolgesperre?, in: BB 2016, S. 795-800.

Hemmelrath, A., in: Vogel, K./Lehner, M. [zit.: DBA, 2015]: Doppelbesteuerungsabkommen der Bundesrepublik Deutschland auf dem Gebiet der Steuern vom Einkommen und Vermögen, Kommentar auf der Grundlage der Musterabkommen, 6. Auflage, München 2015, Art. 7 OECD-MA.

Hennrichs, J., in: Tipke, K./Lang, J. [zit.: Steuerrecht, 2015]: Steuerrecht, 22. Auflage, Köln 2015, § 9.

Hennrichs, J. [zit.: StuW 2002]: Dualismus der Unternehmensbesteuerung aus gesellschaftsrechtlicher und steuersystematischer Sicht, in: StuW 2002, S. 201-216.

Herbst, C. [zit.: Entstrickung, 2011]: Die Entstrickung stiller Reserven unter besonderer Berücksichtigung des Gesetzes über steuerliche Begleitmaßnahmen zur Einführung der Europäischen Gesellschaft und zur Änderung weiterer steuerrechtlicher Vorschriften (SEStEG), Frankfurt 2011.

Herlinghaus, A., in: Rödder, T./Herlinghaus, A./van Lishaut, I. [zit.: UmwStG, 2013]: Umwandlungssteuergesetz, Kommentar, 2. Auflage, Köln 2013, § 20 UmwStG.

Herrmann, **C./Heuer**, **G./Raupach**, **A.** (Hrsg.) [zit.: Herrmann/Heuer/Raupach, EStG/KStG]: Einkommensteuer- und Körperschaftsteuergesetz, Kommentar, Köln, Stand: 12/2017.

Herzig, **N./Dautzenberg**, **N.** [zit.: BFuP 1993]: Fusionsrichtlinie und Mutter-Tochter-Richtlinie, in: BFuP 1993, S. 473-486.

Herzig, **N./Dautzenberg**, **N./Heyeres**, **R.** [zit.: DB 1991 Beilage Heft Nr. 12]: System und Schwächen der Fusionsrichtlinie, in: DB 1991 Beilage Heft Nr. 12, S. 1-19.

Herzig, **N./Griemla**, **S.** [zit.: StuW 2002]: Steuerliche Aspekte der Europäischen Aktiengesellschaft/Societas Europaea (SE), in: StuW 2002, S. 55-77.

Heurung, **R.**, in: Erle, B./Sauter, T., (Hrsg.) [zit.: KStG, 2010]: Körperschaftsteuergesetz, Die Besteuerung der Kapitalgesellschaft und ihrer Anteilseigner, 3. Auflage, Heidelberg 2010, Einführung EStG.

Heurung, **R./Engel**, **B./Thiedemann**, **B.** [zit.: EWS 2011]: Die Entstrickungsbesteuerung im Lichte des Europarechts, in: EWS 2011, S. 228-234.

Heurung, **R./Engel**, **B./Thiedemann**, **B.** [zit.: DK 2012]: Umwandlungen und Organschaft – Anmerkungen zum Umwandlungssteuererlass vom 11.11.2011, in: DK 2012, S. 16-27.

Heurung, **R./Schmidt**, **S./Berhorst**, **F.** [zit.: GmbHR 2016]: Die GmbH-Gesellschafter im Lichte der deutschen Entstrickungsbesteuerung, in: GmbHR 2016, S. 1009-1015.

Hey, **J.**, in: Tipke, K./Lang, J. [zit.: Steuerrecht, 2015]: Steuerrecht, 22. Auflage, Köln 2015, § 3.

Hey, **J.**, in: Tipke, K./Lang, J. [zit.: Steuerrecht, 2015]: Steuerrecht, 22. Auflage, Köln 2015, § 7.

Hey, **J.**, in: Tipke, K./Lang, J. [zit.: Steuerrecht, 2015]: Steuerrecht, 22. Auflage, Köln 2015, § 8.

Hey, **J.** [zit.: Harmonisierung, 1997]: Harmonisierung der Unternehmensbesteuerung in Europa, Ein Vorschlag unter Auswertung des Ruding-Berichts und der US-amerikanischen "integration debate", Köln 1997.

Hey, **J.** [zit.: DStJG 24, 2001]: Besteuerung von Unternehmensgewinnen und Rechtsformneutralität, in: Deutsche Steuerjuristische Gesellschaft e.V.: Besteuerung von Einkommen, Bd. Nr. 24, herausgegeben im Auftrag der deutschen steuerjuristischen Gesellschaft e.V von Ebling, I., Köln 2001.

Hey, **J.** [zit.: Steuerplanungssicherheit, 2002]: Steuerplanungssicherheit als Rechtsproblem, Köln 2002.

Hey, J. [zit.: IWB 2004/1 Fach 3, Gruppe 1]: Das Territorialitätsprinzip als theoretische Grundlage der beschränkten Steuerpflicht, in: IWB 2004/1 Fach 3, Gruppe 1, S. 2003-2016.

Hey, J. [zit.: BB 2007]: Verletzung fundamentaler Besteuerungsprinzipien durch die Gegenfinanzierungsmaßnahmen des Unternehmensteuerreformgesetzes 2008, in: BB 2007, S. 1303-1309.

Hey, J. [zit.: NJW 2007]: Wird die Gesetzesverkündung wieder zum Maß des Vertrauensschutzes?, in: NJW 2007, S. 408-411.

Hey, J. [zit.: StuW 2008]: Spezialgesetzliche Missbrauchsgesetzgebung aus steuersystematischer, verfassungs- und europarechtlicher Sicht, in: StuW 2008, S. 167-183.

Hey, J. [zit.: DStJG 33, 2010]: Steuergesetzgebung und Typologie zum Gestaltungsmissbrauch, in: Deutsche Steuerjuristische Gesellschaft e.V.: Gestaltungsfreiheit und Gestaltungsmissbrauch im Steuerrecht, Bd. Nr. 34, herausgegeben im Auftrag der deutschen Steuerjuristischen Gesellschaft e.V. von Hüttemann, R., Köln 2010.

Heydt, V. [zit.: Bestandsaufnahme, 2004]: Das DBA-Diskriminierungsverbot – Eine Bestandsaufnahme der Verwaltungspraxis, in: Haarmann, W./ Hemmelrath, A.: Auslegung und Anwendung von Doppelbesteuerungsabkommen, 1. Auflage, Köln 2004.

Hoffmann, W.-D. [zit.: DB 2008]: Aufgabe der Theorie der finalen Entnahme in der BFH-Rechtsprechung, in: DB 2008, S. 2286-2287.

Hofmeister, F. [zit.: FS Wassermeyer, 2005]: Sind die Rechtsfolgen des § 12 Abs. 1 KStG mit Art. 43, 48 EG-Vertrag vereinbar?, in: Gocke, R./ Gosch, D.: Körperschaftsteuer, Internationales Steuerrecht, Doppelbesteuerung, Festschrift für Franz Wassermeyer zum 65. Geburtstag, München 2005.

Hölscher, S. [zit.: Geschäftsleitung, 2012]: Die grenzüberschreitende Verlegung der Geschäftsleitung, Ertragsteuerliche Chancen und Risiken für Kapitalgesellschaften, Berlin 2012.

Homburg, S. [zit.: Steuerlehre, 2015]: Allgemeine Steuerlehre, 7. Auflage, München 2015.

Höreth, U./Stelzer, B. [zit.: DStZ 2013]: Ende gut – alles gut? Das JStG 2013 endlich in trockenen Tüchern, in: DStZ 2013, S. 455-461.

Hörster, R. [zit.: NWB 2013]: Neuregelungen durch das Amtshilferichtlinie-Umsetzungsgesetz, in: NWB 2013, S. 1967-1976.

Hruschka, F. [zit.: DStR 2014]: Das neue BMF-Schreiben zur Anwendung von DBA auf Personengesellschaften, in: DStR 2014, S. 2421-2427.

Hruschka, F. [zit.: IStR 2014]: Das neue BMF-Schreiben zur Anwendung von DBA auf Personengesellschaften, in: IStR 2014, S. 785-790.

Hruschka, F. [zit.: StbJb 2013/2014, 2014]: Die Wegzugsbesteuerung und der neue § 50i EStG, in: Fachinstitut der Steuerberater e.V.: Steuerberater-Jahrbuch 2013/2014, herausgegeben im Auftrag des Fachinstituts der Steuerberater e.V. von Rödder, T./ Günkel, M., Köln 2014.

Hundsdoerfer, J./Kiesewetter, D./Sureth, C. [zit.: ZfB 2008]: Forschungsergebnisse in der Betriebswirtschaftlichen Steuerlehre – eine Bestandsaufnahme, in: ZfB 2008, S. 61-139.

Huster, S. [zit.: Rechte und Ziele, 1993]: Rechte und Ziele, Zur Dogmatik des allgemeinen Gleichheitssatzes, Berlin 1993.

IFA (Hrsg.) (Hrsg.) [zit.: Recognition, 1988]: Recognition of foreign enterprises as taxable entities, Rotterdam 1988.

IFA (Hrsg.) (Hrsg.) [zit.: Personengesellschaften, 1995]: Internationale Einkommensteuerprobleme bei Personengesellschaften, Rotterdam 1995.

Ismer, R., in: Herrmann, C./Heuer, G./Raupach, A. [zit.: EStG/KStG]: Einkommensteuer- und Körperschaftsteuergesetz, Kommentar, Köln, Stand: 10/2017, Einführung zum EStG.

Ismer, R., in: Vogel, K./Lehner, M. [zit.: DBA, 2015]: Doppelbesteuerungsabkommen der Bundesrepublik Deutschland auf dem Gebiet der Steuern vom Einkommen und Vermögen, Kommentar auf der Grundlage der Musterabkommen, 6. Auflage, München 2015, Artikel 23B OECD-MA 2014.

Jachmann, M. [zit.: DStJG 23, 2000]: Besteuerung von Unternehmen als Gleichheitsproblem —Unterschiedliche Behandlung von Rechtsformen, Einkunftsarten, Werten und Steuersubjekten im Ertrag- und Erbschaftsteuerrecht, in: Deutsche Steuerjuristische Gesellschaft e.V.: Europa- und verfassungsrechtliche Grenzen der Unternehmensbesteuerung, Bd. Nr. 23, herausgegeben im Auftrag der deutschen Steuerjuristischen Gesellschaft e.V. von Pelka, J., Köln 2000.

Jachmann, M. [zit.: Steuergesetzgebung, 2000]: Steuergesetzgebung zwischen Gleichheit und wirtschaftlicher Freiheit, Verfassungsrechtliche Grundlagen und Perspektiven der Unternehmensbesteuerung, Stuttgart 2000.

Jacobs, D. [zit.: Personengesellschaften, 2011]: Internationale Besteuerung von mittelständischen Unternehmen in der Rechtsform von Personengesellschaften, Besteuerungsprobleme und Auswirkungen auf die betriebliche Standortwahl, Lohmar/Köln 2011.

Jacobs, O. H. [zit.: StuW 2004]: Stand und Entwicklungstendenzen der Betriebswirtschaftlichen Steuerlehre, in: StuW 2004, S. 251-259.

Jacobs, O. H. [zit.: Unternehmensbesteuerung, 2016]: Internationale Unternehmensbesteuerung, Deutsche Investitionen im Ausland – Ausländische Investitionen im Inland, 8. Auflage, München 2016.

Jakom (Hrsg.) [zit.: Jakom, EStG, 2017]: Einkommensteuergesetz 2017, EStG-Jahreskommentar, 10. Auflage, Wien 2017.

Jarass, H. D., in: Jarass, H. D./Pieroth, B. [zit: GG, 2016]: Grundgesetz für die Bundesrepublik Deutschland, Kommentar, München 2016, Art. 14.

Jarass, H. D./Pieroth, B. [zit.: Jarass/Pieroth, GG, 2016]: Grundgesetz für die Bundesrepublik Deutschland, Kommentar, 14. Auflage, München 2016.

Jehl-Magnus, M. [zit.: NWB 2016]: Entschärfung der Lex Porsche in Inlandsfällen?, in: NWB 2016, S. 1284-1292.

Jehl-Magnus, M. [zit.: NWB 2017]: Änderungen im Internationalen Steuerrecht durch das Anti-BEPS-Umsetzungsgesetz I, in: NWB 2017, S. 179-189.

Jochimsen, C. [zit.: ISR 2016]: Anmerkung: § 50d Abs. 8 Satz 1 des Einkommensteuergesetzes in der Fassung des Zweiten Gesetzes zur Änderung steuerlicher Vorschriften vom 15.12.2003 (Steueränderungsgesetz 2003, BGBl. I, 2645) ist mit dem Grundgesetz vereinbar, in: ISR 2016, S. 126-128.

Jüttner, S. [zit.: Kapitalgesellschaft, 2009]: Übertragung einer Kapitalgesellschaft aus steuerlicher Sicht – Ein steuerlicher Vorteilhaftigkeitsvergleich zwischen Share Deal und Asset Deal, Wiesbaden 2009.

Kahle, H. [zit.: Ertragsbesteuerung, 1996]: Die Ertragsbesteuerung der Beteiligung an einer US-Limited Partnership, Stuttgart 1996.

Kahle, H. [zit.: RIW 1996]: Die Veräußerung der Beteiligung an einer US-Partnership durch einen beschränkt steuerpflichtigen Gesellschafter, in: RIW 1996, S. 319-323.

Kahle, H. [zit.: RIW 1997]: Einkommensteuerliche Einflußgrößen der Vertragsgestaltung zwischen einer US-Partnership und einem deutschen Gesellschafter, in: RIW 1997, S. 319-323.

Kahlenberg, C. [zit.: Ubg 2014]: Der neue Entwurf des BMF-Schreibens zur Anwendung von DBA auf Personengesellschaften, in: Ubg 2014, S. 231-239.

Kalbitzer, J. [zit.: Wegzugsbesteuerung, 2011]: Wegzugsbesteuerung nach § 6 AStG, Betriebswirtschaftliche Analyse und Gestaltungsempfehlungen, Frankfurt a.M./Bern etc. 2011.

Kaminski, B., in: Strunk, G./Kaminski, B./Köhler, S. [zit.: AStG/DBA]: Außensteuergesetz, Doppelbesteuerungsabkommen, Kommentar, Bonn, Stand: 03/2015, § 6 AStG.

Kaminski, B./Strunk, G. [zit.: Steuern, 2006]: Steuern in der internationalen Unternehmenspraxis, Grundlagen – Auswirkungen – Beispiele, 1. Auflage, Wiesbaden 2006.

Kanduth-Kristen, S., in: Jakom [zit.: öEStG, 2017]: Jakom Einkommensteuergesetz 2017, EStG-Jahreskommentar, Wien 2017, § 24.

Kania, B./Raible, H.-P. [zit.: Großbritannien, 2013]: Steuerstandort Großbritannien, Grundlagen und Praxis des britischen Steuerrechts, Wiesbaden 2013.

Kavcic, C. [zit.: Entscheidungsneutralität, 2014]: Entscheidungsneutralität in der deutschen Unternehmensbesteuerung – Fortentwicklungsansätze basierend auf dem Modell der Stiftung Marktwirtschaft, Wuppertal 2014.

Kellersmann, D./Treisch, C./Lampert, S./ Heinemann, D. [zit.: Unternehmensbesteuerung, 2013]: Europäische Unternehmensbesteuerung, 2. Auflage, Wiesbaden 2013.

Kesselmeyer, B. [zit.: Partnership, 2000]: Die Partnership im US-Steuerrecht (federal), Unter Berücksichtigung der Beteiligung deutscher Partner, Aachen 2000.

Kessens, F., in: Schnitger, A./Fehrenbacher, O. [zit.: KStG, 2012]: Kommentar Körperschaftsteuer, 1. Auflage, Wiesbaden 2012, § 12 KStG.

Kessens, F. M. [zit.: Überführung, 2009]: Die Besteuerung der grenzüberschreitenden Überführung von Wirtschaftsgütern, Frankfurt am Main u. a. 2009.

Kessler, W./Huck, F. [zit.: StuW 2005]: Grenzüberschreitender Transfer von Betriebsvermögen, in: StuW 2005, S. 193-215.

Kessler, W./Philipp, M. [zit.: DStR 2012]: Rechtssache National Grid Indus BV – Ende oder Bestätigung der Entstrickungsbesteuerung?, in: DStR 2012, S. 267-272.

Kessler, W./Winterhalter, H./Huck, F. [zit.: DStR 2007]: Überführung und Rückführung von Wirtschaftsgütern: Die Ausgleichspostenmethode des §§ 4g EStG, in: DStR 2007, S. 133-137.

Kindl, J., in: Kindl, J./Meller-Hannich, C./Wolf, H.-J. [zit.: ZPO/ZVG, 2016]: Gesamtes Recht der Zwangsvollstreckung, ZPO, ZVG, Nebengesetze, Europäische Regelungen, Kosten, Handkommentar, 3. Auflage, Baden-Baden 2016, § 803 ZPO.

Kindl, J./Meller-Hannich, C./Wolf, H.-J. [Kindl/Meller-Hannich/Wolf, ZPO, 2016]: Gesamtes Recht der Zwangsvollstreckung, ZPO, ZVG, Nebengesetze, Europäische Regelungen, Kosten; Handkommentar, 3. Auflage, Baden-Baden 2016.

Kingreen, T./Poscher, R. [Kingreen/Poscher, Grundrechte Staatsrecht II, 2018]: Grundrechte Staatsrecht II, 34. Auflage, Heidelberg 2018.

Kirchhof, P., in: Kirchhof, P./Söhn, H./Mellinghoff, R. [zit.: EStG]: Einkommensteuergesetz, Kommentar, Heidelberg, Stand: 05/2002, § 2 EStG.

Kirchhof, P. [zit.: VVDStRL 39 (1981)]: Besteuerung und Eigentum, in: VVDStRL 39 (1981), S. 213-280.

Kirchhof, P. [zit.: StuW 1985]: Der verfassungsrechtliche Auftrag zur Besteuerung nach der finanziellen Leistungsfähigkeit, in: StuW 1985, S. 319-329.

Kirchhof, P. [zit.: Steuerreform, 1997]: Verfassungsrechtlich Gebotenes, demokratisch Erwünschtes und politisch Machbares in der Steuerreform, in: Rose, G.: Standpunkte zur aktuellen Steuerreform, Vorträge des Zweiten Heidelberger Steuerkongresses 1997, Heidelberg 1997.

Kirchhof, P. [zit.: Verfassungsstaat, 2000]: Besteuerung im Verfassungsstaat, Tübingen 2000.

Kirchhof, P. [zit.: Bundessteuergesetzbuch, 2011]: Bundessteuergesetzbuch, Ein Reformentwurf zur Erneuerung des Steuerrechts, Heidelberg u.a. 2011.

Kirchhof, P. (Hrsg.) [zit.: Kirchhof, EStG, 2015]: Einkommensteuergesetz, Kommentar, 14. Auflage, Köln 2015.

Kirchhof, P. (Hrsg.) [zit.: Kirchhof, EStG, 2017]: Einkommensteuergesetz, Kommentar, 16. Auflage, Köln 2017.

Kirchhof, P./Offerhaus, K./ Schöberle, H. (Hrsg.) [zit.: FS Klein, 1994]: Steuerrecht, Verfassungsrecht, Finanzpolitik, Festschrift für Franz Klein, Köln 1994.

Kirchhof, P./Söhn, H./ Mellinghoff, R. (Hrsg.) [zit.: Kirchhof/Söhn/Mellinghoff, EStG]: Einkommensteuergesetz, Kommentar, Heidelberg, Stand: 02/2018.

Kirchmayr-Schliesselberger, S., in: Förster, J./Mennel, A. [zit.: Steuern]: Steuern in Europa, Amerika und Asien, Herne, Stand: 06/2016, Österreich.

Klingberg, D./van Lishaut, I. [zit.: DK 2005]: Die Internationalisierung des Umwandlungssteuerrechts, in: DK 2005, S. 698-723.

Kluge, V. [zit.: Steuerrecht, 2000]: Das internationale Steuerrecht, Gemeinschaftsrecht, Außensteuerrecht, Abkommensrecht, 4. Auflage, München 2000.

Knobbe-Keuk, B. [zit.: DStR 1985]: Besteuerung stiller Reserven mit und ohne Gewinnrealisierung, in: DStR 1985, S. 494-498.

Knobbe-Keuk, B. [zit.: Bilanz- und Unternehmenssteuerrecht, 1993]: Bilanz- und Unternehmenssteuerrecht, 9. Auflage, Köln 1993.

Koch, D. [zit.: BB 2008]: Bilanzierung und Gewinnrealisierung bei Einbringung einer 100%igen Beteiligung in eine ausländische Betriebsstätte, in: BB 2008, S. 2450-2452.

Köhler, S. [zit.: IStR 2010]: Grenzüberschreitende Outbound-Verschmelzung und Sitzverlegung vor dem Hintergrund der jüngsten BFH-Rechtsprechung, in: IStR 2010, S. 337-344.

Köhler, S. [zit.: ISR 2014]: Ent- statt Verstrickungsbesteuerung: § 50i EStG – Nach der Änderung ist vor der Änderung?!, in: ISR 2014, S. 317-324.

Köhler, S. [zit.: ISR 2016]: BMF-Schreiben zu § 50i Abs. 2 EStG als unbillige Billigkeitslösung?– Der Gesetzgeber bleibt gefordert, in: ISR 2016, S. 73-86.

Kolb, A., in: Förster, J./Mennel, A. [zit.: Steuern]: Steuern in Europa, Amerika und Asien, Herne, Stand: 09/2017, Schweiz.

Kolbe, S., in: Herrmann, C./Heuer, G./Raupach, A. [zit.: EStG/KStG]: Einkommensteuer- und Körperschaftsteuergesetz, Kommentar, Köln, Stand: 01/2017, § 12 KStG.

Korn, C. [zit.: IStR 2009]: Grenzen des Einflusses innerstaatlichen Rechts auf die Anwendung von Doppelbesteuerungsabkommen, in: IStR 2009, S. 641-645.

Korn, K. (Hrsg.) [zit.: Korn, EStG]: Einkommensteuergesetz, Kommentar, Bonn, Stand: 01/2018.

Körner, A. [zit.: IStR 2009]: Ent- und Verstrickung, in: IStR 2009, S. 741-750.

Körner, A. [zit.: IStR 2010]: Neue Erkenntnisse zu Ent- und Verstrickung, Kurze Replik zu Mitschke, IStR 2010, 95 ff., in: IStR 2010, S. 208-210.

Kraft, C. [zit.: SteuerStud 1993]: Die Erleichterung der internationalen Unternehmensreorganisation durch die EG-Fusionsrichtlinie, in: SteuerStud 1993, S. 434-440.

Kraft, G./Ungemach, M. [zit.: DStZ 2016]: Überlegungen zu den Implikationen des "Treaty Override-Beschlusses" des BVerfG vom 15.12.2015 auf § 50i EStG, in: DStZ 2016, S. 884-892.

Kramer, J.-D. [zit.: DB 2007]: Noch einmal: Der Ausgleichsposten nach § 4g EStG, in: DB 2007, S. 2338-2344.

Kramer, J.-D. [zit.: DB 2008]: Die bilanzielle Behandlung der Entstrickungsbesteuerung nach § 4 Abs. 1 Satz 3 EStG und nach § 12 Abs. 1 KStG, in: DB 2008, S. 433-434.

Krawitz, N./Büttgen-Pohland, D./Hick, C. [zit.: FR 2003]: Aktivitätsvorbehalte bei Einkünften aus ausländischen Kapitalgesellschaften und Betriebsstätten, in: FR 2003, S. 109-127.

Krawitz, N./Kalbitzer, J. [zit.: Übernahme, 2008]: Die Übernahme des beizulegenden Zeitwertes von zu Handelszwecken erworbenen Finanzinstrumenten in die Steuerbilanz, in: Schmiel, U./ Breithecker, V.: Steuerliche Gewinnermittlung nach dem Bilanzrechtsmodernisierungsgesetz, Berlin 2008.

Krawitz, N./Kalbitzer, J. [zit.: FS Schaumburg, 2009]: Der internationale Erb- und Schenkungsfall als Auslöser der Wegzugsbesteuerung, in: Spindler, W./ Tipke, K.: Steuerzentrierte Rechtsberatung, Festschrift für Harald Schaumburg zum 65. Geburtstag, Köln 2009.

Krawitz, N./Wagener, A. [zit.: Theorie, 1997]: Theorie der Besteuerung aus volks- und betriebswirtschaftlicher Sicht, in: Pfingsten, A.: Betriebs- und Volkswirtschaftslehre: Geschwisterliebe und Familienzwist, München 1997.

Krebs, H.-J. [zit.: ZGR 1992]: Die Fusions-Richtlinie als Grundlage eines europäischen Umwandlungssteuerrechts und ihre Umsetzung in der Bundesrepublik Deutschland, in: ZGR 1992, S. 346-358.

Kroschel, J. [zit.: Federal Income Tax, 2000]: Die Federal Income Tax der Vereinigten Staaten von Amerika, Düsseldorf 2000.

Krüger, W./Rauscher, T. (Hrsg.) [zit.: Krüger/Rauscher, ZPO, 2016]: Münchener Kommentar zur Zivilprozessordnung, Mit Gerichtsverfassungsgesetz und Nebengesetzen, 5. Auflage, München 2016.

Kudert, S./Hagemann, T./Kahlenberg, C. [zit.: IWB 2014]: Anwendung von DBA auf Personengesellschaften, in: IWB 2014, S. 892-902.

Kudert, S./Kahlenberg, C./Mroz, K. [zit.: ISR 2013]: Inhalt und Stellenwert des neuen § 50i EStG, in: ISR 2013, S. 365-371.

Kudert, S./Kahlenberg, C./Mroz, K. [zit.: ISR 2014]: Umfassende Verschärfung von § 50i EStG im Rahmen des „Kroatiengesetzes", in: ISR 2014, S. 257-265.

Kuhr, J. [zit.: Unternehmensbesteuerung, 2013]: Grundsätze europäischer Unternehmensbesteuerung, Wiesbaden 2013.

Kulosa, E., in: Schmidt, L. [zit.: EStG, 2018: Einkommensteuergesetz, Kommentar, 37. Auflage, München 2018, § 6 EStG.

Kunig, P. [zit.: Rechtsstaatsprinzip, 1986]: Das Rechtsstaatsprinzip, Überlegungen zu seiner Bedeutung für das Verfassungsrecht der Bundesrepublik Deutschland, Tübingen 1986.

Kußmaul, H. [zit.: StuW 1995]: Die Betriebswirtschaftliche Steuerlehre als steuerliche Betriebswirtschaftslehre, in: StuW 1995, S. 3-14.

Kußmaul, H./Schwarz, C. [zit.: Ubg 2016]: Steuerrechtliche Grundlagen zum Phänomen des treaty overriding – Einordnung und gesetzliche Regelungen – Gerichtliche Äußerungen und Würdigung, in: Ubg 2016, S. 464-468.

Lademann, F./Söffing, G. (Hrsg.) [zit.: Lademann, EStG]: Kommentar zum Einkommensteuergesetz, Stuttgart, Stand: 11/2017.

Lampert, S., in: Gosch, D./Bauschatz, P. [zit.: KStG, 2015]: Körperschaftsteuergesetz, Kommentar, 3. Auflage, München 2015, § 12 KStG.

Lang, F./Benz, S. [zit.: StbJb 2014/2015, 2015]: Der verschärfte § 50i EStG, in: Fachinstitut der Steuerberater e.V.: Steuerberater-Jahrbuch 2014/2015: herausgegeben im Auftrag des Fachinstituts der Steuerberater e.V. von Günkel, M./ Rödder, T. Köln 2015.

Lang, J. [zit.: Bemessungsgrundlage, 1988]: Die Bemessungsgrundlage der Einkommensteuer, Rechtssystematische Grundlagen steuerlicher Leistungsfähigkeit im deutschen Einkommensteuerrecht, Köln 1993.

Lang, J. (Hrsg.) [zit.: FS Tipke, 1995]: Die Steuerrechtsordnung in der Diskussion, Festschrift für Klaus Tipke zum 70. Geburtstag, Köln 1995.

Lang, J. [zit.: WPg 1998]: Verfassungsrechtliche Zulässigkeit rückwirkender Steuergesetze, in: WPg 1998, S. 163-174.

Lang, J. [zit.: FS Kruse, 2001]: Konkretisierungen und Restriktionen des Leistungsfähigkeitsprinzips, in: Drenseck, W./ Seer, R.: Festschrift für Heinrich Wilhelm Kruse zum 70. Geburtstag, Köln 2001.

Lang, J. [zit.: DStJG 24, 2001]: Prinzipien und Systeme der Besteuerung von Einkommen, in: Deutsche Steuerjuristische Gesellschaft e.V.: Besteuerung von Einkommen, Bd. Nr. 24, herausgegeben im Auftrag der deutschen Steuerjuristischen Gesellschafte e.V. von Ebling, I., Köln 2001.

Lang, J./Eilfort, M. [zit.: Strukturreform, 2013]: Strukturreform der deutschen Ertragsteuern, Bericht über die Arbeit und Entwürfe der Kommission "Steuergesetzbuch" der Stiftung Marktwirtschaft, Reinbek 2013.

Lausterer, M. [zit.: Wegzugsbesteuerung, 2007]: Die neue Wegzugsbesteuerung, in: Blumenberg, J./ Schäfer, K. P.: Das SEStEG, Steuer- und gesellschaftsrechtliche Erläuterungen und Gestaltungshinweise, München 2007.

Lehner, M., in: Vogel, K./Lehner, M. [zit.: DBA, 2015]: Doppelbesteuerungsabkommen der Bundesrepublik Deutschland auf dem Gebiet der Steuern vom Einkommen und Vermögen, Kommentar auf der Grundlage der Musterabkommen, 6. Auflage, München 2015, Art. 25 OECD-MA.

Lehner, M., in: Vogel, K./Lehner, M. [zit.: DBA, 2015]: Doppelbesteuerungsabkommen der Bundesrepublik Deutschland auf dem Gebiet der Steuern vom Einkommen und Vermögen, Kommentar auf der Grundlage der Musterabkommen, 6. Auflage, München 2015, Grundlagen.

Lehner, M. [zit.: IStR 2012]: Treaty Override im Anwendungsbereich des § 50d EStG, in: IStR 2012, S. 389-404.

Lehner, M. [zit.: IStR 2016]: Treaty Override ist nicht verfassungswidrig, in: IStR 2016, S. 217-220.

Lehner, M./Reimer, E. [zit.: IStR 2005]: Generalthema I: Quelle versus Ansässigkeit – Wie sind die grundlegenden Verteilungsprinzipien des Internationalen Steuerrechts austariert?, in: IStR 2005, S. 542-551.

Leibholz, G./Rinck, H.-J./Hesselberger, D. [zit.: Art. 3 GG, 2006]: Grundgesetz für die Bundesrepublik Deutschland, Kommentar Rechtsprechung des Bundesverfassungsgerichts, Köln, Stand: 11/2017.

Leisner-Egensperger, A. [zit.: IStR 2014]: DBA-Auslegung unter Rückgriff auf nationales Recht, in: IStR 2014, S. 10-16.

Lendewig, C./Jaschke, J. [zit.: StuB 2011]: Die Erneuerung der allgemeinen Entstrickungsvorschriften durch das JStG 2010, in: StuB 2011, S. 90-97.

Lenski, E./Steinberg, W./Sarrazin, V./ Stäuber, H.-W. (Hrsg.) [zit.: Lenski/Steinberg, GewStG]: Kommentar zum Gewerbesteuergesetz, Köln, Stand: 12/2017.

Lenz, M., in: Erle, B./Sauter, T., (Hrsg.) [zit.: KStG, 2010]: Körperschaftsteuergesetz, Die Besteuerung der Kapitalgesellschaft und ihrer Anteilseigner, 3. Auflage, Heidelberg 2010, § 12 KStG.

Levedag, C., in: Prinz, U. [zit.: Umwandlungen, 2013]: Umwandlungen im Internationalen Steuerrecht, 1. Auflage, Köln 2013, Kapitel 11 Transfer von Einzelwirtschaftsgütern im Internationalen Steuerrecht.

Levedag, C. [zit.: GmbHR 2013]: Einbringung und Einlage von Privatvermögen in vermögensverwaltende und gewerbliche Personengesellschaften, in: GmbHR 2013, S. 243-252.

Liekenbrock, B., in: Flick, H./Wassermeyer, F./Baumhoff, H./Schönfeld, J., (Hrsg.) [zit.: Außensteuerrecht]: Außensteuerrecht Kommentar, Außensteuergesetz, Außensteuerrechtliche Vorschriften des Einkommensteuergesetzes und des Körperschaftsteuergesetzes, Köln, Stand: 10/2017, § 50i EStG.

Liekenbrock, B. [zit.: IStR 2013]: „Steuerfreie“ Entstrickung oder § 50i EStG? Besteuerung von Personengesellschaften mit ausländischen Gesellschaftern nach dem AmthilfeRLUmsG, in: IStR 2013, S. 690-699.

Liekenbrock, B. [zit.: DStR 2015]: Beseitigung des § 50i EStG-Problems durch qualifizierten Anteilstausch, in: DStR 2015, S. 1535-1541.

Liekenbrock, B. [zit.: DB 2016]: § 50i-Schreiben und seine Auswirkungen auf Einbringungs- und Umwandlungsvorgänge, in: DB 2016, S. 436-442.

Liekenbrock, B. [zit.: DStR 2016]: Entschärfung von § 50i EStG durch das Anti-BEPS-Gesetz!?, in: DStR 2016, S. 2609-2616.

Liekenbrock, B. [zit.: DStR 2017]: § 50i EStG reloaded! Was ist nun zu tun?, in: DStR 2017, S. 177-183.

Liekenbrock, B. [zit.: ISR 2017]: Neuer § 50i Abs. 2 EStG und Aufhebung des Billigkeitserlasses vom 21.12.2015, in: ISR 2017, S. 115-117.

Locher, P., in: Locher, P., (Hrsg.) [zit.: DBG, 2001]: Art. 1-48 DBG, allgemeine Bestimmungen, Besteuerung der natürlichen Personen, Therwil/Basel 2001, Art. 10.

Locher, P., in: Locher, P., (Hrsg.) [zit.: DBG, 2001]: Art. 1-48 DBG, allgemeine Bestimmungen, Besteuerung der natürlichen Personen, Therwil/Basel 2001, Art. 32.

Locher, P. [zit.: DBG, 2001]: Art. 1-48 DBG, allgemeine Bestimmungen, Besteuerung der natürlichen Personen, Teil 1, 1. Auflage, Therwil/Basel 2001.

Lohmar, O. [zit.: FR 2013]: Aktuelle Fragen umwandlungssteuerlicher Entstrickung, in: FR 2013, S. 591-599.

Loose, T./Wittkowski, A. [zit.: IStR 2011]: Folgen der aktuellen BFH-Rechtsprechung zu gewerblich geprägten Personengesellschaften für Wegzugsfälle nach § 6 AStG, in: IStR 2011, S. 68-71.

Loschelder, F., in: Schmidt, L. [zit.: EStG, 2018]: Einkommensteuergesetz, Kommentar, 37. Auflage, München 2018, § 4 EStG.

Loschelder, F., in: Schmidt, L. [zit.: EStG, 2018]: Einkommensteuergesetz, Kommentar, 37. Auflage, München 2018, § 50i EStG.

Loukota, H. [zit.: SWI 2005]: Das DBA-Diskriminierungsverbot – Eine Bestandsaufnahme der Verwaltungspraxis, in: SWI 2005, S. 56-66.

Lüdicke, J. [zit.: Lüdicke, Internationales Steuerrecht, 2011]: Internationales Steuerrecht – Aufbruch oder Konsolidierung?, Berlin/Köln 2011.

Lüdicke, J. [zit.: StbJb 2013/2014, 2014]: Die Wegzugsbesteuerung und der neue § 50i EStG, in: Fachinstitut der Steuerberater e.V.: Steuerberater-Jahrbuch 2013/2014, herausgegeben im Auftrag des Fachinstituts der Steuerberater e.V. von Günkel, M./ Rödder, T., Köln 2014.

Lüdicke, J. [zit.: FR 2015]: Gedanken zu § 50i EStG, in: FR 2015, S. 128-134.

Maier, A., in: Schneider, N./Ruoff, C. [zit.: Umwandlungssteuer-Erlass, 2012]: Umwandlungssteuer-Erlass 2011, Kurzkommentierung mit Beraterhinweisen, 1. Auflage, Köln 2012, § 3 UmwStG.

Maiterth, R. [zit.: StuW 2005]: Der Einfluss der Besteuerung auf die internationale Wettbewerbsfähigkeit von Unternehmen, in: StuW 2005, S. 47-60.

Marchal, H., in: Herrmann, C./Heuer, G./Raupach, A. [zit.: EStG/KStG]: Einkommensteuer- und Körperschaftsteuergesetz, Kommentar, Köln, Stand: 04/2016, § 6b EStG.

Maunz, S./Dürig, G./Herzog, R. (Hrsg.) [zit.: Maunz/Dürig, GG]: Grundgesetz, Kommentar, München, Stand: 09/2017.

Maywald, A./Miethe, N., in: Förster, J./Mennel, A. [zit.: Steuern]: Steuern in Europa, Amerika und Asien, Herne, Stand: 11/2017, USA.

Meilicke, W. [zit.: GmbHR 2009]: Einbringung: Überführung von Wirtschaftsgütern in eine ausländische Betriebsstätte – Anwendung der Grundsätze des BFH-Urt. v. 17.7.2008 – I R 77/06 – in: GmbHR 2009, S. 783-784.

Mitschke, W. [zit.: IStR 2012]: National Grid Indus – Ein Phyrrussieg für die Gegner der Sofortversteuerung? Zugleich eine Erwiderung auf Körner, in diesem Heft S. 1, in: IStR 2012, S. 6-12.

Mitschke, W. [zit.: FR 2008]: Aufgabe der „finalen Entnahmetheorie“, in: FR 2008, S. 1144-1146.

Mitschke, W. [zit.: FR 2009]: Nochmals: Aufgabe der „finalen Entnahmetheorie“ – Nachlese zum BFH-Urteil – I R 77/06, FR 2008, 1149 (BFH-Urteil – I R 77/06, FR 2008, 1149), in: FR 2009, S. 326-331.

Mitschke, W. [zit.: IStR 2010]: Entstrickung und Verstrickung – BFH I R 77/06 und § 4 Absatz 1 Satz 3 EStG – Kurze Erwiderung auf Körner, IStR 2009, 741 ff., in: IStR 2010, S. 95-97.

Mitschke, W. [zit.: DStR 2011]: Das Treaty Override zur Verhinderung einer Keinmalbesteuerung aus Sicht der Finanzverwaltung, in: DStR 2011, S. 2221-2229.

Mitschke, W. [zit.: FR 2013]: Grenzüberschreitende Sondervergütungen bei PersGes und gewerblich geprägte PersGes im internationalen Steuerrecht nach dem AmtshilfeRL-UmsG, in: FR 2013, S. 694-699.

Mitschke, W. [zit.: DStR 2016]: Anmerkung: Treaty Override verfassungsgemäß, in: DStR 2016, S. 376-377.

Mittermaier, J. E., in: Wassermeyer, F./Richter, S./Schnittker, H. [zit.: Personengesellschaften im IStR, 2015]: Personengesellschaften im Internationalen Steuerrecht, 2. Auflage, Köln 2015, Kapitel 29.

Mittermaier, J. E. [zit.: Verhältnis, 1999]: Besteuerung von Personengesellschaften im Verhältnis USA – Deutschland, Heidelberg 1999.

Möbus, S. [zit.: US-Limited Liability Company, 2001]: Ausgewählte Besteuerungsfragen und Gestaltungsmöglichkeiten bei der Beteiligung an einer US-Limited Liability Company, Baden-Baden 2001.

Morgenthaler, G. [zit.: IStR 2000]: Steueroasen und deutsche Hinzurechnungsbesteuerung – Zur Deutung der §§ 7 ff. AStG -, in: IStR 2000, S. 289-295.

Mroz, K. [zit.: FR 2016]: Neufassung des § 50i EStG als Reaktion des Gesetzgebers auf Problembereiche des BMF-Schreibens zur Anwendung des § 50i Abs. 2 EStG, in: FR 2016, S. 933-939.

Mroz, K. [zit.: SWI 2017]: Die Betriebsaufspaltung über die Grenze, in: SWI 2017, S. 414-422.

Muckel, S. [zit.: JA 1994]: Die Rückwirkung von Gesetzen in der neueren Rechtsprechung des Bundesverfassungsgerichts, in: JA 1994, S. 13-16.

Müller, C. [zit.: Besteuerung, 2012]: Besteuerung stiller Reserven bei Auslandsbezug im Spannungsfeld zwischen Verfassung, Abkommens- und Europarecht, Zu ausgewählten Entstrickungsregelungen nach dem SEStEG, Baden-Baden 2012.

Müller, P./Schreiber, S. [zit.: Umstrukturierungen, 2016]: § 2 – Umstrukturierungen von Personenunternehmungen, in: Zweifel/Beusch: Umstrukturierungen, Basel 2016.

Müller, T. [zit.: DB 2017]: Verstoß gegen Unionsrecht bei unterschiedlicher Behandlung der Übertragung eines Betriebs auf eine inländische und eine ausländische Gesellschaft, in: DB 2017, S. 96.

Müller-Gatermann, G., in: Lüdicke, J. [zit.: Internationales Steuerrecht, 2011]: Internationales Steuerrecht – Aufbruch oder Konsolidierung?, Berlin/Köln 2011.

Müller-Thomczik, S. [zit.: Entstrickung, 2015]: Umwandlungsbedingte Entstrickung, Eine interdisziplinäre Analyse im abkommens- und europarechtlichen Kontext anhand ausgewählter Verschmelzungskonstellationen innerhalb der EU, Lohmar 2015.

Musgrave, R. A./Musgrave, P. B./Kullmer, L. [zit.: Theorie, 1993], Die öffentlichen Finanzen in Theorie und Praxis, Band Nr. 2, 5. Auflage, Tübingen 1993.

Musil, A., in: Herrmann, C./Heuer, G./Raupach, A. [zit.: EStG/KStG]: Einkommensteuer- und Körperschaftsteuergesetz, Kommentar, Köln, Stand: 07/2015, § 2 EStG.

Musil, A., in: Herrmann, C./Heuer, G./Raupach, A. [zit.: EStG/KStG]: Einkommensteuer- und Körperschaftsteuergesetz, Kommentar, Köln, Stand: 06/2016, § 4 EStG.

Musil, A. [zit.: Treaty Overriding, 2000]: Deutsches Treaty Overriding und seine Vereinbarkeit mit europäischem Gemeinschaftsrecht, Berlin 2000.

Musil, A. [zit.: RIW 2006]: Spielräume des deutschen Gesetzgebers bei der Verhütung grenzüberschreitender Steuerumgehung, in: RIW 2006, S. 287-294.

Musil, A. [zit.: FR 2011]: Die Ergänzung des Entstrickungstatbestands durch § 4 Abs. 1 Satz 4 EStG – Herrscht nun endlich Klarheit? (§ 4 Abs. 1 Satz 4 EStG), in: FR 2011, S. 545-551.

Musil, A. [zit.: FR 2016]: Treaty Override nach der Entscheidung des BVerfG, FR 2016, 326, in: FR 2016, S. 297-302.

Musil, A./Volmering, B. [zit.: DB 2008]: Systematische, verfassungsrechtliche und europarechtliche Probleme der Zinsschranke, in: DB 2008, S. 3-16.

Neumann-Tomm, A., in: Lademann, F./Söffing, G. [zit.: EStG]: Kommentar zum Einkommensteuergesetz, Stuttgart, Stand: 08/2017, § 50i EStG.

OECD (Hrsg.): Model Tax Convention on Income and on Capital 2014, Paris 2014.

OECD (Hrsg.): Talente im Ausland, Ein Bericht über deutsche Auswanderer, Paris 2015.

Oellerich, I., in: Gosch, D. [zit.: AO]: Abgabenordnung, Finanzgerichtsordnung, Bonn, Stand: 08/2017, § 2 AO.

Ortmann-Babel, M./Bolik, A./Zöller, D. [zit.: DB 2014]: Steuerliche Neuregelungen durch das "Kroatiengesetz", in: DB 2014, S. 1570-1579.

Ortmann-Babel, M./Gauß, H. O. [zit.: DB 2015]: Steueränderungsgesetz 2015 verabschiedet, in: DB 2015, S. 2470-2476.

Painter, T. [zit.: DStR 2013]: Das Gesetz zur Umsetzung der Amtshilferichtlinie sowie zur Änderung steuerlicher Vorschriften im Überblick, in: DStR 2013, S. 1629-1646.

Papier, H.-J., in: Maunz, S./Dürig, G./Herzog, R. [zit.: GG, Kommentar]: Grundgesetz, Kommentar, München, Stand: 07/2010s, Art. 14.

Papier, H.-J. [zit.: DStR 2007]: Steuerrecht im Wandel – verfassungsrechtliche Grenzen der Steuerpolitik, in: DStR 2007, S. 973-978.

Pareto, V. [zit.: Manuale, 1919]: Manuale di economia politica con una introduzione alla scienza sociale, Band Nr. 13, Piccola biblioteca scientifica, Milano 1919.

Patt, J., in: Dötsch, E./Patt, J./Pung, A./Möhlenbrock, R. [zit.: UmwStR, 2012]: Umwandlungssteuerrecht, Umstrukturierung von Unternehmen, Verschmelzung, Spaltung, Formwechsel, Einbringung; Rechtsstand: Umwandlungssteuererlass 2011, Stuttgart 2012, § 24 UmwStG.

Patt, J. [zit.: EStB 2014]: Umstrukturierung gewerblich infizierter / geprägter Personengesellschaften, in: EStB 2014, S. 377-382.

Payandeh, M. [zit.: JöR 2009]: Völkerrechtsfreundlichkeit als Verfassungsprinzip, in: JöR 2009, S. 465-502.

Payandeh, M. [zit.: NJW 2016]: Grenzen der Völkerrechtsfreundlichkeit, in: NJW 2016, S. 1279-1282.

Pezzer, H.-J. [zit.: FS Tipke, 1995]: Rechtfertigung der Körperschaftsteuer und ihre Entwicklung zu einer allgemeinen Unternehmensteuer, in: Lang, J./ Tipke, K.: Die Steuerrechtsordnung in der Diskussion, Festschrift für Klaus Tipke zum 70. Geburtstag, Köln 1995.

Pezzer, H.-J. [zit.: DStJG 20, 1997]: Rechtfertigung und Rechtsnatur der Körperschaftsteuer, in: Deutsche Steuerjuristische Gesellschaft e.V.: Besteuerung der GmbH und ihrer Gesellschafter, Grundfragen des Körperschaftsteuerrechts, Bd. Nr. 20, herausgegeben im Auftrag der deutschen Steuerjuristischen Gesellschafte e.V. von Widmann, S., Köln 1997.

Pfingsten, A. (Hrsg.) [zit.: Familienzwist, 1997]: Betriebs- und Volkswirtschaftslehre: Geschwisterliebe und Familienzwist, München 1997.

Pfirrmann, V., in: Blümich, W. [zit.: EStG/KStG/GewStG]: Einkommensteuergesetz, Körperschaftsteuergesetz, Gewerbesteuergesetz, Kommentar, München, Stand: 08/2017, § 12 KStG.

Pieroth, B. [zit.: JZ 1984]: Die neuere Rechtsprechung des Bundesverfassungsgerichts zum Grundsatz des Vertrauensschutzes, in: JZ 1984, S. 971-978.

Pleyer, M. [zit.: NJW 2001]: Der BFH als Wegbereiter des dispositionsbezogenen Rückwirkungsbegriffs, in: NJW 2001, S. 1985-1986.

Pohl, C., in: Blümich, W. [zit.: EStG/KStG/GewStG]: Einkommensteuergesetz, Körperschaftsteuergesetz, Gewerbesteuergesetz, Kommentar, München, Stand: 01/2018, § 50i EStG.

Pohl, C. [zit.: IStR 2013]: Die „vermögensverwaltende" Personengesellschaft im Abkommensrecht – Rechtsänderungen durch den neuen § 50i EStG, in: IStR 2013, S. 699-703.

Pohl, C. [zit.: ISR 2014]: Treaty Override im deutschen Steuerrecht – Bestandsaufnahme und Perspektive, in: ISR 2014, S. 158-163.

Pohl, D. [zit.: JbFfSt 2007/2008, 2007]: Deutschland, ein Auswanderungsland?, in: Arbeitsgemeinschaft der Fachanwälte für Steuerrecht e.V.: Jahrbuch der Fachanwälte für Steuerrecht 2007/2008, herausgegeben im Auftrag der Arbeitsgemeinschaft der Fachanwälte für Steuerrecht e.V. von Grundmann, K., Herne 2007.

Pöllath, R./Lohbeck, A., in: Vogel, K./Lehner, M. [zit.: DBA, 2015]: Doppelbesteuerungsabkommen der Bundesrepublik Deutschland auf dem Gebiet der Steuern vom Einkommen und Vermögen, Kommentar auf der Grundlage der Musterabkommen, 6. Auflage, München 2015, Art. 11 OECD-MA.

Pöllath, R./Lohbeck, A., in: Vogel, K./Lehner, M. [zit.: DBA, 2015]: Doppelbesteuerungsabkommen der Bundesrepublik Deutschland auf dem Gebiet der Steuern vom Einkommen und Vermögen, Kommentar auf der Grundlage der Musterabkommen, 6. Auflage, München 2015, Art. 12 OECD-MA.

Postlewaite, P. F./Donaldson, S. A. [zit.: Taxation, 2003]: International Taxation, 4th ed., Durham (N.C.) 2003.

Prinz, U. [zit.: GmbHR 2007]: "Teilwegzug" von Unternehmen in das europäische Ausland, in: GmbHR 2007, S. 966-972.

Prinz, U. [zit.: GmbHR 2012]: Steuerliches Entstrickungskonzept – gelungen oder reparaturbedürftig?, in: GmbHR 2012, S. 195-199.

Prinz, U. [zit.: DB 2013]: Der neue § 50i EStG: Grenzüberschreitende "Gepräge-KG" zur Verhinderung einer Wegzugsbesteuerung, in: DB 2013, S. 1378-1382.

Prinz, U. (Hrsg.) [zit.: Prinz, Umwandlungen, 2013]: Umwandlungen im Internationalen Steuerrecht, Köln 2013.

Prinz, U. [zit.: GmbHR 2014]: Hochproblematische Verschärfung der „§ 50i EStG -Entstrickungsregelung" im Kroatien-Anpassungsgesetz, in: GmbHR 2014, S. R241-R242.

Quantschnigg, P./Schuch, W. [zit.: Einkommensteuer-Handbuch, 1993]: Einkommensteuer-Handbuch, Einkommensteuergesetz 1988 samt Kommentierung und Durchführungsverordnungen, Wien 1993.

Rätke, B., in: Herrmann, C./Heuer, G./Raupach, A. [zit.: EStG/KStG]: Einkommensteuer- und Körperschaftsteuergesetz, Kommentar, Köln, Stand: 08/2017, § 15 EStG.

Rehfeld, L., in: Herrmann, C./Heuer, G./Raupach, A. [zit.: EStG/KStG]: Einkommensteuer- und Körperschaftsteuergesetz, Kommentar, Köln, Stand: 05/2017, § 50i EStG.

Reimer, E., in: Schaumburg, H./Englisch, J., (Hrsg.) [zit.: Europäisches Steuerrecht, 2015]: Europäisches Steuerrecht, 1. Auflage, Köln 2015, Kapitel 7 Diskriminierungs- und Beschränkungsverbote im direkten Steuerrecht.

Reimer, E. [zit.: IStR 2004]: Der deutsche Nationalbericht zum IFA-Kongress 2005 in Buenos Aires, Generalthema I: Quelle und Ansässigkeit – Neuausrichtung der Prinzipien, in: IStR 2004, S. 816-818.

Reiner, J. [zit.: Einkünftefeststellung, 1994]: Einkünftefeststellung bei Personengesellschaften, Der materiellrechtliche Bezug des § 188 BAO, Wien 1994.

Reiter, P. [zit.: Besteuerung, 2011]: Besteuerung stiller Reserven nach § 4 Abs. 1 Satz 3 EStG, Vereinbarkeit mit Verfassungs-, Europa- und Abkommensrecht, Frankfurt a.M. 2011.

Reiter, P. [zit.: IStR 2012]: Entstrickung durch Abschluss oder Revision eines DBA, in: IStR 2012, S. 357-362.

Reusch, K. M. [zit.: Bilanzsteuerrecht, 2002]: Das Bilanzsteuerrecht der Vereinigten Staaten von Amerika, Vergleichende Untersuchung und Analyse der Eignung für eine Übernahme in das deutsche Steuerrecht, Wiesbaden 2002.

Richter, S. [zit.: FR 2010]: Einzelfragen internationaler Personengesellschaften im Abkommensrecht, in: FR 2010, S. 544-555.

Rief, R. [zit.: Kapitalverkehrsteuerrecht, 1995]: Das neue Kapitalverkehrsteuerrecht und die Rechtsprechung des EuGH, Wien 1995.

Rödder, T., in: Rödder, T./Herlinghaus, A./van Lishaut, I. [zit.: UmwStG, 2013]: Umwandlungssteuergesetz, Kommentar, 2. Auflage, Köln 2013, Einführung in das Umwandlungssteuerrecht.

Rödder, T. [zit.: BB 1988 Beilage 19 zu Heft 34]: Steuerplanungslehre und steuerliche Gestaltungsfindung, in: BB 1988 Beilage 19 zu Heft 34, S. 1-11.

Rödder, T. [zit.: DStR 2004]: Deutsche Unternehmensbesteuerung im Visier des EuGH, in: DStR 2004, S. 1629-1634.

Rödder, T. [zit.: DStJG 33, 2010]: Steuergestaltung aus Sicht der Beratungspraxis, in: Deutsche Steuerjuristische Gesellschaft e.V.: Gestaltungsfreiheit und

Gestaltungsmissbrauch im Steuerrecht, Bd. Nr. 34, herausgegeben im Auftrag der deutschen Steuerjuristischen Gesellschaft e.V. von, Hüttemann, R., Köln 2010.

Rödder, T. [zit.: DB 2015]: Der neue § 50i EStG muss entschärft werden!, in: DB 2015, S. 1422-1431.

Rödder, T./Herlinghaus, A./van Lishaut, I. (Hrsg.) [zit.: Rödder/Herlinghaus/van Lishaut, UmwStG, 2013]: Umwandlungssteuergesetz, Kommentar, 2. Auflage, Köln 2013.

Rödder, T./Kuhr, J./Heimig, M. [zit.: Ubg 2014]: § 50 i EStG-Strukturen nach dem „Kroatiengesetz" – warum massive Kollateralschäden drohen, in: Ubg 2014, S. 477-488.

Rödder, T./Schumacher, A. [zit.: DStR 2006]: Das kommende SEStEG – Teil I: Die geplanten Änderungen des EStG, KStG und AStG, Der Regierungsentwurf eines Gesetzes über steuerliche Begleitmaßnahmen zur Einführung der Europäischen Gesellschaft und zur Änderung weiterer steuerrechtlicher Vorschriften, in: DStR 2006, S. 1481-1494.

Rödder, T./Schumacher, A. [zit.: DStR 2007]: Das SEStEG – Überblick über die endgültige Fassung und die Änderungen gegenüber dem Regierungsentwurf, in: DStR 2007, S. 369-377.

Roderburg, G./Richter, T. [zit.: IStR 2015]: Offene Fragen und Probleme bei der Anwendung des § 50i EStG i.d.F. des Kroatiengesetzes, in: IStR 2015, S. 227-236.

Rose, G. [zit.: StuW 1985]: Überlegungen zur Steuergerechtigkeit aus betriebswirtschaftlicher Sicht, in: StuW 1985, S. 330-344.

Rose, G. [zit.: Steuerlehre, 1992]: Betriebswirtschaftliche Steuerlehre, Eine Einführung für Fortgeschrittene, 3. Auflage, Wiesbaden 1992.

Rose, G. [zit.: Steuerrecht, 2004]: Internationales Steuerrecht, Doppelbesteuerung, internationale Minderbesteuerung, Unternehmensaktivitäten im Ausland, Grundlagen zur betriebswirtschaftlichen Steuerlehre, 6. Auflage, Berlin 2004.

Rose, M. (Hrsg.) [zit.: Neuordnung, 1991]: Konsumorientierte Neuordnung des Steuersystems, Berlin/New York 1991.

Rose, M. [zit.: Steuersystem, 1991]: Plädoyer für ein konsumbasiertes Steuersystem, in: Rose, M.: Konsumorientierte Neuordnung des Steuersystems, Berlin/New York 1991.

Rose, M. (Hrsg.) [zit.: Standpunkte, 1997]: Standpunkte zur aktuellen Steuerreform, Vorträge des Zweiten Heidelberger Steuerkongresses 1997, Heidelberg 1997.

Roser, F., in: Lenski, E./Steinberg, W./Sarrazin, V./Stäuber, H.-W. [zit.: GewStG]: Kommentar zum Gewerbesteuergesetz, Köln, Stand: 03/2017, § 7 GewStG.

Roser, F./Hamminger, A., in: Grotherr, S./Abele, S. [zit.: Handbuch der internationalen Steuergestaltung, 2011]: Handbuch der internationalen Steuerplanung, 3. Auflg., Herne 2011.

Rupp, T., in: Haase, F./Becker, K. [zit.: AStG, 2016]: Außensteuergesetz, Doppelbesteuerungsabkommen, 3. Auflage, Heidelberg/Hamburg 2016, § 20 AStG.

Rupp, T. [zit.: Entstrickung, 2007]: Haufe Steuer Office Gold online, Internationales Steuerrecht: Wegzugsbesteuerung und sonstige Fälle der Steuerentstrickung – 1.3.1 Entstrickung von Wirtschaftsgütern, HI1711702, Stand: 28.03.2007.

Ruppe, H. G. [zit.: Behandlung, 1982]: Die grundstücksverwaltende Kommanditgesellschaft und ihre steuerliche Behandlung, Wien 1982.

Ruppe, H. G./Gallob, K. [zit.: IStR 1993]: Die neue Zinsbesteuerung in Österreich, in: IStR 1993, S. 164-166.

Rust, A., in: Vogel, K./Lehner, M. [zit.: DBA, 2015]: Doppelbesteuerungsabkommen der Bundesrepublik Deutschland auf dem Gebiet der Steuern vom Einkommen und Vermögen, Kommentar auf der Grundlage der Musterabkommen, 6. Auflage, München 2015, Art. 24 OECD-MA.

Rust, A. [zit.: IStR 2004]: Diskriminierungsverbote verbieten Diskriminierungen!, in: IStR 2004, S. 391-396.

Rust, A./Reimer, E. [zit.: IStR 2005]: Treaty Override im deutschen Internationalen Steuerrecht, in: IStR 2005, S. 843-849.

Salvi, I. [zit.: Nationalbericht Schweiz, 1995]: Nationalbericht Schweiz, in: IFA: Internationale Einkommensteuerprobleme bei Personengesellschaften, Rotterdam 1995.

Salzmann, S. [zit.: IWB 2013]: Weitere Treaty Overrides aufgrund des. AmtshilfeRLUmsG, in: IWB 2013, S. 405-411.

Salzmann, S. [zit.: IWB 2014]: „Nachbesserung" des § 50i EStG, in: IWB 2014, S. 782-786.

Sarrazin, V., in: Lenski, E./Steinberg, W./Sarrazin, V./Stäuber, H.-W. [zit.: GewStG]: Kommentar zum Gewerbesteuergesetz, Köln, Stand: 03/2017, § 2 GewStG.

Sarrazin, V., in: Lenski, E./Steinberg, W./Sarrazin, V./Stäuber, H.-W. [zit.: GewStG]: Kommentar zum Gewerbesteuergesetz, Köln, Stand: 03/2015, § 5 GewStG.

Schaumburg, H., in: Schaumburg, H. [zit.: Internationales, 2017]: Internationales Steuerrecht, Außensteuerrecht, Doppelbesteuerungsrecht, Köln 2017, Kapitel 1 Begriff des Internationalen Steuerrechts.

Schaumburg, H., in: Schaumburg, H. [zit.: Internationales, 2017]: Internationales Steuerrecht, Außensteuerrecht, Doppelbesteuerungsrecht, Köln 2017, Kapitel 3 Rechtsquellen des Internationalen Steuerrechts.

Schaumburg, H., in: Schaumburg, H. [zit.: Internationales, 2017]: Internationales Steuerrecht, Außensteuerrecht, Doppelbesteuerungsrecht, Köln 2017, Kapitel 4 Gleichbehandlungsgebote und Diskriminierungsverbote im Internationalen Steuerrecht.

Schaumburg, H., in: Schaumburg, H. [zit.: Internationales, 2017]: Internationales Steuerrecht, Außensteuerrecht, Doppelbesteuerungsrecht, Köln 2017, Kapitel 6 Einkommensteuer.

Schaumburg, H., in: Schaumburg, H. [zit.: Internationales, 2017]: Internationales Steuerrecht, Außensteuerrecht, Doppelbesteuerungsrecht, Köln 2017, Kapitel 15 Begriff der Doppelbesteuerung.

Schaumburg, H. [zit.: DB 2000]: Rückwirkung und Planungssicherheit im Steuerrecht, in: DB 2000, S. 1884-1891.

Schaumburg, H. [zit.: StuW 2000]: Systemdefizite im internationalen Steuerrecht, in: StuW 2000, S. 369-375.

Schaumburg, H. [zit.: DB 2005]: Außensteuerrecht und europäische Grundfreiheiten, in: DB 2005, S. 1129-1137.

Schaumburg, H. (Hrsg.) [zit.: Schaumburg, Internationales, 2017]: Internationales Steuerrecht, Außensteuerrecht, Doppelbesteuerungsrecht, 4. Auflage, Köln 2011.

Schaumburg, H./Englisch, J. (Hrsg.) [zit.: Englisch/Schaumburg, Europäisches Steuerrecht, 2015]: Europäisches Steuerrecht, 1. Auflage, Köln 2015.

Schaumburg, H./von Freeden, A., in: Schaumburg, H. [zit.: Internationales, 2017]: Internationales Steuerrecht, Außensteuerrecht, Doppelbesteuerungsrecht, Köln 2017, Kapitel 7 Körperschaftsteuer.

Schaumburg, H./von Freeden, A., in: Schaumburg, H. [zit.: Internationales, 2017]: Internationales Steuerrecht, Außensteuerrecht, Doppelbesteuerungsrecht, Köln 2017, Kapitel 9 Gewerbesteuer.

Schmidt, C. [zit.: DStR 2010]: Sondervergütungen auf Abkommensebene – Was nun, Finanzverwaltung und Gesetzgeber?, in: DStR 2010, S. 2436-2441.

Schmidt, L. [zit.: Schmidt, EStG, 2018]: Einkommensteuergesetz, Kommentar, 37., völlig neubearbeitete Auflage, München 2018.

Schmidt, R., in: Herrmann, C./Heuer, G./Raupach, A. [zit.: EStG/KStG]: Einkommensteuer- und Körperschaftsteuergesetz, Kommentar, Köln, Stand: 09/2017, § 17 EStG.

Schmidtmann, D. [zit.: Hinzurechnungsbesteuerung, 2007]: Hinzurechnungsbesteuerung bei internationalen Umstrukturierungen, Berlin 2007.

Schmiel, U. [zit.: Problematik, 2007]: Zur Problematik einer theoretisch fundierten steuerlichen Gewinnermittlung, Ilmenau 2007.

Schmiel, U./ Breithecker, V. (Hrsg.) [zit.: Gewinnermittlung, 2008]: Steuerliche Gewinnermittlung nach dem Bilanzrechtsmodernisierungsgesetz, Berlin 2008.

Schnapp, F. E. [zit.: JZ 2011]: Unbegrenzte Nachbesserung von Gesetzen bei unklarer und verworrener Rechtslage?, in: JZ 2011, S. 1125-1133.

Schneeloch, D. [zit.: FS Bareis, 2005]: Gedanken zum Stand und zum Selbstverständnis der Betriebswirtschaftlichen Steuerlehre, in: Siegel, T./ Kirchhof, P.: Steuertheorie, Steuerpolitik und Steuerpraxis, Festschrift für Peter Bareis zum 65. Geburtstag, Stuttgart 2005.

Schneider, D. [zit.: ZfbF 1969]: Korrekturen zum Einfluss der Besteuerung auf die Investitionen, in: ZfbF 1969, S. 297-325.

Schneider, D. [zit.: DStJG 5, 1982]: Rechtssichere Gesetzesanwendung und Steuerplanung, in: Deutsche Steuerjuristische Gesellschaft e.V.: Grenzen der Rechtsfortbildung durch Rechtsprechung und Verwaltungsvorschriften im Steuerrecht, Bd. Nr. 5, herausgegeben im Auftrag der deutschen Steuerjuristischen Gesellschaf e.V. von Tipke, K., Köln 1982.

Schneider, D. [zit.: Steuerlast, 2002]: Steuerlast und Steuerwirkung, Einführung in die steuerliche Betriebswirtschaftslehre, Berlin/Boston 2002.

Schneider, D. [zit.: FS Bareis, 2005]: Vertikale Gerechtigkeit wider Rechtsformneutralität und Lebenseinkommensbesteuerung, in: Siegel, T./ Kirchhof, P.: Steuertheorie, Steuerpolitik und Steuerpraxis, Festschrift für Peter Bareis zum 65. Geburtstag, Stuttgart 2005.

Schneider, D./Rückle, D./ Küpper, H.-U. (Hrsg.) [zit.: FS Siegel, 2005]: Kritisches zu Rechnungslegung und Unternehmensbesteuerung, Festschrift zur Vollendung des 65. Lebensjahres von Theodor Siegel, Berlin 2005.

Schneider, N./Oepen, W. [zit.: FR 2009]: Finale Entnahme, Sicherstellung stiller Reserven und Entstrickung, in: FR 2009, S. 22-29.

Schneider, N./Ruoff, C. [zit.: Schneider/Ruoff/Sistermann, Umwandlungssteuer-Erlass 2011, 2012]: Umwandlungssteuer-Erlass 2011, Kurzkommentierung mit Beraterhinweisen, Köln 2012.

Schnitger, A. [zit.: BB 2004]: Verstoß der Wegzugsbesteuerung (§ 6 AStG) und weiterer Entstrickungsnormen des deutschen Ertragsteuerrechts gegen die Grundfreiheiten des EG-Vertrags, in: BB 2004, S. 804-813.

Schnitger, A. [zit.: Entstrickung, 2013]: Die Entstrickung im Steuerrecht, IFSt-Schrift Nr. 487, Berlin 2013.

Schnitger, A. [zit.: IStR 2017]: Weitere Maßnahmen zur BEPS-Gesetzgebung in Deutschland, in: IStR 2017, S. 214-226.

Schnitger, A./Fehrenbacher, O. [zit.: Schnitger/Fehrenbacher, KStG, 2012]: Kommentar Körperschaftsteuer, 1. Auflage, Wiesbaden 2012.

Schnitger, A./Rometzki, S. [zit.: FR 2006]: Ausländische Umwandlungen und ihre Folgen bei inländischen Anteilseignern, in: FR 2006, S. 845-856.

Schnittker, H. [zit.: FR 2015]: Der neue § 50i Abs. 2 EStG – „Umgehungsvermeidungstatbestand" oder „Bereichsausnahme" für gewerblich geprägte oder infizierte Personengesellschaften?, in: FR 2015, S. 134-142.

Schnittker, H./Haselmann, J., in: Wassermeyer, F./Richter, S./Schnittker, H. [zit.: Personengesellschaften im IStR, 2015]: Personengesellschaften im Internationalen Steuerrecht, 2. Auflage, Köln 2015, Kapitel 14.

Schön, W. [zit.: Zukunft, 2005]: Eine Zukunft für das Maßgeblichkeitsprinzip, in: Schön, W.: Steuerliche Maßgeblichkeit in Deutschland und Europa, Köln 2005.

Schön, W. (Hrsg.) [zit.: Maßgeblichkeit, 2005]: Steuerliche Maßgeblichkeit in Deutschland und Europa, Köln 2005.

Schönfeld, J. [zit.: IStR 2011]: Keine „Wegzugsbesteuerung" bei Wegzug mit einer Beteiligung an einer gewerblich geprägten Personengesellschaft zugleich ergänzende Überlegungen zu Loose/Wittkowski, IStR 2011, 68 –, in: IStR 2011, S. 142-145.

Schönfeld, J./Ditz, X./Bourseaux, C. [zit.: Schönfeld/Ditz/Bourseaux, DBA, 2013]: Doppelbesteuerungsabkommen, Kommentar, Köln 2013.

Schreiber, U. [zit.: FS Siegel, 2005]: Duale Einkommensteuer und Besteuerung der Unternehmen, in: Schneider, D./ Rückle, D.: Kritisches zu Rechnungslegung und Unternehmensbesteuerung, Festschrift zur Vollendung des 65. Lebensjahres von Theodor Siegel, Berlin 2005.

Schuchter-Mang, Y., in: Wassermeyer, F./Richter, S./Schnittker, H. [zit.: Personengesellschaften im IStR, 2015]: Personengesellschaften im Internationalen Steuerrecht, 2. Auflage, Köln 2015, Kapitel 26.

Schulz, A./Petersen, S. [zit.: DStR 2002]: Die Europa-AG: Steuerlicher Handlungsbedarf bei Gründung und Sitzverlegung, in: DStR 2002, S. 1508-1517.

Schulz, S. [zit.: Harmonisierung, 2012]: Harmonisierung der steuerlichen Gewinnermittlung in der Europäischen Union, Band Nr. 320, Steuer, Wirtschaft und Recht, 1. Auflage, Lohmar 2012.

Schulze zur Wiesche, D. [zit.: BB 2013]: Grenzüberschreitende Betriebsaufspaltung, in: BB 2013, S. 2463-2468.

Schweizerische Steuerkonferenz SSK [zit.: Steuerinformationen, 2017]: Steuerinformationen, Bern 2017.

Schwenke, M. [zit.: DStZ 2007]: Europarechtliche Vorgaben und deren Umsetzung durch das SEStEG, in: DStZ 2007, S. 235-247.

Schwenke, M. [zit.: FR 2012]: Treaty override und kein Ende?, in: FR 2012, S. 443-450.

Seer, R., in: Tipke, K./Lang, J. [zit.: Steuerrecht, 2015]: Steuerrecht, 22. Auflage, Köln 2015, § 1.

Seer, R., in: Tipke, K./Lang, J. [zit.: Steuerrecht, 2015]: Steuerrecht, 22. Auflage, Köln 2015, § 6.

Seer, R. [zit.: DStJG 23, 2000]: Verfassungsrechtliche Grenzen der Gesamtbelastung von Unternehmen, in: Deutsche Steuerjuristische Gesellschaft e.V.: Europa- und verfassungsrechtliche Grenzen der Unternehmensbesteuerung, Bd. Nr. 23, herausgegeben im Auftrag der deutschen Steuerjuristischen Gesellschaft e.V. von Pelka, J., Köln 2000.

Seer, R. [zit.: FR 2017]: Verbindliche Auskunft, in: FR 2017, S. 161-169.

Selling, H.-J. [zit.: IStR 2000]: Deutschland im Steuerwettbewerb der Staaten, in: IStR 2000, S. 225-232.

Siegel, T. [zit.: FS Wagner, 2004]: System der Einkommensteuer und Rechtsformneutralität, in: Dirrigl, H./ Wellisch, D.: Steuern, Rechnungslegung und Kapitalmarkt, Festschrift für Franz W. Wagner zum 60. Geburtstag, Wiesbaden 2004.

Siegel, T./Kirchhof, P./Schneeloch, D./ Schramm, U. (Hrsg.) [zit.: FS Bareis, 2005]: Steuertheorie, Steuerpolitik und Steuerpraxis, Festschrift für Peter Bareis zum 65. Geburtstag, Stuttgart 2005.

Small, D. G. [zit.: IStR 1996]: USA – Das neue Wahlrecht zur Klassifizierung von Kapital- und Personengesellschaften, in: IStR 1996, S. 280-282.

Smith, A. [zit.: Wohlstand, 1974]: Der Wohlstand der Nationen, An inquiry into the nature and causes of the wealth of nations, München 1974.

Söffing, M./Micker, L. [zit.: Betriebsaufspaltung, 2016]: Die Betriebsaufspaltung, Formen, Voraussetzungen, Rechtsfolgen, 6. Auflage, Herne 2016.

Spindler, W. [zit.: DStJG 27, 2004]: Rückwirkung von Steuergesetzen, in: Deutsche Steuerjuristische Gesellschaft e.V.: Vertrauensschutz im Steuerrecht,

Bd. Nr. 27, herausgegeben im Auftrag der deutschen Steuerjuristischen Gesellschaft e.V. von Pezzer, H.-J., Köln 2004.

Spindler, W./Tipke, K./ Rödder, T. (Hrsg.) [zit.: Rechtsberatung, 2009]: Steuerzentrierte Rechtsberatung, Festschrift für Harald Schaumburg zum 65. Geburtstag, Köln 2009.

Stadler, R./Elser, T. [zit.: BB 2006 Special 8]: Der Regierungsentwurf des SEStEG: Einführung eines allgemeinen Entstrickungs- und Verstrickungstatbestandes und andere Änderungen des EStG, in: BB 2006 Special 8, S. 18-25.

Stangl, I., in: Rödder, T./Herlinghaus, A./van Lishaut, I. [zit.: UmwStG, 2013]: Umwandlungssteuergesetz, Kommentar, 2. Auflage, Köln 2013, § 22 UmwStG.

Stoll, G. [zit.: DStJG 4, 1981]: Gewinnrealisierung ohne Umsatzakt, in: Deutsche Steuerjuristische Gesellschaft e.V.: Gewinnrealisierung im Steuerrecht, Theorie und Praxis der Gewinnverwirklichung durch Umsatzakt und durch Steuerentstrickung, Bd. Nr. 4, herausgegeben im Auftrag der deutschen Steuerjuristischen Gesellschaft e.V. von Ruppe, H. G., Köln 1981.

Strahl, M. [zit.: Strahl, Problemfelder, 2009]: Ertragsteuern, Problemfelder der steuerlichen Beratung: Problemanalysen, Problemlösungen, Gestaltungen, 1. Auflage, Bonn 2009.

Strothenke, S. [zit.: StuB 2015]: Zur Anwendung von Doppelbesteuerungsabkommen auf Personengesellschaften und von § 50i EStG, in: StuB 2015, S. 181-186.

Strothenke, S. [zit.: StuB 2016]: Entstrickung von Wirtschaftsgütern und Wiederverstrickung durch § 50i Abs. 1 EStG, in: StuB 2016, S. 187-191.

Strunk, G./Kaminski, B./Köhler, S. [zit.: Strunk/Kaminski/Köhler, AStG/DBA]: Außensteuergesetz, Doppelbesteuerungsabkommen, Kommentar, Bonn, Stand: 12/2017.

Strunk, G./Wassermeyer, F./ Kaminski, B. (Hrsg.) [zit.: GS Krüger, 2006]: Unternehmensteuerrecht und Internationales Steuerrecht, Gedächtnisschrift für Dirk Krüger, Bonn u.a. 2006.

Suchanek, M./Herbst, C. [zit.: IStR 2007]: Auslegungsfragen zum DBA-USA: Die Zuordnung von Beteiligungen zum Betriebsstättenvermögen, in: IStR 2007, S. 620-627.

Thiel, J. [zit.: FR 2007]: Die steuerliche Behandlung von Fremdfinanzierungen im Unternehmen, in: FR 2007, S. 729-733.

Thiel, R. [zit.: StKRep 1968]: Die Gewinnverwirklichung – Ein rechtssystematischer Überblick über ihre Erscheinungsformen, in: StKRep 1968, S. 273-295.

Tichy, G. [zit.: Nationalbericht Österreich, 1988]: Nationalbericht Österreich, in: IFA: Recognition of foreign enterprises as taxable entities, Rotterdam 1988.

Tipke, K. [zit.: Steuerrechtsordnung, Band I, 2000]: Die Steuerrechtsordnung, Band I, 2. Auflage, Köln 2000.

Tipke, K./Kruse, H. W. [zit.: Tipke/Kruse, AO/FGO]: Abgabenordnung, Finanzgerichtsordnung, Kommentar zur AO 1977 und FGO (ohne Steuerstrafrecht), Köln, Stand: 02/2018.

Tipke, K./Lang, J. [zit.: Tipke/Lang, Steuerrecht, 2015]: Steuerrecht, 22., neu bearb. Auflage, Köln 2015.

Tippelhofer, M. [zit.: IStR 2013]: EG-Vertrag verbietet für 2005 nicht Treaty override, in: IStR 2013, S. 310-312.

Töben, T. [zit.: IStR 2013]: § 50i EStG n. F. – Fälle und Unfälle – Wegzugsbesteuerung nach neuen Regeln außerhalb des § 6 AStG, in: IStR 2013, S. 682-689.

Töben, T./Reckwardt, S. [zit.: FR 2007]: Entstrickung und Verstrickung privater Anteile an Kapitalgesellschaften, in: FR 2007, S. 159-172.

Tomsett, E. [zit.: United Kingdom, 1996]: United Kingdom, in: The international Guide to Partnerships, Amsterdam 1996.

Treisch, C. [zit.: SteuerStud 2000]: Entscheidungsneutralität der Besteuerung, in: SteuerStud 2000, S. 368-376.

Trinks, M./Frau, R. [zit.: IWB 2016]: Treaty Overrides sind verfassungsgemäß, in: IWB 2016, S. 308-312.

van Lishaut, I./Hannig, T. R. [zit.: FR 2016]: Zwangsrealisation nach § 50i Abs. 2 EStG wird durch BMF-Schreiben v. 21.12.2015, FR 2016, 96 entschärft, in: FR 2016, S. 50-57.

van Raad, C. (Hrsg.) [zit.: Partnerships, 1996]: The international Guide to Partnerships, Amsterdam 1996.

Vogel, K. [zit.: StuW 1974]: Bemerkungen zur Gewinnverwirklichung und Gewinnberichtigung im deutschen Außensteuerrecht, in: StuW 1974, S. 193-203.

Vogel, K. [zit.: StuW 1977]: Die Abschichtung der Rechtsfolgen im Steuerrecht, in: StuW 1977, S. 97-121.

Vogel, K. [zit.: JZ 1988]: Rechtssicherheit und Rückwirkung zwischen Vernunftrecht und Verfassungsrecht, in: JZ 1988, S. 833-839.

Vogel, K. [zit.: FS Klein, 1994]: Über "Besteuerungsrechte" und über das Leistungsfähigkeitsprinzip im Internationen Steuerrecht, in: Kirchhof, P./ Offerhaus, K.: Steuerrecht, Verfassungsrecht, Finanzpolitik, Festschrift für Franz Klein, Köln 1994.

Vogel, K. [zit.: DStZ 1997]: Internationales Steuerrecht, in: DStZ 1997, S. 269-281.

Vogel, K. [zit.: JZ 1997]: Wortbruch im Verfassungsrecht, in: JZ 1997, S. 161-167.

Vogel, K. [zit.: IStR 2005]: Völkerrechtliche Verträge und innerstaatliche Gesetzgebung, in: IStR 2005, S. 29-30.

Vogel, K./Lehner, M. [zit.: Vogel/Lehner, DBA, 2015]: Doppelbesteuerungsabkommen der Bundesrepublik Deutschland auf dem Gebiet der Steuern vom Einkommen und Vermögen, Kommentar auf der Grundlage der Musterabkommen, 6. Auflage, München 2015.

von Brocke, K./Rottenmoser, G. [zit.: SteuK 2013]: § 50i EStG und Wegzugsbesteuerung in Kürze zusammengefasst, in: SteuK 2013, S. 419-422.

von Oertzen, C./Blusz, P. [zit.: BB 2015]: Kautelarjuristischer Ausweg aus § 50i EStG-Unsicherheit bei der Unternehmensnachfolge?!, in: BB 2015, S. 283-287.

Vorwold, G. [zit.: StuW 2002]: "Cash"- versus "accrual"-Methode: Paradigmenwechsel des US-amerikanischen "tax accounting", in: StuW 2002, S. 235-247.

Voss, J. [zit.: Ungewissheit, 1992]: Ungewissheit im Steuerrecht, Formen, Konsequenzen, Massnahmen, Wiesbaden 1992.

Wacker, R., in: Schmidt, L. [zit.: EStG, 2018]: Einkommensteuergesetz, Kommentar, 37. Auflage, München 2018, § 15 EStG.

Wacker, R., in: Schmidt, L. [zit.: EStG, 2018]: Einkommensteuergesetz, Kommentar, 37. Auflage, München 2018, § 16 EStG.

Wagner, F. W. [zit.: DB 1974]: Zum gegenwärtigen Forschungsprogramm der betriebswirtschaftlichen Steuerlehre, in: DB 1974, S. 393-398.

Wagner, F. W. [zit.: FS Schneider, 1995]: Leitlinien steuerlicher Rechtskritik als Spiegelbetriebswirtschaftlicher Theoriegeschichte, in: Elschen, R./ Siegel, T.: Unternehmenstheorie und Besteuerung, Festschrift zum 60. Geburtstag von Dieter Schneider, Wiesbaden 1995.

Wagner, F. W. [zit.: StuW 2004]: Gegenstand und Methoden betriebswirtschaftlicher Steuerforschung, in: StuW 2004, S. 237-250.

Wassermeyer, F., in: Debatin, H./Wassermeyer, F./Korn, R./Dietz, G., (Hrsg.) [zit.: Doppelbesteuerung]: Doppelbesteuerung, Kommentar zu allen deutschen Doppelbesteuerungsabkommen, München, Stand: 10/2016, Vor Art. 1 MA.

Wassermeyer, F., in: Flick, H./Wassermeyer, F./Baumhoff, H./Schönfeld, J., (Hrsg.) [zit.: Außensteuerrecht]: Außensteuerrecht Kommentar, Außensteuergesetz, Außensteuerrechtliche Vorschriften des Einkommensteuergesetzes und des Körperschaftsteuergesetzes, Köln, Stand: 08/2016, § 6 AStG.

Wassermeyer, F., in: Debatin, H./Wassermeyer, F./Korn, R./Dietz, G., (Hrsg.) [zit.: Doppelbesteuerung]: Doppelbesteuerung, Kommentar zu allen deutschen Doppelbesteuerungsabkommen, München, Stand: 01/2014, Art. 1 MA.

Wassermeyer, F./Schwenke, M., in: Debatin, H./Wassermeyer, F./Korn, R./Dietz, G., (Hrsg.) [zit.: Doppelbesteuerung]: Doppelbesteuerung, Kommentar zu allen deutschen Doppelbesteuerungsabkommen, 131. Auflage, München, Stand: 07/2016, Art. 24 MA.

Wassermeyer, F., in: Wassermeyer, F./Andresen, U./Ditz, X./Schönfeld, J., (Hrsg.) [zit.: Betriebsstätten-Handbuch, 2006]: Betriebsstätten-Handbuch, Gewinnermittlung und Besteuerung in- und ausländischer Betriebsstätten, 1. Auflage, Köln 2006, Besonderheiten bei Personengesellschaften.

Wassermeyer, F., in: Debatin, H./Wassermeyer, F./Korn, R./Dietz, G., (Hrsg.) [zit.: Doppelbesteuerung]: Doppelbesteuerung, Kommentar zu allen deutschen Doppelbesteuerungsabkommen, München, Stand: 10/2015, Art. 7 MA (2000).

Wassermeyer, F. [zit.: DB 2006]: Entstrickung durch Beschränkung des deutschen Besteuerungsrechts, in: DB 2006, S. 2420-2424.

Wassermeyer, F. [zit.: GS Krüger, 2006]: Konzeptionelle Mängel des § 6 AStG, in: Strunk, G./ Wassermeyer, F.: Unternehmensteuerrecht und Internationales Steuerrecht, Gedächtnisschrift für Dirk Krüger, Bonn u.a. 2006.

Wassermeyer, F. [zit.: DB 2006]: Verliert Deutschland im Fall der Überführung von Wirtschaftsgütern in eine ausländische Betriebsstätte das Besteuerungsrecht?, in: DB 2006, S. 1176-1180.

Wassermeyer, F. [zit.: DB 2008]: Die bilanzielle Behandlung der Entstrickungsbesteuerung nach § 4 Abs. 1 Satz 3 EStG und nach § 12 Abs. 1 KStG, in: DB 2008, S. 430-433.

Wassermeyer, F. [zit.: IStR 2008]: Entstrickung versus Veräußerung und Nutzungsüberlassung steuerrechtlich gesehen, in: IStR 2008, S. 176-180.

Wassermeyer, F. [zit.: FS Krawitz, 2010]: Entstrickungsbesteuerung nach § 4 Abs. 1 Satz 3 EStG, in: Baumhoff, H./ Dücker, R.: Besteuerung, Rechnungslegung und Prüfung der Unternehmen, Festschrift für Professor Dr. Norbert Krawitz, 1. Auflage, Wiesbaden 2010.

Wassermeyer, F./Andresen, U./Ditz, X./ Schönfeld, J. Hrsg. [zit.: Wassermeyer/Andresen/Ditz, Betriebsstätten-Handbuch, 2006]: Betriebsstätten-Handbuch, Gewinnermittlung und Besteuerung in- und ausländischer Betriebsstätten, Köln 2006.

Wassermeyer, F./Richter, S./Schnittker, H. Hrsg. [zit.: Wassermeyer/Richter/Schnittker, Personengesellschaften im IStR, 2015]: Personengesellschaften im Internationalen Steuerrecht, 2. Auflage, Köln 2015.

Weber-Grellet, H. [zit.: Verfassungsstaat, 2001]: Steuern im modernen Verfassungsstaat, Funktionen, Prinzipien und Strukturen des Steuerstaats und des Steuerrechts, Köln 2001.

Weggenmann, H. [zit.: DB 2014 Heft 48]: Die Umwandlung als Steuerfalle – zur Neufassung des § 50i EStG, in: DB 2014 Heft 48, S. 5.

Wendt, M. [zit.: DStJG 28, 2005]: Prinzipien der Verlustberücksichtigung, in: Deutsche Steuerjuristische Gesellschaft e.V.: Verluste im Steuerrecht, Bd. Nr. 28, herausgegeben im Auftrag der deutschen Steuerjuristischen Gesellschaft e.V. von von Groll, R., Köln 2005.

Wendt, M. [zit.: DStJG 33, 2010]: § 42 AO vor dem Hintergrund der Rechtsprechung, in: Deutsche Steuerjuristische Gesellschaft e.V.: Gestaltungsfreiheit und Gestaltungsmissbrauch im Steuerrecht, Bd. Nr. 34, herausgegeben im Auftrag der deutschen Steuerjuristischen Gesellschaft e.V. von Hüttemann, R., Köln 2010.

Wernsmann, R. [zit.: Verhaltenslenkung, 2005]: Verhaltenslenkung in einem rationalen Steuersystem, Tübingen 2005.

Werra, M./Teiche, A. [zit.: DB 2006]: Das SEStBeglG aus der Sicht international tätiger Unternehmen, in: DB 2006, S. 1455-1462.

Wied, E., in: Blümich, W. [zit.: EStG/KStG/GewStG]: Einkommensteuergesetz, Körperschaftsteuergesetz, Gewerbesteuergesetz, Kommentar, München, Stand: 11/2017, § 4 EStG.

Wöhe, G. [zit.: ZfbF 1980]: Der Einfluß der Besteuerung auf die Wahl der Unternehmensform, in: ZfbF 1980, S. 519-538.

Wöhe, G. [zit.: Steuerlehre, 1988]: Betriebswirtschaftliche Steuerlehre, Band I, 1. Halbband: Die Steuern des Unternehmens – Das Besteuerungsverfahren, 6. Auflage, München 1988.

Wöhe, G./Bieg, H. [zit.: Grundzüge, 1995]: Grundzüge der betriebswirtschaftlichen Steuerlehre, Lernbücher für Wirtschaft und Recht, 4. Auflage, München 1995.

Wörsching, T. [zit.: SteuerStud 2009]: Grundlagen und Grundstrukturen des Internationalen Steuerrechts, in: SteuerStud 2009, S. 176-181.

Wouters, J. [zit.: EC Tax Review 1999]: The principle of non-discrimination in European Community law, in: EC Tax Review 1999, S. 98-106.

Wurmsdobler, N. [zit.: StuW 2003]: Zinsbereinigung des Einkommens in Österreich, in: StuW 2003, S. 176-187.

Zorn, N. [zit.: Besteuerung, 1992]: Besteuerung der Geschäftsführung bei GmbH, GmbH & Co. KG, GmbH & Still, Wien 1992.

Zorn, N. [zit.: Gewinnermittlung, 2001]: Gewinnermittlung bei Personengesellschaften, in: Bertl, R.: Die Personengesellschaft in Handels- und Steuerrecht, Wien 2001.

Zschiegner, H. [zit.: IWB 1997/11 Fach 8, USA, Gruppe 2]: Steuerliche Klassifizierung in- und ausländischer Unternehmen als Kapital- oder Personengesellschaft ("Check-the-Box"-Richtlinien), in: IWB 1997/11 Fach 8, USA, Gruppe 2, S. 885-894.

Zuber, B. [zit.: Anknüpfungsmerkmale, 1991]: Anknüpfungsmerkmale und Reichweite der internationalen Besteuerung, Eine normative Analyse unter Berücksichtigung der Personensteuern in der BRD und in den USA, Hamburg 1991.

Zweifel, M./Beusch, M./Riedweg, P./ Oesterhelt, S. (Hrsg.) [zit.: Umstrukturierungen, 2016]: Umstrukturierungen, Basel 2016.

Internationale Steuerlehre, Steuerrecht und Wirtschaftsprüfung

Herausgegeben von Rainer Heurung, Gerd Morgenthaler und Andreas Dutzi

Band 1	Markus Gsödl: Entstrickungstatbestände des Einkommen- und Körperschaftsteuergesetzes. Eine Analyse unter dem Aspekt der Gerechtigkeit. 2010.
Band 2	Philipp Seidel: Ertragsbesteuerung periodischer Auslandseinkünfte aus Direktinvestitionen. 2011.
Band 3	Hans-Jürgen Lappat: Die in- und ausländische Besteuerung schweizerischer Betriebsstätten deutscher Personenhandelsgesellschaften. 2011.
Band 4	Jens Kalbitzer: Wegzugsbesteuerung nach § 6 AStG. Betriebswirtschaftliche Analyse und Gestaltungsempfehlungen. 2012.
Band 5	Bastian Thiedemann: Die Entwicklung einer modernen, europarechtskonformen und zukunftsweisenden Gruppenbesteuerung für Deutschland. Eine Untersuchung insbesondere unter gemeinschaftsrechtlichen und steuersystematischen Gesichtspunkten. 2013.
Band 6	Michael Fritz: Ermittlung von Umtauschverhältnissen im Rahmen von grenzüberschreitenden Verschmelzungstatbeständen. 2015.
Band 7	Markus Schneider: Steuerliches Verrechnungspreis-Risikomanagement im internationalen Konzern. Analyse und Bewertung von Instrumenten zur Begegnung steuerlicher Verrechnungspreisrisiken. 2016.
Band 8	Ariane Bresgen: Qualifikationskonflikte bei Personengesellschaften im Internationalen Steuerrecht. Eine Analyse der abkommensrechtlichen Behandlung von grenzüberschreitend gezahlten Sondervergütungen bei Mitunternehmerschaften. 2016.
Band 9	Katja Fröhr: Der internationale Erbfall Deutschland-Schweiz. Eine rechtsvergleichende und ökonomische Analyse der erbschaftsteuerlichen Regelungen im Lichte aktueller Entwicklungen. 2016.
Band 10	Bastian Rausch: Rechnungslegung in wirtschaftlichen Krisenzeiten. Eine empirische Analyse der bilanzpolitischen Einflussnahme mittelständischer Unternehmen vor einer Insolvenz. 2017.
Band 11	Corinna Tigges: Ergänzungstatbestände in der Grunderwerbsteuer. Möglichkeiten einer Neukonzeption unter Berücksichtigung steuersystematischer, betriebswirtschaftlicher und administrativer Anforderungen. 2018.
Band 12	Henrik Sundheimer: Entscheidungswirkungen der Besteuerung von (im Ausland ansässigen) Gesellschaftern deutscher Personengesellschaften vor dem Hintergrund von § 50i EStG. 2019.

www.peterlang.com

www.ingramcontent.com/pod-product-compliance
Ingram Content Group UK Ltd.
Pitfield, Milton Keynes, MK11 3LW, UK
UKHW021832290926
8980IPUK00004B/405

9 783631 780428